Dr. Kaveh Bashiri

Quantencomputing

Grundlagen, Algorithmen, Anwendung

Rheinwerk
Computing

Liebe Leserin, lieber Leser,

bevor ich dieses Buch als Lektor betreuen durfte, hatte ich nur eine sehr grobe Vorstellung von den Phänomenen der Quantenwelt. Ich wusste zwar bereits, dass es so etwas wie eine Superposition gibt und dass Quanten nach ganz anderen Regeln spielen als die Dinge, die wir direkt erfahren können.

Mit diesem Buch habe ich nicht nur gelernt, dass sich in dieser Welt noch weitere Überraschungen verstecken, sondern auch, dass sie noch viel faszinierender und komplexer ist, als es auf den ersten Blick scheint. Auf einer praktischeren Ebene habe ich erkannt, dass man Quantencomputing nicht verstehen kann, ohne sich mit der zugrundeliegenden Mathematik zu befassen. Und schließlich habe ich gelernt, dass diese Mathematik es wirklich in sich hat!

Ich freue mich daher sehr, dass Sie sich zusammen mit Dr. Kaveh Bashiri dieses Verständnis erarbeiten wollen. Er hat nicht nur die relevanten Grundlagen der Quantenphysik zusammengetragen, sondern diese Theorie auch mit zahlreichen Rechen- und Codebeispielen verständlich und greifbar gemacht. Auch ohne die Ausstattung eines modernen Forschungslabors können Sie so Quantenalgorithmen ausprobieren und verstehen. Ich bin überzeugt davon, dass Sie keinen besseren Einstieg ins Quantencomputing als dieses Buch finden werden.

Abschließend noch ein Wort in eigener Sache: Dieses Werk wurde mit großer Sorgfalt geschrieben, geprüft und produziert. Sollte dennoch einmal etwas nicht so funktionieren, wie Sie es erwarten, freue ich mich, wenn Sie sich mit mir in Verbindung setzen. Ihre Kritik und Ihre konstruktiven Anregungen sind jederzeit willkommen.

Ihr Dr. Christoph Meister
Lektorat Rheinwerk Computing

christoph.meister@rheinwerk-verlag.de
www.rheinwerk-verlag.de
Rheinwerk Verlag · Rheinwerkallee 4 · 53227 Bonn

Auf einen Blick

Wir hoffen, dass Sie Freude an diesem Buch haben und sich Ihre Erwartungen erfüllen. Ihre Anregungen und Kommentare sind uns jederzeit willkommen. Bitte bewerten Sie doch das Buch auf unserer Website unter **www.rheinwerk-verlag.de/feedback**.

An diesem Buch haben viele mitgewirkt, insbesondere:

Lektorat Christoph Meister
Korrektorat Friederike Daenecke, Zülpich
Herstellung Norbert Englert
Typografie und Layout Vera Brauner
Einbandgestaltung Mai Loan Nguyen Duy
Satz Christoph Meister
Druck Beltz Grafische Betriebe, Bad Langensalza

FSC
www.fsc.org
MIX
Papier | Fördert gute Waldnutzung
FSC® C089473

Dieses Buch wurde gesetzt aus der TheAntiquaB (9,35 pt/13,7 pt) in LaTeX.

Gedruckt wurde dieses Buch mit mineralölfreien Farben auf chlorfrei gebleichtem, FSC®-zertifiziertem Offsetpapier (90 g/m²).

Hergestellt in Deutschland.

Bibliografische Information der Deutschen Nationalbibliothek:
Die Deutsche Nationalbibliothek verzeichnet diese Publikation in der Deutschen Nationalbibliografie; detaillierte bibliografische Daten sind im Internet über *http://dnb.dnb.de* abrufbar.

ISBN 978-3-8362-9848-3

1. Auflage 2025

Informationen zu unserem Verlag und Kontaktmöglichkeiten finden Sie auf unserer Verlagswebsite **www.rheinwerk-verlag.de**. Dort können Sie sich auch umfassend über unser aktuelles Programm informieren und unsere Bücher und E-Books bestellen.

Inhalt

TEIL V Nachworte

Kapitel 1
Einleitung

1.1 Die Grenzen des klassischen Computers

Das Leben verändert sich immer, aber es scheint, dass die letzten Jahrzehnte besonders viele und tiefgreifende Änderungen mit sich gebracht haben, denn Computer sind aus so gut wie keinem Bereich mehr wegzudenken. Unser Berufsalltag, unsere Freizeit, quasi unser ganzes Leben wird durch Algorithmen beeinflusst, die uns begleiten, wenn wir online Versicherungen vergleichen, Urlaube buchen oder Freunden auf Social Media folgen.

Das ist nur möglich, weil auf der ganzen Welt gigantische Rechenzentren und IT-Infrastrukturen entstanden sind, die unglaubliche Datenmengen verarbeiten. Viel Geld und viel Aufwand werden investiert, um sie immer effizienter zu machen; die Technik steht nie still. Diese Optimierungen schaffen es sogar bis in Ihre Hosentasche: Unsere Smartphones können mit jeder Generation mehr. Rechenleistung, die man vor einigen Jahren noch auf Hochleistungsrechnern suchen musste, passt nun in unsere Hand. Ob es um künstliche Intelligenz geht, Cloud-Computing oder IoT: Alle bahnbrechenden, disruptiven Ideen der letzten Jahre beruhen darauf, dass immer mehr Rechenleistung und Speicherplatz zur Verfügung stehen.

Doch an gewissen Punkten stoßen die gegenwärtigen Methoden an ihre Grenzen. Beispielsweise gibt es physikalische Systeme, die so komplex sind, dass sie nicht realistisch simuliert werden können. Die Wissenschaft steht vor immer mehr Problemen, die sich nicht einfach durch mehr Rechenzeit lösen lassen.

Zudem ist es sinnvoll anzunehmen, dass wir am Ende der Gültigkeit des *Moore'schen Gesetzes* angekommen sind und dass diese Prognose in Zukunft nicht mehr gilt. Dieses Gesetz besagt nämlich, dass sich die Dichte der Bauelemente in einem aktuellen, dem Stand der Technik entsprechenden Computerchip regelmäßig verdoppelt und somit exponentiell steigt. Diese Dichte ist eine Kenngröße für die mögliche Rechenleistung aktueller Computer. Je mehr Transistoren auf einem Chip untergebracht werden können, desto größer ist seine Rechenleistung.

Doch warum scheint dieses Gesetz jetzt nicht mehr realistisch zu sein, während wir in den letzten Jahrzehnten doch tatsächlich ein derartiges exponentielles Wachstum der Rechenleistung beobachten konnten?

Die Antwort auf diese Frage zwingt uns zum ersten – und bei weitem nicht zum letzten (!) – Mal in diesem Buch, an die Grenzen unseres menschlichen Verständnisses der Realität zu gehen. Es ist nämlich so, dass eine höhere Dichte an Bauelementen impliziert, dass diese Bauelemente immer kleiner werden müssen. Auf der Ebene der kleinsten Elemente – d. h. auf der mikroskopischen Skala – sieht die Wirklichkeit ganz anders aus, als wir sie wahrnehmen. Hier herrschen die Gesetze der *Quantenmechanik*! Sie ist faszinierend und erschreckend zugleich, denn wir können auf dieser Ebene Phänomene entdecken, die wir aus unserer realen Umgebung in der makroskopischen Welt nicht kennen. Und da unsere gegenwärtigen Computer makroskopische Objekte mit makroskopischen Bauelementen sind, werden sie auf der mikroskopischen Skala in die Knie gezwungen. Daher bezeichne ich auch fortan diese Computer als *klassische Computer* und die zugehörige Wissenschaft als *klassische Informatik*, um zu verdeutlichen und abzugrenzen, dass diese nur für die bisher übliche, makroskopische und nicht auf der Quantenmechanik beruhenden Welt anwendbar ist.

War es das jetzt? Sind das die Grenzen der Berechenbarkeit, die wir als Menschen erreichen können? Heißt es, dass wir einige Probleme (wie die Simulation gewisser physikalischer Systeme) niemals lösen können, und dass ab irgendeinem Zeitpunkt das Moore'sche Gesetz nicht mehr gilt?

Nein, für unsere Reise ist das erst der Anfang! Denn – beginnend mit Arbeiten aus den 1980er-Jahren von Paul Benioff, Yuri Manin und Richard Feynman (siehe [Ben80], [Man80], [Fey82] oder [NC10, Abschnitt 1.1.1]) – wurde eine Alternative zur klassischen Informatik entwickelt, die nicht nur keine Angst vor der Quantenmechanik hat, sondern vielmehr ihre gesamte Stärke aus ihr bezieht: die *Quanteninformatik*! Sie ist ein völlig neuer Ansatz, Berechnungen durchzuführen, in denen quantenmechanische Phänomene bewusst ausgenutzt werden, um für gewisse, bedeutsame Probleme signifikante Effizienzvorteile zu erreichen, wenn man sie mit der klassischen Informatik vergleicht. Den Rechner, der diese auf quantenmechanischen Phänomenen basierende Berechnungen durchführt, nennt man *Quantencomputer*.

Diese neue Form der Informatik wird (wahrscheinlich) unsere digitale Zukunft maßgeblich verändern. Es lohnt sich daher, sich mit ihr zu beschäftigen, und zwar schon heute. Jetzt ist der richtige Zeitpunkt für einen Einstieg in dieses Thema, damit Sie für diese Umstellung gewappnet sind und den Weg mitgestalten können, auch wenn Quantencomputer bisher die »alltägliche« Informatik noch kaum berühren.

Wenn Sie bereit sind, dann ist dieses Buch der erste Schritt für Sie. Sein Ziel ist es, Ihnen einen praxisorientierten Einstieg in die Quanteninformatik zu geben. Im folgenden Abschnitt möchte ich Ihnen als Motivation schon mal einige Grundideen der Quanteninformatik aufzeigen. Wie in einem kurzen Trailer soll er zeigen, was Sie in diesem Buch erwarten können. Die faszinierende und mitunter anspruchsvolle Reise beginnt erst später.

1.2 Vom klassischen Computer zum Quantencomputer – Grundideen

In der klassischen Informatik werden *Bits* in sogenannten *Bit-Registern* gespeichert und verarbeitet. Diese Bits können die Werte 0 oder 1 annehmen und sind die kleinsten Informationseinheiten der klassischen Informatik. In diesen Bit-Registern werden mittels *Algorithmen*, die nichts anderes sind als eine Abfolge eindeutig definierter Rechenschritte, Berechnungen durchgeführt und Probleme gelöst.

Auch in der Quanteninformatik möchte man in Registern Informationseinheiten verarbeiten. Wie in der klassischen Informatik will man Berechnungen durchführen und Probleme lösen. Der fundamentale Unterschied in der Quanteninformatik ist nun, dass man als elementare, kleinste Basiseinheit keine Bits verwendet, sondern sogenannte *Qubits*.

1.2.1 Was ist ein Qubit?

Ein Qubit ist zunächst einmal nichts anderes als ein sehr spezielles physikalisches System, in dem quantenmechanische Gesetze gelten. Als solches hat ein Qubit gewisse physikalische Eigenarten. Eine der größten Errungenschaften des 20. Jahrhunderts war es, diesen Eigenarten auf die Spur zu kommen. Später in diesem Kapitel möchte ich auf diese Historie kurz eingehen.

Diese physikalischen Eigenschaften des Qubits werden mathematisch durch eine *Wellenfunktion* oder – wie wir sagen werden – einen *Zustandsvektor* (oder kurz: *Zustand*) beschrieben. Man modelliert Qubits nun so, dass zwei der möglichen Zustandsvektoren eine besondere Bedeutung haben. Diese beiden Zustände notiert man in der sogenannten *Dirac-Notation* als $|0\rangle$ und $|1\rangle$ (gesprochen »Ket-Null« bzw. »Ket-Eins«), und sie übernehmen die Rolle der

Bitwerte 0 und 1 aus der klassischen Informatik. Genauer gesagt meinen wir damit, dass wir

- einem Qubit die Information 0 zuordnen, wenn der Zustand des Qubits gegeben ist durch $|0\rangle$, und
- einem Qubit die Information 1 zuordnen, wenn der Zustand des Qubits gegeben ist durch $|1\rangle$.

Somit wissen Sie nun, wie Sie die Zustände eines Qubits deuten können. Sie werden in diesem Buch auch lernen, dass wir diese Qubits auch bewusst steuern können (nämlich via *unitärer Matrizen*) und auslesen können (via *Messungen*). Noch ist aber nicht ersichtlich, worin der versprochene Vorteil in der Quanteninformatik – auch *Quantenüberlegenheit* genannt – bei gewissen Problemen besteht. Dieser Vorteil entsteht durch die Ausnutzung zweier besonderer Eigenarten aus der Quantenmechanik: das *Superpositionsprinzip* und die *Verschränkung*. Es stellt sich heraus, dass diese beiden Eigenschaften essenziell sind für die versprochene Quantenüberlegenheit. Daher möchte ich kurz auf diese beiden Eigenschaften eingehen und in einfachen Worten beschreiben, wieso diese zum Vorteil führen können.

1.2.2 Das Superpositionsprinzip

In der klassischen Informatik werden in den Bit-Registern nur die beiden Werte 0 oder 1 verarbeitet. Es ist ein fundamentaler Unterschied zwischen der Quanteninformatik und der klassischen Informatik, dass Qubits auch Zustände annehmen können, die weder gleich $|0\rangle$ noch gleich $|1\rangle$ sind, aber von beiden Zuständen beeinflusst sind. Damit meint man, dass Qubits Zustände annehmen können, bei denen nach dem Auslesen – d. h. nach der Messung – nur mit einer gewissen *Wahrscheinlichkeit* gesagt werden kann, ob der Zustand $|0\rangle$ und $|1\rangle$ angenommen wird. Man kann bei solchen Zuständen nicht mit Sicherheit sagen, in welchem der beiden Zustände sie sind und welchen der beiden Zustände sie nach der Messung annehmen werden.

Insbesondere heißt das, dass Qubits in solchen Zuständen sich vor der Messung nicht entscheiden müssen, ob sie den einen oder den anderen Zustand annehmen. Man sagt, dass die Qubits beide Zustände *überlagert* annehmen. Solche Zustände bezeichnet man als *Superposition* der beiden Zustände $|0\rangle$ und $|1\rangle$. Dies widerspricht zunächst unserer Intuition. Denn wie kann ich beispielsweise in einer Überlagerung – also in einer Art Mischung – von zwei Orten sein? Für uns ist das undenkbar, aber für Quantenobjekte ist das kein Problem!

Mit einem Qubit, das sich in Superposition befindet, ließe sich also so rechnen, als würde man parallel sowohl vom Zustand $|0\rangle$ als auch vom Zustand $|1\rangle$ aus die Berechnung beginnen. Man muss also nicht einzeln für beide Startpunkte jeweils die Berechnungen durchführen, sondern kann beide Startpunkte *parallel* berücksichtigen. Diese Beobachtung klingt nach einem besonders hilfreichen Merkmal für die Quanteninformatik, da sich so möglicherweise viele Berechnungen parallelisieren ließen und somit effizienter durchgeführt werden könnten.

Stellen Sie sich vor, dass Sie vor einem Kleiderschrank stehen, ein passendes Hemd suchen und zwischen zwei Optionen schwanken.

Mit einem klassischen Computer müssten Sie jedes Hemd einzeln anprobieren und anschließend das bessere Hemd auswählen. Mit einem Quantencomputer könnten Sie (ausgehend von einer Superposition dieser Hemden) beide Hemden parallel anprobieren und anschließend die Entscheidung treffen. Das ist ein Phänomen, das man in der Quanteninformatik auszunutzen vermag und das bereits andeutet, wieso Quantencomputer beim Lösen gewisser Probleme Effizienzvorteile haben.

1.2.3 Verschränkung

Selbst Albert Einstein, ein Mensch, der mit seinem Intellekt sowie seinen bahnbrechenden wissenschaftlichen Erfolgen Geschichte geschrieben hat, gab diesem Phänomen das Attribut »spukhaft«.

Daher bitte ich Sie, nachsichtig mit sich selbst zu sein, falls Sie bei der folgenden Beschreibung dieses Phänomens noch skeptischer oder verwirrter sind als beim Superpositionsprinzip.

Im Jahre 1935 wurde in einer wissenschaftlichen Arbeit (unter Beteiligung von Albert Einstein) als direkte Konsequenz der bis dahin weit etablierten Gesetze der Quantenmechanik ein Phänomen beschrieben, das Jahre später von Erwin Schrödinger den Namen *Verschränkung* bekam. Es besagt, dass miteinander verschränkte Quantenobjekte eine Wirkung aufeinander ausüben können, ohne dass dabei die räumliche Distanz zwischen diesen eine Rolle spielt. In der Theorie wäre es somit denkbar, dass wenn zwei miteinander verschränkte Quantenobjekte sich beliebig weit voneinander entfernen – sagen wir, dass diese sich in verschiedenen Galaxien befinden –, gewisse Manipulationen des einen Quantenobjekts direkte Auswirkungen auf das andere Quantenobjekt haben. Dies ist natürlich für uns unvorstellbar. Jedenfalls stellen wir uns eine Wirkung auf ein anderes Objekt stets so vor, dass diese entweder auf direktem Kontakt beruht oder durch ein Medium weitergeleitet wird. Dieser Kontakt – egal ob direkt oder indirekt – kann höchstens so schnell wie Licht sein. Diese Eigenschaft nennt man *Lokalismus*. Aber – schon wieder – ist die Realität auf der Quantenebene anders!

Und wie kann man diese Eigenschaft in der Quanteninformatik ausnutzen? Ganz einfach: indem man Qubits miteinander verschränkt und dann den Umstand ausnutzt, dass Manipulationen des einen Qubits unmittelbare Auswirkungen auf das andere Qubit haben. Es gilt sogar noch mehr: Die Ausnutzung der Verschränkung ist notwendig für *signifikante Quantenüberlegenheit*, wobei ich hier die Quantenüberlegenheit als signifikant bezeichne, wenn die Laufzeit der Lösung eines Problems auf einem Quantencomputer exponentiell schneller ist als die entsprechende Laufzeit auf einem klassischen Computer. Für mehr Details zu diesem Resultat verweise ich auf [JL03].

1.2.4 Quantenüberlegenheit

Nun haben Sie gesehen, dass sich die klassische Informatik und die Quanteninformatik fundamental unterscheiden. Ich habe auch erwähnt, dass – zumindest auf dem Papier – ein Quantencomputer aufgrund des Superpositionsprinzips und der Verschränkung einen klassischen Computer schlagen sollte (zumindest in einigen Disziplinen).

Doch ist dem wirklich so?

In der Tat! In diesem Buch werden Sie Quantenalgorithmen (beispielsweise den Shor-Algorithmus) kennenlernen, die einzelne Probleme exponentiell schneller als die besten bekannten Algorithmen auf einem klassischen Computer lösen können. Damit Sie diese Algorithmen sowohl in der Theorie verstehen als auch praktisch anzuwenden lernen, habe ich dieses Buch geschrieben.

1.3 Auswirkungen, Nutzen und Gefahren eines Quantencomputers für die Gesellschaft

Wenn es um bahnbrechende Innovationen geht, sollte man sich stets Gedanken machen, welche Auswirkungen sie auf unser Leben und unsere Gesellschaft haben. Es steht außer Frage, dass ein leistungsfähiger Quantencomputer unser Leben verändern wird. Auf einige dieser Aspekte möchte ich im Folgenden eingehen.

Auf der positiven Seite

»Für den Quantencomputer wird mittel- und langfristig ein Marktpotenzial von bis zu dreistelligen Milliardenbeträgen prognostiziert« heißt es in

[Kag20]. Dieses Potenzial beruht auf der Optimierung von Lieferketten und der Lösung von Logistikproblemen. Außerdem werden Quantenrechner bei der Herstellung von Medikamenten und Chemikalien helfen. Des Weiteren ist die Ausnutzbarkeit des *Quantum Machine Learnings*, d. h. der Kombination von Quanteninformatik und künstlicher Intelligenz denkbar (siehe [Bun22]). Mit der Entwicklung von leistungsstarken Quantencomputern sind also positive Effekte verbunden, die auch wirtschaftlich ausgenutzt werden können. Daher liegt die Forschung und Entwicklung in diesem Bereich ebenso im Interesse vieler Firmen und Forschungsinstitute.

Auswirkungen auf die Kryptografie

Die direktesten und konkretesten Auswirkungen leistungsstarker Quantencomputer zielen auf die IT-Sicherheit ab, genauer gesagt auf die Kryptografie. Hier liegen daher auch die größten Gefahren.

Ein wesentlicher Teil der Kryptografie basiert nämlich auf sogenannten *Public-Key-Verfahren*. Die Sicherheit heute gängiger Public-Key-Verfahren beruht aber darauf, dass gewisse mathematische Probleme schwierig zu lösen sind – zumindest vermutlich ...

Die zwei wichtigsten mathematischen Probleme, auf denen diese Verfahren aufbauen, sind das sogenannte *Faktorisierungsproblem* und das *diskrete Logarithmusproblem*. Es hat sich in den letzten Jahrzehnten herausgestellt, dass diese Probleme schwierig zu lösen sind. Genauer gesagt heißt das, dass noch niemand einen effizienten Algorithmus für diese beiden Probleme gefunden hat.

Jedenfalls nicht auf einem klassischen Computer! Diese Einschränkung ist sehr wichtig, denn man hat in den 1990er-Jahren herausgefunden, dass ein leistungsstarker Quantencomputer diese beiden Probleme sehr wohl und sehr effizient lösen kann (Stichwort: *Shor-Algorithmus*). Somit sind aktuelle IT-Systeme, deren Sicherheit zum überwältigenden Teil auf diesen beiden mathematischen Problemen basiert, nur deswegen noch sicher, weil niemand (insbesondere nicht die Nachrichtendienste) einen leistungsstarken Quantencomputer im Keller hat.

Viele Jahre lang lebte es sich auch ganz gut mit diesem Risiko. Doch immense Investitionen und wissenschaftliche Errungenschaften befeuern die Sorge, dass tatsächlich so ein leistungsstarker Quantencomputer existieren wird. Daher entstand in den letzten Jahren ein hochspannendes Forschungsgebiet: die *Post-Quanten-Kryptografie*, in der kryptografische Verfahren entwickelt werden, von denen man vermutet, dass sie selbst einem leistungsstarken Quantencomputer standhalten können.

In diesem Buch werde ich mich auf die *Quantenalgorithmen* fokussieren – d.h. auf die Algorithmen, die auf einem Quantencomputer laufen. Auf die Post-Quanten-Kryptografie werde ich jedoch am Ende dieses Buchs in Kapitel 13 kurz eingehen.

1.4 Quanteninformatik und die Realität

Ein Problem, das wir bisher erfolgreich umschifft haben, ist die Frage, wie man in der Praxis so einen Quantencomputer baut. Eine direkte Folgefrage, die wir uns auch sofort stellen müssten, ist, wann wir mit so einer Quantencomputer-Revolution rechnen müssen.

Dies sind zwei essenzielle Fragen, die in der Wissenschaft aktuell intensiv untersucht werden und die wir mit Sicherheit als die *Flaschenhälse der Quanteninformatik* identifizieren können. Auf sie werde ich jedoch nicht eingehen – wenn Sie programmieren lernen wollen, müssen Sie sich ja auch nicht erst damit beschäftigen, wie ein Transistor hergestellt wird oder wie eine Festplatte funktioniert. Der Fokus unserer Überlegungen wird daher auf der Frage liegen, wie sich die Ideen der Quantenmechanik auf die Informatik auswirken und wie sie sich in Programmcode umsetzen lassen. Aufgrund der Bedeutung des praktischen Aspekts möchte ich aber sehr kurz die vielversprechendsten Ansätze, die größten Herausforderungen sowie die wahrscheinlichsten Prognosen zum bzw. beim Bau eines Quantencomputers ansprechen. Hierdurch lernen Sie zumindest die wichtigsten Begriffe kennen und können anhand der Referenzen tiefer in die jeweiligen Themen einsteigen.

Welche Ansätze gibt es?

Es gibt eine Vielzahl verschiedener Ansätze, einen Quantencomputer in der Praxis zu realisieren. Wie bereits erwähnt, haben solche Rechner große Auswirkungen auf die IT-Sicherheit. Genau deshalb hat das *Bundesamt für Sicherheit in der Informationstechnik (BSI)* eine fortlaufende Studie in Auftrag gegeben, in der diese Entwicklungen beobachtet und bewertet werden (siehe [Bun23a]). In diese Studie fließen aber verständlicherweise nur Erkenntnisse ein, die öffentlich publiziert wurden und ohne Einschränkungen zugänglich sind. Die Bewertung der Ansätze erfolgt anhand eines in dieser Studie festgelegten Bewertungsschemas für die potenziellen Hardware-Plattformen für einen Quantencomputer.

Gemäß der aktuellen Fassung dieser Studie sind die folgenden drei Ansätze die vielversprechendsten und am weitesten fortgeschrittenen Plattformen für einen Quantencomputer:

- **Ionenfallen:** Die Idee bei Ionenfallen-basierten Plattformen ist es, geladene Teilchen – d. h. *Ionen* – in einem elektrischen Feld einzufangen und dann via Laser, Magnetfelder oder Mikrowellenfelder zu manipulieren. Die möglichen Energieniveaus der Ionen bilden hierbei die besonderen Zustände des Qubits (d. h. die Zustände $|0\rangle$ und $|1\rangle$).
- **Supraleiter:** Bei Quantencomputern, die auf Supraleitern basieren, werden supraleitende Schaltkreise genutzt, um Qubits zu realisieren. Dabei bildet die Flussrichtung des Stroms die besonderen Zustände des Qubits.
- **Neutrale Atome:** Bei dieser Plattform werden die äußeren Elektronen eines Atoms mittels Laser angeregt und auf dem angeregten Zustand mittels sogenannter *optischer Pinzetten* gefangen. Somit bleiben die Atome ungeladen. Die verschiedenen Energieniveaus der äußeren Elektronen definieren die besonderen Zustände des Qubits.

Für weitere Details zu den Ideen hinter diesen Ansätzen siehe [Bun23a]. Diese einzelne Plattformen haben jeweils Vorteile und Nachteile. Beispielsweise sind Supraleiter-Plattformen schnell und leichter skalierbar, während Ionenfallen-Plattformen länger stabil gehalten werden können (bezüglich der sogenannten *Dekohärenz*, siehe Abschnitt 4.4.4) und Neutrale-Atome-Plattformen effizient Interaktionen zwischen den Qubits umsetzen können.

Was sind die Herausforderungen?

Quantensysteme sind sehr sensibel. Sobald sie mit ihrer Umwelt in Kontakt kommen, verändern sie sich. Und das ist natürlich etwas, was man bei einem Quantencomputer nicht gebrauchen kann, da man hier mittels solcher Quantensysteme präzise Berechnungen durchführen möchte. Denn solche unkontrollierten Veränderungen haben natürlich eine direkte Konsequenz für den Zustand der Quantensysteme und führen folglich zu Fehlern bei den Berechnungen.

Wir haben es also mit hochsensiblen Objekten zu tun. Kein Problem, dann müssen wir diese eben isolieren und alle Störeinflüssen vermeiden.

Es stellt sich aber heraus, dass Quantensysteme stets Einflüssen und Störungen aus der Umgebung (zum Beispiel durch kosmische Strahlung) ausgesetzt sind. Die aus diesen äußeren Störeinflüssen resultierenden Fehler müssen somit in der Praxis immer mit berücksichtigt werden.

Im hochspannenden und aktuell sehr lebendigen Forschungsfeld der *Quantenfehlerkorrektur* versucht man – zum Preis eines gewissen *Overheads* (d. h. eines Zuwaches an Größe und Rechenzeit) –, diese unausweichlichen Fehler aktiv parallel zu den Berechnungen zu korrigieren (siehe Abschnitt 8.5 für mehr Details).

Zu erwähnen ist außerdem noch der sogenannte *Noisy-Intermediate-Scale-Quantum-Ansatz* oder abgekürzt *NISQ-Ansatz*, bei dem versucht wird, die Störeinflüsse zu akzeptieren und stattdessen sich auf spezielle Probleme und Quantenalgorithmen zu fokussieren, die trotz der unausweichlichen Fehler Ergebnisse liefern können (siehe [Pre18] oder [Bun23a] für mehr Details).

Wann ist es so weit?

Die letzten Gedanken klingen nicht hoffnungsvoll und lassen nicht erwarten, dass wir in nächster Zeit bahnbrechende Quantenalgorithmen auf leistungsstarken Quantencomputern laufen lassen können, denn die Hindernisse in der Umsetzung scheinen aktuell noch zu hoch zu sein. Doch hohe Investitionen in die Forschung und einzelne Entwicklungssprünge und Meilensteine lassen vermuten, dass es zwar heute noch zu früh ist, dass es aber in den nächsten Jahren – falls sich die Entwicklung derart fortsetzt – mit Quantencomputern durchaus ernst werden kann.

Die Frage nach dem *Q-Day* – d.h., dem Tag, an dem ein nach gewissen Kriterien leistungsstarker Quantencomputer existiert – ist Gegenstand wichtiger Untersuchungen. Beispielsweise wird in der bereits erwähnten Studie [Bun23a] oder in [MP24] eine Prognose (basierend auf dem aktuellen Stand der Technik) abgegeben. Grob zusammengefasst deuten diese Prognosen an, dass eine signifikante (und somit nicht vernachlässigbare) Wahrscheinlichkeit existiert, dass in den nächsten Jahrzehnten ein derartiger Quantencomputer zur Verfügung steht. Gegeben der möglichen gravierenden Auswirkungen eines solchen Quantencomputers ist so eine Aussage genug, um sich – nicht zuletzt aufgrund eines rigorosen Risikomanagements – intensiv mit der Quanteninformatik zu beschäftigen. Und das nicht nur, weil es sich um ein höchst elegantes und spannendes Forschungsfeld handelt, bei dem viele wesentlichen und spannenden Fragestellungen noch unbeantwortet sind.

Da Sie sich diesem Buch widmen, haben Sie bereits den ersten Schritt getätigt, um für diese Zukunft gewappnet zu sein und diese möglicherweise mitgestalten zu können. Ich freue mich, Sie auf dieser Reise begleiten zu dürfen.

1.5 Über dieses Buch

Sie haben nun eine erste Vorstellung davon, warum man sich mit der Quanteninformatik beschäftigen sollte. In diesem Kapitel möchte ich Ihnen die Rolle dieses Buches erläutern und zeigen, wie es Ihnen hilft, die ersten Schritte in diesem faszinierenden Thema zu gehen.

Ich fange mit den Zielen des Buchs an. Anschließend möchte ich Ihnen die pädagogische Herangehensweise erläutern, damit Sie wissen, in welcher Gestalt dieses Buch versucht, Ihnen das mitunter abstrakte Thema näherzubringen. Danach werde ich die inhaltlichen Voraussetzungen thematisieren, die für dieses Buch notwendig sind.

1.5.1 Ziele

Das große *übergeordnete Ziel* dieses Buchs ist ein niederschwelliger, kleinschrittiger und praxisorientierter Einstieg in die Quanteninformatik. Hierzu muss als notwendige Grundlage zunächst ein theoretisches Verständnis für die Quantenmechanik erarbeitet werden. Anschließend soll dieses Verständnis genutzt werden, damit Sie Quantenalgorithmen nachvollziehen, selbst formulieren und via Qiskit implementieren können. Im Detail sollen Ihnen durch dieses Buch folgende Inhalte und Fähigkeiten vermittelt werden:

- Sie erlangen ein *grundlegendes Verständnis für die Theorie der Quantenmechanik*.
- Bezüglich der *physikalischen Aspekte der Quantenmechanik verfügen Sie über elementare Kenntnisse*, die Sie mit weiterführender Literatur weiter vertiefen können.
- Sie entwickeln eine *Intuition für Quantenalgorithmen* und können diese verstehen und (in einfachen Szenarien) selbst formulieren.
- Sie wissen, wie man *Quantenschaltkreise konstruiert*.
- Sie verfügen über die Fähigkeiten, Quantenalgorithmen in einfachen Beispielen *konkret via Qiskit implementieren* zu können.
- Sie gewinnen einen guten *Überblick über einige bahnbrechende Quantenalgorithmen* (wie etwa Shor und Grover).
- Alle erlernten Inhalte können Sie in weiterführender Literatur vertiefen und erweitern.

Den letzten Punkt möchte ich gerne noch weiter ausführen: Ich beabsichtige, die theoretische Detailtiefe und den Abstraktionsgrad derart zu gestalten, dass Ihr Einstieg in weiterführende Literatur möglichst stetig und reibungslos erfolgt, wenn Sie sich tiefer mit der Materie beschäftigen. Anders ausgedrückt: Ich möchte bei den theoretischen Konzepten den *Formalismus und die Abstraktion so gering wie möglich – aber nicht noch geringer – halten*.

Genauer gesagt bedeutet dies, dass ich einzelne Konzepte so formulieren werde, dass diese auf andere Situationen verallgemeinert werden können, sodass *keine vollständige Wiederaufarbeitung des Konzepts* notwendig ist. Letzteres ist oftmals nötig, wenn man in einer Präsentation die Dinge so sehr auf die konkrete Situation vereinfacht hat, sodass das übergeordnete Konzept nicht mehr sichtbar ist oder man dieses übergeordnete Konzept nicht mehr durch Extrapolation der konkreten Situation erhalten kann. Diese Strategie hat den Preis, dass ich an einzelnen Stellen Konzepte in abstrakterer Form einführen werde, als es für die konkreten Beispiele dieses Buchs notwendig ist.

1.5.2 Herangehensweise

In dieses Buch sind meine persönlichen Erfahrungen aus der universitären Lehre eingeflossen. Sie zeigen, dass die folgende Herangehensweise hilfreich für einen langfristigen Lernerfolg ist:

- Es ist wichtig, dass die erarbeiteten Konzepte nicht vom Himmel fallen. Daher beabsichtige ich, *alle Definitionen (insbesondere die Postulate der Quantenmechanik) und Resultate intuitiv herzuleiten*. Diese Herleitung basiert auf einem mathematischen, physikalischen Grundverständnis.
- Wenn man sich in sehr umfassende Themen einarbeitet, ist es unvermeidlich, dass es einzelne Aspekte gibt, die anfangs noch nicht ersichtlich sind und vielleicht sogar verwirren. Typischerweise werden diese Aspekte erst im weiteren Verlauf der Reise ersichtlich. Beispielsweise werden Sie sich zu Beginn unserer Einarbeitung in die Quantenmechanik fragen, wieso man überhaupt mit komplexen Zahlen hantieren muss.

  Mitunter gibt es Studierende, die sich an solchen Stellen abgehängt fühlen und denken: »Eigentlich müsste ich das jetzt bestimmt verstehen!« Dies kann zu Frustration führen, was natürlich den Lernerfolg beeinträchtigt. Diese Situationen möchte ich vermeiden, indem ich *potenzielle Unklarheiten, die erst im weiteren Verlauf aufgeklärt werden, benenne und auf zukünftige Kapitel verweise*.

  Für manchen kann es vielleicht so sein, dass zu viele Fragen aufgeworfen werden, die erst in späteren Kapiteln beantwortet werden, Auch dies betrachte ich als berechtigten Einwand. Daher beabsichtige ich, die aufgeworfenen Fragen mit konkreten Verweisen zu den jeweiligen Antworten zu versehen. Daher bitte ich Sie, direkt zur Antwort zu blättern, wenn Sie die Antworten lieber sofort haben möchten.
- Ich versuche so oft wie möglich, *Beispiele und Metaphern einzuführen*, die man sich vor dem geistigen Auge vorstellen kann. So können Sie die Konstruktionen besser in Erinnerung behalten. Stumpfes Auswendiglernen führt meiner Erfahrung nach zu keinem langfristigen Lernerfolg.
- Allgemein werde ich versuchen, an so vielen Stellen wie möglich *konkrete Rechen- und Codebeispiele* einzubauen. Bei den Beispielen lege ich Ihnen nahe, erst selbst zu versuchen, sie durchzurechnen oder zu implementie-

ren. Ich bin überzeugt, dass ein langfristiger Lernerfolg nur durch die aktive Arbeit an einem Thema möglich ist – und die beginnt mit einem leeren Blatt Papier. Eine Sprache erlernen Sie ja auch nicht nur durch Zuhören. Sie müssen diese neue Sprache auch sprechen – auch wenn es anfangs nur mühsam funktioniert.

- Mein Ziel ist also, die Inhalte mit Ihnen gemeinsam zu erarbeiten. Sie finden daher am Ende der Kapitel Übungsaufgaben, mit denen Sie wichtige Punkte wiederholen und vertiefen können. Die Lösungen zu diesen Aufgaben finden Sie online bei den Materialien zum Buch unter: *https://www.rheinwerk-verlag.de/5808*
- Dort finden Sie auch Jupyter Notebooks, die den Code der Beispiele enthalten. Wenn Sie Qiskit installiert haben (siehe Abschnitt 1.6), können Sie diese Beispiele direkt ausführen und müssen nicht den Code aus dem Buch abtippen.

1.5.3 Voraussetzungen

Wenn man stets bei null anfängt, ist es schwierig, Fortschritte zu machen. Dies liegt daran, dass dann die Vorbereitungsarbeit schon so viel Raum einnehmen muss, sodass für das Eigentliche, das Neue, weniger Raum zur Verfügung steht. Daher wird es inhaltliche Voraussetzungen geben, damit wir das Thema angemessen behandeln können. Das ändert aber natürlich nichts daran, dass es mir wichtig ist, dass so viele Menschen wie möglich so einfach wie möglich einen Einstieg in dieses Thema finden.

Vorwissen aus der Mathematik

Quantenmechanik hat den Ruf, kompliziert und eigentlich mit dem gesunden Menschenverstand nicht vereinbar zu sein. Letzteres ist eine philosophische Debatte, die ich hier ignoriere. Aber ein persönliches Ziel in diesem Buch ist es, Ihnen zu zeigen, dass Ersteres (zumindest für unsere Zwecke) nicht wahr ist. Das wichtigste Werkzeug ist natürlich die Mathematik. Wir werden viel Mathematik brauchen, das ist unvermeidbar. Aber da wir die Quantenmechanik nur für die Quanteninformatik benötigen, kann ich an vielen Stellen die Theorie vereinfachen. Trotzdem ist die Situation bezüglich der mathematischen Voraussetzungen, die Sie benötigen, komplex (und das nicht nur im wahrsten Sinne des Wortes, da wir in $\mathbb{C}$ arbeiten werden).

Mein Wunsch ist es, nur Schulwissen vorauszusetzen. Doch hier kommt es allein schon deswegen zu Konflikten, da aufgrund des föderalen Systems das Niveau der Mathematikkenntnisse auf Bundesebene nicht einheitlich ist. Aber das größte Problem ist, dass ich gestehen muss, dass auch im besten Fall das Schulwissen (und insbesondere die pädagogische Vermittlung des wissenschaftlichen Arbeitens in der Schule) nicht ausreicht, um alle Details in diesem Buch auf Anhieb vollständig zu verstehen. Daher werden wir in der Vorbereitung einiges aufarbeiten, auch wenn dies nur sehr kurz ausfallen kann, was allerdings für die Beweise und Herleitungen in diesem Buch genügen sollte. Doch bevor Sie sich weiterführender Literatur widmen, empfehle ich Ihnen, diese mathematischen Grundlagen auch tiefergehend zu studieren (falls es notwendig ist).

Es muss allerdings auch erwähnt werden, dass es für viele der genannten Ziele nicht absolut notwendig ist, jeden Beweis zu verstehen. Vielleicht ergibt es für Sie Sinn, das Buch in einem ersten Durchgang zu lesen, ohne die mathematische Tiefe auszureizen. Anschließend können Sie dann diese wichtigen mathematischen Fragestellungen nachholen.

Eine letzte Anmerkung hierzu: Wenn Sie auf universitärer Ebene (sei es zum Beispiel im Informatik- oder im Physik-Studium) einen Kurs zur *Linearen Algebra* gehört und erste Erfahrungen in der *Wahrscheinlichkeitstheorie* gesammelt haben, dann sind Sie auf mathematischer Ebene für dieses Buch bestens gerüstet. Sie müssen sich in diesem Fall nur noch an die spezielle Notation – die *Dirac-Notation* – der Quantenmechanik gewöhnen.

Vorwissen aus der Physik

Wie in der Auflistung der Ziele angedeutet, spielt der physikalische Aspekt der Quantenmechanik nur eine ergänzende Rolle in diesem Buch. Die meisten oben formulierten Ziele sind auch ohne das vollständige Verständnis dieses Kapitels erreichbar. Es ist nur wichtig, dass Sie wenigstens ein oberflächliches Verständnis für dessen Inhalte erhalten. Daher werde ich auf eine Aufbereitung des physikalischen Vorwissens verzichten.

Vorwissen aus der Informatik

Der Informatik-Aspekt spielt in diesem Buch insbesondere bei den Codebeispielen eine wichtige Rolle. Da diese Codebeispiele aber als ergänzende Hilfsmittel zum Verständnis der abstrakten Theorie herangezogen werden, setze ich bei der Informatik mehr Vorwissen bei Ihnen voraus. So gehe ich davon aus, dass Sie genug Kenntnisse in Linux und Python besitzen, um Qiskit und die Codebeispiele einrichten zu können. Ich bin aber überzeugt, dass Sie auch ohne derartige Kenntnisse – vielleicht mit ein bisschen mehr zeitlichem Aufwand – die Codebeispiele nachvollziehen können, sofern Sie bereits erste Erfahrungen im Programmieren gesammelt haben.

Wie Sie die Entwicklungsumgebung Qiskit einrichten, zeige ich konkret im nächsten Abschnitt. Dort finden Sie auch Verweise auf die ausführliche Dokumentation, in der Sie die Details nachschlagen können.

1.6 Qiskit – eine Entwicklungsumgebung für Quantencomputer

Ein wesentliches Merkmal meiner Herangehensweise in diesem Buch ist, dass wir stets praktische Beispiele zur Hand nehmen werden, damit Sie sich die mitunter abstrakte Theorie besser visualisieren und einprägen können. Doch wie kann man sich praktisch in der Quanteninformatik austoben, wenn es – wie gesagt – noch gar keine richtigen Quantencomputer gibt?

Die Antwort ist, dass wir einen Quantencomputer so gut es geht simulieren müssen! Aufgrund der in der Theorie möglichen deutlichen Überlegenheit von Quantencomputern ist es klar, dass so eine Simulation schnell an ihre Grenzen kommen wird. Wir werden uns daher mit Rechen- und Programmierbeispiele in kleinen Maßstäben begnügen müssen. Aber ich versichere Ihnen, dass bereits diese kleineren Beispiele Sie wesentlich dabei unterstützen werden, das Thema Quantencomputing zu verstehen.

Die Plattform, die wir hierzu nutzen werden, ist IBMs Entwicklungsumgebung *Qiskit*, die auf der Programmiersprache *Python* aufgebaut ist. Es handelt sich hierbei um eine Open-Source-Umgebung; sie ist für Sie somit frei und einfach zugänglich. Tatsächlich gäbe es auch die Möglichkeit, die Berechnungen auf einem echten Quantencomputer von IBM durchführen zu lassen, was aber selbstverständlich Kosten verursacht und für unseren Einstieg nicht notwendig ist. Wir möchten uns aber auf die Simulation eines Quantencomputers beschränken. Dies sollte für unsere Zwecke reichen. Falls Sie wissen möchten, wie Sie Zugang zu Rechenzeit am Quantencomputer erhalten, verweise ich Sie auf die jeweiligen Webseiten von IBM:

https://www.ibm.com/quantum/pricing

Qiskit in einem konkreten Szenario

Wie bereits in Abschnitt 1.5.3 erwähnt, gehe ich davon aus, dass Sie bereits Vorkenntnisse im Programmieren haben und keine ausführliche Einführung in Python benötigen. Daher werde ich nur rudimentär und in einem speziellen Szenario erklären, wie Sie Qiskit so einrichten, dass Sie die Beispiele in den folgenden Kapiteln folgen können. Ich gehe dabei davon aus, dass Sie in einer Linux-Umgebung arbeiten und bereits Python 3 installiert haben. Ich empfehle Ihnen für unsere Zwecke die Plattform *Jupyter Notebook*, die mittlerweile sehr bekannt und beliebt ist. Alle nötigen Informationen finden Sie unter *https://jupyter.org*.

Um in diesem konkreten Szenario Qiskit einzurichten und anschließend die für uns nötigen Python-Pakete zu installieren, geben Sie bitte folgende Befehle in das Terminal ein:

```
sudo apt install python3, python3-pip, jupyter-core, jupyter-notebook

pip install qiskit==0.46
pip install qiskit_aer
pip install matplotlibq
pip install pylatexenc
pip install galois
```

Listing 1.1 Die benötigten Pakete, wenn Sie Ubuntu nutzen.

Wenn Sie eine andere Linux-Distribution nutzen, müssen Sie den Befehl `apt` entsprechend austauschen und schauen, ob die Pakete einen leicht anderen Namen tragen. Beachten Sie außerdem, dass ich Sie bewusst die Version 0.46 von Qiskit installieren ließ, da die Codebeispiele in diesem Buch auf dieser Version basieren und wir nur so sichergehen können, dass es nicht zu Problemen mit der Kompatibilität kommt. Damit sind Sie nun gerüstet, um die kommenden Codebeispiele auszuprobieren.

Hello World und Tutorials

Wenn Sie erst einmal mit Qiskit warm werden wollen, sollten Sie die Dokumentation studieren. Sie ist sehr ausführlich und wird sogar mit Videos unterstützt. Wie jeder gute Einstieg startet auch dieses Tutorial mit einem `Hello World`: *https://docs.quantum.ibm.com/guides/hello-world*. Unser erstes Codebeispiel – d. h. unser `Hello World` – finden Sie in Abschnitt 4.2.2.

Außerdem stellt IBM einige gute und ausführliche Tutorials bereit, die Sie als Ergänzung zu diesem Buch durcharbeiten können. Den Katalog der Übungen finden Sie unter:

https://learning.quantum.ibm.com/catalog/tutorials

1.7 Plan-Check-Do-Act

Aus jeder Anstrengung, in die Lebenszeit, Energie, Leidenschaft und Freude eingeflossen sind, erwächst der Wunsch, dass die Arbeit Früchte trägt. Es ist mir deshalb persönlich wichtig, dass Ihnen als Leserin oder Leser dieses Buch Freude und Lernerfolge ermöglicht. Daher freue ich mich über jede – und wirklich jede – Art von Rückmeldung, Kritik, Hinweis und Verbesserungsvorschlag, um die Qualität dieses Buchs zu verbessern.

Diese Qualitätssteigerung gelingt am besten über den direkten Austausch. Das hat die Erfahrung in der Lehre stets bestätigt und ist auch Teil des Plan-Check-Do-Act-Zyklus eines guten Qualitätsmanagements (wie Sie es vielleicht aus der ISO 9001 kennen).

Bitte nutzen Sie hierfür die E-Mail-Adresse:

quantencomputing@rheinwerk-verlag.de

Ich freue mich auf Ihre Nachrichten.

1.8 Ausblick auf die Inhalte dieses Buchs

In diesem Abschnitt möchte ich einen kurzen Überblick über dieses Buch geben. Es besteht aus fünf Teilen: **Vorbereitung**, **Elemente der Quantenmechanik**, **Quantenschaltkreismodell**, **Algorithmen** und **Nachworte**.

Nach der **Einleitung** werden wir in Teil I, der **Vorbereitung**, unsere Kenntnisse auf denselben Stand bringen. Ich liste hierzu einige Begriffe und Konzepte auf, die für den weiteren Verlauf dieses Buchs vorausgesetzt werden. Dazu zählen zum einen einige *mathematische Grundlagen* sowie zum anderen ein kurzer Blick auf einige wichtige *Experimente aus der Quantenphysik* in Kapitel 3, aus denen die Postulate der Quantenmechanik hervorgegangen sind.

Die ersten wesentlichen Schritte dieses Buchs machen wir in Teil II, **Elemente der Quantenmechanik**. Hier werden Sie die für uns wichtigen mathematischen Grundlagen aus der *Quantenmechanik* erarbeiten. Die großen Meilensteine in Kapitel 4 sind die einzelnen *Postulate der Quantenmechanik*. In Kapitel 5 schauen wir uns direkte Konsequenzen aus diesen Postulaten an. Insbesondere werden Sie hierbei das Phänomen der *Verschränkung* kennenlernen.

In Teil III, **Quantenschaltkreismodell**, sind Sie nun bereit, in die *Quanteninformatik* einzusteigen. Ich lege den Fokus auf das Berechnungsmodell des *Quantenschaltkreismodells*. Hierzu führe ich in Kapitel 6 *(Multi-)Qubits* und in Kapitel 7 *Gatter* ein, um diese dann in Kapitel 8 zu *Quantenschaltkreisen* zusammenzuführen.

In Teil IV ernten Sie den Lohn Ihrer Arbeit aus den vorhergehenden Teilen und lernen einige wichtige **Quantenalgorithmen** kennen:

- den *Deutsch-Jozsa-Algorithmus* (Kapitel 9),
- den *Simon-Algorithmus* (Kapitel 10),
- den *Grover-Algorithmus* (Kapitel 11) und
- den *Shor-Algorithmus* (Kapitel 12).

In den **Nachworten**, Teil V, finden Sie einen kurzen Exkurs in ein damit zusammenhängendes, sehr spannendes Thema: die *Post-Quanten-Kryptografie*.

Des Weiteren werfen wir auch noch einen Blick auf weitere Themen, die ich Ihnen als nächste Schritte ans Herz lege.

Natürlich habe ich die Reihenfolge im Buch bewusst gewählt und meine erste Empfehlung ist daher, dass Sie vorne beginnen und das Buch sukzessive durcharbeiten. Aber Sie können auch – je nach Vorkenntnissen und ihrem Fokus – einige Kapitel oder Abschnitte nur sichten oder gar überspringen. Beispielsweise können Sie einzelne Abschnitte aus Teil I ruhigen Gewissens nur überfliegen, falls Sie bereits über grundlegende Kenntnisse in der Linearen Algebra, der Wahrscheinlichkeitstheorie, im Programmieren oder in der Quantenphysik verfügen.

Kapitel 4 und Kapitel 5 sind die Grundpfeiler dieses Buchs und daher würde ich Ihnen nicht empfehlen, diese zu überspringen. Ebenso empfehle ich Ihnen, Teil III sorgfältig durchzuarbeiten, auch wenn Sie die abgeleiteten Konzepte der Quanteninformatik vielleicht schon aus den Kapiteln 4 und 5 erahnen können.

Die Algorithmen in Teil IV können unabhängig voneinander gelesen werden, auch wenn natürlich Parallelen und Zusammenhänge zwischen diesen Algorithmen existieren.

Die Inhalte von Teil V stehen nicht in direktem Zusammenhang mit den anderen Teilen und können unabhängig von diesen gelesen werden.

TEIL I

Vorbereitung

Kapitel 2
Mathematische Grundlagen

In diesem Kapitel möchte ich mit Ihnen das in Abschnitt 1.5.3 angekündigte notwendige mathematische Vorwissen erarbeiten. Es sei erwähnt, dass die Darstellung in diesem Kapitel den Charakter eines Nachschlagewerks hat. Ich empfehle Ihnen daher, begleitend zur Theorie in diesem Buch ein Einführungsbuch in die Lineare Algebra (wie beispielsweise [FS14]) zur Hand zu haben, um – wann immer es nötig ist – an gewissen Stellen Zugang zu weiterführenden Materialien zu den eingeführten Konzepten zu erhalten. Dies bietet Ihnen eine weitere Stütze, um die an einzelnen Stellen abstrakten Konzepte in der Quantenmechanik noch besser verinnerlichen zu können.

Dennoch sollten die hier vorgestellten Konzepte für dieses Buch ausreichen. Holen Sie die Grundlagen alternativ zu einem späteren Zeitpunkt nach, um Ihr Verständnis zu vertiefen.

Der rote Faden in diesem Kapitel

Wir beginnen in den Abschnitten 2.1 und 2.2 mit der Einführung einiger *grundlegender Formalitäten, Konventionen und Notationen*, die ich aus der wissenschaftlichen Literatur übernehmen werde. Anschließend liste ich in Abschnitt 2.3 einige wichtige Fakten zum Rechnen mit *komplexen Zahlen* auf, die wir in diesem Buch benötigen werden. In Abschnitt 2.4 fasse ich einige wichtige Definitionen und Resultate aus der *Linearen Algebra* zusammen, auf die wir in diesem Buch aufbauen werden. In Abschnitt 2.5 lernen Sie die *Dirac-Notation* kennen, und in Abschnitt 2.6 geht es um die Grundlagen der *Wahrscheinlichkeitstheorie*.

2.1 Formalismus

Das vorliegende Buch soll Ihnen einen leichten, praxisorientierten Zugang zur Quanteninformatik ermöglichen, ohne dabei einen informellen Charakter anzunehmen. Ich werde mich daher an gängigen wissenschaftlichen Strukturen orientieren, aber in der Sprache an gewissen Stellen bildlich und intuitiv vorgehen, um den Zugang zu vereinfachen. Die wissenschaftliche Struktur, der wir uns bedienen, beinhaltet folgende typischen Umgebungen:

- In **Definitionen** werden wir neue Begriffe oder mathematische Objekte einführen.
- In **Postulaten** werden wir physikalische Gesetze festlegen. Diese Gesetze basieren auf empirischen Erfahrungen aus realen, physikalischen Experimenten und werden von uns als Grundlage für die Theorie angenommen.
- In **Lemmata, Propositionen, Theoremen und Korrolaren** werden wir Aussagen und Resultate festhalten, die wir aus den Postulaten und Definitionen ableiten. Hierbei gilt eine gewisse Gewichtung: Lemmata beinhalten Hilfsaussagen, Propositionen sind Resultate, die auch für sich stehend bedeutsam sind, und Theoreme enthalten die wichtigsten Ergebnisse dieses Buchs. Korollare beinhalten Aussagen, die eine direkte Folgerung aus vorher formulierten Resultaten sind.

Ich werde immer wieder auf die Postulate, Definitionen oder Beispiele verweisen. Damit Sie die entsprechenden Aussagen schnell finden, sind alle Umgebungen durchnummeriert, und zwar nach den jeweiligen Abschnitten. Definition 5.2.6 finden Sie also in Abschnitt 5.2, Lemma 4.4.9 in Abschnitt 4.4.

Ein weiteres wichtiges Thema, dessen genaue Bedeutung man sich vielleicht erst bewusst machen oder in Erinnerung rufen muss, sind Aussagen in der Form *genau dann, wenn*. Seien beispielsweise I und II zwei Aussagen/Behauptungen. Dann sagen wir, dass I genau dann gilt, wenn auch II gilt, wenn beide Aussagen äquivalent sind. In anderen Worten: I impliziert II *und* II impliziert I. Ein Beispiel: Eine reelle Zahl a ist genau dann gleich 0, wenn auch $a^2 = 0$ ist.

2.2 Grundlegende Notation

In diesem Buch nutze ich die in der wissenschaftlichen Literatur übliche Notation. Hierzu gehören die folgenden Konventionen:

- Für eine Menge A und ein Element x aus A schreiben wir $x \in A$. Für Teilmengen I von A schreiben wir $I \subset A$, wobei wir hier nicht ausschließen, dass $I = A$ sein kann.
- Für eine Menge A bezeichnen wir mit $|A|$ die Kardinalität dieser Menge, d. h., die Anzahl der Elemente, die in A enthalten sind.
- Für Mengen A, B bezeichnen wir mit $A \cup B$ und mit $A \cap B$ die Vereinigung bzw. die Schnittmenge der beiden Mengen. Entsprechend definieren wir auch $\cup_{i=1}^n A_i$ und $\cap_{i=1}^n A_i$ für eine Familie an Mengen $A_1, A_2, \ldots, A_n$ (wobei $n \in \mathbb{N}$).

- Für eine Abbildung oder Funktion f, die von einer Menge A in die Menge B abbildet, schreiben wir

$$\begin{aligned} f : A &\to B \\ a &\mapsto f(a), \end{aligned}$$

wobei wir in der zweiten Zeile ausdrücken möchten, dass das Element $a \in A$ auf das Element $f(a) \in B$ abgebildet wird.

- Eine besondere Abbildung, die es in jeder Menge A gibt, ist die *Identitätsabbildung* Id, für die gilt, dass $\mathrm{Id}(a) = a$ für alle $a \in A$.

- Für zwei Mengen A und B bezeichnen wir mit $A \times B$ das direkte Produkt der beiden Mengen, definiert als die Menge aller Tupel $\begin{pmatrix} a \\ b \end{pmatrix}$, wobei $a \in A$ und $b \in B$, d.h.

$$A \times B = \left\{ \begin{pmatrix} a \\ b \end{pmatrix} \middle| a \in A, b \in B \right\}.$$

Diese Konstruktion lässt sich auf das Kreuzprodukt beliebig vieler Mengen selbstredend erweitern. Falls $A = B$, schreiben wir $A \times A = A^2$ bzw. A^k, falls wir das k-fache Kreuzprodukt betrachten.

- Mit $\mathbb{N}$ bezeichnen wir die Menge der natürlichen Zahlen beginnend bei 1, mit $\mathbb{N}_0$ bezeichnen wir die Menge der natürlichen Zahlen beginnend bei 0, mit $\mathbb{Z}$ die Menge der ganzen Zahlen, mit $\mathbb{Q}$ die Menge der rationalen Zahlen, und mit $\mathbb{R}$ die Menge der reellen Zahlen.

- Eine Summe, die mehrere Summanden $a_i \in \mathbb{R}$ für $i \in I \subset \mathbb{N}_0$ enthält, beschreiben wir in kompakter Form als:

$$\sum_{i \in I} a_i$$

Falls $I = k, k+1, \ldots, l$ für $k, l \in \mathbb{N}_0$ mit $k \leq l$ schreiben wir:

$$\sum_{i \in I} a_i = \sum_{i=k}^{l} a_i$$

Falls $k > l$, definieren wir, dass $\sum_{i=k}^{l} a_i = 0$.

- Für Mengen A, die ein maximales (oder minimales) Element besitzen, bezeichnen wir dieses Element als $\max A$ (bzw. als $\min A$).

- Um die Komplexität von Algorithmen zu beschreiben, nutzen wir die folgenden *Landau-Symbole*, wobei hier stets $f : \mathbb{N} \to \mathbb{R}$ und $g : \mathbb{N} \to \mathbb{R}$:

- Wir schreiben $f = O(g)$, falls es Konstanten $C, N \in \mathbb{N}$ gibt, sodass $f(n) \leq Cg(n)$ für alle $n \geq N$.
- Wir schreiben $f = \Theta(g)$, falls $f = O(g)$ und $g = O(f)$.

2.3 Komplexe Zahlen

Da Quantenobjekte auch Welleneigenschaften besitzen, ist es sinnvoll – wie ich in Bemerkung 5.1.1 genauer erklären werde –, für die mathematische Modellierung der Quantenmechanik im Raum der *komplexen Zahlen* zu arbeiten. In diesem Abschnitt möchte ich einige grundlegende Konventionen und Aussagen aus der Theorie der komplexen Zahlen auflisten.

Der Raum $\mathbb{C}$ der komplexen Zahlen ist definiert als der Raum aller Zahlen α der Form

$$\alpha = a + b \cdot i,$$

wobei $a, b \in \mathbb{R}$ und i, genannt die *imaginäre Zahl*, diese Eigenschaft erfüllt:

$$i^2 = -1$$

Hierbei bezeichnet a den *Realteil* von α und b den *Imaginärteil* von α. Wir schreiben auch

$$\mathrm{Re}(\alpha) := a \quad \text{und} \quad \mathrm{Im}(\alpha) := b.$$

Wir können alle Elemente aus $\mathbb{C}$ grafisch in einem Koordinatensystem darstellen, indem wir den Realteil als die x-Koordinate wählen und den Imaginärteil als die y-Koordinate. Im Folgenden sehen Sie hierzu ein Beispiel:

Für eine komplexe Zahl $\alpha \in \mathbb{C}$ der obigen Form definieren wir die *Konjugation* α^* von α als

$$\alpha^* = a - b \cdot i,$$

d.h., indem wir das Vorzeichen vor dem Imaginärteil von α ändern. Der Betrag $|\alpha|$ von α ist definiert durch

$$|\alpha| = \sqrt{a \cdot a^*} = \sqrt{a^2 + b^2}$$

und beschreibt die Länge des Vektors von α in dessen grafischer Darstellung.

Die obige grafische Darstellung aller komplexen Zahlen lässt sich als eindeutige Zuordnung zwischen $\mathbb{C}$ und dem Raum $\mathbb{R}^2$ interpretieren. So eine Zuordnung gelingt auch durch die *Polarkoordinaten*-Darstellung von komplexen Zahlen $\alpha = a + b \cdot i \in \mathbb{C}$ durch

$$a = r \cdot \begin{pmatrix} \cos(\gamma) \\ \sin(\gamma) \end{pmatrix},$$

wobei

$$r = |\alpha| > 0 \quad \text{und} \quad \gamma = \arctan(b/a) \in \left(-\frac{\pi}{2}, \frac{\pi}{2}\right).$$

2.4 Lineare Algebra

Quantenmechanik ist eine lineare Theorie. Daher werden wir durchgehend mit linearen Strukturen wie Vektorräumen oder linearen Abbildungen arbeiten. In diesem Abschnitt möchte ich Ihnen einen groben Überblick über einige Begriffe und Objekte in diesem Kontext verschaffen.

Schon vorab möchte ich Sie darauf einstellen, dass nun viele Inhalte aufgelistet werden. Diese Inhalte werden Sie brauchen, falls Sie alle Details in diesem Buch verstehen möchten. Das gebe ich zu. Dennoch können Sie diesen Abschnitt trotzdem beim ersten Mal nur *überfliegen*. Auf den nächsten Seiten finden Sie nämlich sehr viel anspruchsvollen Stoff in einer sehr komprimierten Form. Wenn Sie diese Inhalte zum ersten Mal sehen, ist es wohl unmöglich, sie vollständig intuitiv zu begreifen. Ich empfehle Ihnen daher, diesen Abschnitt erst einmal zu sichten, sich vielleicht sogar an den Übungsaufgaben zu versuchen und in den späteren Kapiteln – falls nötig – immer wieder hierher zurückzukommen, um noch mal in die Tiefe zu gehen.

Meine Bitte daher: Lassen Sie sich von den vielen Inhalten nicht abschrecken. Diese benötigen Sie über das gesamte Buch verteilt, sodass Sie sich die Aneignung aller Details aufteilen können. Nutzen Sie diesen Abschnitt daher eher als Nachschlagewerk. Wenn Sie aber bereits Erfahrungen in der Linearen Algebra haben, dann ist dieser Abschnitt exzellent dafür geeignet, dieses Wissen aufzufrischen und abzurufen.

Noch ein letzter Tipp, bevor wir loslegen: Vieles (oder sogar fast alles) können Sie sich mit Vektoren im Euklid'schen Raum $\mathbb{R}^3$ sehr gut intuitiv vorstellen. Stellen Sie sich beispielsweise orthogonale Vektoren in einem Hilbertraum stets wie zwei zueinander senkrecht stehende Stäbe vor. Das hilft oftmals (aber leider nicht immer), um ein Gefühl für die mathematischen Objekte zu bekommen.

Vektorräume

Unter einem *($\mathbb{C}$-)Vektorraum* verstehen wir einen Raum von Objekten, genannt *Vektoren*, die mit einer linearen Struktur miteinander verbunden sind, d. h., es existieren

- eine **Additionsverknüpfung** $+ : V \times V \to V$ in V, sowie
- eine **Skalarmultiplikation** $\cdot : \mathbb{C} \times V \to V$ in V,

die die folgenden Eigenschaften erfüllen für alle $u, v, w \in V$ und $\alpha, \beta \in \mathbb{C}$ (wobei wir hier für die Addition und Multiplikation in $\mathbb{C}$ – wie üblich in der Literatur – auch die Symbole + und - verwenden):

- $u + v = v + u$ (*Kommutativgesetz*)
- $(u + v) + w = u + (v + w)$ (*Assoziativgesetz*)
- Es gibt ein Element $0 \in V$, das **neutrale Element der Additionsverknüpfung**, sodass $0 + v = v$.
- Es gibt ein Element $-v \in V$, das zu v **inverse Element**, sodass $-v + v = 0$.
- $1 \cdot v = v$
- $\alpha \cdot (u + v) = \alpha \cdot u + \alpha \cdot v$ und $(\alpha + \beta) \cdot v = \alpha \cdot v + \beta \cdot v$ (*Distributivgesetze*)
- $(\alpha \cdot \beta) \cdot v = \alpha \cdot (\beta \cdot v)$

Man kann auch hier statt $\mathbb{C}$ andere Mengen wie etwa $\mathbb{R}$ wählen, dann nennt man den Vektorraum $\mathbb{R}$-Vektorraum. In diesem Buch kommen aber nur $\mathbb{C}$-Vektorräume vor, daher werden die Begriffe *Vektorraum* und $\mathbb{C}$-*Vektorraum* im Folgenden synonym verwendet.

Unter einem *Unterraum* eines Vektorraumes V versteht man eine nicht leere Teilmenge $W \subset V$, sodass

- $u + v \in W$ für alle $u, v \in W$ und
- $\alpha \cdot u \in W$ für alle $\alpha \in \mathbb{C}$ und $u \in W$.

Intuitiv gesprochen kann man W als Teilmenge von V betrachten, die selbst wieder ein Vektorraum ist, wobei die Vektorraumstruktur (d. h. die Addition und die Skalarmultiplikation) in W von V vererbt wird und somit mit der Vektorraumstruktur aus V übereinstimmt. Es gilt, dass Unterräume an sich selbst wieder Vektorräume sind (siehe Übung 2.1).

Die Vektorräume $\mathbb{C}^k$

Ein wichtiges Beispiel für Vektorräume, das Ihnen in diesem Buch häufig begegnet wird, sind die Räume

$$\mathbb{C}^k = \left\{ \begin{pmatrix} \alpha_0 \\ \alpha_1 \\ \vdots \\ \alpha_{k-1} \end{pmatrix} \middle| \, \alpha_0, \alpha_1, \ldots \; \alpha_{k-1} \in \mathbb{C} \right\},$$

wobei $k \in \mathbb{N}$. Die Addition und Skalarmultiplikation in diesen Räumen entspricht denen in den Euklid'schen Räumen $\mathbb{R}^k$, die Sie in der Schule kennengelernt haben.

Lineare Abbildungen

Eine *lineare Abbildung* f zwischen zwei Vektorräumen V und W ist eine Abbildung, die die lineare Struktur der Vektorräume erhält, d. h.

$$f(\alpha v_1 + v_2) = \alpha f(v_1) + f(v_2) \quad \text{für alle } v_1, v_2 \in V \text{ und } \alpha \in \mathbb{C}.$$

Hierbei ist zu beachten, dass die Addition auf der linken Seite der Gleichung die Additionsverknüpfung in V beschreibt und die Addition auf der rechten Seite in der Gleichung die Additionsverknüpfung in W.

Den Raum aller linearen Abbildungen, die von V nach V abbilden, bezeichnen wir in diesem Buch mit $\mathcal{L}(V)$.

Linearkombinationen

Für Vektoren $v_1, \dots, v_n \in V$ (wobei $n \in \mathbb{N}$) und Zahlen $\alpha_1, \dots, \alpha_n \in \mathbb{C}$, den *Koeffizienten*, bezeichnen wir die Summe

$$\sum_{i=1}^{n} \alpha_i v_i \tag{2.4.1}$$

als *Linearkombination*. Die Linearkombination bezeichnen wir als *trivial*, wenn $\alpha_1 = \dots = \alpha_n = 0$, und ansonsten als *nicht-trivial*.

Die Menge aller Linearkombinationen zu einer Familie an Vektoren $v_1, \dots, v_n$, d. h.

$$\mathrm{Span}(v_1, \dots, v_n) := \left\{ \sum_{i=1}^{n} \alpha_i v_i \middle| \alpha_1, \dots, \alpha_n \in \mathbb{C} \right\},$$

bezeichnen wir als *lineare Hülle von* $v_1, \dots, v_n$ und notieren wir mit $\mathrm{Span}(v_1, \dots, v_n)$.

Lineare Unabhängigkeit

Die Familie an Vektoren $v_1, \dots, v_n \in V$ ist *linear unabhängig*, wenn die folgende Eigenschaft erfüllt ist: Wann immer

$$\sum_{i=1}^{n} \alpha_i v_i = 0$$

für Zahlen $\alpha_1, \dots, \alpha_n \in \mathbb{C}$ gilt, dann gilt notwendigerweise auch, dass $\alpha_1 = \dots = \alpha_n = 0$. In anderen Worten: Es gibt keine nicht-triviale Linearkombination dieser Vektoren, die 0 ergibt.

Endlichdimensionale Vektorräume und Basen

Für die Ziele dieses Buchs wird es nicht nötig sein, die mathematische Theorie hinter der Quantenmechanik in der vollen Allgemeinheit einzuführen, denn unser Fokus liegt ja – wie bereits erwähnt – auf der Quanteninformatik. Das heißt, wir möchten grundlegende Begriffe und Voraussetzungen aus der Quantenmechanik erarbeiten, um daraus ein theoretisches Verständnis für Quantenalgorithmen ableiten zu können. Eine dieser Vereinfachungen besteht darin, dass wir annehmen, dass alle Vektorräume V *endlichdimensional* sind, d. h., es gibt ein $n \in \mathbb{N}$ und Elemente $v_1, \ldots, v_n \in V$, sodass für alle $v \in V$ Zahlen $\alpha_1, \ldots, \alpha_n \in \mathbb{C}$ existieren, sodass

$$v = \sum_{i=1}^{n} \alpha_i v_i.$$

In anderen Worten: Man kann jeden Vektor aus V als Linearkombinationen von $v_0, \ldots, v_n$ darstellen.

Wenn zusätzlich die Vektoren $v_0, \ldots, v_n$ linear unabhängig sind, dann nennt man $v_0, \ldots, v_n$ eine *Basis* von V und n die *Dimension* von V.

Standardbasis in $\mathbb{C}^k$

Für jeden Vektorraum gibt es viele verschiedene Basen. Die für die Vektorräume $\mathbb{C}^k$ wichtigste Basis ist die sogenannte *Standardbasis*, die aus den folgenden k Vektoren aus $\mathbb{C}^k$ besteht:

$$\begin{pmatrix} 1 \\ 0 \\ 0 \\ \vdots \\ 0 \end{pmatrix}, \quad \begin{pmatrix} 0 \\ 1 \\ 0 \\ \vdots \\ 0 \end{pmatrix}, \quad \ldots, \quad \begin{pmatrix} 0 \\ 0 \\ \vdots \\ 0 \\ 1 \end{pmatrix},$$

d. h. aus allen Vektoren, die nur aus Nullen bestehen außer in einem Eintrag, der eine 1 beinhaltet. Um die einzelnen Elemente dieser Standardbasis notationell festzuhalten, definieren wir für alle $i \in \{0, 1, \ldots, k-1\}$ den Vektor $e_i^{(k)}$ als

$$e_i^{(k)} = \begin{pmatrix} 0 \\ \vdots \\ 0 \\ 1 \\ 0 \\ \vdots \\ 0 \end{pmatrix} \tag{2.4.2}$$

d.h. als das Basiselement aus der Standardbasis von $\mathbb{C}^k$, bei dem die 1 an i-ter Stelle steht. Hierbei ist zu beachten, dass wir bei der Bestimmung dieser Position oben anfangen und die Zählung bei null beginnen, d.h.

$$\begin{pmatrix} 1 \\ 0 \\ 0 \\ \vdots \\ 0 \end{pmatrix} = e_0^{(k)}.$$

Die Standardbasis in $\mathbb{C}^k$ ist somit gegeben durch:

$$\{e_0^{(k)}, e_1^{(k)}, \ldots, e_{k-1}^{(k)}\}$$

Das innere Produkt/Skalarprodukt

Eine sehr wichtige Größe, die in Euklid'schen Räumen die Winkel zwischen den Vektoren beschreibt, ist das *innere Produkt* (oder auch *Skalarprodukt* genannt). In allgemeinen Vektorräumen V ist so ein Skalarprodukt definiert als eine Abbildung $\langle\cdot|\cdot\rangle : V \times V \to \mathbb{C}$, sodass für alle $u, v, w \in V$ und $\alpha, \beta \in \mathbb{C}$ gilt, dass:

- $\langle u|v\rangle = (\langle v|u\rangle)^*$ (*hermitesch*)
- $\langle u|v\rangle \geq 0$ und $\langle u|v\rangle = 0$ genau dann, wenn $u = v$ (*positiv definit*)
- $\langle u|\alpha v + \beta w\rangle = \alpha \langle u|v\rangle + \beta \langle u|w\rangle$ (*Linearität im zweiten Argument*)

Einen endlichdimensionalen Vektorraum, in dem ein Skalarprodukt existiert, bezeichnet man als *Hilbertraum*. In diesem Buch nutzen wir oft die Notation $\mathscr{H}$ für Hilberträume.

Norm

Eine *Norm* in einem Vektorraum V ist definiert als eine Abbildung $\|\cdot\| : V \to [0, \infty)$ mit den folgenden drei Eigenschaften:

- $\|v\| = 0$ genau dann, wenn $v = 0$ (*Definitheit*)
- $\|\alpha v\| = |\alpha|\|v\|$ für alle $\alpha \in \mathbb{C}$ und $v \in V$ (*Homogenität*)
- $\|v + w\| \leq \|v\| + \|w\|$ für alle $v, w \in V$ (*Dreiecksungleichung*)

Es ist wichtig zu wissen, dass durch die Existenz eines Skalarprodukts in einem Vektorraum man durch

$$\|v\| = \sqrt{\langle v|v\rangle} \qquad \text{für alle } v \in V$$

auch direkt eine Norm erhält. Schauen Sie sich dazu auch Übung 2.2 an. Insbesondere existiert in jedem Hilbertraum also auch eine Norm. Hierdurch kann man den Vektoren im Hilbertraum Längen zuordnen.

Der adjungierte Operator

Seien $\mathscr{H}_0$ und $\mathscr{H}_1$ Hilberträume. Sei $A : \mathscr{H}_0 \to \mathscr{H}_1$ eine lineare Abbildung. Dann ist die *Adjungierte* oder der *adjungierte Operator* $A^* : \mathscr{H}_1 \to \mathscr{H}_0$ zu A definiert als die lineare Abbildung, die folgende Eigenschaft erfüllt:

$$\langle Au|v\rangle = \big\langle u\big|A^*v\big\rangle \quad \text{für alle } u \in \mathscr{H}_0, v \in \mathscr{H}_1,$$

wobei auf der linken Seite der Gleichung das Skalarprodukt in $\mathscr{H}_1$ berechnet wird und auf der rechten Seite das Skalarprodukt in $\mathscr{H}_0$.

Skalarprodukt und Norm in $\mathbb{C}^k$

Im Raum $\mathbb{C}^k$ ist das Skalarprodukt definiert als

$$\langle u|v\rangle = \sum_{j=1}^{k} (\alpha_i)^* \cdot \beta_i \quad \text{für alle } u, v \in \mathbb{C}^k, \text{ wobei } u = \begin{pmatrix} \alpha_1 \\ \vdots \\ \alpha_k \end{pmatrix} \text{ und } v = \begin{pmatrix} \beta_1 \\ \vdots \\ \beta_k \end{pmatrix}.$$

Die zugehörige Norm ist dann entsprechend definiert als:

$$\|v\| = \sqrt{\sum_{j=1}^{k} (v_i)^* \cdot v_i}$$

Es gibt natürlich verschiedene Normen in $\mathbb{C}^k$. In diesem Buch betrachten wir aber nur die soeben definierte Norm $\|\cdot\|$ (die in der Literatur auch oft mit $\|\cdot\|_2$ notiert wird).

Orthogonalität

Zwei Vektoren u, v eines Hilbertraums $\mathscr{H}$ stehen *orthogonal* zueinander, falls

$$\langle u|v\rangle = 0.$$

Eine Familie an Vektoren $u_1, \dots, u_n \in \mathscr{H}$, wobei $n \in \mathbb{N}$, ist ein *orthogonales System*, falls

$$\langle u_j|u_\ell\rangle = 0 \quad \text{für alle } j \neq \ell.$$

Bilden die Vektoren $u_1, \dots, u_n$ zusätzlich eine Basis von $\mathscr{H}$, so bezeichnet man diese Basis als *Orthogonalbasis*. Und wenn zusätzlich noch gilt, dass

$$\|u_1\| = \dots = \|u_n\| = 1,$$

so bezeichnet man diese Basis als *Orthonormalbasis*.

Matrizen mit komplexwertigen Einträgen

Lineare Abbildungen von $\mathbb{C}^k$ (wobei $k \in \mathbb{N}$) nach $\mathbb{C}^l$ (wobei $l \in \mathbb{N}$) werden dargestellt durch Matrizen (mit l Zeilen und k Spalten), wie Sie sie in der Schule kennengelernt haben, nur dass sie in diesem Fall keine reellwertigen Einträge haben, sondern komplexwertige. Den zugehörigen Raum solcher Matrizen bezeichnen wir mit $\mathbb{C}^{l,k}$.

Sei $A \in \mathbb{C}^{l,k}$ mit Einträgen $(\alpha_{j,\ell})_{j\in\{1,\ldots,l\},\ell\in\{1,\ldots,k\}}$, d.h.

$$A = \begin{pmatrix} \alpha_{1,1} & \alpha_{1,2} & \cdots & \alpha_{1,k} \\ \alpha_{2,1} & \alpha_{2,2} & \cdots & \alpha_{2,k} \\ \vdots & \vdots & \vdots & \vdots \\ \alpha_{l,1} & \alpha_{l,2} & \cdots & \alpha_{l,k} \end{pmatrix}$$

Des Weiteren sind folgende Matrizen, die aus A konstruiert werden, auch sehr wichtig für uns:

- Die *Transponierte* A^T von A ist die Matrix, bei der die Einträge an der Hauptdiagonalen gespiegelt werden, d.h. $A^T \in \mathbb{C}^{k,l}$ mit Einträgen $(\alpha_{\ell,j})_{j\in\{1,\ldots,l\},\ell\in\{1,\ldots,k\}}$, d.h.:

$$A^T = \begin{pmatrix} \alpha_{1,1} & \alpha_{2,1} & \cdots & \alpha_{l,1} \\ \alpha_{1,2} & \alpha_{2,2} & \cdots & \alpha_{l,2} \\ \vdots & \vdots & \vdots & \vdots \\ \alpha_{1,k} & \alpha_{2,k} & \cdots & \alpha_{l,k} \end{pmatrix}$$

- Die *hermitesch Transponierte* A^H von A ist die Matrix, bei der A zunächst transponiert wird und dann von allen Einträge die Konjugation genommen wird, d.h. A^H hat die Einträge $(\alpha^*_{\ell,j})_{j\in\{1,\ldots,l\},\ell\in\{1,\ldots,k\}}$, d.h.:

$$A^H = \begin{pmatrix} \alpha^*_{1,1} & \alpha^*_{2,1} & \cdots & \alpha^*_{l,1} \\ \alpha^*_{1,2} & \alpha^*_{2,2} & \cdots & \alpha^*_{l,2} \\ \vdots & \vdots & \vdots & \vdots \\ \alpha^*_{1,k} & \alpha^*_{2,k} & \cdots & \alpha^*_{l,k} \end{pmatrix}$$

Eine wichtige Eigenschaft von A^H (die ich in Übung 2.3 zeige) ist, dass falls $l = k$, $A^H = A^*$ gilt. A^H entspricht also dem adjungierten Operator zu A.

Hermitesche Matrizen

Matrizen $A \in \mathbb{C}^{k,k}$, für die gilt, dass $A = A^H = A^*$ – d.h., die hermitesch Transponierte der Matrix entspricht der ursprünglichen Matrix –, bezeichnen wir als *hermitesch*.

Selbstadjungierte Abbildungen

Sei $\mathscr{H}$ ein Hilbertraum und $A \in \mathcal{L}(\mathscr{H})$ eine lineare Abbildung, für die gilt, dass $A = A^*$, d.h. A entspricht dem adjungierten Operator zu A. Es gilt also, dass

$$\langle Au|v\rangle = \langle u|Av\rangle \quad \text{für alle } u, v \in \mathscr{H}.$$

Solche lineare Abbildungen A bezeichnen wir als *selbstadjungiert*. Den Raum aller selbstadjungierten, linearen Abbildungen notieren wir mit $\mathcal{L}_{\mathrm{sa}}(\mathscr{H})$.

Im Fall $\mathscr{H} = \mathbb{C}^k$ – gemäß der obigen Erkenntnisse – entspricht dieser Raum dem Raum der hermiteschen Matrizen.

Eigenwerte, Eigenvektoren und Eigenräume

Sei V ein Vektorraum und $A \in \mathcal{L}(V)$. Dann ist $\lambda \in \mathbb{C}$ ein *Eigenwert* von A zum *Eigenvektor* $v_\lambda \in V$, wenn $v_\lambda \neq 0$ und

$$A(v_\lambda) = \lambda v_\lambda,$$

d.h., wenn v_λ von A auf eine Skalierung von sich selbst abgebildet wird (wobei wir hier mit »Skalierung« die Anwendung eines Skalars auf einen Vektor meinen).

A kann mehrere Eigenwerte haben, die jeweils zu verschiedenen Eigenvektoren gehören (tatsächlich ist es in den allermeisten Fällen so, dass A mindestens zwei verschiedene Eigenvektoren hat). Die Menge aller Eigenwerte von A bezeichnen wir mit $\sigma(A)$.

Eine wichtige Beobachtung ist, dass es zu einem Eigenwert $\lambda \in \sigma(A)$ mehrere linear unabhängige Vektoren geben kann. Die Menge $\{0\}$ vereinigt mit der Menge aller Eigenvektoren zum Eigenwert λ bezeichnen wir als *Eigenraum zu* λ. Wir notieren diese Menge als

$$\mathrm{Eig}(\lambda, A).$$

Eigenräume sind Unterräume des zugrunde liegenden Vektorraums (siehe Übung 2.4). Die *Dimension des Eigenraums* entspricht der Dimension dieses Raums, wenn man diesen als Vektorraum auffasst. Außerdem gilt, dass Eigenräume invariant sind unter A, d.h., dass $\{Av \mid v \in \mathrm{Eig}(\lambda, A)\} \subset \mathrm{Eig}(\lambda, A)$. Darum geht es auch noch einmal in Übung 2.4.

Unitäre Abbildungen

Neben den selbstadjungierten Abbildungen spielen in diesem Buch noch die *unitären Abbildungen* eine sehr wichtige Rolle. Für einen Hilbertraum $\mathscr{H}$ nennen wir eine lineare Abbildung $U \in \mathcal{L}(\mathscr{H})$ eine unitäre Abbildung, wenn

$$\langle Uu|Uv\rangle = \langle u|v\rangle \quad \text{für alle } u, v \in \mathscr{H},$$

d.h., wenn U das Skalarprodukt invariant lässt. Den Raum aller unitären Abbildungen notieren wir mit $\mathcal{U}(\mathscr{H})$.

Insbesondere gilt hier, dass

$$\|Uv\| = \sqrt{\langle Uv|Uv\rangle} = \sqrt{\langle v|v\rangle} = \|v\|.$$

Eine direkte Konsequenz dieser Definition (die ich in Übung 2.5 zeige) ist, dass die Inverse von U, notiert als U^{-1}, gegeben ist durch den adjungierten Operator zu U, d.h.,

$$U(U^*(v)) = U^*(U(v)) = v \quad \text{für alle } v \in \mathscr{H},$$

oder in Kurzform: $UU^* = U^*U = \text{Id}$ oder $U^* = U^{-1}$.

Der Spektralsatz

Eines der wichtigsten Resultate in der Linearen Algebra ist der sogenannte *Spektralsatz*. Dieser gilt für sogenannte *normale Abbildungen* A, die die folgende Eigenschaft erfüllen:

$$A(A^*(v)) = A^*(A(v)) \quad \text{für alle } v \in \mathscr{H},$$

oder in Kurzform:

$$AA^* = A^*A.$$

Insbesondere können Sie sehen, dass sowohl alle selbstadjungierten als auch alle unitären Abbildungen auch normale Abbildungen sind. Daher ist der im Folgenden formulierte Spektralsatz auch anwendbar für diese beiden Klassen an Abbildungen.

Theorem 2.4.1 Sei $\mathscr{H}$ ein Hilbertraum. Dann ist genau dann $A \in \mathcal{L}(\mathscr{H})$ eine normale Abbildung, wenn es eine Orthonormalbasis von $\mathscr{H}$ gibt, die aus Eigenvektoren von A besteht.

Beweis: Für einen Beweis dieser Behauptung verweisen wir auf jedes Einsteigerbuch in der Linearen Algebra wie etwa [FS14]. □

Diesen Satz und dessen Konsequenzen werden wir in diesem Buch an verschiedenen Stellen immer wieder anwenden.

2.5 Die Dirac-Notation

Sie haben jetzt (fast) alle Resultate einer typischen Vorlesung *Lineare Algebra I* abgearbeitet bzw. aufgefrischt. Das ist schon mal ein Erfolg und ein erster Meilenstein für Ihre Vorbereitung. Es fehlt aber noch ein wichtiger Schritt: die *Notation*, d.h. die Art und Weise, wie wir die oben beschriebenen mathematischen Objekte aufschreiben. Ich orientiere mich hierbei an der *Dirac-Notation*, die in der Quanteninformatik gängig ist. Schon mal vorab: Diese Notation erscheint anfangs gewöhnungsbedürftig. Doch garantiere ich Ihnen, dass – nach einer gewissen Eingewöhnungsphase – Sie erkennen werden, dass diese Notation viele Berechnungen vereinfacht und übersichtlicher macht.

Lassen Sie uns dabei folgendermaßen vorgehen: Erst führen wir die Notation in dem *Sonderfall* ein, wenn der Hilbertraum gegeben ist durch $\mathbb{C}^k$ (für ein $k \in \mathbb{N}$). Danach verallgemeinern wir diese Notation für beliebige (endlichdimensionale) Hilberträume.

2.5.1 Die Dirac-Notation in $\mathbb{C}^k$

Ket-Vektoren Vektoren ψ im Raum $\mathbb{C}^k$ – d.h. die Vektoren in Spaltenform gemäß obiger Definition – notiere ich fortan nur noch in der Form

$$|\psi\rangle$$

und bezeichne diesen Vektor als *Ket-Vektor*. Das heißt, dass $|\psi\rangle \in \mathbb{C}^k$ und

$$|\psi\rangle = \begin{pmatrix} \alpha_0 \\ \alpha_1 \\ \vdots \\ \alpha_{k-1} \end{pmatrix}$$

für gewisse $\alpha_0, \alpha_1, \dots \alpha_{k-1} \in \mathbb{C}$.

Es sieht erst mal so aus, als ob die Notation umständlicher wird, aber in Kürze wird klar, dass diese zusätzliche Notation sehr sinnvoll ist.

Bra-Vektoren Den zu einem Ket-Vektor $|\psi\rangle \in \mathbb{C}^k$ gehörigen Vektor, den man durch die *hermitesche Transponierung* von $|\psi\rangle$ erhält, notiere ich als

$$\langle\psi|$$

und bezeichne ihn als *Bra-Vektor*. Noch mal zur Verdeutlichung: $\langle\psi|$ entsteht dadurch, indem man $|\psi\rangle$ zunächst transponiert und dann von allen Einträgen die Konjugation nimmt, vgl. die Definition der hermitesch Transponierten einer Matrix A. Insbesondere ist $\langle\psi|$ ein *Zeilenvektor*.

Die zwar einsilbigen, aber dennoch sperrigen Bezeichnungen für $|\psi\rangle$ und $\langle\psi|$ haben einen Sinn. Denn wenn man nun für $|\psi\rangle, |\phi\rangle \in \mathbb{C}^k$ die zugehörigen Bra- und Ket-Vektoren zusammenführt, also das Produkt

Braket

$$\langle\psi| \cdot |\phi\rangle$$

berechnet (indem man beispielsweise $\langle\psi|$ als Matrix betrachtet und dann die Matrix-Vektor-Multiplikation berechnet, wie Sie sie in der Schule kennengelernt haben), dann erhält man exakt das Skalarprodukt – das sogenannte *Braket* (= Bra & Ket) – in $\mathbb{C}^k$. In Formeln sieht das so aus:

$$\langle\psi|\phi\rangle := \langle\psi| \cdot |\phi\rangle = \sum_{j=1}^{k} \alpha_j \beta_j,$$

wobei

$$|\psi\rangle = \begin{pmatrix} \alpha_1 \\ \vdots \\ \alpha_k \end{pmatrix} \text{ und } |\phi\rangle = \begin{pmatrix} \beta_1 \\ \vdots \\ \beta_k \end{pmatrix}.$$

Multipliziert man einen Spaltenvektor von links mit einem Zeilenvektor, so entsteht eine Matrix. Insbesondere ergibt sich also, dass

Ketbra-Matrix

$$|\psi\rangle\langle\phi| \in \mathbb{C}^{k,k}.$$

Diese Matrix nennt man *Ketbra-Matrix*. Diese Matrix bildet in $\mathrm{Span}(|\psi\rangle)$, die lineare Hülle von $|\psi\rangle$ ab, wie Sie in Übung 2.6 sehen werden.

2.5.2 Die Dirac-Notation in Hilberträumen

Die Verallgemeinerung der Objekte aus dem letzten Unterabschnitt auf allgemeine Hilberträume ist – fast – selbstredend: Nur beim Bra-Vektor müssen wir uns etwas bemühen. Sei im Folgenden also $\mathscr{H}$ ein beliebiger (endlichdimensionaler) Hilbertraum:

- Alle Vektoren in $\mathscr{H}$ werden als Ket-Vektoren geschrieben, d. h. in der Form $|\psi\rangle$.
- Der zu einem $|\phi\rangle \in \mathscr{H}$ zugehörige Bra-Vektor $\langle\phi|$ beschreibt eine *lineare Abbildung* von $\mathscr{H}$ nach $\mathbb{C}$, definiert durch

  $$\langle\phi|\,(|\psi\rangle) = \langle\phi|\psi\rangle \quad \text{für alle } |\psi\rangle \in \mathscr{H},$$

  wobei auf der rechten Seite der Gleichung das Skalarprodukt in $\mathscr{H}$ steht.

- Das Braket ist in diesem Fall wieder die Anwendung des Bra-Vektors (als lineare Abbildung) auf den Ket-Vektor. Wir schreiben hierbei einfach nur noch

$$\langle\phi|\psi\rangle\,.$$

- Die Ketbra-Matrix $|\psi\rangle\langle\phi|$ ist hier wieder eine lineare Abbildung vom Hilbertraum in sich selbst, d. h. von $\mathscr{H}$ nach $\mathscr{H}$. Und auch hier wird – wie im Fall $\mathscr{H} = \mathbb{C}^k$ – ein Vektor auf die lineare Hülle von $|\psi\rangle$ abgebildet. Genauer gesagt ist für $|\psi\rangle\,, |\phi\rangle \in \mathscr{H}$, die lineare Abbildung $|\psi\rangle\langle\phi|$ definiert durch

$$|\psi\rangle\langle\phi|\,(|\varphi\rangle) = |\psi\rangle \cdot \langle\phi|\varphi\rangle \qquad \text{für alle } |\varphi\rangle \in \mathscr{H},$$

wobei auf der rechten Seite der Gleichung die Skalarmultiplikation in $\mathscr{H}$ steht.

2.5.3 Vereinfachungen der Notation

In vielen Situationen erlaube ich mir eine Vereinfachung der Notation. Beispielsweise schreiben wir für die Norm eines Vektors $|\psi\rangle$

$$\|\psi\| := \|\,|\psi\rangle\,\|.$$

Wir schreiben auch bei einer linearen Abbildung $A \in \mathcal{L}(\mathscr{H})$ lieber

$$\langle A\psi|\phi\rangle := \langle A\,|\psi\rangle\,|\,\phi\rangle\,,$$

um die Notation nicht zu überladen.

2.6 Wahrscheinlichkeitstheorie

Wahrscheinlichkeitstheorie ohne *Maßtheorie* ist wie das Tauchen ohne spezielle Ausrüstung: Dies gelingt nur in sehr speziellen Situationen, und in den allermeisten Gewässern ist man so völlig aufgeschmissen. In diesem Buch befinden wir uns tatsächlich in so einer speziellen Situation, denn wir betrachten nur *endliche Verteilungen*, d. h., die Anzahl der möglichen, zufälligen Ausgaben ist endlich. Daher sparen wir uns die Zeit und verzichten auf die Maßtheorie. Dennoch werden wir an der einen oder anderen Stelle etwas tiefer in die Materie einsteigen müssen. Als weitere Stütze zu den Inhalten dieses Abschnitts empfehle ich Ihnen ein Einstiegsbuch in die Wahrscheinlichkeitstheorie wie etwa [Kle06].

Eine endliche nichtleere Menge Ω bezeichnen wir als *Ereignisraum*, und Teilmengen $A \subset \Omega$ bezeichnen wir als *Ereignisse*. Dieser Raum ist eine theoretische Konstruktion, mittels der wir die Ereignisse modellieren, deren Wahrscheinlichkeiten wir ermitteln möchten. Beispielsweise ist `Alice würfelt eine 6 und Bob eine 3` ein Ereignis und muss im zufälligen Experiment somit als Teilmenge von Ω modelliert werden.

Der Ereignisraum

Man kann auch Ereignisse miteinander kombinieren. Beispielsweise interpretieren wir für zwei Ereignisse $A, B \subset \Omega$ das Ereignis $A \cup B$ als das Ereignis, in dem entweder A oder B eintritt, und das Ereignis $A \cap B$ als das Ereignis, in dem sowohl A als auch B eintreten. Entsprechend kann man diese Interpretationen auch auf Familien von Ereignissen $A_1, A_2, \dots A_n \subset \Omega$ (wobei $n \in \mathbb{N}$) erweitern.

Ein *Wahrscheinlichkeitsmaß* $\mathbb{P}$ auf einem (endlichen nichtleeren) Ereignisraum Ω ist definiert als eine Funktion von Ω nach $[0, \infty)$ (der Menge aller nichtnegativen reellen Zahlen), die die folgenden Eigenschaften erfüllt:

Das Wahrscheinlichkeitsmaß

- $\mathbb{P}$ ist *additiv*, d.h., für alle Familien von Ereignissen $A_1, A_2, \dots A_n \subset \Omega$ (wobei $n \in \mathbb{N}$), die *paarweise disjunkt* sind – d.h. $A_j \cap A_k$ ist leer für alle $j \neq k$ –, gilt, dass
$$\mathbb{P}[\cup_{i=1}^{n} A_i] = \sum_{i=1}^{n} \mathbb{P}[A_i].$$
- $\mathbb{P}$ ist *normiert*, d.h.
$$\mathbb{P}[\Omega] = 1.$$

$\mathbb{P}$ liefert uns die quantitativen Größen der Wahrscheinlichkeiten zu den einzelnen Ereignissen $A \subset \Omega$.

Die *Unabhängigkeit* zweier Ereignisse $A, B \subset \Omega$ beschreibt den besonderen Fall, wenn das Eintreten der Ereignisse absolut nicht beeinflusst wird vom jeweils anderen Ereignis. Mathematisch wird dieses Phänomen dadurch beschrieben, dass sich die jeweiligen Wahrscheinlichkeiten *faktorisieren*, d.h.

Unabhängigkeit

$$\mathbb{P}[A \cap B] = \mathbb{P}[A] \cdot \mathbb{P}[B].$$

Entsprechend kann man die Unabhängigkeit auch für Familien von Ereignissen $A_1, A_2, \dots A_n \subset \Omega$ (wobei $n \in \mathbb{N}$) definieren.

Eine Zufallsvariable X ist eine Funktion von Ω nach $\mathbb{R}$. Die möglichen Werte, die X annehmen kann, bezeichnen wir als *Realisierungswerte von X*. Die Menge aller möglichen Realisierungswerte einer Zufallsvariablen X ist entsprechend der Annahmen in diesem Buch auch immer endlich. Wir bezeich-

Zufallsvariablen

nen eine Zufallsvariable X als *deterministisch*, falls es nur einen möglichen Realisierungswert gibt.

Seien $x_1, x_2, \ldots, x_n \in \mathbb{R}$ die möglichen Realisierungswerte von X (wobei $n \in \mathbb{N}$). Dann sind wir typischerweise interessiert an den Wahrscheinlichkeiten der Ereignisse

$$\{\omega \in \Omega | X(\omega) = x_1\}, \{\omega \in \Omega | X(\omega) = x_2\}, \ldots$$

Das heißt, wir möchten beispielsweise

$$\mathbb{P}\left[\{\omega \in \Omega | X(\omega) = x_k\}\right]$$

berechnen (wobei $k \in \{1, \ldots, n\}$). Der Übersichtlichkeit wegen schreiben wir für die soeben genannten Ereignisse lieber

$$\{X = x_k\} := \{\omega \in \Omega | X(\omega) = x_k\}$$

und für die zugehörigen Wahrscheinlichkeiten

$$\mathbb{P}\left[X = x_k\right] := \mathbb{P}\left[\{\omega \in \Omega | X(\omega) = x_k\}\right].$$

Es ist wichtig zu beobachten, dass immer gilt, dass

$$\sum_{k=0}^{n} \mathbb{P}\left[X = x_k\right] = \mathbb{P}[\Omega] = 1,$$

wie Sie in Übung 2.11 sehen werden.

Der Erwartungswert

Der *Erwartungswert* einer Zufallsvariable X mit Realisierungswerten $x_1, x_2, \ldots, x_n \in \mathbb{R}$ ist definiert als

$$\mathbb{E}[X] := \sum_{k=1}^{n} x_k \cdot \mathbb{P}\left[X = x_k\right],$$

d. h. als gewichtete Summierung aller Realisierungswerte, wobei das Gewicht gegeben ist durch die Wahrscheinlichkeit, mit der der Realisierungswert eintritt. Den Erwartungswert kann man sich als eine Verallgemeinerung des Durchschnitts bzw. des Mittelwerts vorstellen.

Der Erwartungswert einer Funktion $f : \mathbb{R} \to \mathbb{R}$ von X ergibt sich unmittelbar aus der vorangehenden Definition, da auch $f(X)$ wieder eine Zufallsvariable ist, d. h.

$$\mathbb{E}[f(X)] = \sum_{k=1}^{n} f(x_k) \cdot \mathbb{P}\left[X = x_k\right].$$

Die *Varianz* einer Zufallsvariable ist definiert als deren mittlere, quadratische Abweichung vom Erwartungswert, d. h.

Die Varianz

$$\mathrm{Var}[X] := \mathbb{E}\left[(X - \mathbb{E}[X])^2\right].$$

Die Varianz beschreibt demnach ein Maß dafür, wie sehr die Zufallsvariable im Mittel von ihrem Erwartungswert abweicht. Man kann zeigen, dass die Zufallsvariable genau dann überhaupt nicht von ihrem Erwartungswert abweicht – d. h. in anderen Worten deterministisch ist –, wenn die Varianz gleich 0 ist; darum geht es in Übung 2.12. Es ist außerdem eine wohl bekannte (und gut begründbare) Heuristik aus der Wahrscheinlichkeitstheorie, dass die Ausgabe einer Zufallsvariablen sich mit hoher Wahrscheinlichkeit im Intervall

$$\left[\mathbb{E}[X] - c\sqrt{\mathrm{Var}[X]}, \mathbb{E}[X] + c\sqrt{\mathrm{Var}[X]}\right]$$

aufhält, wobei $c > 0$ eine Konstante ist, die hierbei bestimmt, wie hoch die Wahrscheinlichkeit ist, in diesem Intervall zu landen. Der Beweis dieser Aussage erfolgt durch einfacher Anwendung der sogenannten *Tschebyscheff-Ungleichung*.

2.7 Übungen

Übung 2.1 Zeigen Sie, dass Unterräume selbst wieder Vektorräume sind.

Übung 2.2 Sei $\mathscr{H}$ ein Hilbertraum. Zeigen Sie, dass durch

$$\|v\| = \sqrt{\langle v|v\rangle}$$

eine Norm auf $\mathscr{H}$ definiert wird.

Tipp: Nutzen Sie die Cauchy-Schwarz-Ungleichung aus Übung 2.9.

Übung 2.3 Sei $A \in \mathbb{C}^{k,k}$. Zeigen Sie, dass $A^H = A^*$.

Übung 2.4 Sei V ein Vektorraum und $A \in \mathcal{L}(V)$. Zeigen Sie, dass die Eigenräume von A invariante Unterräume von V sind.

Übung 2.5 Sei $\mathscr{H}$ ein Hilbertraum und $U \in \mathcal{U}(\mathscr{H})$.
Zeigen Sie, dass $U^* = U^{-1}$.

Übung 2.6 Seien $|\psi\rangle, |\phi\rangle \in \mathbb{C}^k$. Zeigen Sie, dass $|\psi\rangle\langle\phi|$ in $\mathrm{Span}(|\psi\rangle)$ abbildet, d.h., alle Elemente aus $\mathbb{C}^k$ werden von $|\psi\rangle\langle\phi|$ in $\mathrm{Span}(|\psi\rangle)$ abgebildet.

Übung 2.7 Seien $\mathscr{H}$ ein Hilbertraum und $A \in \mathcal{L}_{\mathrm{sa}}(\mathscr{H})$. Zeigen Sie, dass A nur reellwertige Eigenwerte besitzt.

Übung 2.8 Sei $A \in \mathcal{L}_{\mathrm{sa}}(\mathbb{C}^k)$.

- Angenommen, dass alle Eigenräume von A eindimensional sind. Beweisen Sie die folgende Darstellung:

$$A = \sum_{\lambda \in \sigma(A)} \lambda \, |v_\lambda\rangle\langle v_\lambda| \,, \tag{2.7.1}$$

wobei für alle $\lambda \in \sigma(A)$ der Vektor v_λ den normierten Eigenvektor zum Eigenwert λ beschreibt. Zeigen Sie außerdem, dass für alle $|\psi\rangle \in \mathbb{C}^k$

$$|\psi\rangle = \sum_{\lambda \in \sigma(A)} |v_\lambda\rangle \, \langle v_\lambda|\psi\rangle \,. \tag{2.7.2}$$

- Erweitern Sie die Gleichung (2.7.1) und den zugehörigen Beweis auf den allgemeinen Fall, in dem die Eigenräume von A nicht notwendigerweise eindimensional sind.

Übung 2.9 Sei $\mathscr{H}$ ein Hilbertraum.

- Sei $|\psi\rangle \in \mathscr{H}$. Zeigen Sie, dass $\langle\psi|0\rangle = 0$.
- Seien $|\psi\rangle, |\phi\rangle \in \mathscr{H}$ mit $|\phi\rangle \neq 0$. Sei $|\varphi\rangle = |\psi\rangle - \frac{\langle\phi|\psi\rangle}{\|\phi\|^2} |\phi\rangle$. Zeigen Sie, dass $\langle\phi|\varphi\rangle = 0$.
- Beweisen Sie die *Cauchy-Schwarz-Ungleichung*, d.h., zeigen Sie, dass in einem Hilbertraum für alle $|\psi\rangle, |\phi\rangle \in \mathscr{H}$ gilt, dass

$$|\langle\psi|\phi\rangle| \leq \|\psi\| \cdot \|\phi\|.$$

Übung 2.10 Sei $\mathbb{P}$ ein Wahrscheinlichkeitsmaß auf einem (endlichen, nichtleeren) Ereignisraum Ω, und sei $A \subset \Omega$. Sei A^c die *Komplementärmenge* zu A, d.h. $A^c = \Omega \setminus A$. Zeigen Sie, dass $\mathbb{P}[A^c] = 1 - \mathbb{P}[A]$. Die Quantität $1 - \mathbb{P}[A]$ nennt man auch *die Gegenwahrscheinlichkeit* zu A.

Übung 2.11 Sei X eine Zufallsvariable und $x_1, x_2, \ldots, x_n \in \mathbb{R}$ deren mögliche Realisierungswerte. Zeigen Sie, dass

$$\sum_{k=0}^{n} \mathbb{P}[X = x_k] = \mathbb{P}[\Omega] = 1.$$

Übung 2.12 Sei X eine Zufallsvariable. Zeigen Sie, dass $\mathrm{Var}[X] = 0$ gilt genau dann, wenn X deterministisch ist.

2.8 Bibliografische Hinweise

Die bereits erwähnten Einführungsbücher [FS14] und [Kle06] empfehle ich Ihnen ganz besonders. Allerdings könnte es auch ausreichen, wenn Sie die ausführlicheren Aufarbeitungen des nötigen Vorwissens aus anderen Büchern zur Quanteninformatik wie etwa in [BCS04], [NC10], [Sch19] oder [Sch16] durcharbeiten, um die hier im Kapitel aufgelisteten Inhalte besser verinnerlichen zu können.

Kapitel 3
Wichtige Experimente der Quantenmechanik

»Quantum mechanics« is the description of the behavior of matter and light in all its details and, in particular, of the happenings on an atomic scale. Things on a very small scale behave like nothing that you have any direct experience about. They do not behave like waves, they do not behave like particles, they do not behave like clouds, or billiard balls, or weights on springs, or like anything that you have ever seen.

– Richard Feynman, The Feynman Lectures on Physics, zitiert nach: [FLS63]

So fasste der berühmte Physiker Richard Feynman 1963 den Stand der Forschung zusammen.[1] Schrittweise war die Forschung zur Erkenntnis gekommen, dass die Gesetze der Physik nicht mehr gelten, wenn wir uns in einem sehr kleinen Maßstab bewegen.

Der Weg dahin war nicht einfach gewesen, denn bis zum Anfang des 20. Jahrhunderts war die Physik enorm erfolgreich. Man konnte unter anderem die Himmelsbewegungen der Trabanten vorhersagen und die Elektrizität sowie die Dampfmaschine in industriellem Maßstab ausnutzen. Es schien, als könne man mit den bekannten Gesetzen die ganze Welt erklären. Doch es gab hartnäckige Fragen und Beobachtungen, die einfach nicht in das damalige physikalische Weltbild passten. Beispielsweise wusste man,

- dass positiv und negativ geladene Teilchen sich abstoßen und
- dass sich im Kern des Atoms die positiv geladenen Teilchen (Protonen) befinden, während die negativ geladenen Teilchen (Elektronen) sich außerhalb davon befinden.

Doch genau diese zwei Dinge können doch nicht gleichzeitig stimmen? Denn als Konsequenz müssten sich die Elektronen auf Spiralbahnen stetig dem Kern nähern und schließlich in diesen hineinfallen (siehe S. 45 in [W^+10]).

1 Die Vorlesungen sind auch heute noch sehenswert und können mit Gewinn verfolgt werden. Wenn Sie Richard Feynman einmal vor der Tafel sehen möchten, finden Sie zahlreiche Videos auf Youtube.

Somit würde es eigentlich keine stabile Materie geben dürfen? Doch diese existiert!

Ein weiteres heikles Thema war die Frage, was eigentlich Licht ist. Man war sich ziemlich sicher, dass Licht eine Welle sein muss. Denn nur so konnte man die Beobachtungen im Young'schen Doppelspaltexperiment von 1802 erklären (Stichwort: *Interferenzphänomene*, mehr dazu finden Sie in Abschnitt 3.2). Da man auch bereits wusste, dass Licht elektromagnetische Strahlung gewisser Wellenlänge ist (gemäß der Maxwell'schen Theorie), erweiterte sich die Frage auf die Natur allgemeiner elektromagnetischer Strahlung. Doch eine Welle braucht ja ein Medium, durch das sie sich ausbreiten kann. Was ist dieses Medium im Fall elektromagnetischer Strahlungen?

Der Ausweg aus diesen Verwirrungen ist die *Quantenmechanik*. Im Folgenden möchte ich die Reise zu dieser bahnbrechenden Theorie kurz und knapp wiedergeben, indem ich einige wegweisende Experimente beschreibe. Ich werde hierbei diese *Experimente nur oberflächlich erklären*, da wir in diesem Buch – wie bereits in Abschnitt 1.5.3 beschrieben – die physikalische Perspektive nicht im Fokus haben. Dennoch ist es wichtig, von diesen Experimenten gehört zu haben, um die im nächsten Kapitel zu erarbeitende Theorie besser einordnen zu können. Wenn Sie sich ausführlicher in die hier genannten Themen und Experimente einarbeiten möchten, verweise ich Sie auf die im Folgenden genannten Referenzen sowie auf gängige Lehrbücher der Quantenmechanik wie etwa [Fli18].

3.1 Quantelung des Lichts

Schwarzkörperstrahlung

Gegen Ende des 19. Jahrhunderts war eine wesentliche offene Frage zum Verständnis der Erzeugung von Licht die Suche nach den Gesetzmäßigkeiten bei der Strahlung eines *Schwarzen Körpers*, d.h., eines Körpers, der alle auf ihn eintreffenden elektromagnetischen Strahlungen absorbiert. Gewisse Beobachtungen waren mit der sogenannten *Maxwell'schen Theorie* nicht erklärbar.

Die Lösung des Problems gelang Max Planck im Jahre 1900, als er postulierte, dass die Energie der Schwarzkörperstrahlung in Paketen, genannt *Quanten*, emittiert wird. Diese Errungenschaft war die Geburtsstunde der Quantenmechanik und der erste Auftritt des *Planck'schen Wirkungsquantums* $\hbar$, einer neuen fundamentalen Naturkonstante in der Physik.

Der photoelektrische Effekt

Wenig später etablierte Albert Einstein im Jahre 1905 (dem sogenannten *Wunderjahr, Annus mirabilis*) durch die Deutung des *photoelektrischen Effekts* eine weitere Erscheinung des Phänomens der Quantelung, d.h. der Bündelung von Energie in Paketen. Der photoelektrische Effekt bezeichnet das Phänomen, dass bei der Bestrahlung einer Metalloberfläche mit elektromagnetischer Strahlung (bestimmter Wellenlänge) Elektronen aus dieser Metalloberfläche herausgelöst werden. Auch hier basiert die Deutung des Phänomens darauf, eine Quantelung der Energie der elektromagnetischen Strahlung vorauszusetzen. Für diese wissenschaftliche Errungenschaft erhielt Einstein 1921 den Nobelpreis (und erstaunlicherweise nicht für die allgemeine Relativitätstheorie).

Auch der 1922 beschriebene *Compton-Effekt* bestätigte nochmals, dass elektromagnetische Strahlung gequantelt ist. Hier wurde zusätzlich auch eine Quantelung des Impulses nachgewiesen.

Das Photon

Aus diesen Erkenntnissen lässt sich auch direkt der Begriff des *Photons* ableiten: Ein Photon ist elektromagnetische Strahlung, die bei den soeben genannten Experimenten den Effekt hat, dass genau ein einziges dieser Energiepakete übertragen wird. Die exakte Größe dieser Energiepakete wird bestimmt durch die Wellenlänge der elektromagnetischen Strahlung.

Der Welle-Teilchen-Dualismus

Aufgrund dieser Experimente ist das Prinzip der Quantelung etabliert. Allerdings sind nun neue Fragen aufgeworfen worden, denn das in diesen Experimenten beobachtete Verhalten ist nicht mit Welleneigenschaften elektromagnetischer Strahlung vereinbar, die man vorher (beispielsweise durch das Young'sche Doppelspaltexperiment aus 1802) bei elektromagnetischer Strahlung beobachtet hatte. Wie genau dieser Widerspruch zustande kommt, bedarf etwas weiterer Vorarbeit. Daher verweise ich Sie auf Abschnitt 2.2. in [BCS04].

Wir halten diesen vermeintlichen Widerspruch noch mal fest:

- Einerseits wusste man schon beispielsweise nach dem Young'schen Doppelspaltexperiment von 1802 (das ich in Abschnitt 3.2 näher beschreiben werde), dass elektromagnetische Strahlung in manchen Experimenten Eigenschaften einer Welle aufweist.
- Andererseits sehen wir aber auch, dass elektromagnetische Strahlung in anderen Experimenten (wie beispielsweise beim photoelektrischen Effekt) Eigenschaften eines Teilchens aufweist.

Dies ist der sogenannte *Welle-Teilchen-Dualismus* für elektromagnetische Strahlung, der in der Quantenmechanik eine wichtige Rolle einnimmt.

3.2 Das Doppelspaltexperiment

Das Doppelspaltexperiment – erstmals durchgeführt von Thomas Young im Jahre 1802 – ist das wohl bekannteste Experiment der Quantenmechanik. Eindrucksvoll zeigt es auf, wie unterschiedlich sich die Welt der kleinsten Objekte verhält.

Ein Spalt Gegeben sei folgender Versuchsaufbau: Eine Lichtquelle Q emittiert Licht, das auf eine Blende mit einem einzelnen Spalt auftrifft. Hinter dieser Blende positionieren wir einen Beobachtungsschirm, auf dem die Lichtstrahlen aufgefangen und visualisiert werden. Wir beobachten eine Verteilung der Intensität des Lichts gemäß Abbildung 3.1. So eine Verteilung nennen wir im Folgenden *Intensitätsverteilung*.

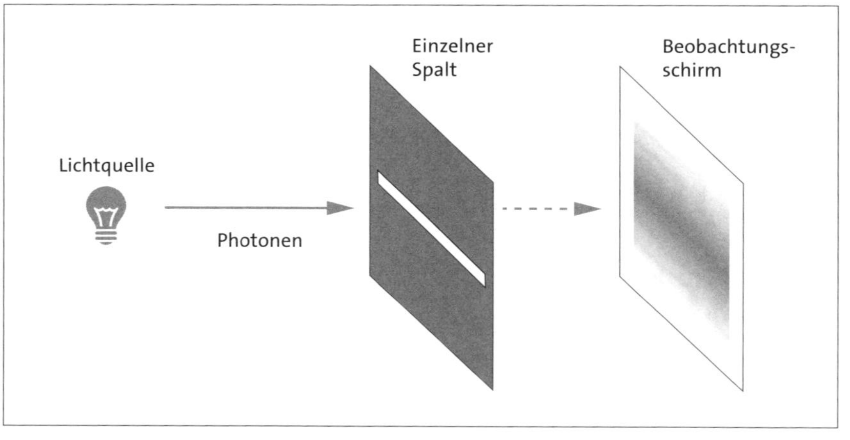

Abbildung 3.1 Intensitätsverteilung bei einem einzelnen Spalt

Diese Intensitätsverteilung entspricht dem *Huygens'schen Prinzip*, nach dem sich eine Welle beim Auftreffen auf eine Öffnung radial ausbreitet (siehe Abschnitt 1 in [Fli18]).

Doppelspalt Wir ändern nun den vorherigen Versuchsaufbau, indem wir nun eine Blende mit zwei schmalen Spalten mit geeignetem Abstand zueinander verwenden. Was wir nun beobachten, sind *Interferenzphänomene*, wie wir sie in Abbildung 3.2 sehen können. Das heißt, die beiden Wellen, die sich vom jeweiligen Spalt radial ausbreitenm, treffen in verschiedenen *Phasen* – d.h. Positionen in der Wellenbewegung – aufeinander. Je nachdem, wie sie aufeinandertreffen, vermehrt oder verringert sich die Intensität der Wellen oder sie heben sich gar gegenseitig auf. Den ersten Fall nennt man *konstruktive*, die anderen Fälle *destruktive* Interferenz. Als Resultat ergeben sich mehrere schmale Streifen auf dem Beobachtungsschirm. Insbesondere sind Stellen dunkel (wo also kein Licht detektiert wurde), von denen aus eigentlich das Licht auf direktem Wege auf den Schirm auftreffen könnte.

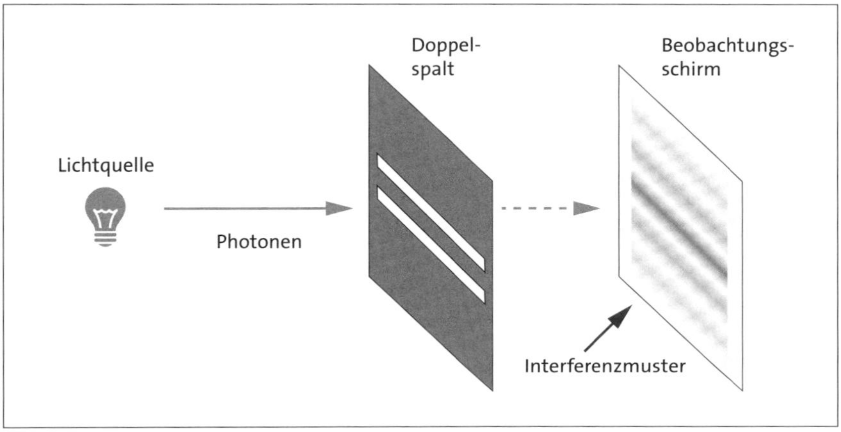

Abbildung 3.2 Intensitätsverteilung bei einem Doppelspalt

Dieses Verhalten impliziert klar, dass Licht Eigenschaften einer Welle haben muss! Denn Teilchen, wie wir sie kennen – also zum Beispiel Tennisbälle –, erzeugen keine Interferenzphänomene. Hier würde man einfach die Summe

- der Intensitätsverteilung, wenn wir den oberen Spalt schließen und den unteren Spalt offen lassen würden, und
- der Intensitätsverteilung, wenn wir den unteren Spalt schließen und den oberen Spalt offen lassen würden,

erwarten. Das heißt, dass wir die Summe zweier Fälle analog zu Abbildung 3.1 erwarten würden.

Doppelspalt im Gänsemarsch

Doch was passiert nun, wenn wir statt einem Lichtstrahl *nur noch ein paar einzelne Photonen* auf den Spalt auftreffen lassen? Gemäß den soeben festgestellten Welleneigenschaften erwarten wir, dass sich nur die Intensität bzw. die Helligkeit der Intensitätsverteilung gegenüber dem Ergebnis aus Abbildung 3.2 ändert (und geringer wird). Doch wir werden überrascht: Es sind nur noch einzelne lokale Punkte auf dem Schirm zu sehen, und die Intensitätsverteilung verschwindet. Dies widerspricht der Welleneigenschaft von Licht, und wir sehen nun wiederum, dass Licht Eigenschaften eines Teilchens haben muss!

Und was passiert, wenn wir diesen Versuch länger laufen lassen, d. h., wenn wir über einen längeren Zeitraum Photonen einzeln, also im Gänsemarsch, auf den Doppelspalt schießen lassen? Nun füllt sich der Schirm nach und nach, bis wir schließlich – nachdem ausreichend viele Photonen auf dem Schirm eingetroffen sind – die Intensitätsverteilung aus Abbildung 3.2 erhalten.

Dieses Verhalten liefert eine direkte *statistische Interpretation*. Wir können nämlich die Anzahl der Photonen in einem gewissen Bereich durch die Gesamtanzahl aller Photonen teilen und diesen Wert (gemäß den Prinzipien der Statistik) als die Wahrscheinlichkeit interpretieren, dass Photonen in diesem gewissen Bereich auf dem Schirm auftreffen. Oder in Formeln: Die Wahrscheinlichkeit, dass ein neues Photon in dem Bereich A des Schirms auftrifft, ist gegeben durch

$$\frac{\text{Anzahl der Photonen im Bereich } A}{\text{Anzahl aller Photonen}}.$$

Da wir bei ausreichend vielen Photonen die Intensitätsverteilung aus Abbildung 3.2 erhalten, ist dieser Quotient bestimmt durch eben diese Intensitätsverteilung. Somit sind die Auftreffwahrscheinlichkeiten der Photonen auf dem Schirm durch diese Intensitätsverteilung aus Abbildung 3.2 determiniert.

Was hat dieses Verhalten für Folgen? Man kann also vorher nur Wahrscheinlichkeiten angeben, wo Photonen auftreffen, und diese Wahrscheinlichkeiten sind determiniert durch Interferenzphänomene einer Welle. Das klassische Bild der Physik lautet, dass man in der Theorie durch Kenntnis

- der initialen Gegebenheiten und
- der extern einwirkenden Kräfte

den *Pfad* des Teilchens angeben kann. Dies gilt hier beim Doppelspaltexperiment offensichtlich nicht! Es ist also nichts anderes als eine Revolution der Physik nötig!

Ungeduldiges Messen

Das Verhalten des Photons ist auf mehreren Ebenen eigenartig. Wann entscheidet es sich denn für den Punkt, an dem es auf dem Schirm auftreffen wird? Schon am Doppelspalt? Oder teilt es sich auf und geht durch beide hindurch? Was passiert am Doppelspalt? Um das zu verstehen, ändern wir den Versuchsaufbau noch einmal, indem wir eine weitere Messeinrichtung einbauen: Wir detektieren, durch welchen der beiden Spalte das Photon hindurchgegangen ist. Nach den ersten Photonen sehen wir,

- dass ungefähr gleichmäßig auf beide Spalte verteilt Photonen detektiert werden und
- dass wieder nur einzelne lokalisierte Punkte auf dem Schirm zu beobachten sind.

Wenn wir nun länger warten, entsteht wieder ein Bild mit einer Intensitätsverteilung. Zu unserer Überraschung sieht es jedoch ganz anders aus als das in Abbildung 3.2. Man sieht nämlich nur noch zwei Streifen mit nahezu derselben Intensität: einen auf der Höhe des einen Spalts, und einen auf der Höhe des anderen Spalts.

Was ist hier passiert? Es scheint, dass die Wahrscheinlichkeitsverteilung des Photons einbricht (man sagt hier eher *kollabiert*), wenn wir uns früher nach der Position des Photons erkundigen möchten. Dem Photon ist also aufgrund von dessen Welleneigenschaften eine bestimmte Wahrscheinlichkeitsverteilung zugeordnet, und diese Wahrscheinlichkeitsverteilung ist so lange gültig, *bis wir die Position des Photons untersuchen* (man sagt hier eher *messen* statt *untersuchen*).

Zusammenfassung

Durch mehrfache Manipulation des Versuchsaufbaus haben wir einige überraschende Verhaltensweisen beobachtet. Diese möchte ich noch mal zusammenfassen:

- Das Doppelspaltexperiment ist ein weiteres Indiz für den Welle-Teilchen-Dualismus.
- Die Auftreffwahrscheinlichkeiten einzelner Photonen sind determiniert durch die Intensitätsverteilung der zugehörigen Welle.
- Diese Auftreffwahrscheinlichkeiten sind aber nur so lange durch die Intensitätsverteilung der zugehörigen Welle determiniert, bis wir das Photon messen.

Aufgrund dieser Indizien folgern wir, dass es sinnvoll ist, das Photon anhand einer Wahrscheinlichkeitsfunktion zu beschreiben. Und genau das wird in der Quantenmechanik auch getan. Diese Wahrscheinlichkeitsfunktion bezeichnet man als *Wellenfunktion* oder *Zustand/Zustandsvektor*. In diesem Buch nutzen wir eher die letztere Variante, da diese für die Quanteninformatik üblicher ist. Diese Wellenfunktion bildet somit den Kompromiss, den wir durch den Welle-Teilchen-Dualismus eingehen müssen.

Ich versichere Ihnen, dass Sie nach Kapitel 4 all diese Indizien in der Theorie wiedererkennen können. In den Übungen 4.4 und 5.2 werden wir noch mal die Brücke hierhin, zu Ihren ersten Schritten in der Quantenmechanik, schlagen. Und übrigens: In diesen Übungen werden Sie auch sehen, wie uns hier erstmals auch das *Superpositionsprinzip* und die *Heisenberg'sche Unschärferelation* begegnen.

Von Photonen zu Teilchen mit Masse?

Ich schließe die Beschreibung dieses Experiments mit einer letzten, wichtigen Anmerkung zum Doppelspaltexperiment ab. Wir haben bisher nur Photonen durch unseren Doppelspalt gejagt und deren sonderbares Verhalten beobachtet. Zugegeben, Licht war schon immer ein sonderbares Objekt. Solche skurrilen Beobachtungen würden doch sicherlich nicht bei Atomen in Erscheinung treten? Schließlich bestehen wir und die Materie, die wir kennen, aus Atomen (und nicht aus Licht). Und Materie sollte sich nicht so sonderbar verhalten. Oder etwa doch?

Es dauerte nicht allzu lange, bis man den obigen Versuch mit Elektronen und Atomen wiederholte. Und man erhielt **exakt dasselbe Ergebnis wie bei den Photonen**. Also ist dieses Verhalten *keine* sonderbare Eigenart von elektromagnetischer Strahlung, sondern gilt für alle (sehr kleinen) Objekte dieser Skala. Solche Objekte bezeichnen wir deshalb als *Quantenobjekte*.

3.3 Das Stern-Gerlach-Experiment

Vielleicht kennen Sie die Sendung X-Faktor noch. Die folgende Geschichte hätte dort gut hinein gepasst:

In einem Korb liegen ein roter Apfel, ein grüner Apfel, eine rote Paprika und eine grüne Paprika. Sie suchen nach den Äpfeln im Korb, entnehmen dann den roten Apfel und essen diesen. Sie suchen danach direkt sicherheitshalber noch mal nach den Äpfeln im Korb und finden nur den grünen Apfel. Alles andere wäre auch merkwürdig, da Sie den roten Apfel schon gegessen haben.

Nun suchen Sie nach den Paprika in diesem Korb. Sie entnehmen die rote Paprika und essen diese auch. Ihre Vitamin-C-Tagesdosis ist erreicht, und Sie möchten den Korb weglegen. Sie möchten aber vorher nochmal nach dem Zustand des grünen Apfels schauen. Schließlich muss die Vitamin-C-Tagesdosis morgen auch erreicht werden. Ansonsten müssten Sie morgen auf dem Heimweg einkaufen. Daher suchen Sie wieder nach den Äpfeln im Korb. Und Sie finden: einen grünen **und einen roten Apfel**!

Natürlich ist diese Geschichte frei erfunden. So etwas hat es noch nie gegeben und entspringt meiner Fantasie. Oder doch nicht? Tatsächlich ist so etwas Ähnliches schon mal passiert. Nämlich beim *Stern-Gerlach-Experiment*. Der fundamentale Unterschied ist aber, dass wir hier keine Äpfel suchen und essen, sondern den *Spin* von Elektronen messen und positive Spinwerte aussortieren. Auch hier sehen wir wieder, wie sehr sich die Welt der Quantenmechanik von unserer unterscheidet und dass die klassische Physik erweitert werden muss, um hier mithalten zu können.

Der elementare Versuchsaufbau

Ich beschreibe nun den Versuchsaufbau beim Stern-Gerlach-Experiment. Ich nenne diese Variante »elementar«, da wir im weiteren Verlauf diesen Aufbau ausbauen werden. Wir beginnen mit einem Gerät, das neutrale Atome emittiert und diese als gebündelten Strahl durch ein magnetisches Feld schickt. Dieses erste magnetische Feld ist derart, dass auf die Atome eine Kraft wirkt, die *in Z-Richtung* wirkt. Im Anschluss werden diese Atome dann auf einem Schirm aufgefangen. In Abbildung 3.3 sind dieser Versuchsaufbau und das Ergebnis abgebildet.

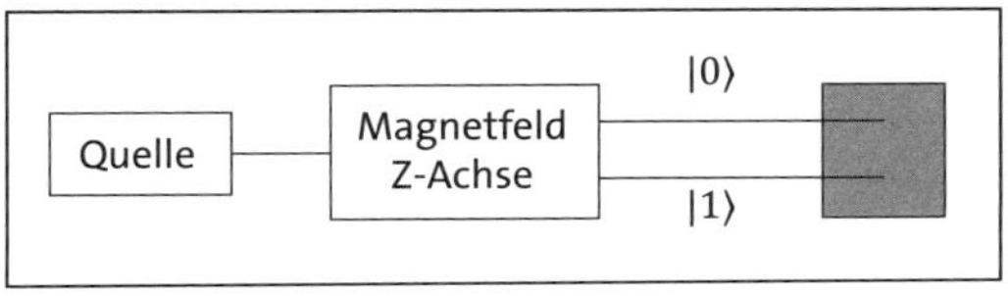

Abbildung 3.3 Versuchsaufbau beim Stern-Gerlach-Experiment

Sie erkennen auf dem Schirm eine *endliche Anzahl an Punkten*, auf denen die abgelenkten Atome auftreffen. Diese Ablenkung wird dadurch erklärt (siehe Abschnitt 2.1 in [BCS04]),

- dass die Ablenkung des Atoms durch das Magnetfeld von den *Eigendrehimpulsen in der Z-Richtung*, genannt *Spins in Z-Richtung*, der Elektronen in diesem Atom bestimmt wird und
- dass auch dieser Spinwert quantisiert ist.

Nach unserer bisherigen Erfahrung überrascht uns das nicht. Daher werden wir im Folgenden noch weitere Versuche ergänzen – gemäß unserer obigen Analogie mit dem Obst-und-Gemüse-Korb.

Um die Darstellung zu vereinfachen, werden wir ganz spezielle Atome wählen, nämlich *Silber-Atome*, denn in diesem Fall sind exakt zwei Punkte auf dem Schirm zu sehen. Den oberen Punkt nennen wir den *positiven Spinwert in Z-Richtung*, den unteren den *negativen Spinwert in Z-Richtung*. Manchmal sagt man hier auch *Z-spin-up* bzw. *Z-spin-down*. Aus Gründen, die später – siehe Gleichung (4.2.9) und die anschließenden Erklärungen – ersichtlich werden, notieren wir die zu diesen Spinwerten gehörigen Zustände als

$$|0\rangle \quad \text{und} \quad |1\rangle\,.$$

In anderen Worten: Wenn wir sagen, dass das Atom sich im Zustand $|0\rangle$ befindet, dann würde dieses Atom von dem Magnetfeld nach oben abgelenkt werden und nicht nach unten. Analog verhält es sich mit $|1\rangle$.

Den roten Apfel essen und danach noch mal nach Äpfeln suchen

Wir verändern nun den Schirm derart, dass die Atome mit negativen Spinwerten in Z-Richtung auf dem Schirm auftreffen, aber die Atome mit positiven Spinwerten in ein neues Magnetfeld eintreten. Dieses zweite Magnetfeld ist wieder so gepolt, dass auf die Atome eine Kraft wirkt, die *in Z-Richtung* wirkt. Danach bauen wir wieder einen Schirm auf. Wir erhalten das in Abbildung 3.4 abgebildete Ergebnis. Auf dem finalen Schirm werden somit nur noch positive Spinwerte detektiert.

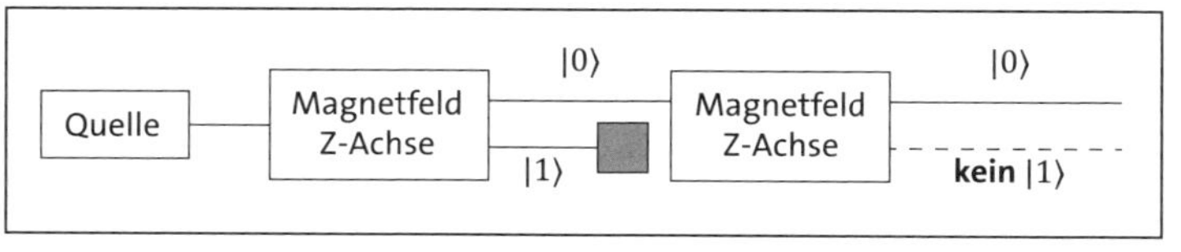

Abbildung 3.4 Zweimalige Messung des Spinwerts in Z-Richtung

Den roten Apfel essen und danach nach Paprika suchen

Wir verändern nun den vorherigen Aufbau in einem Detail: Das zweite magnetische Feld ist nun derart, dass auf die Atome eine Kraft wirkt, die *in X-Richtung* wirkt. Abbildung 3.5 zeigt, dass wir nun wieder zwei Punkte auf dem Schirm sehen, die wir jeweils dem positiven Spinwert in X-Richtung bzw. dem negativen Spinwert in X-Richtung zuordnen. Die zugehörigen Zustände notieren wir diesmal als

$$|+\rangle \quad \text{und} \quad |-\rangle\,,$$

wobei $|+\rangle$ dem positiven und $|-\rangle$ dem negativen Spinwert in X-Richtung zugeordnet wird.

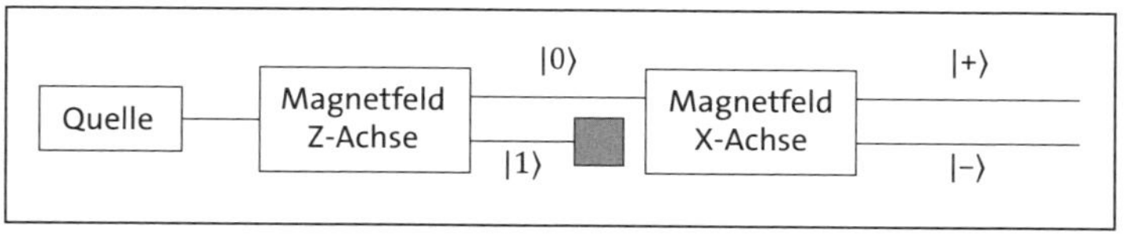

Abbildung 3.5 Messung der Spinwerte in Z- und in X-Richtung

Den roten Apfel essen, die rote Paprika essen und danach noch mal nach Äpfeln suchen

Jetzt möchten wir die Grenzen noch weiter austesten, indem wir zum vorherigen Versuchsaufbau noch eine weitere Pointe hinzufügen. Nach dem zweiten Magnetfeld blockieren wir nun die negativen Spinwerte in X-Richtung und lassen die positiven Spinwerte in ein neues Magnetfeld laufen. Dieses Magnetfeld ist nun dasselbe Magnetfeld wie das erste, d.h. ein Magnetfeld, das auf die Atome derart wirkt, dass diese in Z-Richtung abgelenkt werden.

Was passiert nun? Das sehen Sie in Abbildung 3.6 und Sie sind sicherlich überrascht. Denn obgleich wir nach dem ersten Magnetfeld die negativen Spinwerte in Z-Richtung aussortiert haben, tauchen diese wieder auf!

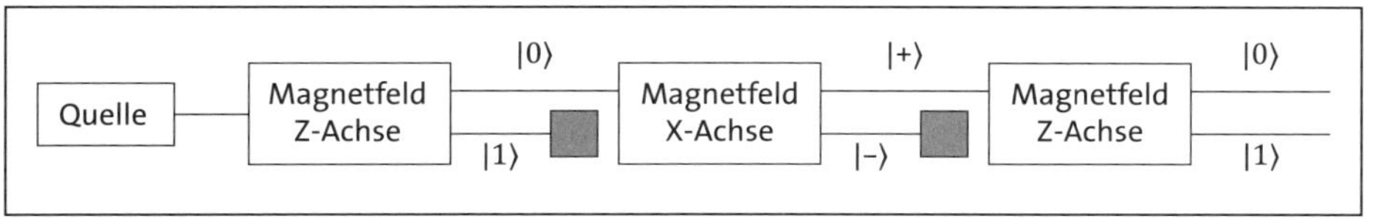

Abbildung 3.6 Messung der Spinwerte in Z- und in X-Richtung und dann wieder in Z-Richtung

Sie sehen also, dass bei Quantenobjekten der aktuelle Zustand entscheidend ist und dass Zustände aus der Vergangenheit nur durch ihren Beitrag zum aktuellen Zustand auf zukünftige Zustände wirken können. Auch diesen Sachverhalt werden wir in Übung 4.12 wieder aufgreifen. Bis dahin sollte diese überraschenden Beobachtungen Sie neugierig werden lassen auf das, was Sie erwartet. Vorgreifend sollte noch erwähnt werden, dass auch hier das Superpositionsprinzip sowie die Heisenberg'sche Unschärferelation eine wichtige Rolle spielen.

TEIL II

Elemente der Quantenmechanik

Kapitel 4

Elementare Bausteine der Quantenmechanik

Es ist nun Zeit, das theoretische Fundament dieses Buchs zu legen. In diesem Kapitel erarbeiten wir die wesentlichen Grundlagen der Quantenmechanik, auf denen die Quanteninformatik aufbaut. Die großen Meilensteine sind hierbei die Postulate I, II.1, II.2, III.1, III.2, III.3, III.4 und IV.

Das übergeordnete Ziel ist, dass Sie ein Verständnis und eine gute Intuition für diese Postulate und deren Anwendung erwerben. Sie werden auf dem Weg dahin eine Vielzahl an *abstrakten* Konzepten kennenlernen, die mitunter eine längere Beschreibung und Erklärung erfordern. Aber mein Ziel ist es, Ihnen zu zeigen, dass diese Konzepte *dennoch nicht kompliziert* sind, d. h., dass man sie nach einer ersten kleinen Hürde gut verinnerlichen und immer geeignet visualisieren kann. Dies bedingt aber, dass Sie sich ausreichend Zeit für diese ersten Schritte lassen. Arbeiten Sie insbesondere die Übungsaufgaben durch und versuchen Sie, die einzelnen Gedankenschritte nachzuvollziehen.

Ich werde in diesem Kapitel parallel zur abstrakten Theorie auch direkt ihre konkrete Instanziierung in der *Quanteninformatik* einführen. Dies hat mehrere Vorteile:

- Diese Strategie entspricht unserer Leitlinie aus Abschnitt 1.5.2 und bringt somit die dort aufgelisteten Vorteile mit sich.
- Sie haben frühzeitig explizite Beispiele und sogar Codebeispiele zur Hand, mit denen Sie die abstrakten Konzepte besser verinnerlichen können.
- Sie können direkt einordnen, welche Aspekte (oder Spezialfälle) der abstrakten Theorie in diesem Buch eine wichtige Rolle spielen, und können den Fokus auf diese legen.

Es ist hierbei wichtig zu erwähnen, dass ich dennoch eine rigorose Einführung der Quanteninformatik – insbesondere des diesem Buch zugrunde liegenden *Quantenschaltkreismodells* – noch mal und ausführlich in Teil III präsentieren werde. Damit soll diese für uns bedeutende Theorie an einer zentralen Stelle in diesem Buch auf konsistente und vollständige Weise eingeführt werden, ohne dass Sie für wesentliche Definitionen auf dieses Kapitel 4 zurückgreifen müssen.

Der rote Faden in diesem Kapitel

Wir werden in diesem Kapitel folgendermaßen vorgehen:

Im sehr kurzen Abschnitt 4.1 finden Sie eine Einführung in die allgemeinen Begriffe zum Aufbau eines Quantensystems.

In Abschnitt 4.2 lernen Sie die wichtigen Begriffe des *Zustands* und des *Zustandsraums* kennen, die für die mathematische Modellierung der Quantenmechanik essenziell wichtig sind. Wir werden uns in diesem Abschnitt auch direkt auf unsere ersten Schritte in der Quanteninformatik begeben, indem ich Ihnen zeige, wie genau der Zustand und der Zustandsraum in diesem konkreten Fall aussehen. Des Weiteren sehen Sie hier schon unser erstes Codebeispiel.

In Abschnitt 4.3 werfen wir einen ersten Blick auf das *Superpositionsprinzip*, ein Phänomen der Quantenmechanik mit herausragender Bedeutung – auch für die Quanteninformatik.

In Abschnitt 4.4 beschäftigen wir uns mit der Frage, wie die *Veränderung von Quantensystemen* – oder genauer gesagt deren Zuständen – im Laufe der Zeit modelliert wird. Auch hier werden wir konkrete (Code-)Beispiele aus der Quanteninformatik durchrechnen.

In Abschnitt 4.5 behandeln wir das Thema *Messung*, d.h. dem Thema des *Auslesens* von Informationen aus den Quantensystemen.

Schließlich werden Sie in Abschnitt 4.6 herausfinden, wie man *mehrere Quantensysteme zu einem Quantensystem zusammensetzt*. Hierbei wird das Konzept des *Tensorprodukts* wichtig sein.

4.1 Quantensysteme und deren Präparation

In der Quantenmechanik werden physikalische Systeme untersucht, die wir als *Quantensysteme* bezeichnen. Diese Quantensysteme bestehen aus einem oder mehreren zu untersuchenden physikalischen Objekten, die gewisse Eigenschaften besitzen, die nicht mit der *klassischen Physik* – wie beispielsweise der *klassischen Mechanik* oder *Thermodynamik* – beschrieben oder erklärt werden können. Diese physikalischen Objekte befinden sich häufig auf der mikroskopischen Skala – d.h. auf der atomaren und subatomaren Ebene – und werden auch als *Quantenobjekte* bezeichnet. Beispiele für Quantenobjekte sind Elektronen oder Nukleonen. Gleichzeitig beschreibt die Quantenmechanik aber auch makroskopische Phänomene, wie beispielsweise die Hohlraumstrahlung oder die Supraleitung, die auch auf quantenmechanischen Prinzipien beruhen.

Ein wichtiger Begriff, der uns in diesem Buch häufig begegnet wird, ist die *Präparation*. Hiermit ist die Aufbereitung eines gewünschten Anfangszustands eines Quantensystems gemeint. Es ist in der Regel eine große physikalische Herausforderung, die Präparation des Versuchs derart zu gestalten, dass die aus der Theorie gewünschten Anfangszustände tatsächlich realisiert und ausreichend lange gehalten werden.

4.2 Zustände in einem Quantensystem

In diesem Abschnitt möchten wir herausfinden, wie physikalische Eigenschaften in einem Quantensystem mathematisch modelliert werden.

Zunächst lernen Sie in Abschnitt 4.2.1 die abstrakte Modellierung der physikalischen Eigenschaften eines Quantensystems durch sogenannte *Zustandsvektoren* aus einem *Hilbertraum* kennen. Hierbei lernen Sie Postulat I kennen.

In Abschnitt 4.2.2 tauchen Sie in den Spezialfall der *Quanteninformatik* ein und finden heraus, wodurch der Hilbertraum in diesem konkreten Fall gegeben ist. Hierbei lernen Sie auch *Qubits* und die *Rechenbasis* kennen.

4.2.1 Abstrakte Modellierung der Zustände eines Quantensystems

Quantensysteme besitzen zu jeder Zeit gewisse physikalische Eigenschaften. Diese physikalischen Eigenschaften beziehen sich auf physikalische Größen, für die man sich interessiert. Im Beispiel des Doppelspaltexperiments (siehe Abschnitt 3.2) handelt es sich hierbei um die *Position* des Photons (oder Elektrons) am Doppelspalt – d. h., um die Information, ob sich das Photon im oberen oder unteren Spalt befindet – oder auf dem Beobachtungsschirm.

Es ist ein fundamentales Gesetz der Quantenmechanik, dass die Informationen zu diesen physikalischen Eigenschaften in einem Quantensystem nur *statistisch* angegeben werden können. Dies bedeutet, dass zu den Eigenschaften nur ausgesagt werden kann, mit welcher *Wahrscheinlichkeit* gewisse Werte bezüglich einer physikalischen Größe (wie etwa der Position) angenommen werden können.

Dies haben Sie auch im Doppelspaltexperiment gesehen, wo wir die Position des Auftreffens des Photons auf dem Beobachtungsschirm vorher nicht exakt bestimmen konnten. Auch dort konnten wir nur Wahrscheinlichkeiten für diese Position angeben.

Mathematische Modellierung

Die statistischen Informationen zu den physikalischen Eigenschaften eines Quantensystems werden durch einen sogenannten *(reinen) Zustand/Zustandsvektor* modelliert. Dieser Zustand wird mathematisch zu jeder Zeit durch ein Element eines komplexen Hilbertraums $\mathscr{H}$ beschrieben. Sie kennen Hilberträume und einige Eigenschaften bereits aus Abschnitt 2.4. Diesen Hilbertraum $\mathscr{H}$ bezeichnet man als *Hilbertraum des Quantensystems*.

Aus Gründen, die später – siehe Bemerkung 4.5.9 – ersichtlich werden, werden wir zudem nur *normierte Zustände* betrachten. Das heißt, dass $|\psi\rangle \in \mathscr{H}$ nur dann einen Zustand beschreiben kann, falls

$$\|\psi\| = 1. \tag{4.2.1}$$

Eine für uns hinreichende Vereinfachung

Wie bereits in Abschnitt 2.4 angedeutet, dürfen wir für dieses Buch folgende grundlegende, vereinfachende und für die Quanteninformatik hinreichende Annahme treffen:

> *In diesem Buch handelt es sich beim Hilbertraum $\mathscr{H}$ immer um einen* **endlichdimensionalen** *Hilbertraum.*

Dies wird die mathematische Theorie in vielen Situationen stark vereinfachen. Um die Übersichtlichkeit zu wahren und um die mathematischen Ausführungen in diesem Buch so knapp wie möglich zu halten, werde ich im Folgenden diese vereinfachende Annahme nicht mehr explizit erwähnen.

Das Postulat

Im folgenden Postulat werden die soeben eingeführten Begriffe und Annahmen formal festgehalten.

Postulat I In einem Quantensystem werden die physikalischen Eigenschaften durch den *(reinen) Zustandsvektor* – oder kurz: *Zustand* – modelliert. Mathematisch wird dieser Zustand durch einen normierten Vektor in einem komplexen Hilbertraum $\mathscr{H}$, dem *Hilbertraum des Quantensystems*, beschrieben.

In diesem Buch nehmen wir stets an, dass $\mathscr{H}$ endlichdimensional ist.

Bemerkung 4.2.1 Im weiteren Verlauf dieses Buchs werde ich oft der Einfachheit und Übersichtlichkeit wegen *den Hilbertraum des Quantensystems* abgekürzt als *den Hilbertraum* bezeichnen. In vielen Fällen werde ich auch vereinfachend das Quantensystem direkt mit dem zugehörigen Hilbertraum $\mathscr{H}$ assoziieren, referenzieren und synonym verwenden.

Bemerkung 4.2.2 Ich möchte an dieser Stelle auf drei Fragen eingehen, die Sie sich jetzt schon eventuell stellen:

- *Inwiefern ist in dieser mathematischen Konstruktion die statistische Natur der Quantensysteme eingebettet?*

  Dies ist eine sehr interessante Frage, für die wir aber noch etwas Vorarbeit benötigen. Ich werde in Bemerkung 4.5.9 diese Frage wieder aufgreifen und beantworten.

- *Wieso spreche ich vom »(reinen) Zustand« und nicht bloß vom »Zustand«?*

  Der Grund ist, dass in der Quantenmechanik auch das Konzept des *gemischten Zustands* existiert. Dieser stellt eine Verallgemeinerung des Begriffs *(reiner) Zustand* dar. In diesem praxisorientierten Buch kommen wir auch ohne diese Verallgemeinerung aus. Daher werde ich die Terminologie »reiner Zustand« und »Zustand« synonym verwenden.

- *Wieso wird ein komplexer Hilbertraum gewählt?*

  Auch dies ist eine sehr interessante Frage, auf die ich in Bemerkung 5.1.1 eingehen werde.

Wiedersehen mit der Dirac-Notation

Eine wichtige notationelle Konvention ist dadurch gegeben, dass Zustände (also Elemente in $\mathscr{H}$) in der *Ket-Notation* geschrieben werden, d. h. als

$$|\psi\rangle \in \mathscr{H}. \tag{4.2.2}$$

4.2.2 Qubits – die elementaren Bausteine der Quanteninformatik

Bis jetzt haben Sie nur gelernt, dass Zustände durch normierte Vektoren aus einem abstrakten Hilbertraum $\mathscr{H}$ modelliert werden. Wir haben aber noch nicht genau spezifiziert, worum es sich bei dem Hilbertraum $\mathscr{H}$ genau handelt. Dies hängt immer vom jeweiligen Quantensystem und von den Zielen bei der Modellierung des Zustandsvektors ab.

In diesem Abschnitt möchte ich einen konkreten Hilbertraum beschreiben, der in der *Quanteninformatik* zur Modellierung verwendet wird. Dieser Hilbertraum beschreibt den Spezialfall aus der Quanteninformatik eines einzelnen *Qubits*.

Zur Erinnerung: Wie bereits erwähnt, werden wir die rigorose Einführung in die Quanteninformatik sowie weitere Hintergründe und Motivationen zu diesen Konzepten in Kapitel 6 dieses Buchs erneut aufrollen.

Der rote Faden in diesem Abschnitt

Wir beginnen mit einem kurzen Blick auf die klassische Informatik und nutzen diesen, um von *Bits* intuitiv zu *Qubits* zu gelangen. Anschließend lernen Sie den zu Qubits *zugehörigen Hilbertraum* kennen. Danach schauen wir uns an, wie diese *Qubits in allgemeiner Form dargestellt* werden können. Hieraus gehe ich dann zur sogenannten *Rechenbasis* über. Sie werden sehen, dass diese Rechenbasis – aus der Perspektive der Informatik – eine *besondere Interpretation* hat. Dann gehe ich noch auf die natürliche Frage ein, *was Qubits von klassischen Bits unterscheidet*. Im Anschluss daran sind Sie auch bereits in der Lage, ein *erstes konkretes Codebeispiel* zu sehen. Um auch zu verstehen, was physikalisch passiert, werde ich kurz auf die *Brücke zwischen der Theorie und der Physik* eingehen. Wir schließen diesen Abschnitt mit der Einführung *zweier weiterer wichtiger Zustände* in diesem Quantensystem ab, die uns immer wieder begegnen werden in diesem Buch.

Von Bits zu Qubits

Bekanntermaßen werden in der *klassischen Informatik* die kleinsten Informationseinheiten als *Bits* bezeichnet. Diese können die Werte 0 oder 1 annehmen und werden in sogenannten *Bit-Registern* gespeichert und verarbeitet. Mit ihrer Hilfe beabsichtigt man, *Algorithmen* auszuführen und dadurch gewisse Probleme zu lösen.

Auch in der *Quanteninformatik* möchte man in Registern Informationseinheiten verarbeiten, um Probleme zu lösen. Wie der Name schon vermuten lässt, möchte man aber in der Quanteninformatik die *Quantenmechanik* ausnutzen, um diese Probleme zu lösen. Warum möchte man das? Wie Sie im Laufe dieses Buchs sehen werden, weichen die Gesetzte der Quantenmechanik fundamental von unserem Verständnis unserer realen Umgebung ab. Somit ist es intuitiv denkbar, dass – aufgrund dieser neuen Gesetze – neue Wege möglich sind, gewisse Probleme zu lösen, an denen man bisher in der klassischen Informatik gescheitert ist. Es wird sich herausstellen, dass diese Intuition berechtigt ist.

Also möchte man in der Quanteninformatik Quantenmechanik nutzen. Daher müssen wir ein neues Fundament legen. Das heißt, wir greifen nicht auf Bits als elementare, kleinste Bausteine zurück, sondern auf quantenmechanische Äquivalente von diesen. So haben wir die Quantenmechanik direkt auf der elementarsten Ebene in unsere neue Informatik eingebettet. Man möchte also in der Quanteninformatik nicht auf Bits als kleinste Informationseinheit zurückgreifen, sondern auf physikalische Systeme, die auf Gesetzen der Quantenmechanik basieren. Diese elementare, kleinste Informationseinheit in der Quanteninformatik bezeichnet man als *Qubit*. Und in diesem Abschnitt lernen wir sie genauer kennen.

Erste Gedanken zur Modellierung der Qubits

Wie bereits erwähnt, sind Qubits nichts anderes als Quantensysteme, da sie ja auf quantenmechanischen Prinzipien beruhen sollen. Doch hierzu haben Sie in Postulat I gelernt, dass man sich als Erstes Gedanken über den zugehörigen Hilbertraum machen soll.

Aber was wählen wir hier als den komplexen Hilbertraum? Dies ist eine entscheidende Frage, die ich nun intuitiv herleiten möchte. Unser Ziel ist ja ein quantenmechanisches Äquivalent zu den Bits. Letztere zeichnen sich dadurch aus, dass sie die Werte 0 oder 1 annehmen können. Was können die Äquivalente zu den Werten 0 oder 1 in einem komplexen Hilbertraum sein? Ich empfehle Ihnen, kurz selbst über diese Frage nachzudenken, bevor Sie weiterlesen.

Die Idee ist, dass man einen **zwei**dimensionalen komplexen Hilbertraum wählt – genauer: den Raum $\mathbb{C}^2$ – und zwei speziellen Basisvektoren jeweils die Rollen der Werte 0 und 1 bei den Bits zuschreibt. Mittels dieser beiden Basisvektoren können dann Informationen in Qubits kodiert und weiterverarbeitet werden. Diese zwei speziellen Basisvektoren sind die Elemente einer speziellen Basis, der sogenannten *Rechenbasis*.

Dies ist die allgemeine intuitive Idee. Nun können wir in die konkrete Modellierung der Qubits einsteigen.

Hilbertraum der Qubits

Per Definition ist der zugehörige Hilbertraum eines Qubits gegeben durch den komplexen zweidimensionalen $\mathbb{C}$-Vektorraum $\mathbb{C}^2$, den wir als $\mathcal{H}$ notieren. Das heißt, in diesem Fall gilt, dass

$$\mathscr{H} = \mathcal{H}, \tag{4.2.3}$$

wobei

$$\mathcal{H} = \mathbb{C}^2. \tag{4.2.4}$$

Ein Qubit ist somit ein Quantensystem, in dem der Hilbertraum gegeben ist durch $\mathcal{H}$.

Allgemeine Darstellung eines Qubits

Wie sieht der Zustand eines allgemeinen Qubits konkret aus? Zunächst sind Quibits per Definition abstrakt beschrieben durch einen Vektor $|\psi\rangle \in \mathcal{H}$. Als Element eines endlichdimensionalen $\mathbb{C}$-Vektorraums lässt sich aber $|\psi\rangle$ durch die Standardbasis darstellen (siehe Abschnitt 2.4). Daher gibt es für alle $|\psi\rangle \in \mathcal{H}$ zwei komplexe Zahlen $\alpha_0, \alpha_1 \in \mathbb{C}$, sodass

$$|\psi\rangle = \alpha_0 \begin{pmatrix} 1 \\ 0 \end{pmatrix} + \alpha_1 \begin{pmatrix} 0 \\ 1 \end{pmatrix}. \tag{4.2.5}$$

Des Weiteren lässt sich aus der Normierungsannahme $\||\psi\rangle\| = 1$ in Postulat I direkt ableiten, dass

$$|\alpha_0|^2 + |\alpha_1|^2 = 1 \tag{4.2.6}$$

gelten muss, wie Sie in Übung 4.2 sehen werden. Wir leiten ab, dass der Zustand eines Qubits in der allgemeinen Form durch (4.2.5) und (4.2.6) beschrieben wird.

Sie werden später in Abschnitt 6.1.4 auch noch sehen, wie man diese Qubits mittels der sogenannten *Bloch-Darstellung* geeignet visualisieren kann. So eine Visualisierung kann in vielen Situationen sehr hilfreich sein. Wenn Sie möchten, können Sie sich schon jetzt einen kurzen Blick in diesen Abschnitt erlauben – als kleinen Vorgeschmack auf das, was Sie noch in diesem Buch erwartet. Um dieses Kapitel aber nicht zu überfrachten, vertage ich die Einführung der Bloch-Darstellung auf eben diesen Abschnitt 6.1.4. Der Fokus in diesem Kapitel liegt ja auf dem quantenmechanischen Formalismus und einigen ersten Einblicken in dessen Anwendung in der Quanteninformatik.

Rechenbasis

Betrachten wir nochmals die Darstellung (4.2.5). Diese ist gegeben als eine Linearkombination von Vektoren aus der Standardbasis. Diese Standardbasis in $\mathcal{H}$ wird in der Quanteninformatik auch *Rechenbasis* genannt und wird notiert als

$$|0\rangle := \begin{pmatrix} 1 \\ 0 \end{pmatrix} \quad \text{und} \quad |1\rangle := \begin{pmatrix} 0 \\ 1 \end{pmatrix} . \tag{4.2.7}$$

Dies impliziert für die allgemeine Darstellung eines Qubits, dass

$$|\psi\rangle = \alpha_0 |0\rangle + \alpha_1 |1\rangle , \quad \text{wobei } \alpha_0, \alpha_1 \in \mathbb{C} \quad \text{mit } |\alpha_0|^2 + |\alpha_1|^2 = 1. \tag{4.2.8}$$

Informationstheoretische Interpretation der Rechenbasis

Die Zustände $|0\rangle$, $|1\rangle$ (gesprochen »Ket-Null« bzw. »Ket-Eins«) sind die weiter oben angedeuteten Basisvektoren, die in der Quanteninformatik eine besondere Bedeutung haben. Intuitiv übernehmen die Zustände $|0\rangle$ und $|1\rangle$ in der Quanteninformatik dieselbe Rolle, die in der klassischen Informatik den Werten 0 oder 1 zugesprochen wird. Im Genauen meinen wir damit, dass wir

- einem Qubit den Wert 0 zuordnen, wenn der Zustand des Qubits gegeben ist durch $|0\rangle$, und
- einem Qubit den Wert 1 zuordnen, wenn der Zustand des Qubits gegeben ist durch $|1\rangle$.

Diese Interpretation nennen wir in diesem Buch *informationstheoretische Interpretation*.

Bits vs. Qubits

Sie haben nun ein erstes Gefühl für Qubits bekommen. Aber inwiefern unterscheidet sich dieses Konzept von den Bits aus der klassischen Informatik? Es unterscheidet sich natürlich darin, dass für Qubits quantenmechanische Gesetze gelten und Bits makroskopische Objekte sind, die durch die klassische Physik beschrieben werden. Welche Auswirkungen hat das konkret? Ein Beispiel hierfür können wir bereits jetzt schon sehen.

Sie wissen, dass in der klassischen Informatik nur die beiden Werte 0 oder 1 in den BitRegistern verarbeitet werden können. Es ist ein fundamentaler Unterschied zwischen der Quanteninformatik und der klassischen Informatik, dass in der Quanteninformatik noch Zustände »zwischen« $|0\rangle$ und $|1\rangle$ modelliert werden können. Damit meinen wir Zustände, die die Form aus (4.2.8) annehmen und die eine sogenannte *Superposition* der beiden Zustände $|0\rangle$ und $|1\rangle$ beschreiben.

In Abschnitt 4.3 werde ich auf das Superpositionsprinzip genauer eingehen, und in Abschnitt 6.1.2 werden wir diskutieren, inwiefern dieser fundamentale Unterschied (gemeinsam mit dem Phänomen der *Verschränkung*) zu Effizienzvorteilen – d.h. zur sogenannten *Quantenüberlegenheit* – bei der Lösung bestimmter Probleme führen kann.

Tatsächlich sind wir bereits jetzt schon in der Lage, *unser erstes konkretes Codebeispiel* in diesem Buch zu sehen.

Unser erstes Codebeispiel

Codebeispiel 4.2.3 Das Ziel des Codes in Listing 4.1 ist es, ein Qubit zu präparieren und dessen Zustandsvektor ausgeben zu lassen. So ein Code kann als das `Hallo Welt`-Programm der Quanteninformatik interpretiert werden. Der Code besteht aus den folgenden Schritten:

- Zunächst erfolgt die Präparation eines Qubits. Dies gelingt uns durch den Befehl `QuantumCircuit(1)`. Der Eingabewert `1` bedeutet hier, dass wir nur ein einzelnes Qubit präparieren möchten. Durch diesen Befehl wird das Qubit per Default stets auf den Wert $|0\rangle$ präpariert.
- Des Weiteren geben wir dem zugehörigen Quantensystem einen Namen. Da Sie später (in Definition 8.1.1) lernen werden, dass solche Quantensysteme auch *Quantenschaltkreise* genannt werden, bezeichnen wir dieses Quantensystem vorgreifend schon mal mit `circ`.
- Wir möchten vom Default abweichen und das Quantensystem mit $|1\rangle$ präparieren statt mit $|0\rangle$. Dies gelingt uns in zwei Schritten:
  - Zunächst benennen wir, welchen Zustandsvektor wir haben möchten. Dies gelingt durch den Befehl `Statevector.from_label('1')`, wobei die `1` angibt, dass wir $|1\rangle$ präparieren möchten. Es gibt auch andere Optionen als die `1`, die Sie in [IBMk] nachschlagen können.
  - Bisher haben wir nur diesen Zustand benannt. Nun müssen wir angeben, dass das Quantensystem mit diesem benannten Zustandsvektor initial präpariert werden soll.

Dies gelingt durch den Befehl `Statevector.evolve(circ)`. Vielleicht stellen Sie sich jetzt die Frage, wieso dieser Befehl mit `evolve` (d.h. »sich entwickeln«) aufgerufen wird, weil sich hier ja eigentlich nichts weiterentwickelt: Es wird etwas präpariert und dann direkt ausgegeben. Dies liegt daran, dass das vorliegende Beispiel sehr einfach gestrickt ist, während die eigentlichen Ziele in der Quanteninformatik daraus bestehen, Qubits zu manipulieren, um Berechnungen durchzuführen. Wie genau das funktioniert, werden Sie später in Abschnitt 4.4.2 verstehen.

- Letztlich geben wir das Ergebnis durch `print` aus.

In Listing 4.1 sehen Sie nun den zugehörigen Code.

```
# Importiere die benötigten Pakete
from qiskit import QuantumCircuit
from qiskit.quantum_info import Statevector

# Initialisiere ein Qubit
circ = QuantumCircuit(1)

# Formuliere den Zustandsvektor, der zu präparieren ist
statevector = Statevector.from_label('1')

# Setze den initial präparierten Zustand des Quantensystems
# gleich diesem gewünschten Zustandsvektor
statevector = statevector.evolve(circ)

# Gib den Zustandsvektor aus
print(statevector)
```

Listing 4.1 Präparation eines Qubits mit entsprechender Ausgabe

Ich möchte Ihnen noch erläutern, was die Ausgabe `Statevector([0.+0.j, 1.+0.j], dims=(2,))` bedeutet, die Sie erhalten, wenn Sie dieses Beispiel ausführen:

- Die Angabe `dims=(2,)` sagt uns, dass der Hilbertraum zweidimensional ist und somit nur aus einem Qubit besteht.
- Die Angabe `[0.+0.j, 1.+0.j]` entspricht in unserer Notation der Darstellung (4.2.8), wobei in diesem konkreten Fall α_0 dem ersten Wert – d.h. 0.+0.j – zugeordnet wird und α_1 dem zweiten Wert – d.h. 1.+0.j. Diese Werte sind jeweils die Darstellung komplexer Zahlen in der Python-Syntax.

Das heißt, in diesem Fall gilt:

$$1. + 0.j \quad \text{entspricht } 1 + 0 \cdot i$$

Kurzer Blick in die Physik

Nach der vorangegangenen theoretischen Konstruktion von Qubits müssen wir uns natürlich die Frage stellen, ob diese Konstruktion auch in der Praxis umsetzbar ist. Schließlich müssen sich Qubits ja in der Praxis durch reale Quantensysteme realisieren lassen. Daher müssen wir uns fragen, wie wir ein Quantensystem derart präparieren können, sodass der zugehörige Zustandsraum tatsächlich durch den Hilbertraum $\mathcal{H}$ beschrieben werden kann. Diese Frage zielt natürlich in dieselbe Richtung wie die Frage nach der praktischen Realisierung eines Quantencomputers, die wir in Abschnitt 1.4 behandelt haben. Somit gibt es eine Vielzahl an Ansätzen, um die hier vorgestellten Konzepte physikalisch umzusetzen.

Die Grundidee ist aber bei vielen dieser Ansätze ähnlich. Man beschränkt sich bei der Beschreibung des Quantensystems auf eine spezielle physikalische Größe, die genau zwei spezielle Zustände annehmen kann, die somit wiederum zu den beiden Basisvektoren des zweidimensionalen Hilbertraums korrespondieren. Im Folgenden sehen Sie zwei Beispiele hierzu.

Um eine Intuition für die Grundidee zu bekommen, ist es sinnvoll, das *Doppelspaltexperiment* wieder heranziehen, das Sie bereits aus Abschnitt 3.2 kennen. In diesem Fall kann mit $|0\rangle$ der Zustand beschrieben sein, in dem das Photon sich im oberen Spalt befindet. Dementsprechend würde mit $|1\rangle$ der Zustand beschrieben werden, in dem sich das Photon im unteren Spalt befindet (siehe Abbildung 4.1). Die physikalische Größe, auf die man sich hier beschränkt, ist somit die *Position*.

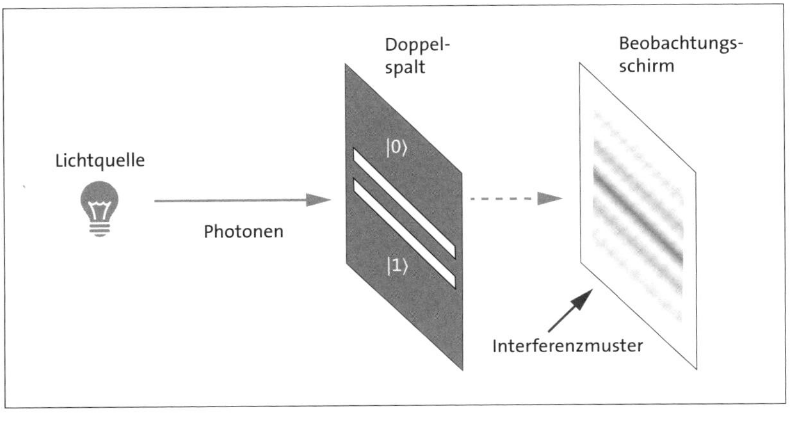

Abbildung 4.1 Interpretation der Zustände $|0\rangle$ und $|1\rangle$ im Doppelspaltexperiment

Analog hierzu kann man auch im *Stern-Gerlach-Experiment* vorgehen. Hier kann man beispielsweise mit $|0\rangle$ (bzw. mit $|1\rangle$) den Zustand interpretieren, wenn der Spin des Elektrons in Z-Richtung positiv (bzw. negativ) ist. Die physikalische Größe, auf die man sich hier beschränkt, ist somit der *Spin in Z-Richtung*.

Bemerkung 4.2.4 Vielleicht stellen Sie sich nun aber die folgende Nachfrage: Wie kann es sein, dass $|0\rangle$ (bzw. $|1\rangle$) Zustände im Doppelspaltexperiment beschreiben, während wir in Abschnitt 3.2 gelernt haben, dass man vor der Messung – d. h. dem Auftreffen des Photons auf dem Schirm – gar nicht sagen kann, in welchem der beiden Spalten es sich befindet?

Das ist korrekt.

Im beschriebenen Versuch wäre es falsch zu sagen, dass sich das Photon *vor der Messung* im Zustand $|0\rangle$ (oder $|1\rangle$) befindet. Es befindet sich in (der eben kurz angedeuteten) *Superposition*. Dieser Zustand besagt intuitiv, dass das Photon sich in einer *Überlagerung* von *beiden* Zuständen befindet. Aber dazu später (in Abschnitt 4.3) mehr.

Durch $|0\rangle$ (oder bzw. durch $|1\rangle$) wird vielmehr ein Zustand des Photons beschrieben, in dem das Photon sich für den oberen (oder bzw. den unteren) Spalt entscheiden *muss* (beispielsweise indem der andere Spalt zugehalten wird).

Ein wiederkehrendes Beispiel

Wir schließen unsere ersten Schritte in der Quanteninformatik mit zwei weiteren besonderen Zuständen im Hilbertraum $\mathcal{H}$ ab. Diese notieren wir als $|+\rangle$ und $|-\rangle$ und sind definiert durch

$$|+\rangle = \frac{1}{\sqrt{2}}(|0\rangle + |1\rangle) \quad \text{und} \quad |-\rangle = \frac{1}{\sqrt{2}}(|0\rangle - |1\rangle). \tag{4.2.9}$$

Diese bilden eine Orthonormalbasis des $\mathcal{H}$, wie Sie in Übung 4.3 sehen werden.

Es stellt sich natürlich die Frage, wieso diese Orthonormalbasis wichtig für uns ist. An dieser Stelle möchte ich – zur ersten Einordnung und zur Verdeutlichung der Bedeutung dieser Basis – zwei Argumente hierfür benennen:

- Sie werden sehen, dass diese Zustände nicht nur irgendeine Superposition, sondern die *gleichförmige Superposition* von $|0\rangle$ und $|1\rangle$ beschreiben. Die Gleichförmigkeit bezieht sich hier darauf, dass die Koeffizienten vor $|0\rangle$ und $|1\rangle$ denselben Absolutwert haben, nämlich $\frac{1}{\sqrt{2}}$. Die genaue praktische Bedeutung dieser Koeffizienten werden Sie in Abschnitt 4.5 verstehen.

- Wie weiter oben erwähnt, können wir im Stern-Gerlach-Experiment mit $|0\rangle$ (bzw. mit $|1\rangle$) den Zustand interpretieren, wenn der Spin des Elektrons in Z-Richtung positiv (bzw. negativ) ist. Wie sehen aber die Zustände aus, die den Spin in X-Richtung beschreiben? Hierzu nutzt man dann die Zustände $|+\rangle$ und $|-\rangle$.

Aufgrund der wichtigen Bedeutung dieser beiden Zustände können diese auch leicht in Qiskit präpariert werden: Sie wählen dazu in Listing 4.1 + bzw. - statt 1 als Eingabe für den Befehl `Statevector.from_label('1')`. Probieren Sie es ruhig aus!

4.3 Das Superpositionsprinzip

In diesem Abschnitt beschäftigen wir uns mit dem quantenmechanischen Phänomen des *Superpositionsprinzips*. Dieses für die Quantenmechanik so kennzeichnende Prinzip habe ich bereits in Abschnitt 4.2.2 erwähnt. Neben der *Verschränkung* ist dieses Phänomen eine der fundamentalen Erkenntnisse aus der Quantenmechanik, deren Ausnutzung in einem Quantencomputer die *Quantenüberlegenheit*, d.h. die Überlegenheit von Quantencomputern gegenüber klassischen Computern, zu ermöglichen vermag. Auf die Bedeutung der Superposition für die Quanteninformatik gehe ich später in Abschnitt 6.1.2 wieder ein.

Intuitive Beschreibung des Phänomens

Aufbauend auf Abschnitt 4.2.2 können wir bereits einen heuristischen Blick auf das Superpositionsprinzip werfen. Die rigorose Definition des Phänomens erfolgt im Anschluss.

Bei Qubits, deren Zustände sich in der Form **(4.2.8)** darstellen und bei denen – sehr wichtig – *sowohl* α_0 *als auch* α_1 ungleich 0 sind, erkennt man nämlich dieses Phänomen bereits. Solche Zustände sind weder gleich $|0\rangle$ noch gleich $|1\rangle$, und doch können Qubits Zustände der Form **(4.2.8)** annehmen. Wie können wir solche Zustände interpretieren? Intuitiv interpretiert man solche Zustände als *Überlagerung* beider Zustände $|0\rangle$ und $|1\rangle$. Hierbei meinen wir mit »Überlagerung«, dass das Qubit sich in einem Zustand befindet, der weder gleich $|0\rangle$ noch gleich $|1\rangle$ ist, aber von beiden Zuständen beeinflusst wird.

Was hat das für Auswirkungen in der Praxis? Denn ich habe ja bereits in Abschnitt 4.2.2 erwähnt, dass man im Doppelspaltexperiment mit $|0\rangle$ (bzw. mit $|1\rangle$) den Zustand beschreiben kann, in dem das Photon sich im oberen (bzw. im unteren) Spalt befindet. Folglich haben also Photonen, deren Zustände in der Form **(4.2.8)** (wobei $\alpha_0, \alpha_1 \neq 0$) beschrieben sind, die Eigenschaft, dass diese sich nicht für einen der beiden Spalte entscheiden müssen, sondern vielmehr *durch beide Spalte überlagert hindurchgehen*. Dies erklärt auch die Interferenzmuster auf dem Schirm hinter dem Doppelspalt, wie Sie in Übung 4.4 sehen werden.

Hierbei wird außerdem den Werten α_0 und α_1 physikalisch eine Bedeutung zugeschrieben. Diese beiden Koeffizienten geben nämlich eine *Gewichtung* zwischen den beiden Zuständen $|0\rangle$ und $|1\rangle$ an. In anderen Worten heißt das, dass Zustände der Form (4.2.8) zwar überlagert diese beiden Zustände annehmen, aber hierbei dem einen oder dem anderen Zustand eher zugeneigt sind. Diese Gewichtung ist determiniert durch die Beträge der Koeffizienten α_0 und α_1. Die exakte Bedeutung dieser Gewichtung lernen Sie in Beispiel 4.5.10 kennen.

Die Schritte zur Formalisierung dieses Phänomens

Doch wie lässt sich dieses Prinzip formal in die mathematische Theorie der Quantenmechanik einbetten? Sie haben soeben – basierend auf Ihrem ersten Einblick in die Quanteninformatik in Abschnitt 4.2.2 – bereits eine erste Erscheinung des Superpositionsprinzips gesehen. Diese war gegeben durch Zustände der folgenden Form:

$$\alpha_0 |0\rangle + \alpha_1 |1\rangle, \quad \text{wobei } \alpha_0, \alpha_1 \in \mathbb{C} \quad \text{mit } |\alpha_0|^2 + |\alpha_1|^2 = 1. \tag{4.3.1}$$

Sie wissen also, wie man das Superpositionsprinzip in $\mathcal{H} = \mathbb{C}^2$ beschreibt. Doch wie kann man dieses Phänomen auch in allgemeinen Hilberträumen $\mathscr{H}$ beschreiben? Um das herauszufinden, müssen Sie sich zunächst die Frage stellen, was in der Gleichung (4.3.1) denn spezifisch ist für das Setting, das wir in Abschnitt 4.2.2 betrachtet haben. Diese Frage lässt sich leicht beantworten:

- zum einen die beiden speziellen Vektoren $|0\rangle$ und $|1\rangle$, die natürlich nur in $\mathcal{H}$ existieren, und
- zum anderen die Hilbertraum-Struktur in $\mathcal{H}$, die bei der Addition der beiden Vektoren in Gleichung (4.3.1) sowie bei der skalaren Multiplikation mit α_0 und α_1 benutzt wird.

Wenn wir nun diese beiden Punkte auf einen allgemeinen Hilbertraum $\mathscr{H}$ heben möchten, müssen wir

- zwei beliebige Zustände $|\psi_0\rangle, |\psi_1\rangle \in \mathscr{H}$ wählen (statt $|0\rangle$ und $|1\rangle$) und
- die skalare Multiplikation sowie die Addition aus $\mathscr{H}$ verwenden.

Wir sind fast fertig. Wir müssen nur noch eine Sache beachten: Müssen die Zustände $|\psi_0\rangle, |\psi_1\rangle \in \mathscr{H}$ auch orthogonal zueinander sein? Zumal die Zustände $|0\rangle$ und $|1\rangle$ ja auch orthogonal zueinander sind.

Es stellt sich heraus, dass wir das tatsächlich annehmen müssen. Das heißt:

Die Zustände $|\psi_0\rangle, |\psi_1\rangle \in \mathscr{H}$ müssen orthogonal zueinander sein.

Wieso müssen wir das hier annehmen? Dies können Sie erst nach Abschnitt 4.5 vollständig nachvollziehen, wenn ich das Thema *Messungen* einführe. Anschaulich kann man dies damit begründen, dass man immer nur die Superposition von Zuständen betrachten möchte, die zu verschiedenen Messergebnissen korrespondieren. Und eben solche Zustände sind – wie Sie in Abschnitt 4.5 sehen werden – orthogonal zueinander (da sie in verschiedenen *Eigenräumen der Observable* liegen). Ich werde diese Frage in Bemerkung 4.5.6 wieder aufgreifen.

Formulierung des Phänomens

Und somit erhalten wir bereits das *Superpositionsprinzip*: Wir interpretieren Zustände $|\psi\rangle$ der Form

$$|\psi\rangle = \alpha_0 |\psi_0\rangle + \alpha_1 |\psi_1\rangle \tag{4.3.2}$$

(wobei $\alpha_0, \alpha_1 \in \mathbb{C}$ und die Zustände $|\psi_0\rangle, |\psi_1\rangle \in \mathscr{H}$ orthogonal zueinander sind) als die *Superposition* der beiden Zustände $|\psi_0\rangle, |\psi_1\rangle$. Hierbei dürfen α_0, α_1 beliebige Werte annehmen, solange die Bedingung der Normiertheit erfüllt ist, da wir Postulat I nicht verletzen dürfen. Diese Normiertheitsbedingung ist wiederum äquivalent dazu, dass

$$|\alpha_0|^2 + |\alpha_1|^2 = 1. \tag{4.3.3}$$

Der Beweis dieser Äquivalenz erfolgt analog zur Herleitung von Gleichung (4.2.8).

Wie bereits erwähnt, kommt hier den Gewichten α_0, α_1 eine besondere Rolle zu, die Sie in Beispiel 4.5.10 verstehen werden.

Superposition von (möglicherweise) mehr als zwei Zuständen

Natürlich lässt sich die Frage verallgemeinern: Was wäre, wenn $|\psi\rangle$ eine Superposition mehrerer – sagen wir $n \in \mathbb{N}$ – zueinander orthogonaler Zustände ist (statt nur von zweien)? An dieser Stelle empfiehlt es sich, dass Sie kurz innezuhalten und versuchen, selbst die Antwort auf diese Frage zu finden.

Die Antwort ist eine direkte Verallgemeinerung von (4.3.2) gegeben durch

$$|\psi\rangle = \sum_{j=0}^{n-1} \alpha_j |\psi_j\rangle, \tag{4.3.4}$$

wobei die Zustände $\{|\psi_j\rangle\}_{j=0}^{n-1} \in \mathscr{H}$ ein orthogonales System bilden, mit $\alpha_j \in \mathbb{C}$ für alle $j = 0, \ldots, n-1$, und es gilt, dass

$$\sum_{j=0}^{n-1} |\alpha_j|^2 = 1. \tag{4.3.5}$$

Hier sagen wir entsprechend, dass $|\psi\rangle$ gegeben ist als eine Superposition der Zustände $|\psi_0\rangle, \ldots, |\psi_{n-1}\rangle$.

In diesem Abschnitt haben Sie somit gelernt, wie das Phänomen der Superposition in der mathematischen Sprache der Quantenmechanik beschrieben wird. Auf die exakte physikalische Bedeutung im Beispiel des Doppelspaltexperiments gehen wir in Übung 4.4 ein.

4.4 Veränderungen des Zustands

Lassen Sie uns noch einmal zurückschauen: Was haben Sie bisher gelernt? In der Quantenmechanik wird üblicherweise ein Quantensystem präpariert, um gewisse Zustände in einem Hilbertraum $\mathscr{H}$ zu erzeugen. Hierbei kann es zu sehr interessanten Phänomenen kommen, da es Zustände geben kann, die gegeben sind als die Superposition von anderen Zuständen.

Nun wäre es naheliegend zu beobachten, ob und wie sich der zu Beginn präparierte Zustand *im Laufe der Zeit verändern* kann. Doch welche Arten der Veränderung gibt es?

Wir unterscheiden hierbei zwischen den folgenden Arten:

- *Natürliche Evolution in einem abgeschlossenen System*
- *Beabsichtigte Manipulation des Zustands durch unitäre Abbildungen*
- *Unbeabsichtigte Änderungen des Zustands*
- *Messung*

In den Abschnitten 4.4.1, 4.4.2 und 4.4.4 werde ich auf die ersten drei Punkte eingehen. Das Thema *Messung* wird in Abschnitt 4.5 behandelt. In Abschnitt 4.4.3 stelle ich zwei sehr bedeutende Beispiele zur beabsichtigten Manipulation des Zustands durch unitäre Abbildungen vor.

Wichtige Vorbemerkung

Bezüglich des ersten Punktes *natürliche Evolution in einem abgeschlossenen System* sei erwähnt, dass diesem eine faszinierende physikalische Theorie zugrunde liegt. Diese umfasst die Theorie der Schrödingergleichung, die 1926 als Resultat experimenteller Beobachtungen von Erwin Schrödinger[1] aufgestellt wurde. Für unseren Zweck wollen wir uns auf eine anschauliche und äußerst knappe Beschreibung dieser Gleichung beschränken. Ich verzichte

1 Siehe Erwin Schrödinger: Quantisierung als Eigenwertproblem. In: Annalen der Physik. Bd. 79, 1926, S. 361, 489; Bd. 80, 1926, S. 437; und Bd. 81, 1926, S. 109.

somit auf eine ausführliche mathematische Aufarbeitung dieser Gleichung, denn die Gleichung dient uns nur dazu,

- dem Ziel aus Abschnitt 1.5.1 gerecht zu werden, das besagt, dass wir eine knappe, aber nicht zu knappe Darstellung erarbeiten wollen, sowie
- das für uns wichtige Postulat II.2 anschaulich besser herleiten zu können.

So eine anschauliche Herleitung dient dem besseren Verständnis dieses Postulats und hilft dabei, ein besseres intuitives Gefühl für dieses Postulat zu erhalten. Es wäre allerdings auch denkbar, direkt mit Postulat II.2 zu beginnen und ohne Herleitung dieses Postulat als festgelegte Grundlage zu akzeptieren. Somit wäre es möglich, Abschnitt 4.4.1 zunächst nur zu überfliegen oder gar zu überspringen und direkt mit Abschnitt 4.4.2 fortzufahren.

Abgeschlossene Systeme

Für die Abschnitte 4.4.1 und 4.4.2 müssen Sie noch wissen, was wir unter einem *abgeschlossenen System* verstehen. Hiermit ist ein idealisiertes Quantensystem gemeint, in dem ausnahmslos alle Einflüsse in der Modellierung berücksichtigt wurden, die im Quantensystem einwirken können. In der Praxis ist die Präparation eines abgeschlossenen Systems sehr schwierig, da auf der mikroskopischen Skala störende externe Einflüsse nur schwer vollständig erfasst oder eliminiert werden können. Auf diese Problematik gehe ich in Abschnitt 4.4.4 nochmal ein.

4.4.1 Natürliche Evolution in einem abgeschlossenen System

Jedes Quantensystem unterliegt im Laufe der Zeit Einflüssen aus seiner Umgebung. Diese Einflüsse implizieren eine Veränderung des Zustands. Diese Veränderung des Zustands im Laufe der Zeit bezeichnen wir als *Evolution*.

Welchen Gesetzen folgt die Evolution in einem abgeschlossenen System? Diese Gesetze sind bestimmt durch die *Schrödingergleichungen*. Ich werde mich auf eine kurze und anschauliche Beschreibung der Schrödingergleichung beschränken, da wir – wie bereits erwähnt – die Schrödingergleichung nur als theoretische Rechtfertigung von Postulat II.2 verwenden werden. Hierzu benötigen wir allerdings noch folgende drei Zutaten:

- Wie bereits erwähnt, möchten wir in diesem Abschnitt die Evolution in einem abgeschlossenen System beschreiben. Das bedeutet, dass alle Einflüsse, die auf das Quantensystem einwirken, in der Modellierung berücksichtigt werden können. Mathematisch bedeutet diese Annahme, dass uns alle mathematischen Objekte, die die Evolution beschreiben, bekannt sind und die Evolution sich somit in einem geschlossenen mathematischen Ausdruck beschreiben lässt. Bei diesen mathematischen Objekten handelt es sich bei der Schrödingergleichung um eine selbstadjungierte lineare Abbildung $\mathrm{H} \in \mathcal{L}_{\mathrm{sa}}(\mathscr{H})$ auf dem Hilbertraum, die *Hamilton-Operator* oder *Hamiltonian*[2] genannt wird. Dies bedeutet, dass zu jeder Zeit t der Hamilton-Operator, der die Evolution des Zustandsvektors determiniert, variieren kann. In diesem verallgemeinerten Fall wird dann die Familie $(\mathrm{H}_t)_t$, wobei $\mathrm{H}_t \in \mathcal{L}_{\mathrm{sa}}(\mathscr{H})$ für jedes t, als Hamilton-Operator zugehörig zum Quantensystem bezeichnet. In der Praxis ist es oft eine große Herausforderung, diesen Hamilton-Operator exakt anzugeben.

- Das *Planck'sche Wirkungsquantum* $\hbar$ ist eine fundamentale Naturkonstante in der Physik, die ich bereits in Abschnitt 3.1 erwähnt habe. Diese spielt in der Quantenmechanik eine essenzielle Rolle und taucht insbesondere in der Schrödingergleichung auf. Der exakte Wert dieser Naturkonstante ist für unsere Zwecke dennoch nicht wichtig, da wir die Schrödingergleichung nicht direkt anwenden werden. Daher setzen wir mithilfe geeigneter mathematischer Tricks diese Konstante (ohne Beschränkung der Allgemeinheit) effektiv gleich 1. Dies gelingt beispielsweise durch Skalierung des Zeitparameters oder indem wir annehmen, dass $\hbar$ bereits im Hamilton-Operator enthalten ist. Dies impliziert insbesondere eine Vereinfachung der Notation.
- Die Schrödingergleichung ist ein Anfangswertproblem. Genauer heißt das in diesem Fall, dass eine Lösung $(|\psi_t\rangle)_t$
  - zur festgelegten Anfangszeit der Evolution einen vorgegebenen Zustand annimmt und
  - dass $(|\psi_t\rangle)_t$ eine sogenannte *Differentialgleichung* erfüllt.

  Letzteres bedeutet, dass $(|\psi_t\rangle)_t$ eine Gleichung erfüllt, die auch Ableitungen von $(|\psi_t\rangle)_t$ enthält. In diesem Fall handelt es sich bei den Ableitungen um Ableitungen bezüglich des Zeitparameters t. Zu (partiellen) Differentialgleichungen und den zugehörigen Anfangswertproblemen existiert eine weit umfassende und faszinierende mathematische Theorie. Um diese Perspektive auf die Quantenmechanik zu erhalten, verweise ich Sie auf Abschnitt 4.3 in [Kön06]. Im Folgenden werden wir immer die Existenz und Eindeutigkeit von Lösungen der hier auftauchenden Differentialgleichungen stillschweigend annehmen.

Im folgenden Postulat stelle ich die (zeitunabhängige Version der) Schrödingergleichung auf, die die Evolution von Quantensystemen in einem abgeschlossenen System beschreibt. Ich beschränke mich auf den Fall $\mathscr{H} = \mathbb{C}^k$.

2 Im allgemeinen Fall ist dieser Hamilton-Operator *zeitabhängig*.

Postulat II.1 Sei $t_0 > 0$ und sei $|\psi\rangle \in \mathbb{C}^k$ (für ein $k \in \mathbb{N}$) ein Zustandsvektor. Sei $\mathrm{H} \in \mathcal{L}_{sa}(\mathbb{C}^k)$ ein Hamilton-Operator. Sei $(|\psi_t\rangle)_{t \geq t_0}$ die eindeutige Lösung der zugehörigen *Schrödingergleichung*, die durch das folgende Anfangswertproblem gegeben ist:

$$\begin{aligned} i\frac{d}{dt}\,|\psi_t\rangle &= \mathrm{H}(|\psi_t\rangle) \\ |\psi_{t_0}\rangle &= |\psi\rangle \end{aligned} \tag{4.4.1}$$

Dann beschreibt $(|\psi_t\rangle)_{t \geq t_0}$ die Evolution eines abgeschlossenen Quantensystems, in dem der Zustand zur Zeit t_0 durch $|\psi\rangle$ gegeben ist und alle Einflüsse auf das Quantensystem durch den Hamilton-Operator H determiniert sind.

Vielleicht fragen Sie sich nun: Wie sieht eine Lösung der Schrödingergleichung genau aus? Dies ist ein Standardergebnis aus der Theorie der gewöhnlichen Differentialgleichungen, das wir im folgenden Lemma festhalten. Allerdings benötigen wir hierfür vorher noch die folgende Definition:

Definition 4.4.1 Sei $n \in \mathbb{N}$ und $A \in \mathbb{C}^{k,k}$. Dann ist die *Exponentialabbildung* e^A definiert durch den folgenden Grenzwert

$$e^A := \lim_{n \to \infty} \sum_{k=0}^{n} A^k \frac{1}{k!}.$$

Wenn Sie aufmerksam gelesen haben, stellen sich an dieser Stelle vielleicht die Frage, wieso dieser Grenzwert denn überhaupt für alle solchen linearen Abbildungen existiert. Auch hier verzichte ich auf die mathematischen Details. Diese können Sie in Abschnitt 1.6 in [Kön06] (in einem sogar allgemeineren Setting) nachlesen.

Ebenso werde ich auf die mathematischen Details im folgenden Lemma verzichten, in dem Sie sehen werden, wie eine Lösung der Schrödingergleichung konkret aussieht.

Lemma 4.4.2 Seien $t_0, |\psi\rangle$, H so wie in Postulat II.1. Sei $(|\psi_t\rangle)_{t \geq t_0}$ die eindeutige Lösung der zugehörigen Schrödingergleichung. Dann gilt:

$$|\psi_t\rangle = \exp(-i\mathrm{H}(t - t_0))\,|\psi\rangle\,. \tag{4.4.2}$$

Beweis: Der Beweis dieses Lemmas ist beispielsweise in Abschnitt 4.3 in [Kön06] zu finden. □

Im folgenden Abschnitt werde ich die Darstellung aus Lemma 4.4.2 nutzen, um das für unsere Zwecke sehr wichtige Postulat II.2 anschaulich herzuleiten, damit Sie es einfach nachvollziehen können.

4.4.2 Beabsichtigte Manipulation des Zustands durch unitäre Abbildungen

Nun haben Sie gelernt, welche Gesetze für die Evolution in einem abgeschlossenen Quantensystem gelten (bei dem der Hilbertraum gegeben ist durch $\mathbb{C}^k$). Häufig beabsichtigt man aber vielmehr, Quantensysteme bewusst und nach einem bestimmten Schema zu manipulieren. Beispielsweise kann man in der Quanteninformatik nur so gezielt Quantenalgorithmen implementieren. Daher ist die eigentliche Frage, der wir uns stellen müssen:

⋆ Wie kann man Zustände in einem Quantensystem bewusst verändern oder in eine gewünschte Richtung lenken?

Es gibt natürlich verschiedene Ansätze, die Frage ⋆ zu beantworten. An dieser Stelle möchte ich mich auf den Ansatz konzentrieren, der die wesentliche Grundlage für die Quanteninformatik[3] bildet.

Zur Frage (⋆) Sei $|\psi\rangle \in \mathbb{C}^k$ der Zustand des Quantensystems zur Zeit $t_0 = 0$. Wir beabsichtigen, $|\psi\rangle$ so zu manipulieren, dass ein neuer gewünschter Zustand angenommen wird. Dieser neue gewünschte Zustand könnte beispielsweise die sogenannte Quanten-Fouriertransformation von $|\psi\rangle$ (siehe Abschnitt 12.2.2) sein.[4] Wie können wir dieses Ziel erreichen? Hierzu erinnern wir uns an Lemma 4.4.2: Nach einer Zeit t wird der Zustand $|\psi_t\rangle = \exp(-i\mathrm{H}t)\ |\psi\rangle$ angenommen, wobei H ein Hamilton-Operator ist, der die Einflüsse beschreibt, die auf das Quantensystem in diesem Zeitraum wirken. Eine Strategie zur Beantwortung von Frage ⋆ wäre nun:

Wähle einen Hamilton-Operator H, bei dem wir wissen, dass $\exp(-i\mathrm{H}t)\ |\psi\rangle$ einen gewünschten neuen Zustand darstellt (für ein geeignetes t).

So einen geeigneten Hamilton-Operator zu finden und diesen anschließend physikalisch zu implementieren ist (sowohl mathematisch als auch physi-

---

3 Genauer gesagt basiert das Berechnungsmodell *Quantenschaltkreismodell* der Quanteninformatik auf diesen Ansatz. Dieses Modell wird in Definition 8.1.1 eingeführt und liegt – wie bereits erwähnt – diesem Buch als Basis zugrunde. Da ich dieses Modell noch nicht rigoros eingeführt habe und mit unbekannten Begriffen sparsam umgehen möchte, spreche ich in diesem Abschnitt von »Quanteninformatik«, aber meinen eigentlich genauer das »Quantenschaltkreismodell«.

4 Die Vorgabe, dass ein einziger neuer gewünschter Zustand erreicht werden soll, kann auch etwas abgeschwächt werden: Manipuliere $|\psi\rangle$ so, dass der neue Zustand ein Element einer Zielmenge $Z \subset \mathbb{C}^k$ ist. Bei dieser Zielmenge Z könnte es sich beispielsweise um die Menge aller Zustände handeln, die sich in der Nähe (bezüglich einer gewissen Metrik) einer Lösung eines linearen Gleichungssystems befinden (siehe der sogenannte *HHL-Algorithmus* in [HHL09]).

kalisch) eine große Herausforderung. In der Quanteninformatik wählt man daher eine andere Strategie. Diese basiert auf der folgenden Beobachtung:

Lemma 4.4.3 Sei $K \in \mathcal{L}_{\text{sa}}(\mathbb{C}^k)$. Dann ist $U = \exp(-iK)$ eine unitäre Abbildung, d.h., $U \in \mathcal{U}(\mathbb{C}^k)$.

Umgekehrt sei $U \in \mathcal{U}(\mathbb{C}^k)$. Dann gibt es ein $K \in \mathcal{L}_{\text{sa}}(\mathbb{C}^k)$, sodass $U = \exp(-iK)$.

Beweis: Der Beweis dieses Lemmas erfolgt in Übung 4.5. □

Aus dem vorangehenden Lemma lernen Sie, dass es eine 1-zu-1-Beziehung zwischen unitären und selbstadjungierten Abbildungen gibt. Das bedeutet, dass wir, anstatt nach geeigneten $\text{H} \in \mathcal{L}_{\text{sa}}(\mathbb{C}^k)$ und t zu suchen, auch nach einem geeigneten $U \in \mathcal{U}(\mathbb{C}^k)$ suchen können. Diese Objekte sind miteinander verbunden durch $U = \exp(-it\text{H})$.

Diese Beobachtung liefert uns folgende *Antwort auf Frage (⋆) für die Quanteninformatik*:

Suche nach einer unitären Abbildung U, sodass $U\,|\psi\rangle$ einen gewünschten neuen Zustand annimmt.

Diese Strategie bringt einige hilfreiche Vorteile mit sich: Es ist mathematisch leichter, direkt nach einer passenden unitären Abbildung zu suchen statt nach einer selbstadjungierten Abbildung, die erst nach Anwendung der Exponentialabbildung passend sein soll für die gesuchte Transformation des aktuellen Zustands. Des Weiteren ist es ein bekanntes Resultat aus der Linearen Algebra, dass sich (in $\mathbb{C}^k$) alle unitären Abbildungen als Verknüpfung von einfacheren Matrizen darstellen lassen (siehe Abschnitt 7.6). Somit reicht es aus, diese einfacheren Matrizen zu implementieren, da sich alle anderen unitären Matrizen auf diesen Fall reduzieren lassen. Ein weiterer Vorteil ist die Tatsache, dass die Erhaltung der Normiertheit der Quantenzustände direkt sichtbar ist. Diese Tatsache ist eine direkte Konsequenzen aus der Definition von unitären Abbildungen (siehe Abschnitt 2.4).

Aus der Beantwortung von Frage ⋆ haben wir Folgendes gelernt: Beabsichtigte Änderungen des Zustands in der Quanteninformatik lassen sich am besten durch unitäre Abbildungen umsetzen. Um dies in der Praxis auch wirklich anzuwenden, müssen Sie aber noch etwas Wichtiges beachten: Diese unitären Abbildungen müssen so gewählt sein, dass wir sie auch physikalisch in unserem Quantensystem realisieren können. Das heißt, wir müssen wissen, wie wir das abgeschlossene System *von außen* manipulieren können, um als Resultat die Anwendung dieser unitären Abbildung auf den Zustand des Quantensystems zu erhalten. Hier kann man darauf zurückgreifen, dass sich – wie bereits erwähnt – alle infrage kommenden unitären Abbildungen durch einen gewissen Satz an unitären Matrizen, die sogenannten *Universalgatter der Quanteninformatik*, darstellen lassen (siehe Abschnitt 7.6). Somit ist es ausreichend, wenn Sie wissen, wie man die Universalgatter in der Praxis implementieren muss. Hierauf gehe ich in Abschnitt 7.6 genauer ein.

Sie wissen nun, wie wir in der Quanteninformatik Manipulationen des Quantenzustands tätigen werden. Eine direkte Folgefrage lautet: *Wie können wir dieses Wissen nutzen, um Quantenalgorithmen zu implementieren?* Dieser Frage werden wir in Teil III genauer nachgehen. Doch bereits an dieser Stelle können Sie erahnen, was die Lösung sein wird: *Wende sukzessive geeignete unitäre Abbildungen an* – gemäß dem Quantenalgorithmus –, um den angestrebten Quantenzustand zu erhalten.

Die Erkenntnisse dieses Abschnitts liefern uns folgendes Postulat. Gemäß unserer Strategie in diesem Kapitel formulieren wir dieses Postulat für allgemeine (endlichdimensionale) Hilberträume, obwohl wir in der vorangehenden Motivation nur den Fall $\mathbb{C}^k$ betrachtet haben. Natürlich lässt sich das Vorangehende auch leicht auf allgemeinere Hilberträume abstrahieren.

Postulat II.2 Sei $\mathscr{H}$ ein Hilbertraum. In einem abgeschlossenen System sei

- der Zustand zur Zeit $t_0 \geq 0$ beschrieben durch $|\psi_0\rangle \in \mathscr{H}$,
- der Zustand zur Zeit $t_1 > t_0$ beschrieben durch $|\psi_1\rangle \in \mathscr{H}$.

Dann gibt es eine unitäre Abbildung $U \in \mathcal{U}(\mathscr{H})$, sodass

$$|\psi_1\rangle = U\,|\psi_0\rangle\,. \tag{4.4.3}$$

Bemerkung 4.4.4 Eine weitere interessante Eigenschaft der Quantenmechanik lässt sich aus Postulat II.2 (oder aber auch aus Lemma 4.4.2) ablesen: *die Reversibilität in abgeschlossenen Systemen*. Dies ist eine Folgerung aus der Tatsache, dass unitäre Abbildungen stets invertierbar sind (oder aus der Tatsache, dass die Exponentialabbildung in Lemma 4.4.2 invertierbar ist). Somit müssen Manipulationen des Zustands eines Quantensystem in einen neuen Zustand immer umkehrbar sein.

Insbesondere gilt diese Eigenschaft dann auch in der Quanteninformatik. Tatsächlich ist die Umkehrung einer Teilroutine eines Quantenalgorithmus ein übliches Vorgehen, was man auch als *Uncomputation* bezeichnet. In der Regel beabsichtigt man durch die Uncomputation, ein Hilfsregister – nachdem es seine

Pflichten erledigt hat – wieder in den Grundzustand zurückzusetzen und zu verwerfen.

Vielleicht fragen Sie sich, wieso man nicht einfach so das Register verwerfen kann und vorher erst die Uncomputation erledigen muss. Dies liegt daran, dass nach einigen Berechnungen oftmals die Register mittels des Phänomens der *Verschränkung* gekoppelt sind. Daher muss man erst die Kopplung/Verschränkung rückgängig machen und erst dann kann man das Hilfsregister verwerfen. Das Phänomen der Verschränkung lernen Sie in Abschnitt 5.3 kennen. Und ein Beispiel für eine Uncomputation findet sich beispielsweise beim sogenannten *HHL*-Algorithmus von Harrow, Hassidim und Lloyd (siehe [HHL09]).

In der klassischen Informatik ist Reversibilität nur in speziellen Situationen vorhanden. Denn die üblichen Gatter der klassischen Informatik (wie beispielsweise das NAND- oder XOR-Gatter) sind *nicht reversibel*, da diese zwei Eingabewerte haben, aber nur einen Ausgabewert.

4.4.3 Zwei wichtige Beispiele

Die folgenden Beispiele schließen an den letzten Abschnitt an. Hierbei werden Sie auch unsere nächsten Codebeispiele sehen. In diesem Abschnitt gilt, dass der Hilbertraum gegeben ist durch

$$\mathscr{H} = \mathcal{H} = \mathbb{C}^2,$$

da wir auf Beispiele zurückgreifen, die für die Quanteninformatik (und somit auch für dieses Buch) sehr relevant sind.

Die Hadamard-Matrix

Das wohl typischste Beispiel für eine Manipulation des Zustands in der Quanteninformatik ist die sogenannte *Hadamard-Matrix*.

Definition 4.4.5 Die **Hadamard-Matrix** $H \in \mathbb{C}^{2,2}$ ist definiert durch:

$$H = \frac{1}{\sqrt{2}} \begin{pmatrix} 1 & 1 \\ 1 & -1 \end{pmatrix} \tag{4.4.4}$$

Bevor wir uns anschauen, wie genau die Hadamard-Matrix in Qiskit abgebildet wird, liste ich im folgenden Lemma ein paar Eigenschaften dieses Operators auf.

Lemma 4.4.6 Es gilt:

$$H^* = H \quad \text{und} \quad H \cdot H = \mathrm{Id},$$

d. h., die Hadamard-Matrix ist sowohl selbstadjungiert als auch unitär. Des Weiteren gilt, dass

1. $H(|0\rangle) = |+\rangle = \frac{1}{\sqrt{2}}(|0\rangle + |1\rangle)$
2. $H(|1\rangle) = |-\rangle = \frac{1}{\sqrt{2}}(|0\rangle - |1\rangle)$

Beweis: Der Beweis dieses Lemmas wird in Übung 4.6 geführt. □

Wie bereits angedeutet, ist die Hadamard-Matrix eine der wichtigsten Transformationen in der Quanteninformatik. Daher widmen wir unser nächstes Codebeispiel in diesem Buch dieser Matrix.

Codebeispiel 4.4.7 Das Codebeispiel aus Listing 4.2 ist ähnlich aufgebaut wie das Codebeispiel aus Listing 4.1. Wir verzichten aber hier auf eine individuelle Präparation des Qubits und nutzen, dass per Default das Qubit stets auf den Wert $|0\rangle$ präpariert wird. Wichtig ist, dass wir ergänzend nach der Präparation des Qubits die Hadamard-Matrix auf dieses Qubit anwenden. Dies erfolgt durch den Befehl `h(0)`. Der Eingabewert `0` signalisiert, bei welchem Qubit die Hadamard-Matrix angewendet wird. In diesem Fall ist das wenig überraschend, da das Quantensystem nur ein Qubit enthält.

Letztlich müssen wir noch zur Ausgabe des Zustands des Quantensystems den Befehl `Statevector(circ)` einbauen, um den Zustandsvektor des Quantensystems extrahieren zu können.

In Listing 4.2 sehen Sie den zugehörigen Code.

```
from qiskit import QuantumCircuit
from qiskit.quantum_info import Statevector

circ = QuantumCircuit(1)

# Wende die Hadamard-Matrix an
circ.h(0)

Statevector(circ)
```

Listing 4.2 Anwendung der Hadamard-Matrix auf ein Qubit

Dies führt zu folgender Ausgabe:

```
Statevector([0.70710678+0.j, 0.70710678+0.j],
            dims=(2,))
```

Listing 4.3 Die Ausgabe

Wir möchten noch prüfen, ob die Ausgabe unseren Erwartungen entspricht. Gemäß Lemma 4.4.6 erwarten wir den Vektor

$$H(|0\rangle) = |+\rangle = \frac{1}{\sqrt{2}}(|0\rangle + |1\rangle)$$

als Ausgabe. Unter Berücksichtigung der Tatsache, dass 0.70710678 eine Approximation von $1/\sqrt{2}$ ist, sehen wir, dass das Codebeispiel unsere Erwartungen bestätigt.

Wir schließen dieses Beispiel noch mit der folgenden Frage ab: *Wieso ist die Hadamard-Matrix eigentlich so wichtig?*

Hier gibt es natürlich einige gute Gründe. Die folgenden drei Beobachtungen machen ihre Bedeutung bereits sehr deutlich:

- H erzeugt Superposition! Dies ist eine direkte Folgerung aus den Identitäten (i) und (ii) in Lemma 4.4.6. Beispielsweise fangen wir in (i) mit dem Zustand $|0\rangle$ an und nach Anwendung von H wird eine Superposition von $|0\rangle$ und $|1\rangle$ erzeugt (siehe Abschnitt 4.3). Wie ich bereits nach Gleichung (4.2.9) erwähnt habe, spricht man hier sogar von einer *gleichförmigen Superposition*.
- Über die Bedeutung der Basis $\{|+\rangle, |-\rangle\}$ haben wir bereits nach deren Definition in Gleichung (4.2.9) gesprochen. Aufgrund der Identitäten (i) und (ii) sehen Sie, dass H zwischen der Rechenbasis und dieser Basis abbildet.
- In vielen wichtigen Quantenalgorithmen spielt H eine wichtige Rolle, beispielsweise beim *Deutsch-Jozsa-Algorithmus* (siehe Kapitel 9) oder bei der *Quanten-Fouriertransformation* (siehe Abschnitt 12.2.2).

Die Pauli-Matrizen

Die Beispiele, die Sie nun kennenlernen werden, sind die sogenannten *Pauli-Matrizen*, die in der Quanteninformatik eine sehr bedeutende Rolle einnehmen und die uns deshalb in diesem Buch immer wieder begegnen werden.

Definition 4.4.8 Die Definitionen der Pauli-Matrizen lauten:
Die **Pauli-X-Matrix** $\sigma_x \in \mathbb{C}^{2,2}$ ist definiert durch

$$\sigma_x = \begin{pmatrix} 0 & 1 \\ 1 & 0 \end{pmatrix}.$$

Die **Pauli-Y-Matrix** $\sigma_y \in \mathbb{C}^{2,2}$ ist definiert durch

$$\sigma_y = \begin{pmatrix} 0 & -i \\ i & 0 \end{pmatrix}.$$

Die **Pauli-Z-Matrix** $\sigma_z \in \mathbb{C}^{2,2}$ ist definiert durch

$$\sigma_z = \begin{pmatrix} 1 & 0 \\ 0 & -1 \end{pmatrix}.$$

Im Folgenden möchte ich einige nützliche Eigenschaften dieser Pauli-Matrizen auflisten.

Lemma 4.4.9 Seien $\{\sigma_j\}_{j=x,y,z} \subset \mathbb{C}^{2,2}$ die Pauli-Matrizen. Dann gilt für $j \in \{x, y, z\}$:

$$\sigma_j^* = \sigma_j \quad \text{und} \quad \sigma_j^2 = \sigma_j \cdot \sigma_j = \mathrm{Id},$$

d. h. die Pauli-Matrizen sind sowohl selbstadjungiert als auch unitär.

Für die **Pauli-X-Matrix** σ_x gilt, dass

$$\sigma_x(|0\rangle) = |1\rangle \quad \text{und} \quad \sigma_x(|1\rangle) = |0\rangle\,.$$

Für die **Pauli-Y-Matrix** σ_y gilt, dass

$$\sigma_y(|0\rangle) = i\,|1\rangle \quad \text{und} \quad \sigma_y(|1\rangle) = -i\,|0\rangle\,.$$

Für die **Pauli-Z-Matrix** σ_z gilt, dass

$$\sigma_z(|0\rangle) = |0\rangle \quad \text{und} \quad \sigma_z(|1\rangle) = -\,|1\rangle\,.$$

Beweis: Der Beweis dieses Lemmas erfolgt durch direktes Nachrechnen der behaupteten Identitäten. Insbesondere für die letzten Identitäten ist das sehr einfach, da die Multiplikation einer Matrix mit $|0\rangle$ (bzw. mit $|1\rangle$) die erste Spalte (bzw. die zweite Spalte) dieser Matrix ausgibt. □

Sie sehen also, dass die Pauli-Matrizen (insbesondere) unitäre Matrizen sind, sodass sie zur Manipulation von Qubits infrage kommen. Und hierbei spielen sie auch eine wichtige Rolle, die wir basierend auf Lemma 4.4.9 und der folgenden Argumentation ableiten werden: Erinnern Sie sich an die in Abschnitt 4.2.2 erwähnte informationstheoretische Interpretation der Rechenbasis $\{|0\rangle\,, |1\rangle\}$. Kombiniert mit den Identitäten aus dem vorangehenden Lemma erkennen Sie folglich, wieso die Pauli-Matrizen auch für die Manipulation von Qubits wichtig sind, da mit diesen *Bitflips* und sogenannte

Phasenflips modelliert werden können. Ich werde in Beispiel 5.1.5 auf die Bezeichnung *Phasenflip* eingehen, weil Sie bis dahin auch gelernt haben, was genau eine *Phase* ist.

Dies unterstreicht schon mal die Bedeutung der Pauli-Matrizen. Es gibt aber noch zwei weitere Punkte, die mitunter die Wichtigkeit dieser Matrizen begründen:

- Auf mathematischer Ebene spielen diese Matrizen eine wichtige Rolle, da sie gemeinsam mit der Identität eine Basis von $\mathcal{L}_{\mathrm{sa}}(\mathcal{H})$, dem Raum der hermiteschen Matrizen auf $\mathcal{H}$, bilden.
- Die Pauli-Matrizen sind sehr wichtig beim Thema *Messung*, wie Sie in Abschnitt 4.5.1 sehen werden.

Aufgrund der Bedeutung der Pauli-Matrizen widmen wir diesen unsere nächsten Codebeispiele. Wir möchten nun zwei Qiskit-Codes schreiben: einen zur Implementierung der Pauli-X-Matrix, einen zur Implementierung der Pauli-Z-Matrix. Wir gehen dabei ähnlich vor wie bei der Hadamard-Matrix, jedoch mit einem wesentlichen Unterschied: Wir werden jeweils andere Wege nutzen, um das Qubit mit einem speziellen Zustand zu präparieren. Hierdurch können Sie nebenbei auch diese neuen Befehle kennenlernen.

Codebeispiel 4.4.10 Für die Pauli-X-Matrix erhalten wir den Code in Listing 4.4 mit entsprechender Ausgabe. Der Befehl `x` steht hier für die Anwendung der Pauli-X-Matrix. Für die Präparation des Qubits nutzen wir den Befehl `Statevector.from_int(1,2)`, wobei hier der erste Eingabeparameter eine ganze Zahl angibt, die den gewünschten Zustand beschreibt. In diesem Fall ist das die 1, womit wir den Zustand $|1\rangle$ präparieren. Der zweite Eingabeparameter gibt die Dimension des zugehörigen Hilbertraums an.

```
# Importiere die benötigten Pakete
from qiskit import QuantumCircuit
from qiskit.quantum_info import Statevector

# Initialisiere ein Qubit
circ = QuantumCircuit(1)

# Wende die Pauli-X-Matrix an
circ.x(0)

# Formuliere den Zustandsvektor, der zu präparieren ist
statevector = Statevector.from_int(1,2)
```

```
# Setze den initial präparierten Zustand des Quantensystems
# gleich diesem gewünschten Zustandsvektor und
# initiiere danach die gewünschten Manipulationen
statevector = statevector.evolve(circ)

# Gib den Zustandsvektor aus
print(statevector)
```

Listing 4.4 Anwendung der Pauli-X-Matrix auf ein Qubit

Die Ausgabe sieht so aus:

```
Statevector([1.+0.j, 0.+0.j],
            dims=(2,))
```

Listing 4.5 Die Ausgabe

Auch hier bestätigt die Ausgabe unsere theoretischen Erfahrungen. In diesem Fall erwarten wir gemäß Lemma 4.4.9, dass es sich bei der Pauli-X-Matrix um eine Bit-Flip-Matrix handelt.

Codebeispiel 4.4.11 Zur Anwendung der Pauli-Z-Matrix gehen wir ähnlich vor. Wir möchten nur gerne die Änderung des Vorzeichens beim Koeffizienten vor $|1\rangle$ nach der Anwendung von σ_z sichtbar machen. Daher möchten wir nun das Qubit mit der gleichförmigen Superposition, $|+\rangle$, initialisieren. Dies gelingt uns beispielsweise durch den Befehl `Statevector.from_label('+')`.

Diesen Befehl kennen Sie aber schon. Daher möchte ich einen anderen Weg einschlagen: Wir greifen das Quantensystem aus Codebeispiel 4.4.7 auf, wo wir bereits den Zustand $H(|0\rangle) = |+\rangle$ präpariert haben. Wir können dann den Zustand aus diesem Quantensystem als initial präparierten Zustand des neuen Quantensystems nutzen, indem wir den Befehl `Statevector.from_instruction(circ)` anwenden. Hier bezeichnet `circ` das Quantensystem aus Codebeispiel 4.4.7. Den zugehörigen Code sehen Sie in Listing 4.6, wobei der Befehl `z` für die Anwendung der Pauli-Z-Matrix steht.

```
from qiskit import QuantumCircuit
from qiskit.quantum_info import Statevector
newcirc = QuantumCircuit(1)

# Wende die Pauli-Z-Matrix an
newcirc.z(0)
# Erhalte den Zustandsvektor, der in circ präpariert wurde
statevector = Statevector.from_instruction(circ)
```

```
# Setze den initial präparierten Zustand des Quantensystems
# gleich diesem gewünschten Zustandsvektor
# und initiiere danach die gewünschten Manipulationen

statevector = statevector.evolve(newcirc)

# Gib den Zustandsvektor aus
print(statevector)
```

Listing 4.6 Anwendung der Pauli-Z-Matrix auf ein Qubit

Sie erhalten dann folgende Ausgabe:

```
Statevector([ 0.70710678+0.j, -0.70710678+0.j],
             dims=(2,))
```

Listing 4.7 Die Ausgabe

Aufgrund der Tatsache, dass

$$\sigma_z |+\rangle = \sigma_z \left(\frac{1}{\sqrt{2}} |0\rangle + \frac{1}{\sqrt{2}} |1\rangle \right) = \left(\frac{1}{\sqrt{2}} |0\rangle - \frac{1}{\sqrt{2}} |1\rangle \right),$$

können Sie auch hier die Ausgabe des Codes theoretisch nachvollziehen.

4.4.4 Unbeabsichtigte Änderungen des Zustands

In den letzten drei Abschnitten hatten wir stets die Annahme des *abgeschlossenen Systems* vorausgesetzt. Mit dieser Annahme konnten wir bereits erfolgreich zwei Postulate erarbeiten und sogar erste Quantenalgorithmen aufschreiben. Doch wie bewährt sich diese Annahme in der Praxis?

Wäre die Antwort auf diese Frage positiv, so würde es wohl in jedem Hochleistungsrechenzentrum einen Bereich geben, in dem ein leistungsstarker Quantencomputer betrieben wird. Dass dies bekanntermaßen nicht der Fall ist, sagt uns, dass diese Annahme auf dem Papier zwar Sinn ergibt, aber in der Realität doch weiterer Bemühungen bedarf.

Tatsächlich sind Quantensysteme stets Einflüssen und Störungen aus der Umgebung (wie zum Beispiel durch kosmische Strahlung) ausgesetzt. Solche Einflüsse haben eine direkte Konsequenz für den Zustand der Quantensysteme und verändern diese. Diese ungewollte Veränderung durch die Einflüsse aus der Umwelt bezeichnet man als *Dekohärenz*.

Es zeigt sich, dass diese äußeren Störeinflüsse in Quantensystemen nur durch erheblichen Mehraufwand vermindert werden können. Daher ist es schwer,

Abweichungen zwischen dem, was wir auf dem Papier erwarten, und dem, was wir in der Wirklichkeit messen, vollständig zu beseitigen.

Was hat das für *Konsequenzen für die Quanteninformatik*? Sehr gravierende! Dieses Thema werde ich in Abschnitt 8.5 noch einmal aufgreifen.

4.5 Messung

In diesem Abschnitt lernen wir den wichtigen Begriff der *Messung* kennen. Zur Einordnung und um diesen Begriff zu motivieren, möchten ich kurz zusammenfassen, welchen Prozess wir bisher beschrieben haben.

Es wurden Zustände in einem Quantensystem präpariert. Außerdem haben Sie gelernt, wie Sie Einfluss auf das System nehmen bzw. die Zustände manipulieren können: durch die Implementierung unitärer Abbildungen. Sie wissen nun auch, dass man stets unbeabsichtigte Einflüsse aus der Umgebung berücksichtigen muss, da – nach aktuellem Stand der Technik – diese nur schwer in der Praxis eliminiert werden können.

Doch wie schaffen wir es, Informationen bezüglich einer physikalischen Größe, für die wir uns interessieren, aus dem Quantensystem auszulesen? Hier kommt die *Messung* ins Spiel. Eine Messung ist das Mittel zur Auswertung und zur Extraktion von Informationen aus einem Quantensystem. Sie ist ein weiterer elementarer Baustein im Baukasten der Quantenmechanik (und insbesondere der Quanteninformatik). Um Sie schrittweise an diesen neuen Baustein heranzuführen, werden wir nacheinander jeweils die folgenden Fragen beantworten:

1. Wie wird die physikalische Größe, zu der wir Informationen erhalten möchten, mathematisch modelliert?
2. Wie geht man bei einer Messung bezüglich dieser Größe vor?
3. Welche mathematische Gestalt haben Messergebnisse?
4. Welche Messergebnisse sind zu erwarten?
5. Was passiert nach der Messung mit dem Zustand des Quantensystems?
6. Was sind die Ziele bei einer Messung in der Quanteninformatik?

Die Antworten auf diese Fragen liefern uns die Postulate III.1, III.2, III.3 und III.4. Diese bilden die Familie der Postulate, die den Baustein der Messung gestalten.

Bemerkung 4.5.1 Ich werde in diesem Buch bei der Modellierung der Messung den Ansatz der *projektiven Messung* wählen. Dieser lässt sich aus einer allgemeiner formulierten Modellierung der Messung von Quantenzuständen ableiten. Für die Ziele in diesem Buch ist der Ansatz der projektiven Messung hinreichend. Für die Definition des verallgemeinerten Ansatzes sowie für die Beziehungen zwischen diesen beiden Ansätzen verweise ich auf Abschnitt 2.2 in [NC10].

4.5.1 Die Observable – die Größe, für die man sich interessiert

In den meisten physikalischen Experimenten in der Quantenmechanik beabsichtigt man, das Verhalten eines Quantensystems bezüglich einer Größe, für die man sich interessiert, zu untersuchen. Diese Größe wird als *Observable* bezeichnet.

Beispielsweise könnte es sich bei dieser Observable um die Position des Elektrons im Doppelspaltexperiment oder um den Spin beim Stern-Gerlach-Experiment handeln (siehe Kapitel 3). Um diese Observable mathematisch zu beschreiben, assoziiert man zu jeder Observable ein mathematisches Objekt. Dies ist der Gegenstand des nächsten Postulats.

Postulat III.1 Eine messbare physikalische Größe bezeichnet man in der Quantenmechanik als *Observable*. Um diese Observablen mathematisch zu beschreiben, wird jede Observable jeweils durch eine selbstadjungierte lineare Abbildung A über dem Hilbertraum $\mathscr{H}$ beschrieben, d. h. durch ein

$$A \in \mathcal{L}_{\mathrm{sa}}(\mathscr{H}),$$

wobei $\mathcal{L}_{\mathrm{sa}}(\mathscr{H})$ die Menge aller selbstadjungierten linearen Abbildungen über $\mathscr{H}$ ist (siehe Abschnitt 2.4).

Bemerkung 4.5.2 Zur Erinnerung: Im Fall $\mathscr{H} = \mathbb{C}^k$ (wobei $k \in \mathbb{N}$) entspricht der Raum $\mathcal{L}_{\mathrm{sa}}(\mathscr{H})$ dem Raum der *hermiteschen Matrizen* (siehe ebenfalls Abschnitt 2.4).

Es stellt sich jetzt natürlich die Frage, wieso ausgerechnet die selbstadjungierten linearen Abbildungen auserwählt wurden für diese Modellierung. Auf diese Frage werde ich in Bemerkung 4.5.6 eingehen.

Im weiteren Verlauf dieses Abschnitts werden Sie sehen, wie man durch *Messungen* das Verhalten bezüglich dieser Observablen auslesen kann.

Beispiele für Observable

Wir betrachten nun einige konkrete Beispiele für Observable.

Identität Fangen wir mit einer – zugegebenermaßen – sehr trivialen Observablen an, nämlich mit der Identitätsmatrix $\mathrm{Id} \in \mathcal{L}_{\mathrm{sa}}(\mathscr{H})$, d. h. mit

$$\begin{aligned} \mathrm{Id} : \mathscr{H} &\to \mathscr{H} \\ |\psi\rangle &\mapsto |\psi\rangle \qquad \text{für alle } |\psi\rangle \in \mathscr{H}. \end{aligned}$$

Dass dieser Operator die Bedingungen aus Postulat III.1 erfüllt, ist selbstredend. Aber inwiefern kann dieser mit einer physikalischen Größe zusammenhängen?

Es ist naheliegend, dass diese Observable nur mit der physikalischen Größe der *Existenz von einem Quantenobjekt* assoziiert werden kann. Denn bei der Anwendung der Identität auf einen Vektor bekommen wir denselben Vektor wieder zurück. Das heißt, dass – intuitiv gesprochen – die Identität nur das ausgibt, was sie als Input bekommt, und sie also keine besonderen Transformationen am Eingabewert ausführt. Somit kann sie nur bestätigen, dass etwas eingegeben wurde (und somit existiert).

Ein – wie gesagt – sehr triviales Beispiel, aber für den ersten Schritt in die Welt der Observablen reicht es aus.

Orthogonale Projektionen Für das nächste Beispiel müssen wir uns zunächst kurz vorbereiten. Hier werden wir *orthogonale Projektionen* betrachten, die wir aber vorher definieren müssen:

Definition 4.5.3 Sei P eine lineare Abbildung auf $\mathscr{H}$, d. h., $P \in \mathcal{L}(\mathscr{H})$.

1. Wenn $P^2 = P$, dann nennt man P eine *Projektion*.
2. Wenn $P^2 = P$ und $P^* = P$ (d. h., $P \in \mathcal{L}_{\mathrm{sa}}(\mathscr{H})$), dann nennt man P eine *orthogonale Projektion*.

In Abbildung 4.2 sehen Sie, was man sich unter orthogonalen Projektionen visuell vorstellen kann: Diese bilden die Vektoren auf kürzestem Wege in einen *Unterraum* (siehe Abschnitt 2.4) ab.

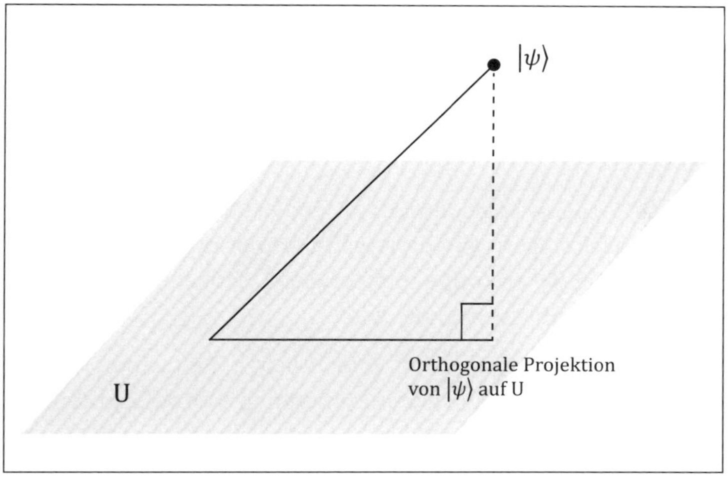

Abbildung 4.2 Visuelle Darstellung einer orthogonalen Projektion in einem einfachen Setting

Um ein Gefühl für orthogonale Projektionen zu bekommen, ist es hilfreich, sich gewisse konkrete Szenarien anzusehen, wie genau diese Abbildungen mathematisch beschrieben werden. Dies ist das Ziel des folgenden Lemmas, dessen Inhalt Ihnen noch einige Male begegnen wird:

Lemma 4.5.4 Sei $|\psi\rangle \in \mathscr{H}$ mit $\| \, |\psi\rangle \, \| = 1$. Es gibt genau eine orthogonale Projektion auf die lineare Hülle von $|\psi\rangle$, d. h. den Raum

$$\mathrm{Span}(|\psi\rangle) = \{\alpha \, |\psi\rangle \mid \alpha \in \mathbb{C}\},$$

und diese ist gegeben durch

$$P_\psi := |\psi\rangle\langle\psi| \, .$$

Beweis: Dass es sich bei P_ψ um eine orthogonale Projektion handelt, prüfen wir in Übung 4.7. Der Beweis der Eindeutigkeit ist eine klassische Aussage aus der Linearen Funktionalanalysis und kann etwa in [Alt16] nachgelesen werden. Es ist zu erwähnen, dass die Existenz und die Eindeutigkeit orthogonaler Projektionen auch in viel allgemeineren Situationen gültig ist. □

Sie wissen jetzt also, was orthogonale Projektionen sind und wie diese in konkreten Fällen genau aussehen. Und es ist klar, dass orthogonale Projektionen die Bedingungen aus Postulat III.1 erfüllen, da die Selbstadjungiertheit bereits per Definition gegeben ist.

Es bleibt also auch hier nur noch die Frage, inwiefern orthogonale Projektionen mit physikalischen Größen zusammenhängen. Ich möchte an dieser Stelle vorerst nur vage und intuitive Antworten hierfür liefern. Die Konkretisierung dieser Argumente erfolgt im Laufe dieses Buchs, insbesondere in den Beispielen in Abschnitt 4.5.3.

Die Antwort auf die Frage ist angelehnt an unsere visuelle Anschauung aus Abbildung 4.2. Demnach folgern wir, dass, wann immer man sich für einen *Unterraum einer physikalischen Größe* interessiert, die zugehörige orthogonale Projektion als Observable verwendet wird.

Ich möchte dies an einem Beispiel weiter verdeutlichen: Betrachten wir den Fall des Doppelspaltexperiments, den wir in Bemerkung 4.2.4 aufgegriffen haben. Dort haben wir gesagt, dass mit $|0\rangle$ der Zustand beschrieben wird, in dem sich das Elektron im oberen Spalt befindet. Wir könnten jetzt in der folgende Frage interessiert sein: *Befindet sich das Photon im oberen Spalt oder nicht?* Genauer gesagt heißt das: Wir sind an dem Unterraum $\mathrm{Span}(|0\rangle)$ interessiert, sodass wir als Observable $P_0 := |0\rangle\langle 0|$ wählen müssen.

Es ist wichtig zu sehen, dass wir im Allgemeinen hier nach weniger Informationen Ausschau halten als bei der Frage: *In welchem Spalt befindet sich das Photon?* In diesem konkreten Fall aus Bemerkung 4.2.4 mag das nicht ersichtlich sein, weil es nur zwei Optionen gibt: Wenn es sich nicht im oberen Spalt befindet, dann muss es im unteren Spalt sein. Aber in allgemeineren Fällen, wo es mehr als nur zwei Spalte gibt, gilt dies nicht mehr: Wenn das Photon sich nicht im oberen Spalt befindet, dann ist es in einem der unteren Spalte. Wir kennen die Position des Photons also dann immer noch nicht genau. Dies zeigt, dass mit der Observable P_0 im Allgemeinen nur ein Unterraum untersucht wird und dass P_0 *sich von der Observable unterscheidet, die zur physikalischen Größe der Position gehört.*

Natürlich werde ich im weiteren Verlauf auf das Vorangehende näher eingehen (siehe die Beispiele in Abschnitt 4.5.3). Es ist nur als Intuition und Motivation für das Folgende wichtig, schon mal einen ersten heuristischen Blick auf diese Observable geworfen zu haben.

Pauli-Matrizen

Wir betrachten nun wieder die *Pauli-Matrizen* $\sigma_x, \sigma_y, \sigma_z$, die Sie in Abschnitt 4.4.3 kennengelernt haben. Denn aus Lemma 4.4.9 wissen Sie, dass die Pauli-Matrizen selbstadjungiert sind, sodass die Voraussetzungen von Postulat III.1 erfüllt sind. Somit kann man die Pauli-Matrizen – zusätzlich zu ihrer wichtigen Rolle bei der Transformation von Qubits – auch als Observable verwenden. Und hierbei spielen sie ebenso eine sehr wichtige Rolle.

Man nutzt sie beispielsweise dazu, um den *Spin des Elektrons (jeweils in X-, Y- und Z-Richtung)* im Stern-Gerlach-Experiment (siehe Abschnitt 3.3) zu modellieren. Hierauf gehe ich in Abschnitt 4.5.3 wieder ein. Eine weitere Anwendung ist bei der sogenannten *Messung bezüglich der Rechenbasis*, die sehr wichtig für die Quanteninformatik ist (siehe Definition 6.1.2). An dieser Stelle sei nur angemerkt, dass diese wichtige Messung mittels σ_z modelliert wird.

4.5.2 Wie geht man bei einer Messung vor?

Altbekanntes Beispiel

Es ist hilfreich – bevor wir in die exakte Modellierung einsteigen – die Antwort in einem altbekannten Beispiel zu suchen: Beim Doppelspaltexperiment möchte man herausfinden, wie die Elektronen (oder Photonen) sich bezüglich der Spalte verteilen: Wählen die Elektronen den oberen oder den unteren Spalt? Um dies herauszufinden, muss man natürlich erst Elektronen auf einen Doppelspalt auftreffen lassen. Anschließend muss man nachschauen, welchen Weg die Elektronen gewählt haben. Daher müssen Geräte eingesetzt werden, die die Position eines Elektrons an gewissen Stellen im Versuchsaufbau übermitteln. Es wäre beispielsweise sinnvoll, entweder

- zwei Detektiergeräte jeweils direkt an den beiden Spalten zu positionieren oder
- die Position der Elektronen auf einem Beobachtungsschirm hinter dem Doppelspalt zu erfassen.

Grundlegende Ideen

Dieses Beispiel liefert schon die grundlegenden Ideen, wie Sie bei der Messung vorgehen sollten: Es wird zunächst eine Observable $A \in \mathcal{L}_{\mathrm{sa}}(\mathscr{H})$ ausgewählt. Anschließend wird mittels passender Messvorrichtungen (zu geeigneten Zeiten und an geeigneten Stellen im Versuchsaufbau) das Quantensystem bezüglich A untersucht. Zusammengefasst lernen Sie hierbei Folgendes:

Bei einer Messung müssen wir wissen,

- bezüglich welcher Oberservable wir messen möchten,
- wann wir in unserem Quantenschaltkreis messen möchten und
- welche Teile im Quantensystem in dieser Messung involviert sind.

Zum letzten Punkt: Wir sind nicht gezwungen, das gesamte Quantensystem gleichzeitig zu messen. Es ist tatsächlich in vielen Algorithmen sinnvoll, nur bezüglich einer Teilmenge aller Quantenobjekte in einem Quantensystem eine Messung durchzuführen. Dies ist besonders bei verschränkten Quantenobjekten (siehe Abschnitt 5.3) häufig der Fall, wo man oft nur eines (oder einen Teil) der verschränkten Quantenobjekte messen möchte.

Bemerkung 4.5.5 In diesem Buch machen wir uns keine Gedanken darüber, wie diese Messvorrichtungen *physikalisch* im Quantensystem aufgesetzt werden. Unser Fokus liegt auf der Informatik-Perspektive. Das bedeutet, dass wir ein theoretisches Verständnis für die Messung erhalten möchten, um herauszufinden, wie diese uns beim Lösen gewisser Problemen via Quantenalgorithmen helfen kann.

4.5.3 Welche mathematische Gestalt haben Messergebnisse?

In diesem Abschnitt geht es um die Frage, wie Messergebnisse mathematisch modelliert werden. Das Ziel bei dieser Modellierung ist es, die möglichen Messergebnisse im physikalischen Experiment konkreten mathematischen Objekten (bzw. Werten) zuzuordnen. Diese konkreten Werte müssen hierbei nicht mit der zu messenden physikalischen Größe in der jeweiligen physikalischen Einheit exakt übereinstimmen. Es ist nur wichtig, dass diese Zuordnung zwischen den mathematischen Objekten und den konkreten physikalischen Werten eindeutig ist. Wie das am besten gelingt, möchte ich in diesem Abschnitt – wie so häufig in diesem Buch – intuitiv herleiten.

Aufgrund experimenteller Beobachtungen liegen einige notwendige Eigenschaften der zu erwartenden Messergebnisse bereits auf der Hand:

1. Die Messergebnisse müssen von der ausgewählten Observable A abhängen.
2. Die Messergebnisse müssen reelle Zahlen (also Elemente aus $\mathbb{R}$) sein.
3. Die Messergebnisse müssen *gequantelt* sein (siehe Abschnitt 3.1).

Bedingung 1

Diese Bedingung ist intuitiv absolut gerechtfertigt. Denn wir sollten im Allgemeinen verschiedene Ergebnisse erhalten, wenn wir beispielsweise die Position oder den Impuls eines Quantenobjekts messen. In dieser Bedingung findet sich auch der erste Hinweis für die Modellierung der Messergebnisse, die ich in Postulat III.2 angeben werde. Dieser Hinweis ist in den folgenden anschaulichen Überlegungen enthalten.

Sei $|\psi\rangle \in \mathscr{H}$ der Zustand des Quantensystems, in dem wir bezüglich der Observable A messen möchten. Erinnern wir uns an Postulat III.1, wo wir festgelegt haben, dass die Observable A durch eine selbstadjungierte Abbildung dargestellt wird. Dies impliziert insbesondere, dass die Eigenvektoren von A – gemäß des Spektralsatzes 2.4.1 – eine Orthonormalbasis bilden. Heuristisch kann man diese Tatsache als Aufteilung des Raums $\mathscr{H}$ in die *Eigenräume* von A interpretieren (siehe Abschnitt 2.4). Wenn man nun Bedingung 1 mit diesem anschaulichen Bild kombiniert, gelangt man zur folgenden Überlegung:

Die Messergebnisse müssen davon abhängen, wie genau $|\psi\rangle$ im Raum $\mathscr{H}$ bezogen auf die Eigenräume von A positioniert ist.

Wir halten also fest, dass die Modellierung der Messergebnisse die Eigenschaften der Eigenräume der Observable berücksichtigen muss.

Bedingung 2

Auch diese Bedingung ist intuitiv gerechtfertigt, da sich in der Natur nur reelle Werte finden lassen. An sich müsste Bedingung 2 aber zu einem Konflikt führen, denn wir haben bisher stets mit komplexen Zahlen gearbeitet statt mit reellen Zahlen. Zum Beispiel haben wir festgelegt, dass in der Quanteninformatik der Hilbertraum gegeben ist durch $\mathscr{H} = \mathcal{H} = \mathbb{C}^2$.

Doch es gibt hier einen eleganten Ausweg, der sich auch auf Postulat III.1 zurückführen lässt, in dem wir festgelegt haben, dass A eine selbstadjungierte Abbildung ist. Denn gemäß Übung 2.7 impliziert dies, dass A ausschließlich reelle Eigenwerte besitzt. Wenn wir nun die Messergebnisse durch die Eigenwerte von A modellieren, wäre Bedingung 2 erfüllt. Des Weiteren wären aber auch unsere Überlegungen zu Bedingung 1 erfüllt, da es eine 1:1-Beziehung gibt zwischen den Eigenräumen und den Eigenwerten einer linearen Abbildung.

Wir halten also fest, dass eine Modellierung der Messergebnisse durch die Eigenwerte der Observable sowohl Bedingung 2 als auch Bedingung 2 erfüllt.

Bedingung 3

Diese Bedingung ist eine fundamentale Eigenschaft aus der Quantenmechanik, die ich bereits in Abschnitt 3.1 erwähnt habe. Mathematisch bedeutet diese Bedingung (in unseren endlichdimensionalen Fällen), dass die Menge der möglichen Messergebnisse *endlich* sein muss. Auch hier sehen wir, dass die Modellierung der Messergebnisse durch die Eigenwerte der Observable die gewünschte Bedingung erfüllt, da das Spektrum einer selbstadjungierten Abbildung auf einem endlichdimensionalen Hilbertraum stets endlich ist.

Zusammengefasst ergeben die bisherigen Erkenntnisse aus diesem Abschnitt das folgende Postulat:

Postulat III.2 Sei $A \in \mathcal{L}_{\mathrm{sa}}(\mathscr{H})$ eine Observable, bezüglich der in einem Quantensystem eine Messung durchgeführt wird. Die Menge der möglichen Messergebnisse wird der Menge $\sigma(A)$, der Menge aller Eigenwerte von A, zugeordnet.

Bemerkung 4.5.6 Die Erkenntnisse aus diesem Abschnitt liefern eine Erklärung dafür, wieso wir in Postulat III.1 die Annahme gemacht haben, dass A mittels einer selbstadjungierten Abbildung modelliert werden muss.

Außerdem liefert Postulat III.2 eine Erklärung dafür, wieso wir in der Beschreibung des Superpositionsprinzips nur die Superposition zu zwei zueinander orthogonalen Vektoren betrachtet haben. Denn es muss eine Superposition von Zuständen betrachtet werden, die zu zwei verschiedenen Messergebnissen $\lambda, \lambda' \in \sigma(A)$ mit $\lambda \neq \lambda'$ gehören, wobei hier A die Observable ist. Und solche Zustände müssen also folglich in zwei verschiedenen Eigenräumen liegen. In diesem Fall wäre es $\mathrm{Eig}(\lambda, A)$ und $\mathrm{Eig}(\lambda', A)$. Gleichzeitig wissen wir aber, dass – gemäß des Spektralsatzes in Theorem 2.4.1 – diese beiden Eigenräume orthogonal zueinander stehen.

Beispiele

Damit Sie das eben Gelernte besser verinnerlichen können, schauen wir uns uns nun konkrete Messergebnisse anhand von Beispielen an, die Sie schon kennen. Nach diesen Beispielen finden Sie mit einer kurzen Bemerkung die Antwort auf die Frage *Welche mathematische Gestalt haben Messergebnisse?*

Orthogonale Projektionen

Als erstes Beispiel betrachten wir die *orthogonale Projektion* aus Abschnitt 4.5.1. Sei nun konkret $|\psi\rangle \in \mathscr{H}$ ein Zustandsvektor und

$$P_\psi = |\psi\rangle\langle\psi|$$

die zugehörige Observable. In diesem Beispiel möchten wir sehen, wie die Messergebnisse in diesem Fall aussehen. Genauer gesagt heißt das, dass wir die *Eigenräume von P_ψ charakterisieren* müssen.

Als ersten Schritt hierzu müssen wir P_ψ auf einen beliebigen Zustand $|\varphi\rangle \in \mathscr{H}$ anwenden. Gemäß der Rechenregeln bei der Dirac-Notation aus Abschnitt 2.5 erhalten wir dabei, dass

$$P_\psi(|\varphi\rangle) = \langle\psi|\varphi\rangle\,|\psi\rangle\,. \tag{4.5.1}$$

Wir erkennen, dass auf der Suche nach Eigenvektoren der Wert von $\langle\psi|\varphi\rangle$ sehr entscheidend ist. Daher teilen wir unsere Suche in die beiden Fälle auf, in denen dieser Wert gleich oder ungleich 0 ist:

Fall 1: $\langle\psi|\varphi\rangle = 0$

In diesem Fall sind $|\psi\rangle$ und $|\varphi\rangle$ orthogonal zueinander. Dann erübrigt sich Gleichung (4.5.1) zu

$$P_\psi(|\varphi\rangle) = \langle\psi|\varphi\rangle\,|\psi\rangle = 0 = 0 \cdot |\varphi\rangle\,.$$

Dies impliziert, dass alle $|\varphi\rangle$, die orthogonal sind zu $|\psi\rangle$, *Eigenvektoren sind von P_ψ zum Eigenwert* 0.

4

Fall 2: $\langle\psi|\varphi\rangle \neq 0$

Damit $|\varphi\rangle$ ein Eigenvektor ist, muss auf der rechten Seite von Gleichung (4.5.1) ein Vielfaches von $|\varphi\rangle$ stehen. Formal ausgedrückt heißt das, dass folgende Gleichung gelten muss:

$$\langle\psi|\varphi\rangle\,|\psi\rangle = \alpha\,|\varphi\rangle \qquad \text{für ein } \alpha \in \mathbb{C}. \tag{4.5.2}$$

Da $\langle\psi|\varphi\rangle \neq 0$ und $|\psi\rangle \neq 0$, muss auch $\alpha \neq 0$ und $|\varphi\rangle \neq 0$. Somit können wir beide Seiten von Gleichung (4.5.2) durch α dividieren. Wir erhalten, dass

$$|\varphi\rangle = \frac{\langle\psi|\varphi\rangle}{\alpha}\,|\psi\rangle\,.$$

Insbesondere gilt, dass ein $|\varphi\rangle$, das ein Eigenvektor von P_ψ ist und $\langle\psi|\varphi\rangle \neq 0$ erfüllt, *notwendigerweise* in der linearen Hülle

$$\mathrm{Span}(|\psi\rangle) = \{\beta\,|\psi\rangle \mid \beta \in \mathbb{C}\}$$

von $|\psi\rangle$ liegen muss (siehe Abschnitt 2.4). Dies bedeutet, dass es ein $\beta \in \mathbb{C}$ mit $|\beta| = 1$ gibt, sodass

$$|\varphi\rangle = \beta\,|\psi\rangle \qquad \text{und} \qquad |\psi\rangle = \beta^{-1}\,|\varphi\rangle\,.$$

Die Bedingung $|\beta| = 1$ benötigen wir, da sowohl $\||\varphi\|| = 1$ als auch $\|\psi\| = 1$. Daraus folgern wir, dass

$$P_\psi(|\varphi\rangle) = \langle\psi|\varphi\rangle\,|\psi\rangle = \beta\,\langle\psi|\psi\rangle\,|\psi\rangle = \beta\,|\psi\rangle = \beta\beta^{-1}\,|\varphi\rangle = |\varphi\rangle\,.$$

In diesem Fall wäre also $|\varphi\rangle = \beta\,|\psi\rangle$ ein *Eigenvektor von* P_ψ *zum Eigenwert* 1.

Wir folgern, dass P_ψ nur die zwei Eigenwerte 1 und 0 besitzt, sodass die *Menge der möglichen Messergebnisse* gegeben ist durch $\{1, 0\}$.

In Abschnitt 4.5.1 haben Sie außerdem noch die *physikalische Interpretation dieser Observable* gesehen. Diese Interpretation in Kombination mit den soeben hergeleiteten Beobachtungen impliziert, dass wir

- das Messergebnis 1 interpretieren als *das Quantensystem befindet sich in dem gesuchten Unterraum* und
- das Messergebnis 0 als *das Quantensystem befindet sich nicht in dem gesuchten Unterraum.*

Pauli-Matrizen

Für die nächsten Beispiele werden wir auf die *Pauli-Matrizen* zurückgreifen und wieder annehmen, dass der Hilbertraum gegeben ist durch $\mathscr{H} = \mathcal{H} = \mathbb{C}^2$. Erinnern Sie sich zurück an die *Pauli-X-Matrix* σ_x, die wir in Definition 4.4.8 definiert haben. Man kann leicht sehen, dass

- $|+\rangle$ ein Eigenvektor ist von σ_x zum Eigenwert 1 und dass
- $|-\rangle$ ein Eigenvektor ist von σ_x zum Eigenwert -1.

Somit ist die Menge der möglichen Messergebnisse gegeben durch $\{-1, 1\}$. Ähnlich sehen Sie bei der *Pauli-Z-Matrix* σ_z, dass

- $|0\rangle$ ein Eigenvektor ist von σ_z zum Eigenwert 1 und dass
- $|1\rangle$ ein Eigenvektor ist von σ_z zum Eigenwert -1.

Somit ist die Menge der möglichen Messergebnisse auch hier gegeben durch $\{-1, 1\}$.

Ich habe bereits in Abschnitt 4.5.1 erwähnt, dass es eine Verbindung zwischen den Pauli-Matrizen und dem Stern-Gerlach-Experiment aus Abschnitt 3.3 gibt. Hier assoziiert man σ_x zum Spin des Elektrons in X-Richtung. Somit entspricht das Messergebnis 1 (bzw. -1) bei der Messung bezüglich σ_x einem positiven (bzw. negativen) Spin des Elektrons in X-Richtung. Analog dazu assoziiert man σ_z zum Spin des Elektrons in Z-Richtung. Hier entspricht folglich das Messergebnis 1 (bzw. -1) bei der Messung bezüglich σ_z einem positiven (bzw. negativen) Spin des Elektrons in Z-Richtung.

Natürlich gelten ähnliche Aussagen auch für σ_y (siehe Übung 4.8).

Bemerkung 4.5.7 Folgende zwei Beobachtungen sind hilfreich um zu verstehen, wieso ich Postulat III.2 in dieser Form so gewählt habe:

- Die Zustände $|0\rangle$ und $|1\rangle$ sind sowohl Eigenvektoren der Observablen Id also auch der Observablen σ_z. Trotzdem sind diese Observablen natürlich physikalisch völlig unterschiedlichen Größen zugeordnet (wie wir in Abschnitt 4.5.1 in den jeweiligen Beschreibungen erörtert haben). Die Unterscheidung zwischen diesen beiden Observablen wird erst deutlich, wenn man sich die zugehörigen Eigenwerte anschaut: Id hat nur den Eigenwert 1, während σ_z die Eigenwerte $\{-1, 1\}$ besitzt. Insbesondere haben beide Observablen also unterschiedliche Eigenräume.
- Die Observablen σ_x und σ_z haben dieselben Eigenwerte $\{-1, 1\}$, aber unterschiedliche Eigenvektoren ($\{|+\rangle, |-\rangle\}$ bzw. $\{|0\rangle, |1\rangle\}$). Somit sind auch die Eigenräume unterschiedlich, was sich auch mit der physikalischen Interpretation dieser Observablen deckt: σ_x beschreibt den Spin des Elektrons in X-Richtung und σ_z den Spin des Elektrons in Z-Richtung.

Wir folgern, dass bei einer gegebenen Observable zwar die *Eigenwerte* als die Messergebnisse gewählt sind, aber immer noch die *Eigenräume* das Messverhalten des Quantensystems bezüglich dieser Observable charakterisieren.

4.5.4 Welche Messergebnisse sind zu erwarten?

Präzisierung der Fragestellung

Sie wissen nun, was eine Messung bezüglich einer Observablen $A \in \mathcal{L}_{\text{sa}}(\mathscr{H})$ ist. Sie wissen auch, dass die Messergebnisse mittels Eigenwerten von A modelliert werden. Doch welche Eigenwerte von A erhalten wir, wenn wir messen?

Sie haben bereits in Abschnitt 4.2 gelernt, dass die Quantenmechanik nur *statistische* Aussagen über die Eigenschaften von Quantensystemen erlaubt. Somit können Sie die Frage *Welche Messergebnisse sind zu erwarten?* quantitativ nur durch Aussagen über gewisse *Wahrscheinlichkeiten* beantworten. Daher versuchen wir in diesem Abschnitt eher die folgende präzisere Frage zu beantworten:

Sei $A \in \mathcal{L}_{\text{sa}}(\mathscr{H})$, $\lambda \in \sigma(A)$ und sei $|\psi\rangle \in \mathscr{H}$ der initial präparierte Zustand eines Quantensystems. Mit welcher Wahrscheinlichkeit erhalten wir das Messergebnis λ, wenn wir das Quantensystem bezüglich A messen?

Notationelle Konvention

Bevor wir uns der Beantwortung dieser Frage widmen, möchte ich noch eine wichtige Notation einführen: Wenn der initial präparierte Zustand des Quantensystems gegeben ist durch $|\psi\rangle \in \mathscr{H}$, dann werden die Wahrscheinlichkeiten in diesem Fall durch das Wahrscheinlichkeitsmaß $\mathbb{P}_{|\psi\rangle}$ angegeben. Den zugehörigen Erwartungswert (siehe Abschnitt 2.6) notieren wir als $\mathbb{E}_{|\psi\rangle}$.

Dies ist eine notationelle Vereinfachung gegenüber dem eigentlichen Wahrscheinlichkeitsmaß $\mathbb{P}$, bei dem die Einschränkung, dass der initial präparierte Zustand gegeben ist durch $|\psi\rangle$, im Ereignis vermerkt werden müsste.

Dies sieht man sehr gut am Beispiel der oben gestellten Frage: Ursprünglich würden wir die gesuchte Wahrscheinlichkeit in dieser Frage schreiben als

$$\mathbb{P}[|\psi\rangle \text{ ist der initial präparierte Zustand und das Messergebnis ist } \lambda],$$

während sich dies durch die notationelle Vereinfachung erübrigt zu

$$\mathbb{P}_{|\psi\rangle}[\text{Das Messergebnis ist } \lambda]. \tag{4.5.3}$$

Der einfachste Fall

Unser Ziel ist also die Quantifizierung der Wahrscheinlichkeit in Gleichung (4.5.3). Es gibt einen Fall, in dem dies intuitiv vollkommen klar ist. Ich empfehle Ihnen, an dieser Stelle kurz innezuhalten und als Übung selbst herauszufinden, für welche Zustände $|\psi\rangle$ und für welche λ diese Wahrscheinlichkeit einfach zu berechnen ist.

Zur Ermittlung dieses intuitiv einfachen Falls erinnern wir uns an unsere Feststellung aus dem letzten Abschnitt: Das Messergebnis hängt davon ab, wie $|\psi\rangle$ bezüglich der Eigenräume von A positioniert ist. Was wäre nun die einfachste Positionierung von $|\psi\rangle$? Dies ist natürlich der Fall, wenn $|\psi\rangle$ in einem dieser Eigenräume liegt. Dies wiederum gilt, wenn $|\psi\rangle$ gleich einem Eigenvektor von A ist. In diesem Fall sollte eine Messung definitiv den zum Eigenraum zugehörigen Eigenwert als Messergebnis liefern. Somit wäre die Wahrscheinlichkeit in Gleichung (4.5.3) in diesem Fall gleich 1, falls λ dieser zum Eigenraum zugehörigeEigenwert ist, und gleich 0, falls λ ein anderer Eigenwert ist. Wir erhalten somit:

Falls $|\psi\rangle \in \mathrm{Eig}(\lambda', A)$, dann gilt:

$$\mathbb{P}_{|\psi\rangle}[\text{Das Messergebnis ist } \lambda] = \begin{cases} 1 & : \text{falls } \lambda = \lambda' \\ 0 & : \text{falls } \lambda \neq \lambda' \end{cases} \tag{4.5.4}$$

Diese Feststellung ist auch nicht nur eine Folgerung unserer Intuition. Denn auch in praktischen Experimenten lässt sich dieses Verhalten nachweisen: Siehe hierzu das Stern-Gerlach-Experiment aus Abschnitt 3.3! In diesem Experiment ist der soeben beschriebene einfachste Fall in Abbildung 3.4 dargestellt. Hier treten nur die Atome mit positiven Spinwerten in ein neues Magnetfeld ein, und nach diesem zweiten Magnetfeld werden nur noch positive Spinwerte detektiert.

Der allgemeine Fall

Doch was passiert im allgemeinen Fall, wenn $|\psi\rangle$ nicht in einem Eigenraum von A enthalten ist? Um die Notation zu vereinfachen, nehmen wir zunächst an, dass alle Eigenräume eindimensional sind.

Eine wichtige Beobachtung ist, dass wir aufgrund des Spektralsatzes wissen, dass es eine Orthonormalbasis $\{v_\lambda\}_{\lambda\in\sigma(A)}$ gibt, die aus Eigenvektoren von A besteht. Deshalb können wir – siehe Gleichung (2.7.2) – $|\psi\rangle$ schreiben als

$$|\psi\rangle = \sum_{\lambda\in\sigma(A)} |v_\lambda\rangle \langle v_\lambda|\psi\rangle\,. \tag{4.5.5}$$

Gleichung (4.5.5) impliziert, dass $|\psi\rangle$ (in diesem allgemeinen Fall) eine Linearkombination von Eigenvektoren zu verschiedenen Eigenwerten ist. In Gleichung (4.5.4) wird dagegen nur die Situation betrachtet, in der $|\psi\rangle$ genau ein Eigenvektor von A ist. Daher können wir die *Situation in Gleichung* (4.5.5) *als eine gewichtete Kombination mehrerer Situationen wie in Gleichung* (4.5.4) *interpretieren*. Dies aber legt wiederum nahe, dass die einzelnen Gewichte in dieser gewichteten Kombination die gesuchten Wahrscheinlichkeiten in (4.5.3) determinieren sollten.

Dies liefert uns eine anschauliche Begründung für Postulat III.3, in dem ich die Quantifizierung dieser Wahrscheinlichkeiten mathematisch präzise formulieren werde. Für diese mathematische Formulierung kommt eine geometrische Betrachtung ins Spiel, durch die man diese einzelnen Gewichte anhand der Projektionen von $|\psi\rangle$ in die einzelnen Eigenräume beschreiben kann. Hier kommt wieder die orthogonale Projektion ins Spiel, die wir in Definition 4.5.3 definiert haben.

Das folgende Postulat – auch bekannt als das *Born'sche Gesetz* – beinhaltet die mathematisch präzise Formulierung der obigen anschaulichen Herleitung der gesuchten Wahrscheinlichkeit in Gleichung (4.5.3).

Postulat III.3 Sei $\mathscr{H}$ ein Hilbertraum. Sei $|\psi\rangle \in \mathscr{H}$ der Zustand eines Quantensystems, in dem eine Messung bezüglich einer Observablen $A \in \mathcal{L}_{\text{sa}}(\mathscr{H})$ durchgeführt wird. Sei $\lambda \in \sigma(A)$. Sei P_λ die orthogonale Projektion in den Eigenraum zu λ. Dann gilt, dass

$$\mathbb{P}_{|\psi\rangle}[\text{Das Messergebnis ist } \lambda] = \|P_\lambda(|\psi\rangle)\|^2. \tag{4.5.6}$$

Dieses Postulat liefert direkte Anschlusspunkte:

- In Postulat III.3 wurden gewissen Wahrscheinlichkeiten konkrete Werte zugewiesen. Es ist nun auch notwendig sicherzugehen, dass dies auch wohldefiniert ist, d.h., dass diese zugewiesenen Wahrscheinlichkeiten wirklich ein Wahrscheinlichkeitsmaß definieren. Dies heißt wiederum, dass sich die Wahrscheinlichkeiten zu 1 aufsummieren müssen.
- Es ist außerdem noch wichtig zu verstehen, wie diese Wahrscheinlichkeiten mit den Koeffizienten $\langle v_\lambda|\psi\rangle$ aus der Darstellung (4.5.5) zusammenhängen.

Diese Punkte werde ich im folgenden Lemma beantworten. Hierbei schränke ich mich aber auf den vereinfachten Fall ein, in dem alle Eigenräume von A eindimensional sind. Der verallgemeinerte Fall, in dem Eigenräume auch multidimensional sein können, wird in Übung 4.9 betrachtet.

Lemma 4.5.8 Sei $|\psi\rangle \in \mathscr{H}$ der Zustand eines Quantensystems, in dem eine Messung bezüglich einer Observablen $A \in \mathcal{L}_{\text{sa}}(\mathscr{H})$ durchgeführt wird. Angenommen, dass alle Eigenräume von A eindimensional sind. Dann gilt für alle $\lambda \in \sigma(A)$, dass

$$\mathbb{P}_{|\psi\rangle}[\text{Das Messergebnis ist } \lambda] = |\,\langle v_\lambda|\psi\rangle\,|^2, \tag{4.5.7}$$

wobei v_λ ein Eigenvektor zum Eigenwert λ ist mit $\|v_\lambda\| = 1$. Des Weiteren gilt, dass

$$\sum_{\lambda \in \sigma(A)} \|P_\lambda(|\psi\rangle)\|^2 = 1. \tag{4.5.8}$$

Somit ist Postulat III.3 wohldefiniert in dem Sinne, dass die zugewiesenen Wahrscheinlichkeiten in Gleichung (4.5.6) tatsächlich ein Wahrscheinlichkeitsmaß definieren.

Beweis: Wir möchten zunächst Gleichung (4.5.7) zeigen. Aufgrund der vereinfachenden Annahme gilt (siehe Lemma 4.5.4), dass

$$P_\lambda = |v_\lambda\rangle\langle v_\lambda| \,. \tag{4.5.9}$$

Mit dieser expliziten Darstellung von P_λ sowie mithilfe von (4.5.5) erhalten wir, dass

$$\begin{aligned} P_\lambda(|\psi\rangle) &= |v_\lambda\rangle\langle v_\lambda| \left(\sum_{\lambda' \in \sigma(A)} |v_{\lambda'}\rangle \langle v_{\lambda'}|\psi\rangle \right) = \sum_{\lambda' \in \sigma(A)} |v_\lambda\rangle \langle v_\lambda|v_{\lambda'}\rangle \langle v_{\lambda'}|\psi\rangle \\ &= |v_\lambda\rangle \langle v_\lambda|\psi\rangle \,, \end{aligned} \tag{4.5.10}$$

wobei wir im letzten Schritt ausgenutzt haben, dass $\{v_{\lambda'}\}_{\lambda' \in \sigma(A)}$ eine Orthonormalbasis im Hilbertraum $\mathscr{H}$ bilden. Die Gleichungen (4.5.6) und (4.5.10) implizieren, dass

$$\begin{aligned} \mathbb{P}_{|\psi\rangle}[\text{Das Messergebnis ist } \lambda] &= \|P_\lambda(|\psi\rangle)\|^2 = \||v_\lambda\rangle \langle v_\lambda|\psi\rangle\|^2 \\ &= \||v_\lambda\rangle\|^2 \,|\langle v_\lambda|\psi\rangle|^2 = |\langle v_\lambda|\psi\rangle|^2 \,, \end{aligned} \tag{4.5.11}$$

wobei wir im letzten Schritt ausgenutzt haben, dass $\||v_\lambda\rangle\|^2 = 1$, da $\{v_{\lambda'}\}_{\lambda' \in \sigma(A)}$ eine Orthonormalbasis ist. Gleichung (4.5.11) impliziert die Behauptung (4.5.7).

Es bleibt Gleichung (4.5.8) zu zeigen. In Gleichung (4.5.11) haben wir gesehen, dass $\|P_\lambda(|\psi\rangle)\|^2 = |\langle v_\lambda|\psi\rangle|^2$. Daher gilt für die linke Seite in (4.5.8), dass

$$\sum_{\lambda \in \sigma(A)} \|P_\lambda(|\psi\rangle)\|^2 = \sum_{\lambda \in \sigma(A)} |\langle v_\lambda|\psi\rangle|^2 \,. \tag{4.5.12}$$

Wir zeigen nun, dass die rechte Seite von Gleichung (4.5.12) gleich $\|\psi\|^2$ ist. Dies sieht man anhand der folgenden Berechnung, bei der wir mehrfach die

Rechenregeln bei der Nutzung der Dirac-Notation verwenden:

$$
\begin{aligned}
\|\psi\|^2 &= \left\langle \sum_{\lambda \in \sigma(A)} |v_\lambda\rangle \langle v_\lambda|\psi\rangle \middle| \sum_{\lambda' \in \sigma(A)} |v_{\lambda'}\rangle \langle v_{\lambda'}|\psi\rangle \right\rangle \\
&= \sum_{\lambda \in \sigma(A)} \sum_{\lambda' \in \sigma(A)} (\langle v_\lambda|\psi\rangle)^* \langle v_{\lambda'}|\psi\rangle \langle v_\lambda|v_{\lambda'}\rangle \\
&= \sum_{\lambda \in \sigma(A)} (\langle v_\lambda|\psi\rangle)^* \langle v_\lambda|\psi\rangle \langle v_\lambda|v_\lambda\rangle = \sum_{\lambda \in \sigma(A)} (\langle v_\lambda|\psi\rangle)^* \langle v_\lambda|\psi\rangle \\
&= \sum_{\lambda \in \sigma(A)} | \langle v_\lambda|\psi\rangle |^2,
\end{aligned}
\tag{4.5.13}
$$

wobei wir

- im ersten Schritt die Darstellung (4.5.5) angewendet haben,
- im zweiten Schritt Eigenschaften des Skalarprodukts aus Abschnitt 2.4 benutzt haben (insbesondere, dass die jeweiligen Summen und die Skalare aus dem Skalarprodukt herausgezogen werden können),
- im dritten Schritt ausgenutzt haben, dass $\langle v_\lambda|v_{\lambda'}\rangle = 0$ für $\lambda \neq \lambda'$,
- im vierten Schritt ausgenutzt haben, dass $\langle v_\lambda|v_\lambda\rangle = 1$ für alle λ, und
- im letzten Schritt ausgenutzt haben, dass $a \cdot a^* = |a|^2$ für alle komplexen Zahlen $a \in \mathbb{C}$.

Durch Kombination der Gleichungen (4.5.12) und (4.5.13) erhalten wir, dass

$$
\sum_{\lambda \in \sigma(A)} \|P_\lambda(|\psi\rangle)\|^2 = \sum_{\lambda \in \sigma(A)} |\langle v_\lambda|\psi\rangle|^2 = \|\psi\|^2. \tag{4.5.14}
$$

Letztlich ist nach Annahme in Postulat I die rechte Seite von Gleichung (4.5.14) gleich 1, was zu zeigen war. □

Bemerkung 4.5.9 Im Beweis der vorangehenden Lemmas haben Sie gesehen, dass die (intuitiv gerechtfertigten) zugewiesenen Wahrscheinlichkeiten aus Postulat III.3 nur dann wohldefiniert sind, wenn $\|\psi\|^2 = 1$ gilt. Dies ist auch der Grund, warum diese Annahme in Postulat I getroffen werden musste.

Außerdem sehen wir in diesem Lemma (oder auch bereits in Postulat III.3), wo die statistische Natur der Quantenmechanik in dem Formalismus, den wir mit Postulat I aufgebaut haben, untergebracht ist.

Beispiele

Lassen Sie uns im Folgenden zur Veranschaulichung einige Beispiele betrachten und die jeweiligen Berechnungen konkret durchführen.

Beispiel 4.5.10 Wir betrachten zunächst ein sehr einfaches Beispiel, das uns aber häufig begegnen wird. Wir möchten nun eine Messung bezüglich der Pauli-Z-Matrix σ_z durchführen. Sie haben in den Beispielen in Abschnitt 4.5.3 bereits gesehen, dass

- $|0\rangle$ ein Eigenvektor ist von σ_z zum Eigenwert 1 und dass
- $|1\rangle$ ein Eigenvektor ist von σ_z zum Eigenwert -1.

Wir möchten die Wahrscheinlichkeiten für die einzelnen Messergebnisse 1 und -1 berechnen, wenn der initial präparierte Zustand ein beliebiges Qubit ist. Bei solchen Qubits wissen wir, dass sie folgende Form haben:

$$|\psi\rangle = \alpha_0 |0\rangle + \alpha_1 |1\rangle\,, \quad \text{wobei}\, \alpha_0, \alpha_1 \in \mathbb{C} \quad \text{mit}\, |\alpha_0|^2 + |\alpha_1|^2 = 1. \tag{4.5.15}$$

Wie hoch ist die Wahrscheinlichkeit, das Messergebnis 1 zu erhalten, wenn das Quantensystem im Zustand $|\psi\rangle$ präpariert ist? Gemäß Lemma 4.5.8 berechnet man hierzu:

$$\begin{aligned} \mathbb{P}_{|\psi\rangle}[\text{Das Messergebnis ist } 1] &= |\langle\psi|0\rangle|^2 \\ &= \left|\left\langle \Big(\alpha_0 |0\rangle + \alpha_1 |1\rangle\Big) \Big| 0 \right\rangle\right|^2 \\ &= |\alpha_0 \langle 0|0\rangle + \alpha_1 \langle 1|0\rangle|^2 \\ &= |\alpha_0 \cdot 1 + \alpha_1 \cdot 0|^2 = |\alpha_0|^2\,, \end{aligned} \tag{4.5.16}$$

wobei wir im vierten Schritt benutzt haben, dass $\{|0\rangle\,, |1\rangle\}$ ein orthonormales System bilden. Eine ähnliche Berechnung zeigt, dass auch

$$\mathbb{P}_{|\psi\rangle}[\text{Das Messergebnis ist } -1] = |\alpha_1|^2,$$

was wir natürlich alternativ auch herleiten könnten durch die Berechnung der Gegenwahrscheinlichkeit (siehe Übung 2.10) zur Gleichung (4.5.16), d. h.:

$$\begin{aligned} \mathbb{P}_{|\psi\rangle}[\text{Das Messergebnis ist } -1] &= 1 - \mathbb{P}_{|\psi\rangle}[\text{Das Messergebnis ist } 1] \\ &= 1 - |\alpha_0|^2 = |\alpha_1|^2. \end{aligned}$$

Für den konkreten Fall, dass

$$|\psi\rangle = |+\rangle = \frac{1}{\sqrt{2}}\left(|0\rangle + |1\rangle\right),$$

erhalten wir, dass

$$\mathbb{P}_{|+\rangle}[\text{Das Messergebnis ist } 1] = \left|\frac{1}{\sqrt{2}}\right|^2 = \frac{1}{2} = \mathbb{P}_{|+\rangle}[\text{Das Messergebnis ist } -1].$$

Somit sind die Wahrscheinlichkeiten, 1 bzw. -1 als Messergebnis zu erhalten, gleich. Dies erklärt, warum $|+\rangle$ auch als *gleichförmige Superposition* bezeichnet wird.

Codebeispiel 4.5.11 Es gibt in Qiskit einen Befehl, mit dem wir die soeben berechneten Wahrscheinlichkeiten direkt ausgeben lassen können. Dieser Befehl lautet `psi.probabilities()`, wobei hier `psi` einen Zustandsvektor angibt. Eine Anwendung dieses Befehls in einem einfachen Fall sehen Sie in Listing 4.8 und Listing 4.9. Auch hier haben wir wieder einen neuen Ansatz gewählt, einen gewünschten Zustand zu präparieren: Durch `circ.initialize([3,4],0,1)` können wir explizit den gewünschten Zustand angeben. Hierbei bestimmt

- der erste Eingabeparameter die gewünschten Koordinaten des zu präparierenden Zustands,
- der zweite Eingabeparameter, welches Qubit diesen Zustand erhalten soll,
- der dritte Eingabeparameter, ob die im ersten Eingabeparameter angegebenen Koordinaten noch normiert werden müssen.

In diesem konkreten Fall haben wir als Koordinaten 3 und 4 gewählt, wodurch – nach der Normalisierung – der Zustand

$$|\psi\rangle = \frac{3}{5}|0\rangle + \frac{4}{5}|1\rangle$$

präpariert wird.

```
from qiskit import QuantumCircuit
from qiskit.quantum_info import Statevector

circ = QuantumCircuit(1)

# Initialisiere das Qubit mit dem gewünschten Zustand
circ.initialize([3,4],0,1)

psi = Statevector(circ)

# Berechne die Messwahrscheinlichkeiten bezüglich
# der Pauli-Z-Matrix und gib diese aus
probs = psi.probabilities()
print(probs)
```

Listing 4.8 Code zur Berechnung von Messwahrscheinlichkeiten

```
[0.36 0.64]
```

Listing 4.9 Die Ausgabe

Beispiel 4.5.12 Ich möchte wieder das Beispiel der orthogonalen Projektionen aufgreifen, das wir auch in den Beispielen in Abschnitt 4.5.3 betrachtet haben.

Seien hier $|\psi\rangle$ und P_ψ gegeben wie oben. Wir möchten nun zunächst – für einen beliebigen Zustand $|\varphi\rangle \in \mathscr{H}$ – die Wahrscheinlichkeit

$$\mathbb{P}_{|\varphi\rangle}[\text{Das Messergebnis ist } 1]$$

berechnen. Sie haben in den Beispielen in Abschnitt 4.5.3 gesehen, dass alle Eigenvektoren von P_ψ zum Eigenwert 1 die folgende Form haben:

$$\beta\,|\psi\rangle \qquad \text{für ein } \beta \in \mathbb{C} \text{ mit } |\beta| = 1. \tag{4.5.17}$$

Somit ist der Eigenraum zum Eigenwert 1 eindimensional. Sei nun $\beta\,|\psi\rangle$ für ein $\beta \in \mathbb{C}$ mit $|\beta| = 1$. Dann gilt gemäß Lemma 4.5.8, dass

$$\mathbb{P}_{|\varphi\rangle}[\text{Das Messergebnis ist } 1] = |\,\langle \beta\psi|\varphi\rangle\,|^2 = |\beta^*|^2|\,\langle\psi|\varphi\rangle\,|^2 = |\,\langle\psi|\varphi\rangle\,|^2.$$

Die Wahrscheinlichkeit, das andere mögliche Messergebnis, nämlich die 0, zu erhalten, lässt sich hieraus direkt ableiten:

$$\begin{aligned}\mathbb{P}_{|\varphi\rangle}[\text{Das Messergebnis ist } 0] &= 1 - \mathbb{P}_{|\varphi\rangle}[\text{Das Messergebnis ist } 1]\\ &= 1 - |\,\langle\psi|\varphi\rangle\,|^2.\end{aligned}$$

Von Wahrscheinlichkeiten zum Erwartungswert

Die Frage nach Wahrscheinlichkeiten impliziert in der Wahrscheinlichkeitstheorie auch direkt die Frage nach dem *Erwartungswert* (siehe Abschnitt 2.6), also dem mittleren zu erwartenden Wert, den wir bei einer Messung bezüglich A erwarten. Diese natürliche Folgefrage werden wir im folgenden Lemma beantworten:

Lemma 4.5.13 Sei $|\psi\rangle \in \mathscr{H}$ der Zustand eines Quantensystems, in dem eine Messung bezüglich einer Observablen $A \in \mathcal{L}_{\mathrm{sa}}(\mathscr{H})$ durchgeführt wird. Dann gilt, dass

$$\mathbb{E}_{|\psi\rangle}[\text{Messergebnis bei einer Messung bezüglich } A] = \langle\psi|A\psi\rangle\,. \tag{4.5.18}$$

Beweis: Auch hier werden wir den Beweis nur in dem vereinfachten Fall durchführen, in dem alle Eigenräume von A eindimensional sind. Der allgemeine Fall wird in Übung 4.10 behandelt.

Erinnern Sie sich an Abschnitt 2.6, in dem wir den Erwartungswert formal definiert haben. In diesem Fall gilt, dass

- die Realisierungswerte die Eigenwerte von A sind und
- die Wahrscheinlichkeiten gegeben sind durch Lemma 4.5.8.

Dies impliziert, dass

$$\begin{aligned}&\mathbb{E}_{|\psi\rangle}[\text{Messergebnis bei einer Messung bezüglich } A] \\ &\quad = \sum_{\lambda\in\sigma(A)} \lambda \, |\langle v_\lambda|\psi\rangle|^2 \, .\end{aligned} \tag{4.5.19}$$

Es bleibt zu zeigen, dass $\langle\psi|A\psi\rangle$ gleich der rechten Seite von Gleichung (4.5.19) ist. Hierfür nutzen wir die Darstellung von A aus Übung 2.8, gegeben durch

$$A = \sum_{\lambda\in\sigma(A)} \lambda \, |v_\lambda\rangle\langle v_\lambda| \, . \tag{4.5.20}$$

Mittels dieser Identität, wiederholter Anwendung von Linearität sowie mittels der Rechenregeln bei der Dirac-Notation (siehe Abschnitt 2.5) gilt, dass

$$\begin{aligned}\langle\psi|A\psi\rangle &= \langle\psi| \; |A\psi\rangle = \langle\psi| \; A \, |\psi\rangle = \langle\psi| \left(\sum_{\lambda\in\sigma(A)} \lambda \, |v_\lambda\rangle\langle v_\lambda| \right) |\psi\rangle \\ &= \langle\psi| \left(\sum_{\lambda\in\sigma(A)} \lambda \, |v_\lambda\rangle \, \langle v_\lambda|\psi\rangle \right) = \sum_{\lambda\in\sigma(A)} \lambda \, \langle\psi|v_\lambda\rangle \, \langle v_\lambda|\psi\rangle \\ &= \sum_{\lambda\in\sigma(A)} \lambda(\langle v_\lambda|\psi\rangle)^* \, \langle v_\lambda|\psi\rangle = \sum_{\lambda\in\sigma(A)} \lambda \, |\langle v_\lambda|\psi\rangle|^2 \, ,\end{aligned} \tag{4.5.21}$$

was zu beweisen war. □

Notationelle Konvention

Der Ausdruck $\langle\psi|A\psi\rangle$ auf der rechten Seite von Gleichung (4.5.18) kommt in der Quantenmechanik häufig vor. Daher wird dieser Ausdruck abgekürzt notiert als

$$\langle A\rangle_\psi := \langle\psi|A\psi\rangle \, . \tag{4.5.22}$$

Wieder der einfachste Fall

Wir betrachten wieder den Spezialfall, wenn im Setting von Lemma 4.5.13 $|\psi\rangle$ ein Eigenvektor ist von A, da in diesem Fall der Erwartungswert sehr einfach zu berechnen ist, wie Sie im folgenden Lemma sehen werden.

Lemma 4.5.14 Sei $|\psi\rangle \in \mathscr{H}$ der Zustand eines Quantensystems, in dem eine Messung bezüglich einer Observablen $A \in \mathcal{L}_{\text{sa}}(\mathscr{H})$ durchgeführt wird. Ferner sei $|\psi\rangle$ ein Eigenvektor von A zum Eigenwert $\lambda \in \sigma(A)$. Dann gilt, dass

$$\langle A \rangle_\psi = \lambda. \tag{4.5.23}$$

Beweis: Direktes Einsetzen der Eigenvektor-Eigenschaft von $|\psi\rangle$ impliziert, dass

$$\langle A \rangle_\psi = \langle \psi | \, A\psi \, \rangle = \langle \psi | \lambda\psi \rangle = \lambda \cdot \langle \psi | \psi \rangle = \lambda,$$

was zu beweisen war. □

Zur Veranschaulichung möchte ich Ihnen abschließend noch zwei Beispiele zum Erwartungswert zeigen.

Beispiel 4.5.15 In diesen Beispielen ist (wie in Beispiel 4.5.10) die Observable stets gegeben durch die Pauli-Z-Matrix σ_z. Insbesondere nehmen wir somit wieder an, dass der Hilbertraum gegeben ist durch $\mathscr{H} = \mathcal{H} = \mathbb{C}^2$.

- Im ersten Fall sei $|\psi\rangle = |0\rangle$. Dann gilt gemäß des vorangehenden Lemmas, da $|0\rangle$ ein Eigenvektor ist von σ_z zum Eigenwert 1,

$$\langle \sigma_z \rangle_0 = 1.$$

- Im zweiten Fall sei $|\psi\rangle = |+\rangle$. Dann gilt, da $|0\rangle, |1\rangle$ Eigenvektoren sind von σ_z zu den Eigenwerten 1 und -1,

$$\begin{aligned}\langle \sigma_z \rangle_+ &= \langle + | \, \sigma_z \, |+\rangle \, \rangle = \left\langle + \middle| \, \sigma_z \left(\frac{1}{\sqrt{2}} |0\rangle + \frac{1}{\sqrt{2}} |1\rangle \right) \right\rangle \\ &= \left\langle + \middle| \left(\frac{1}{\sqrt{2}} \sigma_z |0\rangle + \frac{1}{\sqrt{2}} \sigma_z |1\rangle \right) \right\rangle = \left\langle + \middle| \left(\frac{1}{\sqrt{2}} |0\rangle - \frac{1}{\sqrt{2}} |1\rangle \right) \right\rangle \\ &= \langle + | - \rangle = 0.\end{aligned}$$

Codebeispiel 4.5.16 Auch zu Erwartungswerten gibt es einen eigenen Befehl, den man in Qiskit auf Objekte aus der `Statevector`-Klasse anwenden kann. Dieser Befehl lautet `expectation`$_v alue()$.

Auch in diesem Codebeispiel werden Sie als Nebenprodukt eine weitere Qiskit-Grundlage kennenlernen: die `Operator`-Klasse. Diese wird genutzt, um unitäre Matrizen als Matrix-Objekte verarbeiten zu können. In diesem Codebeispiel werden wir zwangsweise einen Operator nutzen müssen, da der

Eingabeparameter in `expectation_value()` ein Objekt dieser Klasse sein muss. In Listing 4.10 und in Listing 4.11 sehen Sie ein Beispiel hierzu. Hier haben wir durch den Befehl `Pauli('Z')` die Pauli-Z-Matrix als Operator eingebunden, um den Erwartungswert $\langle \sigma_z \rangle_1$ zu berechnen. Durch andere Eingaben können auch jeweils andere Pauli-Matrizen eingebunden werden (siehe [IBMh] für einen Überblick.)

4

```
from qiskit import QuantumCircuit, ClassicalRegister, QuantumRegister
from qiskit.quantum_info import Statevector
from qiskit.quantum_info.operators import Pauli

psi = Statevector.from_int(1,2)

# Definiere die Pauli-Z-Matrix als Operator
pauliZ = Pauli('Z')

# Berechne den Erwartungswert
psi.expectation_value(pauliZ)
```

Listing 4.10 Code und Ausgabe zur Berechnung von Erwartungswerten

```
-1.0
```

Listing 4.11 Die Ausgabe

4.5.5 Was passiert nach der Messung mit dem Zustand des Quantensystems?

Wenn der Zustand des Quantensystems vor der Messung bezüglich einer Observablen $A \in \mathcal{L}_{\text{sa}}(\mathscr{H})$ gegeben ist durch $|\psi\rangle \in \mathscr{H}$, wissen wir jetzt, mit welcher Wahrscheinlichkeit welche Messergebnisse eintreffen werden. Doch wir wissen noch nicht, was nach dieser Messung mit dem Zustand des Quantensystems passiert. Dieses Wissen erarbeiten wir uns in diesem Abschnitt.

Erkenntnisse aus physikalischen Experimenten

Die Antworten müssen sich natürlich an real beobachteten Ereignissen aus der Natur orientieren. Um diese Orientierung zu erhalten, schauen wir uns noch einmal das in Abschnitt 3.3 vorgestellte Stern-Gerlach-Experiment an. Natürlich reicht es nicht, nur basierend auf einem einzelnen Experiment die zugehörigen Postulate abzuleiten. Doch für unsere Zwecke soll dieses Experiment exemplarisch für die vielen weiteren Beobachtungen aus der Physik dienen, die die hier präsentierten Postulate bestätigen (oder eher: nicht falsifizieren).

Im Versuch zu Abbildung 3.4 haben wir zunächst eine Messung durchgeführt, um den Spin des Elektrons in Z-Richtung herauszufinden. Hierbei haben wir die Elektronen herausgefiltert, bei denen ein negativer Spin gemessen wurde. Es blieben somit nur noch Elektronen übrig, bei denen ein positiver Spin gemessen wurde. Was passiert, wenn man jetzt direkt im Anschluss noch einmal den Spin in Z-Richtung misst? Die Auswertung des Versuchs zeigt, dass nun ausschließlich positive Spins gemessen werden.

Hieraus extrahieren wir folgende wichtige Erkenntnisse:

- Messungen sind eine weitere *Möglichkeit, wie Zustände sich verändern* können. Denn bei der ersten Messung des Elektrons gab es ein anderes Ergebnis als bei der zweiten Messung. Somit müssen die zugehörigen Zustände sich unterscheiden.

  Diese Möglichkeit der Änderung des Zustands hatte ich bereits am Anfang von Abschnitt 4.4 mit aufgelistet. Mit den Ergebnissen dieses Abschnitts werden wir diese Liste komplettieren.
- Wir beobachten einen *Informationsverlust* bei einer Messung. Da bei der zweiten Messung nur noch positive Spins gemessen wurden, ist die Information über negative Spins verloren gegangen.
- Es ist ein fundamentales Prinzip der Physik, dass dieser Informationsverlust die *Irreversibilität* einer Messung impliziert. Denn verlorene Informationen können nicht ohne äußeren Einfluss wieder in das physikalische System induziert werden. Somit kann ohne äußeren Einfluss das System nicht wieder in den ursprünglichen Zustand gebracht werden, da hierzu die nötigen Informationen fehlen.
- Eine weitere wichtige Erkenntnis ist die folgende: Wenn wir *zweimal hintereinander bezüglich derselben Observable* messen, erhalten wir *immer beide Male dasselbe Messergebnis*.

Intuitive Herleitung

Fangen wir wieder mit dem einfachsten Fall an. Dieser liegt wieder dann vor – wie auch im letzten Abschnitt –, wenn der Zustand vor der Messung, $|\psi\rangle$, durch einen Eigenvektor der Observable A zu einem Eigenwert $\lambda \in \sigma(A)$ gegeben ist. Es ist intuitiv klar, dass in diesem Sonderfall die Messung den Zustand nicht verändert, denn es sind ja gerade die Eigenräume von A, die bei einer Anwendung von A *invariant* bleiben.

Was ist sonst noch sonderbar bei der Messung dieser Zustände (abgesehen davon, dass diese invariant bleiben)? Definitiv, dass *immer – d. h. mit Wahrscheinlichkeit 1* – dasselbe Messergebnis herauskommt, d. h., dass das Messergebnis schon vorher feststeht.

Wir haben zudem implizit festgestellt, dass so ein Verhalten *nur* für Zustände aus Eigenräumen gelten kann. Denn gemäß den Formeln aus Postulat III.3 und Lemma 4.5.8 sehen wir, dass für alle anderen Zustände, die nicht vollständig in einem Eigenraum liegen, die Messwahrscheinlichkeiten für jedes Messergebnis strikt kleiner als 1 sind (siehe Übung 4.11).

Und jetzt schlagen wir die Brücke zum Stern-Gerlach-Experiment. Denn wir haben dort auch eine Art von Zuständen $|\psi\rangle$ kennengelernt, die bei einer Messung bezüglich A solche Eigenschaften haben: nämlich Zustände, die *nach einer ersten Messung bezüglich* A angenommen wurden. Doch wir haben soeben festgestellt, dass diese Eigenschaften *nur* für Zustände aus Eigenräumen gelten dürfen.

Daher muss nach einer Messung bezüglich A der Zustand des Quantensystems in einem Eigenraum von A liegen.

Nur so können beide Erkenntnisse – das sind Postulat III.3 und die Beobachtungen aus dem Stern-Gerlach-Experiment – gleichzeitig wahr sein.

Das Postulat

Sie haben also intuitiv verstanden, was nach der Messung mit dem Zustand passieren muss. Natürlich muss hier auch noch zusätzlich gelten, dass

- die zugehörigen Messwahrscheinlichkeiten mit den Wahrscheinlichkeiten aus Lemma 4.5.8 übereinstimmen, und
- der Eigenraum, in den $|\psi\rangle$ hinein fällt, zu dem Eigenwert korrespondiert, den man als Messergebnis erhält.

Die mathematische Formulierung dieser Erkenntnisse ist im folgenden Postulat enthalten.

Postulat III.4 Sei $|\psi\rangle \in \mathscr{H}$ der Zustand eines Quantensystems, in dem eine Messung bezüglich einer Observablen $A \in \mathcal{L}_{\mathrm{sa}}(\mathscr{H})$ durchgeführt wird. Sei $\lambda \in \sigma(A)$ das erhaltene Messergebnis bei dieser Messung und P_λ die orthogonale Projektion in den Eigenraum zu λ. Dann ist der Zustand des Quantensystems nach dieser Messung gegeben durch

$$\frac{P_\lambda(|\psi\rangle)}{\|P_\lambda(|\psi\rangle)\|}. \tag{4.5.24}$$

Bemerkung 4.5.17 Im Folgenden möchte ich zwei mögliche Fragen beantworten, die Sie sich jetzt vielleicht stellen:

- *Wo ist nun die in den Versuchen beobachtete Irreversibilität im Postulat abgebildet?*

  Ganz einfach:

$$\frac{P_\lambda(|\psi\rangle)}{\|P_\lambda(|\psi\rangle)\|}$$

  lässt sich (außer im oben genannten einfachsten Fall) nicht durch eine lineare Abbildung zurück zu $|\psi\rangle$ invertieren, d.h., P_λ ist im Allgemeinen nicht invertierbar. Der Beweis dieser Behauptung ist Gegenstand der Übung 4.13.

- *Wo ist nun die Tatsache abgebildet, dass man dasselbe Ergebnis erhält, wenn man zweimal hintereinander bezüglich derselben Observable misst?*

  Auch hier folgt die Antwort aus den elementaren Eigenschaften der orthogonalen Projektion. Anschaulich liegt es daran, dass der Zustand nach der ersten Messung bereits in einen Unterraum, nämlich einem Eigenraum, projiziert wird, sodass eine zweite Messung nicht mehr in einen Eigenraum projizieren muss, da der Zustand bereits in einem Eigenraum enthalten ist. Im Folgenden möchten wir diese Intuition rechnerisch nachprüfen.

  Sei das Setting von Postulat III.4 gegeben. Dann gilt, dass nach der ersten Messung der Zustand des Systems gegeben ist durch Gleichung (4.5.24). Möchten wir nun nochmals bezüglich A messen, sieht man gemäß Postulat III.3 leicht, dass

$$\begin{aligned}
&\mathbb{P}[\text{Der Zustand ist gegeben durch (4.5.24) und das Messergebnis ist } \lambda] \\
&= \left\| P_\lambda\left(\frac{P_\lambda(|\psi\rangle)}{\|P_\lambda(|\psi\rangle)\|}\right)\right\|^2 = \|P_\lambda\left(P_\lambda(|\psi\rangle)\right)\|^2 \frac{1}{\|P_\lambda(|\psi\rangle)\|^2} \\
&= \|P_\lambda(|\psi\rangle)\|^2 \frac{1}{\|P_\lambda(|\psi\rangle)\|^2} = 1,
\end{aligned} \tag{4.5.25}$$

  wobei wir im ersten Schritt Postulat III.3 angewendet haben und im dritten Schritt genutzt haben, dass $P_\lambda P_\lambda = P_\lambda^2 = P_\lambda$. Um auch herauszufinden, was für ein Zustand nach der zweiten Messung angenommen wird, wenden wir zunächst Postulat III.4 an und erhalten, dass

$$\begin{aligned}
&P_\lambda\left(\frac{P_\lambda(|\psi\rangle)}{\|P_\lambda(|\psi\rangle)\|}\right)\cdot\left\|P_\lambda\left(\frac{P_\lambda(|\psi\rangle)}{\|P_\lambda(|\psi\rangle)\|}\right)\right\|^{-1} = P_\lambda\left(\frac{P_\lambda(|\psi\rangle)}{\|P_\lambda(|\psi\rangle)\|}\right)\cdot 1 \\
&= \frac{1}{\|P_\lambda(|\psi\rangle)\|}P_\lambda\left(P_\lambda(|\psi\rangle)\right) = \frac{1}{\|P_\lambda(|\psi\rangle)\|}P_\lambda(|\psi\rangle),
\end{aligned}$$

  wobei wir im ersten Schritt Gleichung (4.5.25) und im letzten Schritt wieder die Identität $P_\lambda P_\lambda = P_\lambda^2 = P_\lambda$ angewendet haben. Sie sehen, dass der Zustand nach der zweifachen Messung tatsächlich gleich dem Zustand nach der ersten Messung ist.

Bemerkung 4.5.18 Aufgrund der Erkenntnisse dieses Abschnitts können wir eine weitere Interpretation der in Beispiel 4.5.12 berechneten Wahrscheinlichkeiten ableiten. Zur Erinnerung: Wir haben dort die Wahrscheinlichkeit

$$\mathbb{P}_{|\varphi\rangle}[\text{Das Messergebnis ist } 1]$$

berechnet, wobei die Observable gegeben ist durch P_ψ für einen Zustand $|\psi\rangle \in \mathscr{H}$ und $|\varphi\rangle \in \mathscr{H}$ ein beliebiger initial präparierter Zustand ist.

Wie interpretieren wir diese Wahrscheinlichkeit? Sie haben gesehen, dass das Messergebnis 1 dem Ereignis zugeordnet wird, dass das Quantensystem sich in dem gesuchten Unterraum befindet. Dieser Unterraum ist aber hier gegeben durch Zustände der Form aus Gleichung (4.5.17).

Somit interpretieren wir:

$$\begin{aligned}
&\mathbb{P}_{|\varphi\rangle}[\text{Der Zustand ist gegeben durch } \beta\,|\psi\rangle \text{ für ein } \beta \in \mathbb{C} \text{ mit } |\beta| = 1] \\
&\quad = \mathbb{P}_{|\varphi\rangle}[\text{Das Messergebnis ist } 1] = |\,\langle\psi|\varphi\rangle\,|^2 .
\end{aligned}$$

Anders ausgedrückt heißt das, dass wir berechnet haben, wie wahrscheinlich es ist, $|\psi\rangle$ (oder ein Vielfaches davon) zu erhalten, wenn der initial präparierte Zustand gegeben ist durch $|\varphi\rangle$.

Beispiele

Zum Abschluss dieses Abschnitts betrachten wir zunächst ein Beispiel, in dem wir die Erkenntnisse dieses Unterabschnitts anwenden. Anschließend wenden wir uns einem Codebeispiel zu, mit dem wir das Erlernte praktisch nachprüfen.

Beispiel 4.5.19 Ich möchte nochmals (wie in Abschnitt 4.5.1) die (triviale) Observable Id – d. h., die Identität auf einem allgemeinen Hilbertraum $\mathscr{H}$ – aufgreifen. Hier haben wir die Observable physikalisch als die Prüfung nach der bloßen Existenz der Quantenobjekte im Quantensystem interpretiert.

Dies wird auch durch die Erkenntnisse aus diesem Abschnitt unterstützt: Denn hier haben wir gesehen, dass eine Messung den Zustand des Quantensystems in einen Eigenraum projiziert. Allerdings ist der gesamte Hilbertraum $\mathscr{H}$ ein Eigenraum von Id, da alle $|\psi\rangle \in \mathscr{H}$ Eigenvektoren von Id zum Eigenwert 1 sind. Somit wird nach einer Messung bezüglich Id das Quantensystem nicht verändert.

Wir können auch sagen, dass diese Messung keinen Effekt hat auf das Quantensystem, solange das Quantensystem existiert. Diese Interpretation machen wir uns später in Beispiel 4.6.5 zunutze.

Codebeispiel 4.5.20 In diesem Codebeispiel greifen wir das Codebeispiel aus 4.4.7 auf und bauen eine Messung bezüglich der Observablen σ_z ein. Der zugehörige Code ist in Listing 4.12 zu sehen, die Ausgabe mit dem Histogramm finden Sie in Abbildung 4.3.

```
# Importiere die benötigten Pakete
from qiskit import QuantumCircuit
from qiskit.visualization import plot_histogram
from qiskit_aer import AerSimulator

# Initialisiere ein Qubit, das (per Default) auf |0> gesetzt wird,
# und ein klassisches 1-Bit-Register
circ = QuantumCircuit(1,1)

# Wende die Hadamard-Matrix an
circ.h(0)

# Führe eine Messung am Qubit durch bezüglich der Pauli-Z-Matrix und
# trage das Ergebnis in das klassische 1-Bit-Register ein
circ.measure(0, 0)

# Bringe den intrinsischen Zufall der Quantenmechanik ins Spiel und
# simuliere den Versuch 10000 mal
simulator = AerSimulator(method='statevector')
result = simulator.run(circ, shots=10000).result()

# Werte die Messergebnisse der 10000 Simulationsrunden aus
counts = result.get_counts(circ)

# Gib die Messergebnisse aus
print('Die Messergebnisse als Liste = ', counts)
plot_histogram(counts)
```

Listing 4.12 Anwendung der Hadamard-Matrix und Messung bezüglich der Pauli-Z-Matrix

```
Die Messergebnisse als Liste = {'0': 5057,'1': 4943}
```

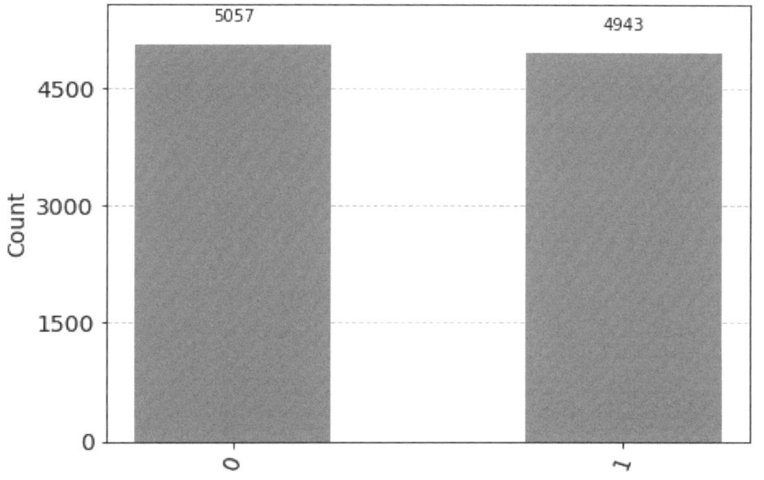

Abbildung 4.3 Ausgabe bei der Anwendung der Hadamard-Matrix und Messung bezüglich der Pauli-Z-Matrix

Ergänzend zu den bereits bekannten Schritten gibt es hier folgende Neuheiten im Code:

Die Präparation des Quantensystems unterscheidet sich jetzt derart, dass wir nun einen weiteren Eingabeparameter in `QuantumCircuit(1,1)` haben. Dieser zweite Eingabeparameter bestimmt die Anzahl der klassischen Bit-Register, die nötig sind, da wir das Ergebnis der Messung ja irgendwohin abspeichern müssen.

Wir müssen in unserem Algorithmus noch den Befehl der Messung einbauen. Wir möchten bezüglich der Observablen σ_z messen. Gemäß unserer jüngsten Erkenntnisse heißt das, dass wir nach der Messung entweder den Zustand $|0\rangle$ oder den Zustand $|1\rangle$ erhalten werden. Diese Messung geschieht anhand des Befehls `measure(0,0)`, wobei der erste Eingabeparameter aufzeigt, welches Qubit gemessen werden soll, und der zweite, in welches klassische Bit-Register das Ergebnis eingetragen werden soll.

Nun steht der Algorithmus fest. Allerdings benötigt es noch Vorarbeit, bevor wir diesen Algorithmus laufen lassen können. Denn wir müssen zuerst die stochastische Natur des Quantensystems einfügen. Hierzu muss ein Simulator herangezogen werden. Dies gelingt beispielsweise durch den Aufruf von `AerSimulator`.

Anschließend lassen wir diesen Simulator im Quantensystem (oder, wie wir später sagen werden, im *Quantenschaltkreis*) durch den Befehl `run(circ, shots=10000)` laufen.

Hier bestimmen wir mit der Zuweisung des Wertes `shots` die Anzahl der Simulationen des Experiments, die durchgeführt werden sollen. Der Default-Wert lautet 1024. Das zugehörige Ergebnis speichern wir in der Variable `result` ab.

Wir müssen natürlich noch die Messergebnisse auswerten und zählen. Dies geschieht anhand des Befehls `get_counts`.

Letztlich geben wir die Ergebnisse aus, einmal als Liste via `print` und einmal als Histogramm, in dem die Häufigkeiten graphisch angezeigt werden. Dies geschieht via `plot_histogram`.

Wie interpretieren wir das Ergebnis?

In Beispiel 4.5.10 haben wir herausgefunden, dass die Wahrscheinlichkeiten für die beiden Ausgänge jeweils gleich sind. Das heißt, statistisch gesehen muss ungefähr die Hälfte aller Versuche das eine Messergebnis liefern und die andere Hälfte das andere Messergebnis. Und genau das beobachten wir auch in der Ausgabe in Listing 4.12, wobei wir hier die *Varianz der Verteilung* berücksichtigen müssen, wie ich es in Abschnitt 2.6 erläutert habe.

4.5.6 Was sind die Ziele bei einer Messung in der Quanteninformatik?

Jetzt wissen Sie, was eine Messung ist und wie diese modelliert wird. Doch wieso sollte man überhaupt messen?

Erst einmal gilt hier natürlich, dass dies der einzige Weg ist, um Informationen aus dem Quantensystem zu extrahieren. Da wir aber in diesem Buch stets die Informatik-Perspektive einnehmen, ist uns das noch nicht konkret genug. Wir möchten schließlich Berechnungsprobleme lösen. Daher fragen Sie sich vielleicht: *Wie kann man beispielsweise anhand einer Messung eines Qubits eine Lösung eines Berechnungsproblems extrahieren?*

Es gibt hierzu eine Vielzahl an Möglichkeiten, deren Aufzählung zu umfangreich wäre für dieses Buch und – aufgrund der mittlerweile reichhaltigen Literatur zum Thema – nie den Anspruch auf Vollständigkeit erheben könnte. Daher möchten ich in diesem Abschnitt vielmehr zwei Szenarien vorstellen, die Ihnen ein erstes Gefühl dafür geben, wieso die Messung ein so wesentlicher Baustein der Quanteninformatik ist.

1. Szenario: Die gesuchte Lösung ist in den Koeffizienten kodiert

Algorithmen (in der klassischen Informatik wie auch in der Quanteninformatik) sind Ablaufpläne, aus denen zu gewissen Problemen Lösungen extrahiert werden sollen. In der klassischen Informatik können diese Lösungen in der Regel nach dem Einsatz gewisser Rechenoperationen in den Bit-Registern ausgelesen werden. Wir haben schon kurz angeschnitten, dass in der Quanteninformatik dagegen unitäre Matrizen (die wir später *Gatter* nennen werden) angewendet werden, um die Lösung in den Zustand $|\psi\rangle$, also einen normierten Vektor aus $\mathscr{H}$, zu kodieren. Zur Einfachheit nehmen wir an, dass $|\psi\rangle$ folgende Form hat:

$$|\psi\rangle = \alpha_0 |\psi_0\rangle + \alpha_1 |\psi_1\rangle \,, \tag{4.5.26}$$

wobei $|\psi_0\rangle, |\psi_1\rangle \in \mathscr{H}, \alpha_0, \alpha_1 \in \mathbb{C}$ und

$$\langle\psi_0|\psi_1\rangle = 0, \quad \|\psi_0\| = \|\psi_1\| = 1 \quad \text{sowie} \quad |\alpha_0|^2 + |\alpha_1|^2 = 1. \tag{4.5.27}$$

Das erste Szenario, das wir betrachten, ist die Situation, in der die Lösung – nach erfolgreichem Durchlauf des Algorithmus – im Betrag eines der Koeffizienten α_0 oder α_1 kodiert ist. Ohne Einschränkung nehmen wir nun an, dass es sich bei diesem Koeffizienten um α_0 handelt. In anderen Worten wünschen wir nun, den konkreten Wert $|\alpha_0|^2$ zu extrahieren. Doch wie gelingt uns das? Hier kommt die Messung ins Spiel.

Eine erfolgreiche Herangehensweise in diesem Szenario basiert auf Ideen aus der Statistik. Eine ähnliche Berechnung wie in Beispiel 4.5.10 zeigt, dass $|\alpha_0|^2$ die Wahrscheinlichkeit determiniert, dass – falls $|\psi\rangle$ den initial präparierten Zustand darstellt – der Zustand nach der Messung gegeben ist durch $|\psi_0\rangle$. Das heißt, wenn wir diese Wahrscheinlichkeit explizit quantisieren könnten (was eine typische Fragestellung aus dem Fachgebiet der Statistik wäre), erhalten wir $|\alpha_0|^2$.

Wie geht man hier typischerweise vor? Die Situation lässt sich vergleichen mit einer »gezinkten« Münze, bei der man nicht weiß, mit welcher Wahrscheinlichkeit ein Münzwurf das Ergebnis *Kopf* liefert. Hier würde man einfach oft genug den Versuch wiederholen – d.h., die Münze werfen –, und gemäß des sogenannten *Gesetzes der Großen Zahlen* würde die Kopf-Wahrscheinlichkeit annähernd gegeben sein durch die folgende *relative Häufigkeit*:

$$\frac{\text{Anzahl der Würfe, die Kopf ergeben haben}}{\text{Anzahl aller Versuche}}$$

Diese Idee lässt sich direkt auf unsere Situation übertragen. Somit müssen wir den Prozess

$$\text{Präparation} \quad \rightarrow \quad \text{Manipulation der Zustände} \quad \rightarrow \quad \text{Messung} \tag{4.5.28}$$

mehrmals wiederholen, um die Häufigkeiten zu ermitteln, zu der die jeweiligen Zustände gemessen wurden. Hieraus lässt sich nun annähernd $|\alpha_0|^2$ bestimmen. Der Baustein der Messung hat es ermöglicht.

2. Szenario: Die gesuchte Lösung ist in einem Eigenvektor kodiert

In diesem zweiten Szenario ist die Situation ähnlich wie im ersten Szenario: Wir haben durch diverse Bemühungen (Präparation und Manipulation der Zustände) einen Zustand der Form aus Gleichung (4.5.26) erreicht. Wir nehmen nun aber an, dass die Lösung unseres Problems in $|\psi_0\rangle$ kodiert ist – also in einem Eigenvektor zur Observable $|\psi_0\rangle\langle\psi_0|$, bezüglich der wir messen. In diesem Szenario müssen wir zusätzlich annehmen, dass wir die Wahrscheinlichkeit $|\alpha_0|^2$, mit der wir $|\psi_0\rangle$ nach der Messung erhalten, explizit kennen und dass alle anderen Messergebnisse andere Wahrscheinlichkeiten haben.

Mittels dieser Annahme gehen wir dann analog zum 1. Szenario vor. Das bedeutet, dass wir nun den Prozess (4.5.28) mehrmals wiederholen, um die relativen Häufigkeiten der einzelnen Messergebnisse zu ermitteln. Der Zustand, dessen relative Häufigkeit eine Annäherung des Werts $|\alpha_0|^2$ ergibt, wäre demnach $|\psi_0\rangle$. Hier nutzen wir aus, dass wir angenommen haben, dass nur $|\psi_0\rangle$ mit Wahrscheinlichkeit $|\alpha_0|^2$ nach der Messung auftritt.

Häufig ist es aber unrealistisch, die Annahme zu machen, dass $|\alpha_0|^2$ vorher bekannt ist. In einigen Fällen weiß man aber zum Beispiel, dass die Wahrscheinlichkeit, nach der Messung $|\psi_0\rangle$ zu erhalten, höher ist als für alle anderen möglichen Zustände. Wie würde man in diesem Fall vorgehen? Natürlich sehr ähnlich zu dem eben beschriebenen Vorgang.

Die genauen Details behandele ich in Übung 4.14. Diese Vorgehensweise entspricht auch dem Ansatz beim *Grover-Algorithmus*, den wir in Kapitel 11 untersuchen werden.

4.6 Zusammengesetzte Quantensysteme

Alle interessanten Probleme, die es in der Informatik gibt, lassen sich nicht durch ein einzelnes Qubit darstellen oder gar lösen. Wir wissen zwar schon, dass ein Qubit wahrscheinlich mehr kann als ein klassisches Bit – Stichwort: Superpositionsprinzip –, aber es kann noch nicht genug, um ernsthafte Berechnungen durchführen zu können. Wir benötigen daher *mehrere Qubits, die in einem einzelnen, gemeinsamen Quantensystem enthalten sind*, sogenannte *Multi-Qubits*, um ernsthafte Probleme formulieren und anschließend lösen zu können. Des Weiteren erfordert die Beschreibung faszinierender Phänomene aus der Quantenmechanik (wie beispielsweise die *Verschränkung*), dass mehrere Quantenobjekte in einem gemeinsamen Quantensystem beschrieben werden.

Doch wie genau modelliert man in der Quantenmechanik die Vereinigung mehrerer Quantensysteme zu einem übergeordneten, zusammengesetzten Quantensystem? Bisher haben Sie nur in Postulat I erfahren, welche mathematischen Bedingungen bei der Modellierung eines Quantensystems berücksichtigt werden müssen. Aus Postulat I können Sie aber noch nicht ableiten, *wie Sie konkret aus mehreren Quantensystemen ein übergeordnetes, gemeinsames Quantensystem erhalten* können. In diesem Abschnitt möchten wir dieser Frage nachgehen.

Präzisierung der Fragestellung

In Postulat I haben Sie gelernt, dass die physikalischen Eigenschaften in einem Quantensystem stets durch einen normierten Vektor aus einem geeigneten komplexen Hilbertraum modelliert werden. Dies ist ein grundlegendes Postulat und gilt für jedes beliebige Quantensystem. Demzufolge müssen wir insbesondere bei der Modellierung des Hilbertraums eines Quantensystems, das sich wiederum aus mehreren Teil-Quantensystemen zusammensetzt, dieses Postulat berücksichtigen.

Gemäß dieser Leitlinie werden wir anhand der folgenden zwei Schritte vorgehen:

1. Modelliere die **Subsysteme**, d.h., konstruiere – im Einklang mit Postulat I – den Hilbertraum der einzelnen Quantensysteme.
2. Modelliere das **zusammengesetzte Quantensystem**, d.h., konstruiere – ebenso im Einklang mit Postulat I – den Hilbertraum der Vereinigung dieser Subsysteme zu einem übergeordneten Quantensystem.

Schritt (1) war beispielsweise der Gegenstand von Abschnitt 4.2.2 anhand einer konkreten Instanz aus der Quanteninformatik. Dies wird in Teil III dieses Buchs, in dem es um die Quanteninformatik und insbesondere das *Quantenschaltkreismodell* (das die Grundlage dieses Buchs darstellt) geht, weiter untermauert.

In diesem Abschnitt fokussieren wir uns auf Schritt (2) und setzen somit voraus, dass Schritt (1) bereits erfolgreich abgeschlossen wurde.

Genauer gesagt möchten wir also nun herausfinden, wie – gegeben zweier Hilberträume $\mathscr{H}_0$ und $\mathscr{H}_1$ – der sogenannte *zusammengesetzte Hilbertraum* aussieht, d.h. der Hilbertraum des zugehörigen zusammengesetzten Quantensystems.

Der rote Faden in diesem Abschnitt

Ich beginne mit der Definition des *Tensorprodukts in allgemeiner Form* in Abschnitt 4.6.1. Anschließend betrachten wir in Abschnitt 4.6.2 das *Tensorprodukt in einem konkreten Fall*, der für uns in der Quanteninformatik wichtig sein wird. Danach lernen Sie in Abschnitt 4.6.3 das wichtige *Postulat IV* kennen, das besagt, dass wir mittels des Tensorprodukts Quantensysteme zusammensetzen können. Abschließend tauchen wir in Abschnitt 4.6.4 in den Spezialfall der *Zwei-Qubit-Register* aus der Quanteninformatik ein und sehen, wie der Zustandsraum modelliert wird, wenn zwei einzelne Qubits zusammengesetzt werden.

4.6.1 Das Tensorprodukt in allgemeiner Form

Der Schlüssel zur Konstruktion dieses zusammengesetzten Zustandsraums ist das sogenannte *Tensorprodukt*. Das Tensorprodukt zweier Hilberträume ist ein neuer Hilbertraum mit höherer Dimension, der gewisse Eigenschaften erfüllt.

Es wird sich herausstellen, dass diese Konstruktion die richtige Wahl ist für den zusammengesetzten Hilbertraum. Aber auch hier müssen wir noch geduldig sein, um herauszufinden, wieso dies so ist, weil hierzu noch einiges an Vorarbeit nötig ist. Wir greifen diese Frage in Abschnitt 6.3 wieder auf.

Wichtige Vorbemerkungen

Bevor ich das Tensorprodukt einführe, seien vorab noch folgende wichtige Punkte angemerkt:

- In der (Linearen) Algebra wird das Tensorprodukt in der Regel in einer sehr eleganten, aber auch sehr abstrakten Form über eine sogenannte *universelle Eigenschaft* definiert. Ich wähle hier eine vereinfachte Herangehensweise an das Tensorprodukt, die in der Literatur der Quanteninformatik üblich ist, aber von der erwähnten Strategie in der (Linearen) Algebra abweicht. Für diese verweise ich Sie auf Kapitel 23 in [Wüs13] oder [FS14].
- Die Herangehensweise, die ich im Folgenden beschreibe, kann dennoch – obwohl ich (wie soeben erwähnt) eine vereinfachte Darstellung wähle – etwas abstrakt wirken. Sie ist aber immer noch allgemeiner als das, was wir letztlich in diesem Buch nutzen werden. Dies wird auch sofort klar, wenn Sie beachten, dass die Erkenntnisse in diesem Abschnitt – wie fast immer in diesem Kapitel – für allgemeine, endlichdimensionale Hilbert-

räume formuliert sind. Die für uns relevante Form des Tensorprodukts werden Sie in Abschnitt 4.6.2 kennenlernen. Daher ist es möglich, den Rest dieses Unterabschnitts beim ersten Lesen zu überspringen und direkt mit Abschnitt 4.6.2 fortzufahren.

Ich habe diesen Ansatz auch deshalb gewählt, um dem (in Abschnitt 1.5.2 formulierten) Ziel gerecht zu werden, dass ich eine vereinfachte, *aber nicht zu sehr vereinfachte* Präsentation bieten möchte, damit ein möglichst stetiger und reibungsloser Einstieg in weiterführende Literatur gewährleistet ist. Des Weiteren ist dieser Ansatz aber auch konsistent mit unserer Leitlinie in diesem Kapitel, nach der wir (außer an einzelnen Stellen wie in Abschnitt 4.2.2 und Abschnitt 4.6.4 sowie in einigen Beispielen) alle Konzepte für allgemeine, endlichdimensionale Hilberträume präsentieren.

Nun lernen Sie das Tensorprodukt kennen. Wir werden hierbei auf kompakte Weise vorgehen: Wir bauen die Definition direkt implizit in ein Theorem ein, in dem Sie auch die Existenz sowie einige Eigenschaften des Tensorprodukts kennenlernen.

Theorem 4.6.1 Seien $\mathscr{H}_0$ und $\mathscr{H}_1$ zwei endlichdimensionale Hilberträume mit Dimensionen $n_0 \in \mathbb{N}$ bzw. $n_1 \in \mathbb{N}$. Dann existiert ein Raum $\mathscr{H}_0 \otimes \mathscr{H}_1$, das *Tensorprodukt zwischen diesen beiden Hilberträumen*, das die folgenden Eigenschaften erfüllt:

- $\mathscr{H}_0 \otimes \mathscr{H}_1$ hat die Dimension $n_0 \cdot n_1$.
- Es gibt eine Abbildung

$$\begin{aligned} \otimes: \quad \mathscr{H}_0 \times \mathscr{H}_1 &\rightarrow \mathscr{H}_0 \otimes \mathscr{H}_1, \\ (|\phi\rangle, |\psi\rangle) &\mapsto |\phi\rangle \otimes |\psi\rangle, \end{aligned}$$

  genannt **Tensorprodukt zwischen zwei Vektoren**, sodass für alle $|\phi\rangle, |\phi'\rangle \in \mathscr{H}_0$, $|\psi\rangle, |\psi'\rangle \in \mathscr{H}_1$ und $a \in \mathbb{C}$ folgende Eigenschaften erfüllt sind:

  1. $a(|\phi\rangle \otimes |\psi\rangle) = (a\,|\phi\rangle) \otimes |\psi\rangle = |\phi\rangle \otimes (a\,|\psi\rangle)$
  2. $(|\phi\rangle + |\phi'\rangle) \otimes |\psi\rangle = |\phi\rangle \otimes |\psi\rangle + |\phi'\rangle \otimes |\psi\rangle$
  3. $|\phi\rangle \otimes (|\psi\rangle + |\psi'\rangle) = |\phi\rangle \otimes |\psi\rangle + |\phi\rangle \otimes |\psi'\rangle$

- $\mathscr{H}_0 \otimes \mathscr{H}_1$ besteht aus allen Linearkombinationen von Vektoren der Form $|\phi\rangle \otimes |\psi\rangle$, wobei $|\phi\rangle \in \mathscr{H}_0$ und $|\psi\rangle \in \mathscr{H}_1$.

- Sei die Abbildung

$$\langle\cdot|\cdot\rangle : \quad (\mathscr{H}_0 \otimes \mathscr{H}_1) \times (\mathscr{H}_0 \otimes \mathscr{H}_1) \to \mathbb{C}$$

definiert als das Produkt der jeweiligen Skalarprodukte aus $\mathscr{H}_0$ und $\mathscr{H}_1$, d. h., für alle $|\phi\rangle, |\phi'\rangle \in \mathscr{H}_0$, $|\psi\rangle, |\psi'\rangle \in \mathscr{H}_1$ gilt, dass

$$\left\langle \Big(|\phi\rangle \otimes |\psi\rangle \Big) \Big| \Big(|\phi'\rangle \otimes |\psi'\rangle \Big) \right\rangle := \langle\phi|\phi'\rangle \cdot \langle\psi|\psi'\rangle .$$

Dann ist $\langle\cdot|\cdot\rangle$ **auch ein Skalarprodukt** auf $\mathscr{H}_0 \otimes \mathscr{H}_1$. Insbesondere ist $\mathscr{H}_0 \otimes \mathscr{H}_1$ ein Hilbertraum.

- Seien $A \in \mathcal{L}(\mathscr{H}_0)$ und $B \in \mathcal{L}(\mathscr{H}_1)$ lineare Abbildungen, und sei die Abbildung $A \otimes B : \mathscr{H}_0 \otimes \mathscr{H}_1 \to \mathscr{H}_0 \otimes \mathscr{H}_1$ definiert durch

$$A \otimes B\,(|\phi\rangle \otimes |\psi\rangle) = A(|\phi\rangle) \otimes B(|\psi\rangle) \tag{4.6.1}$$

für alle $|\phi\rangle \in \mathscr{H}_0$, $|\psi\rangle \in \mathscr{H}_1$. Dann ist $A \otimes B$ **auch eine lineare Abbildung**.

Beweis: Der Beweis all dieser Aussagen setzt sich zusammen aus den Inhalten von Kapitel 23 in [Wüs13] und Kapitel 3 in [Sch19]. □

Ich liste Ihnen nun weitere Eigenschaften auf, die für unsere theoretische Grundlage bei der Nutzung des Tensorprodukts für zusammengesetzte Quantensysteme sehr wichtig sind.

Lemma 4.6.2 Seien $\mathscr{H}_0$ und $\mathscr{H}_1$ zwei endlichdimensionale Hilberträume mit Dimensionen $n_0 \in \mathbb{N}$ bzw. $n_1 \in \mathbb{N}$. Sei $\{|a_i\rangle\}_{i\in\{0,\ldots,n_0-1\}}$ eine Orthonormalbasis von $\mathscr{H}_0$ und $\{|b_j\rangle\}_{j\in\{0,\ldots,n_1-1\}}$ eine Orthonormalbasis von $\mathscr{H}_1$. Dann gilt für das Tensorprodukt $\mathscr{H}_0 \otimes \mathscr{H}_1$:

- Seien $|\phi\rangle \in \mathscr{H}_0$ und $|\psi\rangle \in \mathscr{H}_1$ mit

$$|\phi\rangle = \sum_{i=0}^{n_0-1} \alpha_i\,|a_i\rangle \quad \text{und} \quad |\psi\rangle = \sum_{j=0}^{n_1-1} \beta_j\,|b_j\rangle , \tag{4.6.2}$$

wobei $\alpha_0, \ldots, \alpha_{n_0-1}, \beta_0, \ldots, \beta_{n_1-1} \in \mathbb{C}$. Dann gilt

$$|\phi\rangle \otimes |\psi\rangle = \sum_{i=0}^{n_0-1}\sum_{j=0}^{n_1-1} \alpha_i\beta_j\,|a_i\rangle \otimes |b_j\rangle . \tag{4.6.3}$$

- $\{|a_i\rangle \otimes |b_j\rangle\}_{i\in\{0,\ldots,n_0-1\},j\in\{0,\ldots,n_1-1\}}$ ist eine Orthonormalbasis von $\mathscr{H}_0 \otimes \mathscr{H}_1$. Insbesondere gibt es für beliebige Vektoren $|\Psi\rangle \in \mathscr{H}_0 \otimes \mathscr{H}_1$ Skalare $\gamma_{i,j} \in \mathbb{C}$, wobei $i = 0, \ldots, n_0 - 1$ und $j = 0, \ldots, n_1 - 1$, sodass

$$|\Psi\rangle = \sum_{i=0}^{n_0-1} \sum_{j=0}^{n_1-1} \gamma_{i,j} \, |a_i\rangle \otimes |b_j\rangle \,. \tag{4.6.4}$$

- Sei $|\phi\rangle \in \mathscr{H}_0$ wie in Gleichung (4.6.2). Sei $|\psi\rangle \in \mathscr{H}_1$. Seien $A \in \mathcal{L}(\mathscr{H}_0)$ und $B \in \mathcal{L}(\mathscr{H}_1)$. Dann gilt

$$A \otimes B(|\phi\rangle \otimes |\psi\rangle) = \sum_{i=0}^{n_0-1} \alpha_i A(|a_i\rangle) \otimes B(|\psi\rangle). \tag{4.6.5}$$

Beweis: Der Beweis dieses Lemmas ist in Übung 4.15 ausgelagert. □

4.6.2 Das Tensorprodukt in einem konkreten Fall

Nachdem wir nun einen ersten Blick auf abstrakter Ebene in das Konzept des Tensorprodukts geworfen haben, möchten Sie nun sicher erfahren, wie so ein Tensorprodukt in einem konkreten (und für uns relevanten) Fall aussieht. Dies geschieht im folgenden Beispiel.

Definition der Subsysteme

Der für dieses Buch relevante Fall (siehe Abschnitt 4.2.2 sowie Abschnitt 4.6.4) ist gegeben durch:

$$\mathscr{H}_0 = \mathbb{C}^{n_0} \quad \text{und} \quad \mathscr{H}_1 = \mathbb{C}^{n_1},$$

wobei $n_0, n_1 \in \mathbb{N}$. Wir möchten herausfinden, wie in diesem Fall das Tensorprodukt $\mathbb{C}^{n_0} \otimes \mathbb{C}^{n_1}$ aussieht.

Tensorprodukte zwischen Vektoren aus den jeweiligen Orthonormalbasen

Es reicht, die Definition der Tensorprodukte nur zwischen den Vektoren aus den jeweiligen Orthonormalbasen $\{|a_i\rangle\}_{i\in\{0,\ldots,n_0-1\}}$ und $\{|b_j\rangle\}_{j\in\{0,\ldots,n_1-1\}}$ von $\mathscr{H}_0$ bzw. von $\mathscr{H}_1$ anzugeben, da sich der allgemeine Fall mithilfe von Gleichung (4.6.3) aus diesen Fällen ableiten lässt. Seien hier diese Orthonormalbasen konkret gegeben durch die jeweilige *Standardbasis*. Das heißt, für $i \in \{0, \ldots, n_0 - 1\}$ und $j \in \{0, \ldots, n_1 - 1\}$ gilt – gemäß der Notation aus Gleichung (2.4.2) –, dass

$$|a_i\rangle = e_i^{(n_0)} \quad \text{und} \quad |b_j\rangle = e_j^{(n_1)}.$$

Oder in Worten: Es handelt sich um Vektoren, die nur aus Nullen bestehen, außer in einem Eintrag an i-ter bzw. an j-ter Stelle, der eine 1 beinhaltet. Hierbei ist zu beachten, dass wir bei der Bestimmung dieser Stelle oben anfangen und die Zählung bei null beginnen.

In diesem Fall ist für $i \in \{0, \ldots, n_0 - 1\}$ und $j \in \{0, \ldots, n_1 - 1\}$ das Tensorprodukt $|a_i\rangle \otimes |b_j\rangle$ gegeben durch

$$|a_i\rangle \otimes |b_j\rangle = \begin{pmatrix} 0 \\ \vdots \\ 0 \\ 1 \\ 0 \\ \vdots \\ 0 \end{pmatrix}, \tag{4.6.6}$$

wobei die 1 an $(i \cdot n_1 + j)$-ter Stelle steht.

Darstellung des Tensorprodukts $\mathbb{C}^{n_0} \otimes \mathbb{C}^{n_1}$

Aus Lemma 4.6.2 leiten wir ab, dass die Vektoren der Form (4.6.6) für alle $i \in \{0, \ldots, n_0 - 1\}$ und $j \in \{0, \ldots, n_1 - 1\}$ eine Orthonormalbasis des Tensorprodukts $\mathbb{C}^{n_0} \otimes \mathbb{C}^{n_1}$ bilden. Diese Familie von Vektoren ist aber exakt die Standardbasis des Raums $\mathbb{C}^{n_0 \cdot n_1}$. Wir folgern somit, dass

$$\mathbb{C}^{n_0} \otimes \mathbb{C}^{n_1} = \mathbb{C}^{n_0 \cdot n_1}. \tag{4.6.7}$$

Bemerkung 4.6.3 Mathematisch ist die Gleichung (4.6.7) nicht ganz präzise, da wir – wie bereits erwähnt – hier eine vereinfachte mathematische Darstellung wählen. Daher ignorieren wir hier und im weiteren Verlauf dieses Buchs, dass solche Gleichheiten wie in (4.6.7) eigentlich bedeuten, dass beide Seiten nur *isomorph* zueinander sind statt exakt gleich: Wenn zwei Mengen isomorph zueinander sind, heißt das, dass es zwischen diesen beiden Mengen einen *Isomorphismus* gibt.

Ein Isomorphismus wiederum ist eine lineare Abbildung, bei der jedes Element auf ein anderes Element in der Zielmenge abgebildet wird und bei der jedes Element aus der Zielmenge ein Urbild hat. Es handelt sich also um eine 1-zu-1-Abbildung.

In diesem Buch lege ich den Schwerpunkt auf andere Themen, daher erlauben ich mir diese Vereinfachung. Es ist nur wichtig, diesen Punkt im Hinterkopf zu haben, wenn Sie sich in der Theorie weiter vertiefen möchte.

Tensorprodukte zwischen beliebigen Vektoren

Ich möchte nun eine Formel herleiten, mit der man das Tensorprodukt $|\phi\rangle \otimes |\psi\rangle$ zwischen allgemeinen $|\phi\rangle \in \mathbb{C}^{n_0}$ und $|\psi\rangle \in \mathbb{C}^{n_1}$ berechnen kann. Seien hierzu $|\phi\rangle$ und $|\psi\rangle$ gegeben durch Gleichung (4.6.2).

Dann folgern wir gemäß Gleichung (4.6.3), dass

$$|\phi\rangle \otimes |\psi\rangle = \sum_{i=0}^{n_0-1} \sum_{j=0}^{n_1-1} \alpha_i \beta_j |a_i\rangle \otimes |b_j\rangle = \begin{pmatrix} \alpha_0\beta_0 \\ \alpha_0\beta_1 \\ \vdots \\ \alpha_0\beta_{n_1-1} \\ \alpha_1\beta_0 \\ \vdots \\ \alpha_{n_0-1}\beta_{n_1-1} \end{pmatrix}. \tag{4.6.8}$$

Manchmal schreiben wir diesen Vektor auf der rechten Seite von Gleichung (4.6.3) auch abgekürzt als

$$|\phi\rangle \otimes |\psi\rangle = \begin{pmatrix} \alpha_0 |\psi\rangle \\ \alpha_1 |\psi\rangle \\ \vdots \\ \alpha_{n_0-1} |\psi\rangle \end{pmatrix}, \tag{4.6.9}$$

wobei wir die Einträge $\alpha_0 |\psi\rangle, \ldots, \alpha_{n_0-1} |\psi\rangle$ jeweils als Vektoren in $\mathbb{C}^{n_1}$ interpretieren. Somit beschreibt der Vektor auf der rechten Seite von Gleichung (4.6.9) eine vertikale Anordnung mehrerer Vektoren.

Tensorprodukte zwischen Matrizen

Seien $A \in \mathcal{L}(\mathbb{C}^{n_0})$ und $B \in \mathcal{L}(\mathbb{C}^{n_1})$. In dieser konkreten Instanz gilt, dass A und B durch Matrizen repräsentiert werden können, d.h., es gilt $A \in \mathbb{C}^{n_0,n_0}$ und $B \in \mathbb{C}^{n_1,n_1}$. Seien $(A_{ij})_{i,j=0,\ldots n_0-1}$ die Matrixeinträge von A, d.h.

$$A = \begin{pmatrix} A_{00} & A_{01} & \cdots & A_{0(n_0-1)} \\ A_{10} & A_{11} & \cdots & A_{1(n_0-1)} \\ \vdots & \vdots & \vdots & \vdots \\ A_{(n_0-1)0} & A_{(n_0-1)1} & \cdots & A_{(n_0-1)(n_0-1)} \end{pmatrix}.$$

Es reicht, die Definition des Tensorprodukts von A und B nur für die Anwendung auf Vektoren der Form $|a_i\rangle \otimes |\psi\rangle$ anzugeben, da sich der allgemeine Fall mithilfe von Gleichung (4.6.5) aus diesen Fällen ableiten lässt.

Doch diese lässt sich leicht berechnen, da

$$
\begin{aligned}
A(|a_i\rangle) \otimes B(|\psi\rangle) = A \begin{pmatrix} 0 \\ \vdots \\ 0 \\ 1 \\ 0 \\ \vdots \\ 0 \end{pmatrix} \otimes B(|\psi\rangle) = \begin{pmatrix} A_{i0} \\ A_{i1} \\ \vdots \\ A_{i(n_0-1)} \\ \vdots \\ 0 \end{pmatrix} \otimes B(|\psi\rangle) \\
= \begin{pmatrix} A_{i0}B(|\psi\rangle) \\ A_{i1}B(|\psi\rangle) \\ \vdots \\ A_{i(n_0-1)}B(|\psi\rangle) \\ \vdots \\ 0 \end{pmatrix},
\end{aligned}
\tag{4.6.10}
$$

wobei wir im ersten Schritt die Definition von $|a_i\rangle$ benutzt haben, im zweiten Schritt den Umstand, dass die Anwendung einer Matrix auf den i-ten Vektor der Standardbasis die i-te Spalte der Matrix ergibt und im dritten Schritt die Identität aus Gleichung (4.6.9). Aus Gleichung (4.6.10) lässt sich leicht eine Matrix-Darstellung ableiten, wie Sie in Übung 4.16 sehen werden.

Diese Matrix-Darstellung hat folgende Form:

$$
A \otimes B = \begin{pmatrix} A_{00}B & A_{01}B & \cdots & A_{0(n_0-1)}B \\ A_{10}B & A_{11}B & \cdots & A_{1(n_0-1)}B \\ \vdots & \vdots & \vdots & \vdots \\ A_{(n_0-1)0}B & A_{(n_0-1)1}B & \cdots & A_{(n_0-1)(n_0-1)}B \end{pmatrix}, \tag{4.6.11}
$$

wobei wir die Einträge $A_{00}B, \ldots, A_{(n_0-1)(n_0-1)}B$ jeweils als Matrizen in $\mathbb{C}^{n_1,n_1}$ interpretieren. Somit beschreibt die Matrix auf der rechten Seite in Gleichung (4.6.11) eine Matrix, die aus Sub-Matrizen besteht.

Bemerkung 4.6.4 In Abschnitt 7.8.2 werden Sie sehen, wie man diese Tensorprodukte zwischen Matrizen auch mit Qiskit berechnen kann.

4.6.3 Das Postulat zu zusammengesetzten Quantensystemen

Sie wissen nun, was das Tensorprodukt ist, und haben auch einen konkreten Fall vor Augen, der Ihnen im folgenden Abschnitt sowie in den nächsten Kapiteln immer wieder begegnen wird. Ich habe auch schon erwähnt, dass das Tensorprodukt für unsere zusammengesetzten Quantensysteme die richtige Wahl ist. Die Gründe, warum das so ist, werden Sie aber erst in Abschnitt 6.3 herausfinden, wenn ich diese Frage nochmals aufgreife.

Im folgenden Postulat halten wir die vorangehenden Erkenntnisse fest.

Postulat IV Seien $\mathscr{H}_0$ und $\mathscr{H}_1$ Hilberträume. Der *Hilbertraum des zusammengesetzten Quantensystems*, d. h. des Quantensystems, das aus der Vereinigung der beiden jeweils zu $\mathscr{H}_0$ und $\mathscr{H}_1$ zugehörigen Quantensysteme besteht, ist gegeben durch das Tensorprodukt

$$\mathscr{H}_0 \otimes \mathscr{H}_1 .$$

Diese Zusammensetzung lässt sich auch induktiv fortsetzen. Das heißt, für Hilberträume $\mathscr{H}_0, \ldots, \mathscr{H}_{n-1}$ (wobei $n \in \mathbb{N}$) gilt, dass der *Hilbertraum des n-fach zusammengesetzten Quantensystems* gegeben ist durch

$$\mathscr{H}_0 \otimes \mathscr{H}_1 \otimes \cdots \otimes \mathscr{H}_{n-1} .$$

Die Quantensysteme, deren Hilberträume jeweils gegeben sind durch $\mathscr{H}_0, \ldots, \mathscr{H}_{n-1}$, werden in diesem Zusammenhang auch als *Subsysteme* bezeichnet.

Notationelle Konventionen

Lassen Sie uns diesen Abschnitt mit einigen Konventionen abschließen, die die Präsentation an gewissen Stellen notationell vereinfachen werden.

- Betrachten wir den Spezialfall, in dem alle Subsysteme mathematisch durch denselben Hilbertraum beschrieben werden. Das heißt, es gilt, dass

  $$\mathscr{H}_0 = \mathscr{H}_1 = \cdots = \mathscr{H}_{n-1} =: \mathscr{H} .$$

  Man kann sich das so vorstellen, dass es n verschiedene Quantensysteme gibt, deren Zustände aber jeweils mathematisch gleich beschrieben werden. In diesem konkreten Fall notieren wir den Hilbertraum des n-fach zusammengesetzten Quantensystems durch

  $$\mathscr{H}^{\otimes n} := \mathscr{H} \otimes \mathscr{H} \otimes \cdots \otimes \mathscr{H} .$$

- Auch für lineare Abbildungen $A \in \mathcal{L}(\mathscr{H})$ schreiben wir das n-fache Tensorprodukt als

  $$A^{\otimes n} := A \otimes A \otimes \cdots \otimes A .$$

- Für das Tensorprodukt zwischen zwei Vektoren $|\phi\rangle$ und $|\psi\rangle$ gibt es in der Literatur viele verschiedene abkürzende Schreibweisen. Wir bedienen uns in diesem Buch nur den folgenden abkürzenden Schreibweisen:

$$|\phi \otimes \psi\rangle := |\phi\rangle \otimes |\psi\rangle \quad \text{und} \quad |\phi\rangle\,|\psi\rangle := |\phi\rangle \otimes |\psi\rangle\,.$$

- Für das Skalarprodukt $\langle\cdot|\cdot\rangle$ schreiben wir vereinfacht, dass

$$\langle \phi \otimes \psi | \phi' \otimes \psi' \rangle := \left\langle \Big(|\phi\rangle \otimes |\psi\rangle \Big) \Big| \Big(|\phi'\rangle \otimes |\psi'\rangle \Big) \right\rangle,$$

wobei $|\phi\rangle\,, |\phi'\rangle \in \mathscr{H}_0$, $|\psi\rangle\,, |\psi'\rangle \in \mathscr{H}_1$.

Observable aus Observablen aus den Subsystemen

Wir möchten im Folgenden ein Gefühl dafür bekommen, wie sich Observablen mit den soeben erarbeiteten Konzepten zu zusammengesetzten Quantensystemen verhalten. Wir werden sehen, dass man aus Observablen, die in den jeweiligen Subsystemen definiert sind, eine Observable für das zusammengesetzte System konstruieren kann.

Seien hierzu – wie in Theorem 4.6.1 – $\mathscr{H}_0, \mathscr{H}_1$ Hilberträume und $A \in \mathcal{L}_{sa}(\mathscr{H}_0)$ sowie $B \in \mathcal{L}_{sa}(\mathscr{H}_1)$ Observable. In Übung 4.17 zeige ich, dass für das Tensorprodukt $A \otimes B$ gilt, dass

$$(A \otimes B)^* = A^* \otimes B^*.$$

Da wir aber wissen, dass $A^* = A$ und $B^* = B$, impliziert dies, dass

$$(A \otimes B)^* = A^* \otimes B^* = A \otimes B.$$

Somit erhalten wir, dass $A \otimes B \in \mathcal{L}_{sa}(\mathscr{H}_0 \otimes \mathscr{H}_1)$. Folglich erfüllt auch $A \otimes B$ die Bedingungen von Postulat III.1, sodass auch $A \otimes B$ eine Observable darstellt.

Die physikalische Bedeutung von $A \otimes B$

Natürlich müssen wir uns hier die Frage stellen, was die Observable $A \otimes B$ physikalisch bedeutet. Intuitiv sehen wir, dass aufgrund der Gleichung **(4.6.1)** von $A \otimes B$, die beiden Observable A und B der Subsysteme jeweils nur auf die beiden einzelnen Subsysteme wirken. Das heißt wiederum, dass wir die Observable $A \otimes B$ physikalisch so interpretieren, dass wir das zusammengesetzte Quantensystem derart untersuchen, dass wir das eine Quantensystem $\mathscr{H}_0$ bezüglich A beobachten und das andere Quantensystem $\mathscr{H}_1$ bezüglich B.

Um dies noch weiter zu verdeutlichen, betrachten wir noch ein konkretes Beispiel, das auf den vorausgehenden Erkenntnissen beruht.

Beispiel 4.6.5 Sei die Observable gegeben durch $A \otimes \mathrm{Id} \in \mathcal{L}_{sa}(\mathscr{H}_0 \otimes \mathscr{H}_1)$, wobei wir $A, \mathscr{H}_0, \mathscr{H}_1$ wählen wie in Theorem 4.6.1. Zur Vereinfachung kann man hier beispielsweise annehmen, dass $A = \sigma_z$ und $\mathscr{H}_0 = \mathscr{H}_1 = \mathcal{H}$. Aber die folgenden Gedanken gelten auch in allgemeinerer Form, weshalb wir bei der abstrakten Darstellung bleiben.

Gemäß der Erkenntnisse aus Beispiel 4.5.19 interpretieren wir eine Messung bezüglich der Observablen $A \otimes \mathrm{Id}$ derart, dass wir nur das eine Quantensystem bezüglich A messen und beim anderen Quantensystem effektiv keine Messung durchführen. Solche Messungen werden uns bei der Untersuchung des Phänomens der *Verschränkung* wieder begegnen.

Wir möchten noch die Eigenvektoren dieser Observablen $A \otimes \mathrm{Id}$ bestimmen. Es ist ersichtlich, dass für alle $|\psi\rangle \in \mathscr{H}_0$ und alle Eigenvektoren v_λ von A zu einem Eigenwert $\lambda \in \sigma(A)$ gilt, dass

$$v_\lambda \otimes |\psi\rangle \quad \text{ein Eigenvektor ist von } A \otimes \mathrm{Id} \text{ zum Eigenwert } \lambda. \tag{4.6.12}$$

Hierzu nutzen wir einfach die Definition von linearen Abbildungen auf Tensorprodukten aus Gleichung (4.6.1) .

Die Behauptung (4.6.12) gilt insbesondere, wenn wir für $|\psi\rangle$ Elemente einer Orthonormalbasis von $\mathscr{H}_1$ wählen. Und da die Vektoren $\{v_\lambda\}_{\lambda\in\sigma(A)}$ auch eine Orthonormalbasis bilden, können wir schlussfolgern, dass es eine Orthonormalbasis von $\mathscr{H}_0 \otimes \mathscr{H}_1$ gibt, die aus Eigenvektoren von $A \otimes \mathrm{Id}$ der Form (4.6.12) besteht. Diese Erkenntnisse erlauben uns später in Abschnitt 5.3, Messungen bezüglich eines Teilsystems durchzuführen.

4.6.4 Zwei-Qubit-Register – Zustand zweier zusammengesetzter Qubits

Sie wissen aus Abschnitt 4.2.2, wie in der Quanteninformatik der Spezialfall einer einzelnen elementaren Informationseinheit – d.h., eines Qubits – als Quantensystem modelliert wird. Lassen Sie uns nun den Spezialfall betrachten, wenn im Quantensystem *zwei elementare Informationseinheiten* enthalten sind, wodurch Sie mit dem Begriff des *Zwei-Qubit-Registers* vertraut werden. Anhand dieses Spezialfalls ist das Konzept von zusammengesetzten Quantensystemen besser zu verstehen. Des Weiteren hilft Ihnen dieser Spezialfall, in Abschnitt 5.3 das faszinierende Phänomen der *Verschränkung* besser visualisieren zu können, indem Sie dann ein konkretes, beispielhaftes Setting zur Hand haben.

Diese wichtigen Konzepte aus der Quanteninformatik stelle ich erneut in der rigorosen Einführung der Quanteninformatik in Teil III vor, damit es dort eine in sich geschlossene und konsistente Darstellung gibt.

Der rote Faden in diesem Abschnitt

Wir werden hier ähnlich vorgehen wie bei der Einführung von Qubits in Abschnitt 4.2.2. Wir leiten also zunächst den *zu Zwei-Qubit-Registern zugehörigen Hilbertraum* her, führen *die Rechenbasis* für diesen Fall ein, leiten eine *allgemeine Darstellung des Zustands der Zwei-Qubit-Register* her und schließen mit einer wichtigen anderen Basis, der *Bell-Basis*, ab.

Der zugehörige Hilbertraum

Zunächst betrachten wir den Spezialfall, wenn im Quantensystem *zwei elementare Informationseinheiten* enthalten sind. Ein solches Quantensystem bezeichnet man in der Quanteninformatik als *Zwei-Qubit-Register*.

Wie sieht der zugehörige Hilbertraum aus? Offensichtlich handelt es sich hier um eine Zusammensetzung von zwei Qubits, d. h. von zwei elementaren Quantensystemen in der Quanteninformatik. Erinnern Sie sich an dieser Stelle an Postulat IV, in dem Sie gelernt haben, dass der zugehörige Hilbertraum in diesem Fall gegeben sein muss durch das Tensorprodukt dieser beiden *Subsysteme*. Diese Subsysteme habe ich in Abschnitt 4.2.2 präzise beschrieben.

Wir folgern nun mithilfe unserer Berechnungen in Abschnitt 4.6.2, dass das gesuchte Tensorprodukt eines Zwei-Qubit-Registers gegeben ist durch

$$\mathcal{H}^{\otimes 2} = \mathcal{H} \otimes \mathcal{H} = \mathbb{C}^2 \otimes \mathbb{C}^2 = \mathbb{C}^4. \tag{4.6.13}$$

Und wie sehen die Zustände in diesem Hilbertraum konkret aus? Auch dies haben Sie in Abschnitt 4.6.2 gesehen: Seien zur Verdeutlichung zwei beliebige Zustände $|\psi\rangle, |\psi'\rangle \in \mathcal{H}$ der beiden Subsysteme gegeben, d. h.,

$$|\psi\rangle = \alpha_0 |0\rangle + \alpha_1 |1\rangle \quad \text{und} \quad |\psi'\rangle = \alpha_0' |0\rangle + \alpha_1' |1\rangle, \tag{4.6.14}$$

wobei $\alpha_0, \alpha_0', \alpha_1, \alpha_1' \in \mathbb{C}$ sodass $1 = |\alpha_0|^2 + |\alpha_1|^2$ und $1 = |\alpha_0'|^2 + |\alpha_1'|^2$. Dann gilt nach Definition des Tensorprodukts

$$|\psi\rangle \otimes |\psi'\rangle = \begin{pmatrix} \alpha_0 \\ \alpha_1 \end{pmatrix} \otimes \begin{pmatrix} \alpha_0' \\ \alpha_1' \end{pmatrix} = \begin{pmatrix} \alpha_0\alpha_0' \\ \alpha_0\alpha_1' \\ \alpha_1\alpha_0' \\ \alpha_1\alpha_1' \end{pmatrix}. \tag{4.6.15}$$

Die Rechenbasis

Auch in diesem Spezialfall ist der Standardbasis eine besondere Rolle zugeteilt, die ich im Folgenden erörtern möchte. Genauso wie Sie es in Abschnitt 4.6.2 gesehen haben, wird diese Basis gemäß der Definition des Tensorprodukts aus den einzelnen Subsystemen hergeleitet, indem wir die obigen Berechnungen für $|\psi\rangle, |\psi'\rangle \in \{|0\rangle, |1\rangle\}$ wiederholen.

Wir erhalten, dass

$$|00\rangle := |0\rangle \otimes |0\rangle = \begin{pmatrix}1\\0\end{pmatrix} \otimes \begin{pmatrix}1\\0\end{pmatrix} = \begin{pmatrix}1\\0\\0\\0\end{pmatrix}$$

$$|01\rangle := |0\rangle \otimes |1\rangle = \begin{pmatrix}1\\0\end{pmatrix} \otimes \begin{pmatrix}0\\1\end{pmatrix} = \begin{pmatrix}0\\1\\0\\0\end{pmatrix}$$

$$|10\rangle := |1\rangle \otimes |0\rangle = \begin{pmatrix}0\\1\end{pmatrix} \otimes \begin{pmatrix}1\\0\end{pmatrix} = \begin{pmatrix}0\\0\\1\\0\end{pmatrix}$$

$$|11\rangle := |1\rangle \otimes |1\rangle = \begin{pmatrix}0\\1\end{pmatrix} \otimes \begin{pmatrix}0\\1\end{pmatrix} = \begin{pmatrix}0\\0\\0\\1\end{pmatrix}.$$

Somit erhalten wir die Standardbasis in $\mathbb{C}^4 = \mathcal{H}^{\otimes 2}$ als Tensorprodukt der Vektoren aus der Rechenbasis in $\mathcal{H}$. Ebenso wie im Spezialfall eines einzelnen Qubits gelten hier die Konventionen,

- dass wir die Standardbasis $\{|00\rangle, |01\rangle, |10\rangle, |11\rangle\}$ als *Rechenbasis* bezeichnen und
- dass die Zustände $\{|00\rangle, |01\rangle, |10\rangle, |11\rangle\}$ in der Quanteninformatik informationstheoretisch interpretiert werden als die jeweiligen 2-Bitfolgen $\{00, 01, 10, 11\}$.

Mehr zu diesen Konzepten erfahren Sie in Kapitel 6.

Die allgemeine Darstellung eines Zwei-Qubits

Wie sieht der Zustand eines allgemeinen Zwei-Qubits konkret aus? Sei $|\Psi\rangle \in \mathcal{H}^{\otimes 2}$ so ein Zustand. Mithilfe von Gleichung (4.6.4) und der Definition der Rechenbasis erhalten wir, dass

$$|\Psi\rangle = \alpha_{00}\,|00\rangle + \alpha_{01}\,|01\rangle + \alpha_{10}\,|10\rangle + \alpha_{11}\,|11\rangle\,, \tag{4.6.16}$$

wobei $\alpha_{00}, \alpha_{01}, \alpha_{10}, \alpha_{11} \in \mathbb{C}$. Des Weiteren lässt sich aus der Normierungsannahme $\|\Psi\| = 1$ in Postulat I – ähnlich wie in Gleichung (4.2.8) – direkt ableiten, dass

$$|\alpha_{00}|^2 + |\alpha_{01}|^2 + |\alpha_{10}|^2 + |\alpha_{11}|^2 = 1. \tag{4.6.17}$$

Die Bell-Basis

Zum Abschluss schauen wir uns noch ein sehr interessantes Beispiel an. Hierbei handelt es sich um eine weitere Orthonormalbasis des $\mathcal{H}^{\otimes 2}$. Diese Orthonormalbasis bezeichnet man als die *Bell-Basis* (nach dem Physiker John Bell) und ist definiert durch:

$$|\Phi_+\rangle = \frac{1}{\sqrt{2}}(|00\rangle + |11\rangle) \qquad |\Phi_-\rangle = \frac{1}{\sqrt{2}}(|00\rangle - |11\rangle) \tag{4.6.18}$$

$$|\Psi_+\rangle = \frac{1}{\sqrt{2}}(|01\rangle + |10\rangle) \qquad |\Psi_-\rangle = \frac{1}{\sqrt{2}}(|01\rangle - |10\rangle) \tag{4.6.19}$$

Sie werden in Übung 4.19 sehen, dass es sich hier tatsächlich um eine Orthonormalbasis handelt.

Die Vektoren $\{|\Phi_+\rangle, |\Phi_-\rangle, |\Psi_+\rangle, |\Psi_-\rangle\}$ der Bell-Basis nennt man *Bell-Zustände*. Das Besondere an dieser Basis ist, dass diese nur aus sogenannten *verschränkten* Zuständen besteht. Was genau dies bedeutet, werden Sie in Abschnitt 5.3 herausfinden.

4.7 Zusammenfassung, Übungen und bibliografische Hinweise

4.7.1 Zusammenfassung

- Der **Zustand** eines Quantensystems wird durch einen normierten Vektor in einem komplexen Hilbertraum $\mathscr{H}$, dem **Hilbertraum des Quantensystems**, modelliert.

  In diesem Buch nehmen wir stets an, dass $\mathscr{H}$ endlichdimensional ist.
- Eine messbare physikalische Größe bezeichnet man in der Quantenmechanik als **Observable**. Mathematisch werden diese Observable durch selbstadjungierte lineare Abbildungen beschrieben.
- Zustände $|\psi\rangle$ der Form

  $$|\psi\rangle = \sum_{j=0}^{n-1} \alpha_j |\psi_j\rangle,$$

  wobei $\{|\psi_j\rangle\}_{j=0}^{n-1} \in \mathscr{H}$ ein orthogonales System ist, $\alpha_j \in \mathbb{C}$ für alle $j = 0, \ldots, n-1$, und es gilt, dass

  $$\sum_{j=0}^{n-1} |\alpha_j|^2 = 1,$$

  bezeichnen wir als eine **Superposition** der Zustände $|\psi_0\rangle, \ldots, |\psi_{n-1}\rangle$.

- In einem abgeschlossenen System werden **Veränderungen des Zustands durch unitäre Abbildungen** beschrieben.
- Bei einer Messung bezüglich einer Observablen A wird die **Menge der möglichen Messergebnisse** mit der Menge $\sigma(A)$ identifiziert.
- Sei $|\psi\rangle$ der Zustand eines Quantensystems, in dem eine Messung bezüglich einer Observablen A durchgeführt wird. Dann gilt, dass

$$\mathbb{P}_{|\psi\rangle}[\text{Das Messergebnis ist } \lambda \in \sigma(A)] = \|P_\lambda(|\psi\rangle)\|^2.$$

- Sei $|\psi\rangle$ der Zustand eines Quantensystems, in dem eine Messung bezüglich einer Observablen A durchgeführt wird, und λ das erhaltene Messergebnis. Dann ist der **Zustand des Quantensystems nach dieser Messung** gegeben durch

$$\frac{P_\lambda(|\psi\rangle)}{\|P_\lambda(|\psi\rangle)\|}.$$

- Seien $\mathscr{H}_0$ und $\mathscr{H}_1$ Hilberträume. Der **Hilbertraum des zusammengesetzten Quantensystems** ist gegeben durch das Tensorprodukt

$$\mathscr{H}_0 \otimes \mathscr{H}_1.$$

4

4.7.2 Übungen

Übung 4.1 Sei $\mathscr{H}$ ein komplexer Hilbertraum und seien $|\psi\rangle, |\phi_0\rangle, |\phi_1\rangle \in \mathscr{H}$. Angenommen, dass $\langle\phi_0|\phi_1\rangle = 0$ und es gibt $\alpha_0, \alpha_1 \in \mathbb{C}$, sodass

$$|\psi\rangle = \alpha_0 |\phi_0\rangle + \alpha_1 |\phi_1\rangle.$$

Zeigen Sie, dass

$$\|\psi\|^2 = |\alpha_0|^2 \|\phi_0\|^2 + |\alpha_1|^2 \|\phi_1\|^2.$$

Übung 4.2 Sei $|\psi\rangle$ der Zustand eines Quantensystems der Form (4.2.5). Zeigen Sie, dass

$$|\alpha_0|^2 + |\alpha_1|^2 = 1$$

Übung 4.3 Zeigen Sie, dass $\{|+\rangle, |-\rangle\}$ eine Orthonormalbasis des $\mathcal{H}$ bildet.

Übung 4.4 Beschreiben Sie, wie das Superpositionsprinzip im Doppelspalt-experiment (siehe Abschnitt 3.2) und im Stern-Gerlach-Experiment (siehe Abschnitt 3.3) nachgewiesen werden kann.

Übung 4.5 Sei $U \in \mathcal{U}(\mathbb{C}^k)$. Zeigen Sie, dass alle Eigenwerte von U den Betrag 1 und die folgende Form haben: $e^{i\theta}$ für ein $\theta \in \left(-\frac{\pi}{2}, \frac{\pi}{2}\right)$.

Sei nun $A \in \mathcal{L}_{\mathrm{sa}}(\mathbb{C}^k)$. Angenommen, dass alle Eigenräume von A eindimensional sind. Erinnern Sie sich an die Darstellung (2.7.1) aus Übung 2.8? Zeigen Sie, dass für e^{iA} gilt, dass

$$e^{iA} = \sum_{\lambda \in \sigma(A)} e^{i\lambda} |v_\lambda\rangle\langle v_\lambda| \,. \tag{4.7.1}$$

Erweitern Sie anschließend die Formel (4.7.1) und den zugehörigen Beweis für den allgemeinen Fall, in dem die Eigenräume von A nicht notwendigerweise eindimensional sind.

Beweisen Sie nun Lemma 4.4.3.

Übung 4.6 Beweisen Sie Lemma 4.4.6.

Übung 4.7 Sei $|\psi\rangle$ der Zustand eines Quantensystems. Zeigen Sie, dass

$$P_\psi = |\psi\rangle\langle\psi|$$

eine orthogonale Projektion ist.

Übung 4.8 Bestimmen Sie die Eigenvektoren und die Eigenwerte der Pauli-Y-Matrix σ_y.

Übung 4.9 Formulieren Sie die Aussagen von Lemma 4.5.8 für den allgemeinen Fall, in dem die Eigenräume von A nicht notwendigerweise eindimensional sind, und beweisen Sie diese Aussagen.

Übung 4.10 Beweisen Sie Lemma 4.5.13 für den allgemeinen Fall, in dem die Eigenräume von A nicht notwendigerweise eindimensional sind.

Übung 4.11 Sei $|\psi\rangle \in \mathscr{H}$ der Zustand eines Quantensystems, in dem eine Messung bezüglich einer Observablen $A \in \mathcal{L}_{\mathrm{sa}}(\mathscr{H})$ durchgeführt wird. Angenommen, dass $|\psi\rangle$ kein Eigenvektor von A ist und somit nicht vollständig in einem Eigenraum von A liegt. Zeigen Sie, dass alle Messwahrscheinlichkeiten für jedes Messergebnis strikt kleiner als 1 sind.

Übung 4.12 Geben Sie – basierend auf den in diesem Kapitel erlernten Postulaten – eine Erklärung für die folgende besondere Beobachtung aus dem Stern-Gerlach-Experiment aus Abschnitt 3.3: Bei Quantensystemen ist der aktuelle Zustand entscheidend, und die Zustände aus der Vergangenheit haben nur durch ihren Beitrag zum aktuellen Zustand einen Einfluss auf zukünftige Zustände.

Übung 4.13 Sei $A \in \mathcal{L}_{sa}(\mathscr{H})$ eine Observable und sei $\lambda \in \sigma(A)$. Sei P_λ die orthogonale Projektion in den Eigenraum zu λ. Zeigen Sie, dass P_λ im Allgemeinen nicht invertierbar ist.

Übung 4.14 Betrachten Sie das zweite Szenario, das in Abschnitt 4.5.6 vorgestellt wurde. Nehmen Sie nun aber an, dass wir nur wissen, dass die Wahrscheinlichkeit, nach der Messung $|\psi_0\rangle$ zu erhalten, höher ist als für alle anderen möglichen Zustände. Beschreiben Sie das Vorgehen in diesem Fall.

Übung 4.15 Beweisen Sie Lemma 4.6.2.

Übung 4.16 Leiten Sie aus der Darstellung (4.6.10) die Darstellung (4.6.11) her.

Übung 4.17 Seien $\mathscr{H}_0, \mathscr{H}_1$ Hilberträume, und $A \in \mathcal{L}_{sa}(\mathscr{H}_0)$ sowie $B \in \mathcal{L}_{sa}(\mathscr{H}_1)$ Observable. Zeigen Sie, dass für das Tensorprodukt $A \otimes B$ gilt, dass

$$(A \otimes B)^* = A^* \otimes B^*.$$

Übung 4.18 Seien $|\psi\rangle$, $|\phi\rangle$ Elemente eines Hilbertraums $\mathscr{H}$. Zeigen Sie, dass

$$|\psi\rangle\langle\psi| \otimes |\phi\rangle\langle\phi| = |\psi \otimes \phi\rangle\langle\psi \otimes \phi|.$$

Übung 4.19 Zeigen Sie, dass die Bell-Basis eine Orthonormalbasis des $\mathcal{H} \otimes \mathcal{H}$ bildet.

Übung 4.20 Zeigen Sie, dass

$$|\Phi_+\rangle = \frac{1}{\sqrt{2}}(|+\rangle \otimes |+\rangle + |-\rangle \otimes |-\rangle). \tag{4.7.2}$$

Finden und beweisen Sie ähnliche Darstellungen für $|\Phi_-\rangle$, $|\Psi_+\rangle$ und $|\Psi_-\rangle$ mittels der Zustände $|+\rangle \otimes |+\rangle$, $|+\rangle \otimes |-\rangle$, $|-\rangle \otimes |+\rangle$ und $|-\rangle \otimes |-\rangle$.

Zeigen Sie auch, dass

$$|00\rangle = \frac{1}{\sqrt{2}}(|\Phi_+\rangle + |\Phi_-\rangle). \tag{4.7.3}$$

Finden und beweisen Sie auch hier ähnliche Darstellungen für $|01\rangle$, $|10\rangle$ und $|11\rangle$ mittels der Elemente der Bell-Basis.

4.7.3 Bibliografische Hinweise

Es gibt mittlerweile eine große Sammlung an hervorragenden Büchern zum Einstieg in die Quanteninformatik. Von diesen empfehle ich Ihnen [BCS04], [Hom08], [NC10], [Sch19] und [Sch16], die auch oft als Grundlage in diesem Kapitel verwendet wurden. Insbesondere im Textbuch [NC10] finden Sie auch viele Themen aus dem »Speckgürtel« der Quanteninformatik sowie zur Historie. Das Buch [BCS04] empfehle ich Ihnen, wenn Sie einen eher physikalischen Hintergrund haben, die Bücher [Sch16] und [Sch19], wenn Sie einen mathematischen Hintergrund haben. [Hom08] und [Sch16] sind in dieser Auflistung übrigens die einzigen deutschsprachigen Bücher.

Falls Sie sich mehr mit der Theorie der Quantenmechanik befassen möchten, empfehle ich Ihnen die Bücher (bzw. Zeitschriften) [Dim11], [Fli18], [W+10]. Die letzten beiden Referenzen sind auf Deutsch, und die erste Referenz hat einen mathematischen Schwerpunkt in der Darstellung.

Kapitel 5
Elementare Eigenarten der Quantenmechanik

Beginnen wir mit der guten Nachricht: Der theoretischste Abschnitt unserer Reise ist geschafft! In Kapitel 4 haben wir das Fundament gelegt und nun können Sie dieses Fundament nutzen, um spannende, aktuelle und nützliche Themen kennenzulernen. In diesem Kapitel fangen wir schon damit an, obwohl wir *noch nicht vollständig in die Welt der Quanteninformatik* einsteigen, sondern die meisten Dinge noch in einem abstrakteren Setting formulieren. Dennoch haben wir in diesem Kapitel hauptsächlich konkrete Anwendungen im Blick und werden keine neuen Postulate mehr festlegen müssen.

Der rote Faden in diesem Kapitel

In Abschnitt 5.1 finden Sie eine Einführung in den Begriff der *Phase* und schauen sich die Auswirkungen von sogenannten *globalen Phasen* und *relativen Phasen* auf den Zustand eines Quantensystems an.

In den Abschnitten 5.2 und 5.3 leiten wir aus dem in Kapitel 4 aufgebauten Formalismus die *Unschärferelation* sowie die *Verschränkung* her. Es handelt sich hierbei um für die Quantenmechanik sehr wichtige und kennzeichnende Phänomene.

Im Abschnitt 5.4 lernen Sie das *No-Communication-Theorem* kennen. Dieses Theorem besagt, dass es nicht möglich sein wird, die Phänomene der Quantenmechanik derart auszunutzen, dass man Informationen schneller als Lichtgeschwindigkeit übertragen könnte.

Im Abschnitt 5.5 stelle ich Ihnen dann das *No-Cloning-Theorem* vor, das besagt, dass es nicht möglich sein wird, Quantenzustände vom einem Register in das andere zu kopieren.

Nach diesen beiden Negativ-Resultaten, in denen Sie sehen, was in der Quantenmechanik *nicht* möglich ist, stelle ich in Abschnitt 5.6 und Abschnitt 5.7 zwei Kommunikationsprotokolle vor, die erstaunliche Möglichkeiten der Quantenkommunikation eröffnen. Beim Ersteren handelt es sich um *Dichte Quantencodierung*, bei dem Sie sehen, dass es möglich ist, mit dem Transfer von *einem* Qubit *zwei* Bits an Informationen zu übertragen. Mit Letzterem werden Sie sehen, dass *Quantenteleportation* möglich ist, d.h., dass der Zustand eines Quantensystems auf den Zustand eines anderen Quantensystems übertragen werden kann.

5.1 Relative und globale Phasen

In Kapitel 3 haben Sie den *Welle-Teilchen-Dualismus* bei Quantenobjekten kennengelernt. Dieser besagt unter anderem, dass Quantenobjekte auch Verhaltensmuster von Wellen aufweisen. Schauen wir uns diesen Aspekt etwas näher an. Dabei werden Sie auch die Begriffe *globale Phasen* und *relativen Phasen* kennenlernen.

Motivation aus der Schulzeit

Aus der Schule wissen Sie, dass für die mathematische Beschreibung von Wellen üblicherweise trigonometrische Funktionen wie die Kosinusfunktion verwendet werden. Es gibt aber ein Problem bei diesen Funktionen, das Sie wohl auch bereits in der Schule schmerzhaft erfahren haben: Es lässt sich schwer mit ihnen rechnen. Die Additionstheoreme zum Beispiel eignen sich aufgrund ihrer komplizierten Form eher nicht dazu, Interferenzphänomene zu beschreiben.

Im Gegensatz dazu sind aber Exponentialfunktionen hervorragend praktikabel. Multipliziert man zwei Exponentialterme, addieren sich die Exponenten – eine wunderbare Eigenschaft, die viele Berechnungen deutlich vereinfacht. Können wir unser Setting so umformulieren, dass wir diesen Komfort auch bei der mathematischen Beschreibung von Wellen erhalten? Die Antwort findet sich in *Eulers Identität*:

$$e^{i\theta} = \cos(\theta) + i\,\sin(\theta) \qquad \text{für alle } \theta \in \mathbb{R} \tag{5.1.1}$$

Diese Identität ist sehr praktisch. Denn jetzt können wir in unseren Berechnungen die Kosinus-Funktion einfach durch die Exponentialfunktion $\theta \mapsto e^{i\theta}$ ersetzen. Wir müssen uns nur merken, dass (aufgrund Eulers Identität) der für die Beschreibung der Wellen relevante Term im Realteil des neuen (nun komplexwertigen) Objekts enthalten ist. So macht man es oft in der Mathematik oder in der Physik: Man fügt eine neue Struktur hinzu, um sich das Leben zu vereinfachen. Im Nachhinein darf man nur nicht vergessen, diese neue Struktur wieder rückgängig zu machen.

Bemerkung 5.1.1 An dieser Stelle erkennen Sie auch, wieso ich mich ganz am Anfang dazu entschieden habe, dass unser Hilbertraum ein $\mathbb{C}$-Vektorraum sein sollte. Diese Frage haben wir uns bereits in Bemerkung 4.2.2 gestellt.

Wir betrachten nun also Exponentialfunktionen der Form

$$e^{i\theta} \quad \text{für alle } \theta \in \mathbb{R}. \tag{5.1.2}$$

Diese Terme beschreiben *Phasen* in der Quantenmechanik. Wir unterscheiden zwischen *globalen Phasen* und *relativen Phasen*. Im Folgenden möchte ich auf beide Begriffe näher eingehen.

5.1.1 Globale Phasen

Sie wissen, dass Zustände normierte Objekte aus dem Hilbertraum $\mathscr{H}$ sein müssen. Sei $|\psi\rangle \in \mathscr{H}$ so ein Zustand. Es gibt einen sehr einfachen Weg, wie wir aus unserem ausgewählten $|\psi\rangle$ allein bereits einen neuen Zustand generieren können. Dies gelingt, indem wir folgende (triviale) Linearkombination anwenden:

$$a\,|\psi\rangle \qquad \text{für ein } a \in \mathbb{C} \tag{5.1.3}$$

Es ist leicht zu sehen, dass $a\,|\psi\rangle \in \mathscr{H}$ genau dann normiert ist (und somit den Zustand eines Quantensystems beschreiben darf), wenn $|a| = 1$. Dies wiederum gilt aber nur genau dann, wenn

$$a = e^{i\theta} \text{ für ein } \theta \in \mathbb{R}.$$

Zusammengefasst wissen Sie also, dass sowohl $|\psi\rangle$ als auch $e^{i\theta}\,|\psi\rangle$ Zustände beschreiben. Den Faktor $e^{i\theta}$ bezeichnet man in dieser Konstellation als die *globale Phase* von $e^{i\theta}\,|\psi\rangle$.

Doch wie unterscheiden sich diese beiden Zustände $|\psi\rangle$ und $e^{i\theta}\,|\psi\rangle$ voneinander? Physikalisch gesehen sollte $e^{i\theta}\,|\psi\rangle$ von $|\psi\rangle$ nur dahingehend unterschiedlich sein, dass in der Wellenbeschreibung der beiden Quantensysteme das eine um eine gewisse Phase gegenüber dem anderen verschoben ist. Intuitiv dürfte also nichts im Quantensystem passiert sein, da wir diesem keinen äußeren Einfluss ausgesetzt haben – weder aus der Umgebung durch einen Hamiltonian (gemäß der Schrödingergleichung, siehe Abschnitt 4.4.1) noch durch die *Interferenz* mit einem anderen Quantensystem (siehe Abschnitt 3.2). Physikalisch müssen also die beiden Zustände $|\psi\rangle$ und $e^{i\theta}\,|\psi\rangle$ ununterscheidbar sein.

Bevor wir unsere Intuition auch theoretisch prüfen, schauen wir uns noch anhand eines Experiments an, ob wir recht haben. Dieses Experiment ist gegeben durch das folgende Codebeispiel.

Codebeispiel 5.1.2 In diesem Codebeispiel greifen wir das Codebeispiel 4.5.20 auf und bauen eine Verschiebung des Zustands um eine globale Phase ein. Anschließend prüfen wir, ob dies eine Auswirkung hatte, indem wir Simulationen durchlaufen lassen und das Ergebnis mit der Ausgabe aus Codebeispiel 4.5.20 vergleichen.

Den Code und das Histogramm sehen Sie in Listing 5.1 bzw. in Abbildung 5.1.

```
from qiskit import QuantumCircuit
from qiskit.quantum_info import Statevector
from qiskit.visualization import plot_histogram
from qiskit_aer import AerSimulator
import numpy as np

# Definiere den Winkel theta der globalen Phase e^(i * theta)
theta = np.pi/4

# Initialisiere ein Qubit, welches (per Default) auf |0> gesetzt
# wird, und ein klassisches 1-Bit-Register.
# Verschiebe außerdem das Qubit um eine globale Phase determiniert
# durch den Winkel theta
circ = QuantumCircuit(1,1,global_phase = theta)

# Wende die Hadamard-Matrix an
circ.h(0)

# Gib den Zustandsvektor aus
statevector = Statevector(circ)
print('Zustandsvektor = ',  statevector )

# Führe eine Messung am Qubit bezüglich der Pauli-Z-Matrix durch
# und trage das Ergebnis in das klassische 1-Bit-Register ein
circ.measure(0, 0)

# Bringe den intrinsischen Zufall der Quantenmechanik ins Spiel
# und simuliere den Versuch 10000 mal
simulator = AerSimulator(method='statevector')
result = simulator.run(circ, shots=10000).result()

# Werte die Messergebnisse der 10000 Simulationsrunden aus
counts = result.get_counts(circ)
```

```
# Gib die Messergebnisse aus
print('Die Messergebnisse als Liste = ', counts)
plot_histogram(counts)
```

Listing 5.1 Code zur Verschiebung um eine globale Phase


```
Zustandsvektor = Statevector([0.5+0.5j,0.5+0.5j],dims=(2,))
Die Messergebnisse als Liste =  {'1': 5004,'0': 4996}
```

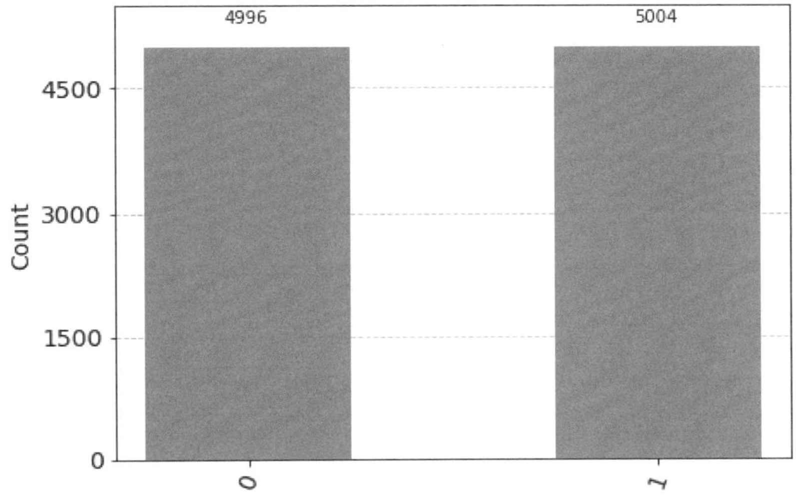

Abbildung 5.1 Ausgabe und Histogramm zur Verschiebung um eine globale Phase

In diesem Codebeispiel gibt es nur eine Neuheit für Sie: Die Präparation des Quantensystems unterscheidet sich nun derart, dass wir – nachdem wir einen Winkel `angle` definiert haben – nun einen weiteren Eingabeparameter haben in `QuantumCircuit(1,1,global_phase = theta)`. Dieser dritte Eingabeparameter verschiebt den initial präparierten Zustand $|0\rangle$ um eine globale Phase, die durch den Winkel `theta` determiniert ist, wobei wir in diesem konkreten Fall gewählt haben, dass `theta` = $\frac{\pi}{4}$. Daher gilt für die globale Phase:

$$e^{i\frac{\pi}{4}} = \cos\left(\frac{\pi}{4}\right) + i\sin\left(\frac{\pi}{4}\right) = \frac{1}{\sqrt{2}} + i\frac{1}{\sqrt{2}} \tag{5.1.4}$$

Das heißt, der initial präparierte Zustand ist gegeben durch

$$\left(\frac{1}{\sqrt{2}} + i\frac{1}{\sqrt{2}}\right)|0\rangle\,.$$

Im Code wenden wir zusätzlich noch die Hadamard-Matrix an. Dies impliziert, dass im Code folgender Zustand final ausgegeben werden muss:

$$\begin{aligned} H\left(\left(\frac{1}{\sqrt{2}}+i\frac{1}{\sqrt{2}}\right)|0\rangle\right) &= \left(\frac{1}{\sqrt{2}}+i\frac{1}{\sqrt{2}}\right) H\left(|0\rangle\right) \\ &= \left(\frac{1}{\sqrt{2}}+i\frac{1}{\sqrt{2}}\right) \frac{1}{\sqrt{2}}\left(|0\rangle+|1\rangle\right) \\ &= \left(\frac{1}{2}+i\frac{1}{2}\right)|0\rangle + \left(\frac{1}{2}+i\frac{1}{2}\right)|1\rangle \end{aligned}$$

Und exakt dieser Vektor wird auch in den ersten beiden Zeilen der Ausgabe in Abbildung 5.1 wiedergegeben. Zum Vergleich: Ohne die Verschiebung um die globale Phase (siehe Gleichung (5.1.4)) wäre – wie in Codebeispiel 4.5.20 – der Zustand

$$H\left(|0\rangle\right) = \frac{1}{\sqrt{2}}\left(|0\rangle+|1\rangle\right)$$

an dieser Stelle ausgegeben worden. Wir erkennen also einen theoretischen Unterschied durch die globale Phase (siehe Gleichung (5.1.4)).

Aber was wir nicht erkennen, ist ein Unterschied im statistischen Verhalten der Messergebnisse in diesen beiden Fällen. Dies ist ersichtlich durch einen Vergleich der beiden Histogramme in Abbildung 5.1 und in Abbildung 4.3, da man leicht sehen kann, dass die beiden Ausgaben (unter Berücksichtigung der Varianz der Verteilung) übereinstimmen.

Nun haben wir die Erkenntnis aus der Praxis, dass beide Zustände physikalisch ununterscheidbar sind. Doch wie können wir dies auch theoretisch sehen? Dies ist der Gegenstand der folgenden Proposition.

Proposition 5.1.3 Sei $|\psi\rangle \in \mathscr{H}$ ein Zustand und $\theta \in \mathbb{R}$. Sei $A \in \mathcal{L}_{\mathrm{sa}}(\mathscr{H})$ eine Observable. Dann gilt, dass

$$\mathbb{P}_{|\psi\rangle}[\text{Das Messergebnis ist } \lambda] = \mathbb{P}_{e^{i\theta}|\psi\rangle}[\text{Das Messergebnis ist } \lambda] \tag{5.1.5}$$

für alle Eigenwerte λ von A und dass

$$\langle A\rangle_{\psi} = \langle A\rangle_{e^{i\theta}\psi} . \tag{5.1.6}$$

Dies zeigt, dass globale Phasen keine Auswirkung haben auf das statistische Verhalten innerhalb eines geschlossenen Quantensystems. Im Genauen heißt das, dass $|\psi\rangle$ und $e^{i\theta}|\psi\rangle$ denselben Zustand beschreiben für alle Zustände $|\psi\rangle \in \mathscr{H}$ und $\theta \in \mathbb{R}$.

Beweis: Wir zeigen zunächst die Gleichung (5.1.5). Hierzu nutzen wir Postulat III.3 (zweimal) sowie die Linearität von P_λ und erhalten, dass

$$\begin{aligned}\mathbb{P}_{e^{i\theta}|\psi\rangle}[\text{Das Messergebnis ist } \lambda] &= \left\| P_\lambda \left(e^{i\theta} |\psi\rangle\right) \right\|^2 \\ &= \left\| e^{i\theta} \cdot P_\lambda (|\psi\rangle) \right\|^2 = |e^{i\theta}|^2 \cdot \left\| P_\lambda (|\psi\rangle) \right\|^2 = 1 \cdot \left\| P_\lambda (|\psi\rangle) \right\|^2 \\ &= \mathbb{P}_{|\psi\rangle}[\text{Das Messergebnis ist } \lambda].\end{aligned}$$

5

Es bleibt zu zeigen, dass die Behauptung (5.1.6) gilt. Hier nutzen wir die Linearität von A sowie die Eigenschaften des Skalarprodukts und erhalten, dass

$$\begin{aligned}\langle A\rangle_{e^{i\theta}\psi} &= \left\langle e^{i\theta}\psi \middle| Ae^{i\theta}\psi \right\rangle \\ &= \left(e^{i\theta}\right)^* e^{i\theta} \langle\psi|A\psi\rangle = |e^{i\theta}|^2 \langle\psi|A\psi\rangle = \langle\psi|A\psi\rangle \\ &= \langle A\rangle_\psi ,\end{aligned}$$

was zu beweisen war. □

Nun haben Sie also auf praktische sowie auf theoretische Weise gesehen, dass globale Phasen keine Auswirkung auf das statistische Verhalten haben. Der Sachverhalt sieht anders aus, wenn wir *relative Phasen* betrachten, wie Sie im Folgenden sehen werden.

5.1.2 Relative Phasen

Erinnern Sie sich an zwei Tatsachen, die wir bereits herausgefunden haben:

- Für zwei zueinander orthogonale Zustände $|\psi_0\rangle, |\psi_1\rangle \in \mathscr{H}$ ist die gleichmäßige Superposition $|\psi\rangle$ der beiden Zustände gegeben durch

$$|\psi\rangle = \frac{1}{\sqrt{2}} (|\psi_0\rangle + |\psi_1\rangle) .$$

- Für $\theta \in \mathbb{R}$ beschreiben $|\psi_1\rangle$ und $e^{i\theta}|\psi_1\rangle$ denselben Zustand.

Man könnte jetzt – wie sich gleich herausstellen wird – fälschlicherweise vermuten, dass eine vermeintliche Kombination dieser beiden Tatsachen bedeute, dass auch

$$|\psi\rangle = \frac{1}{\sqrt{2}} (|\psi_0\rangle + |\psi_1\rangle) \quad \text{und} \quad |\psi'\rangle = \frac{1}{\sqrt{2}} \left(|\psi_0\rangle + e^{i\theta} |\psi_1\rangle\right) \tag{5.1.7}$$

denselben Zustand beschreiben. Dass dies nicht der Fall ist, möchte ich Ihnen auch hier auf praktische sowie theoretische Art und Weise zeigen. Wir beginnen aber hier mit der Theorie.

Wieso ist es hier so, dass die beiden Zustände in Gleichung (5.1.7) statistisch *nicht* gleich sind? Physikalisch gesehen ist es so, dass hier keine globale Phase untersucht wird, sondern die *relative Phase* $e^{i\theta}$ in $\frac{1}{\sqrt{2}}\left(|\psi_0\rangle + e^{i\theta}|\psi_1\rangle\right)$. Und bei relativen Phasen muss man *Interferenzphänomene* berücksichtigen, wie man es beispielsweise beim Doppelspaltexperiment (siehe Abschnitt 3.2) machen musste.

In dem konkret vorliegenden Fall kann man diese Interferenz auch explizit nachrechnen. Tatsächlich erhalten wir folgendes Resultat:

Proposition 5.1.4 Seien $|\psi_0\rangle, |\psi_1\rangle \in \mathscr{H}$ zwei zueinander orthogonale Zustände. Seien $|\psi\rangle$ und $|\psi'\rangle$ gegeben gemäß Gleichung (5.1.7). Dann gilt, dass

$$\begin{aligned}\langle A\rangle_\psi &= \frac{1}{2}\left(\langle A\rangle_{\psi_0} + \langle A\rangle_{\psi_1}\right) + \mathrm{Re}(\langle\psi_0|A\psi_1\rangle)\\ \langle A\rangle_{\psi'} &= \frac{1}{2}\left(\langle A\rangle_{\psi_0} + \langle A\rangle_{e^{i\theta}\psi_1}\right) + \mathrm{Re}(e^{i\theta}\langle\psi_0|A\psi_1\rangle).\end{aligned} \tag{5.1.8}$$

Insbesondere gilt, dass

$$\langle A\rangle_\psi \neq \langle A\rangle_{\psi'}$$

wann immer

$$\mathrm{Re}(\langle\psi_0|A\psi_1\rangle) \neq \mathrm{Re}(e^{i\theta}\langle\psi_0|A\psi_1\rangle) \tag{5.1.9}$$

erfüllt ist.

Somit können relative Phasen Interferenzphänomene erzeugen – die beispielsweise durch Terme wie in Bedingung (5.1.9) quantitativ beschrieben werden – und demnach eine Auswirkung auf das statistische Verhalten innerhalb eines geschlossenen Quantensystems haben.

Beweis: Den Beweis dieser Proposition finden Sie als Übung 5.1. □

Sie erkennen also, dass diesmal durch $|\psi\rangle$ und $|\psi'\rangle$ zwei verschiedene Zustände beschrieben werden können, sofern Bedingung (5.1.9) erfüllt ist. Im folgenden Beispiel möchten wir konkrete Instanzen von $\mathscr{H}$, $|\psi_0\rangle$, $|\psi_1\rangle$, θ und A herleiten, bei denen diese Bedingung tatsächlich gilt. Im Anschluss möchten wir dieses konkrete Beispiel dann auch per Qiskit implementieren und die statistischen Abweichungen praktisch nachweisen.

Beispiel 5.1.5 Wir betrachten also die zwei Zustände von (5.1.7). Da wir irgendwo anfangen müssen, wählen wir zunächst

- $\mathscr{H} = \mathcal{H} = \mathbb{C}^2$,
- $|\psi_0\rangle = |+\rangle$,
- $|\psi_1\rangle = |-\rangle$,
- $\theta = \frac{\pi}{4}$ und somit $e^{i\theta} = e^{i\frac{\pi}{4}} = \frac{1}{\sqrt{2}} + i\frac{1}{\sqrt{2}}$.

Aufgrund dieser Auswahl ergibt sich bereits durch direktes Nachrechnen, dass

$$\begin{aligned} |\psi\rangle &= \frac{1}{\sqrt{2}}(|+\rangle + |-\rangle) = |0\rangle \\ |\psi'\rangle &= \frac{1}{\sqrt{2}}\Big(|+\rangle + e^{i\theta}\,|-\rangle\Big). \end{aligned} \tag{5.1.10}$$

Es bleibt, noch eine geeignete Observable A auszusuchen, sodass (5.1.9) erfüllt ist. Da wir $|\psi_0\rangle$ und $|\psi_1\rangle$ schon vorgegeben haben, gilt für alle möglichen A bereits, dass

$$\mathrm{Re}(\langle\psi_0|A\psi_1\rangle) = \mathrm{Re}(\langle+|\; A\,|-\rangle).$$

Ein erster Ansatz wäre nun, A so zu wählen, dass $A\,|-\rangle = |+\rangle$. Hierdurch wäre nämlich zumindest die folgende für (5.1.9) hilfreiche Situation gegeben:

$$\mathrm{Re}(\langle+|\; A\,|-\rangle) = \mathrm{Re}(\langle+|+\rangle) = 1. \tag{5.1.11}$$

Gegebenenfalls hätten wir nämlich dann eine gute Ausgangssituation, um (5.1.9) durch nachträgliche Anpassung des Winkels θ erhalten zu können.

Doch welches A erfüllt $A\,|-\rangle = |+\rangle$? Erinnern Sie sich hierfür an die Pauli-Z-Matrix, die ich auch als *Phasenflip* bezeichnet hatte (und jetzt wissen Sie auch, warum). Dann gilt:

$$\sigma_z\,|-\rangle = \sigma_z\left(\frac{1}{\sqrt{2}}(|0\rangle - |1\rangle)\right) = \frac{1}{\sqrt{2}}(|0\rangle + |1\rangle) = |+\rangle.$$

Nun können wir prüfen, ob (5.1.9) erfüllt ist:

$$\begin{aligned} \mathrm{Re}(\langle\psi_0|A\psi_1\rangle) &= \mathrm{Re}(\langle+|\,\sigma_z\,|-\rangle\,)) = \mathrm{Re}(\langle+|+\rangle) = 1 \\ \mathrm{Re}(e^{i\theta}\,\langle\psi_0|A\psi_1\rangle) &= \mathrm{Re}\left(\left(\frac{1}{\sqrt{2}} + i\frac{1}{\sqrt{2}}\right)\cdot 1\right) = \frac{1}{\sqrt{2}}. \end{aligned}$$

Somit haben wir eine konkrete Instanz gefunden, bei der (5.1.9) gilt und somit die Voraussetzungen von Proposition 5.1.4 erfüllt sind.

Codebeispiel 5.1.6 In diesem Codebeispiel möchten wir die konkret hergeleitete Instanz aus Beispiel 5.1.5 implementieren und die Abweichungen im statistischen Verhalten der beiden Zustände $|\psi\rangle$ und $|\psi'\rangle$ praktisch nachweisen. Hierfür werden wir beide Zustände $|\psi\rangle$ und $|\psi'\rangle$ jeweils präparieren und dann jeweils bezüglich σ_z messen.

Schritt 1: *Präpariere* $|\psi\rangle$ *und miss bezüglich* σ_z

Die Präparation von $|\psi\rangle$ ist in diesem Fall geschenkt, da $|\psi\rangle = |0\rangle$, sodass die Präparation bereits per Default durch `QuantumCircuit(1,1)` gelingt. Der einfache Code, die nicht überraschende Ausgabe sowie das zugehörige Histogramm für diesen Fall sehen Sie in Listing 5.2 bzw. in Abbildung 5.2.

```
from qiskit import QuantumCircuit
from qiskit.quantum_info import Statevector
from qiskit.visualization import plot_histogram
from qiskit_aer import AerSimulator

# Initialisiere ein Qubit, welches (per Default) auf |0> gesetzt wird
# und initialisiere ein klassisches 1-Bit-Register.
circ = QuantumCircuit(1,1)

statevector = Statevector(circ)
print('Zustandsvektor = ',  statevector )

# Führe eine Messung am Qubit durch bezüglich der Pauli-Z-Matrix und
# trage das Ergebnis in das klassische 1-Bit-Register ein
circ.measure(0, 0)

simulator = AerSimulator(method='statevector')
result = simulator.run(circ, shots=10000).result()
counts = result.get_counts(circ)

print('Die Messergebnisse als Liste = ', counts)
plot_histogram(counts)
```

Listing 5.2 Code zur Präparation und Messung von $|\psi\rangle = |0\rangle$

```
Zustandsvektor = Statevector([1.+0.j,0.+0.j],dims=(2,))
Die Messergebnisse als Liste =  {'0': 10000}
```

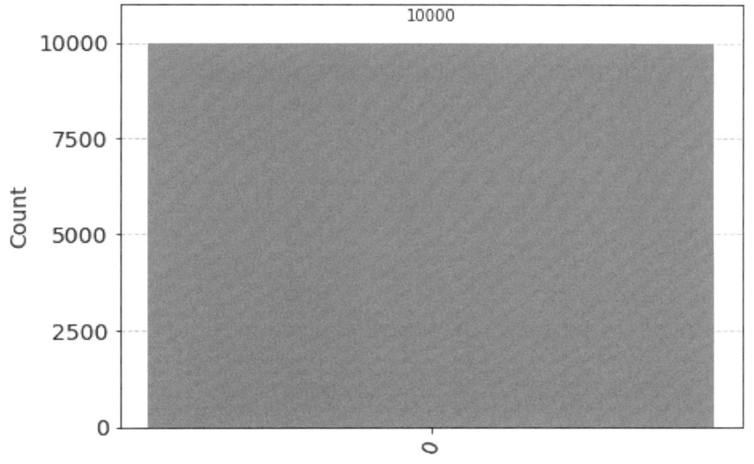

Abbildung 5.2 Ausgabe und Histogramm zur Messung von $|\psi\rangle = |0\rangle$

Schritt 2: *Präpariere* $|\psi'\rangle$ *und miss bezüglich* σ_z

Nun müssen wir $|\psi'\rangle$ präparieren, was uns diesmal etwas mehr Arbeit abverlangt. Insbesondere lernen wir eine weitere unitäre Matrix kennen. Diese bezeichnen wir als *Phasenmatrix* und notieren sie mit $P(\vartheta)$ (wobei $\vartheta \in \mathbb{R}$ einen Winkel angibt). Sie ist definiert durch

$$P(\vartheta) = \begin{pmatrix} 1 & 0 \\ 0 & e^{i\vartheta} \end{pmatrix} . \tag{5.1.12}$$

In Qiskit ist diese Matrix abgebildet durch den Befehl `p(theta,0)`, wobei der erste Eingabeparameter `theta` einen Winkel angibt (in diesem Fall wäre `theta=`ϑ) und der zweite Eingabeparameter bestimmt, bei welchem Qubit diese Matrix angewendet werden muss. Auf allgemeine Qubits der Form (4.2.8) hat diese Matrix den Effekt, dass eine relative Phase $e^{i\vartheta}$ vor $|1\rangle$ induziert wird, d. h., es gilt, dass

$$P(\vartheta)\left(\alpha_0 |0\rangle + \alpha_1 |1\rangle\right) = \alpha_0 |0\rangle + e^{i\vartheta}\alpha_1 |1\rangle ,$$

wobei $\alpha_0, \alpha_1 \in \mathbb{C}$ mit $|\alpha_0|^2 + |\alpha_1|^2 = 1$.

Es ist eine gute Übung, selbst herauszufinden, wie $|\psi'\rangle$ durch Anwendung geeigneter unitärer Matrizen auf $|0\rangle$ präpariert werden kann. Daher empfehle ich Ihnen, kurz innezuhalten und zu versuchen, eigenständig die gesuchten unitären Matrizen zu finden. Den Tipp, dass hierbei die Phasenmatrix eine Rolle spielen wird, haben Sie bereits erhalten.

Anstatt die gesuchten unitären Matrizen nun direkt anzugeben, möchte ich zunächst eine anschauliche Herleitung dieser Matrizen vornehmen. Hierdurch gewinnen Sie ein tieferes Verständnis für die zugrundeliegende Vorgehensweise, um ähnliche Probleme in Zukunft selbstständig lösen zu können. Durch die direkte Angabe der Lösung und die anschließende Verifikation durch Nachrechnen würde dieser Lernprozess behindert. So funktioniert die anschauliche Herleitung:

Aufgrund von Gleichung (5.1.10) wissen Sie, dass $|\psi'\rangle$ bezüglich der Basis $\{|+\rangle, |-\rangle\}$ die folgende Koordinatendarstellung hat:

$$\left(\frac{1}{\sqrt{2}}, \frac{1}{\sqrt{2}} \cdot e^{i\theta}\right).$$

Der initial präparierte Zustand $|0\rangle$ hingegen hat in dieser Basis die Koordinatendarstellung (siehe auch Gleichung (5.1.10))

$$\left(\frac{1}{\sqrt{2}}, \frac{1}{\sqrt{2}}\right).$$

Diese unterscheiden sich (in dieser Basis) also nur um eine relative Phase. Die Induktion einer solchen relativen Phase gelingt mit der Phasenmatrix. Somit müssen wir erst in die neue Basis $\{|+\rangle, |-\rangle\}$ wechseln (was durch die Hadamard-Matrix H gelingt), dann die Phasenmatrix anwenden (in dieser neuen Basis) und anschließend wieder in die Rechenbasis zurück wechseln (was wieder durch H gelingt).

Gemäß dieser anschaulichen Herleitung leiten wir folgende Identität ab:

$$|\psi'\rangle = HP(\theta)H\,|0\rangle$$

Diese Identität lässt sich durch einfaches, direktes Nachrechnen auch rigoros verifizieren.

Auf Basis dieser Identität können wir nun $|\psi'\rangle$ via Qiskit (durch die Anwendung der jeweiligen unitären Matrizen) präparieren und anschließend bezüglich σ_z messen. Den Code sowie die zugehörige Ausgabe (inklusive Histogramm) sehen Sie in Listing 5.3 und Abbildung 5.3.

```
from qiskit import QuantumCircuit
from qiskit.quantum_info import Statevector
from qiskit.visualization import plot_histogram
from qiskit_aer import AerSimulator
import numpy as np

# Definiere den Winkel theta der relativen Phase e^(i * theta)
theta = np.pi/4

# Initialisiere ein Qubit, welches (per Default) auf |0> gesetzt wird,
# und initialisiere ein klassisches 1-Bit-Register.
circ = QuantumCircuit(1,1)

# Wende die Hadamard-Matrix an
circ.h(0)

# Wende die Phasen-Matrix bezüglich des Winkels theta an
circ.p(theta,0)

# Wende wieder die Hadamard-Matrix an
circ.h(0)

# Gib den Zustandsvektor aus
statevector = Statevector(circ)
print('Zustandsvektor = ',  statevector )

# Führe eine Messung am Qubit durch bezüglich der Pauli-Z-Matrix und
# trage das Ergebnis in das klassische 1-Bit-Register ein
circ.measure(0, 0)

simulator = AerSimulator(method='statevector')
result = simulator.run(circ, shots=10000).result()
counts = result.get_counts(circ)

print('Die Messergebnisse als Liste = ', counts)
plot_histogram(counts)
```

Listing 5.3 Code zur Präparation und Messung von $|\psi'\rangle$

```
Zustandsvektor = Statevector([0.85355339+0.35355339j,0.14644661-0.35355339j],dims=(2,))
Die Messergebnisse als Liste =  {'0': 8535,'1': 1465}
```

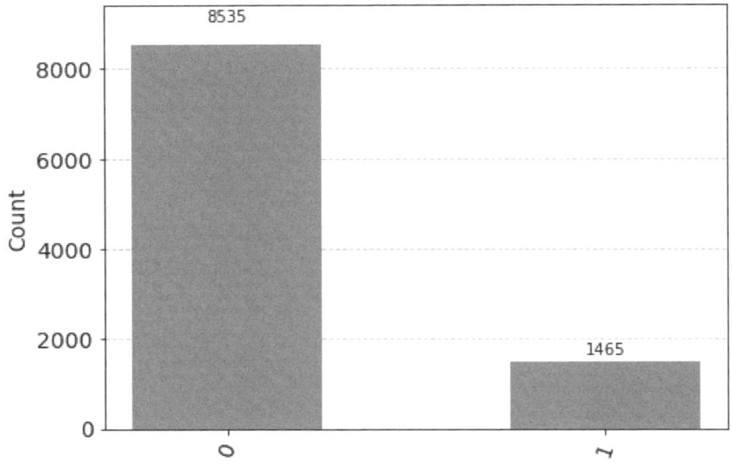

Abbildung 5.3 Ausgabe und Histogramm zur Messung von $|\psi'\rangle$

Sie sehen, dass der ausgegebene Zustandsvektor in Abbildung 5.3 eine Approximation der Koeffizienten von $|\psi'\rangle$ in der Rechenbasis darstellt, da

$$\begin{aligned}|\psi'\rangle &= \frac{1}{\sqrt{2}}\left(|+\rangle + e^{i\theta}|-\rangle\right) = \frac{1}{\sqrt{2}}\left(\frac{1}{\sqrt{2}}(|0\rangle + |1\rangle) + e^{i\theta}\frac{1}{\sqrt{2}}(|0\rangle - |1\rangle)\right)\\ &= \frac{1}{2}\left(|0\rangle\left(1+e^{i\theta}\right) + |1\rangle\left(1-e^{i\theta}\right)\right)\\ &= \frac{1}{2}\left(1+\frac{1}{\sqrt{2}}+i\frac{1}{\sqrt{2}}\right)|0\rangle + \frac{1}{2}\left(1-\frac{1}{\sqrt{2}}+i\frac{1}{\sqrt{2}}\right)|1\rangle\,.\end{aligned}$$

Beispielsweise gilt, dass

$$\frac{1}{2}\left(1+\frac{1}{\sqrt{2}}\right) \approx \frac{1}{2}(1,70710678) = 0,85355339,$$

womit wir den ersten Wert in Abbildung 5.3 – d. h. den Realteil des Koeffizienten vor $|0\rangle$ – rechtfertigen. Letztlich entspricht die Ausgabe der Messung dem erwarteten Ergebnis (unter Berücksichtigung der Varianz der Verteilung).

Schritt 3: *Schlussfolgerung*

Es ist deutlich zu erkennen, dass sich sowohl die Ausgabe der Zustandsvektoren als auch die Messresultate von $|\psi\rangle$ und $|\psi'\rangle$ deutlich unterscheiden. Somit haben wir Proposition 5.1.4 auch praktisch anhand eines konkreten Beispiels nachvollziehen können.

5.2 Die Unschärferelation – man kann nicht alles genau wissen

In diesem Abschnitt möchte ich eine bahnbrechende Erkenntnis beschreiben, die einen wesentlichen Beitrag zur Theorie der Quantenmechanik leistete: *die (Heisenberg'sche) Unschärferelation*. Diese besagt intuitiv, dass man zu zwei *inkompatiblen* (siehe Definition 5.2.6) Observablen (wie beispielsweise Position und Impuls) nicht gleichzeitig beliebig exakt die Messwerte kennen kann. Es handelt sich hierbei nicht um Limitationen in unseren Messfähigkeiten, sondern vielmehr um eine fundamentale Eigenart von Quantensystemen, die nicht überwunden werden kann (beispielsweise weder durch verbesserte Messapparaturen noch durch anderweitigen wissenschaftlichen Fortschritt). In Übung 5.2 werden wir erörtern, dass uns dieses Phänomen der Unschärferelation bereits in den in Kapitel 3 vorgestellten Experimenten begegnet ist. Somit handelt es sich bei diesem Phänomen um eine in Experimenten beobachtete Eigenschaft von Quantensystemen.

Im Folgenden werden Sie sehen, dass diese Eigenschaft aber bereits im quantenmechanischen Formalismus, den wir bisher erarbeitet haben, enthalten ist. Das Ziel ist es also, folgendes Verhalten mathematisch formal zu beschreiben und herzuleiten:

> *Gegeben seien zwei inkompatible Observable. Dann gilt:*
>
> *Je genauer wir den Messwert der einen Observable vorhersagen können, desto ungenauer können wir den Messwert der anderen Observable vorhersagen.* $\star$

Wir werden hierbei in drei Schritten vorgehen:

1. Zunächst führe ich den Begriff der *Unschärfe* ein. Dieser dient als Maß für die oben angedeutete Unsicherheit darüber, welcher Messwert bei einer Messung zu erwarten ist. Beispielsweise muss diese Unschärfe gleich 0 sein, wenn es bei einer Messung bezüglich einer Observable gar keine Unsicherheit bezüglich des zu erwartenden Messwerts gibt. Dies ist – wie Sie in Abschnitt 4.5 gesehen haben – genau dann der Fall, wenn der Zustand vor der Messung gegeben ist durch einen Eigenvektor der Observable.
2. Anschließend beschreibe ich in Definition 5.2.6, was wir unter *inkompatiblen* Observablen verstehen.
3. Letztlich stellen wir eine Ungleichung auf, die sogenannte *Unschärferelation*, die das Verhalten aus Aussage $\star$ mathematisch beschreibt.

5.2.1 Unschärfe

Fangen wir mit dem Begriff der *Unschärfe* an. Dieser orientiert sich an der Definition der *Varianz* einer Zufallsvariable, den ich bereits in Abschnitt 2.6 eingeführt und anschaulich motiviert habe. Dort haben Sie gesehen, dass die Varianz ein Maß dafür ist, wie viel Zufall oder Unsicherheit in einer Zufallsvariable enthalten ist, d.h., wie sehr sie – im Durchschnitt – von ihrem eigentlichen, erwartbaren Wert, dem *Erwartungswert*, abweicht. Mathematisch erhalten wir also folgende Definition der Unschärfe:

Definition 5.2.1 Sei $A \in \mathcal{L}_{\text{sa}}(\mathscr{H})$ eine Observable. Sei $|\psi\rangle \in \mathscr{H}$. Dann ist die Unschärfe, $\Delta_\psi(A)$, von A in $|\psi\rangle$ gegeben durch

$$\Delta_\psi(A) = \sqrt{\left\langle (A - \langle A\rangle_\psi \operatorname{Id})^2 \right\rangle_\psi}. \tag{5.2.1}$$

Beispiel 5.2.2 Wie immer möchte ich Ihnen durch konkrete Beispiele einen besseren Zugang zu der abstrakten Definition verschaffen. Dazu greife ich Beispiel 4.5.15 auf. Insbesondere ist also der Hilbertraum gegeben durch

$$\mathscr{H} = \mathcal{H} = \mathbb{C}^2$$

und die Observable stets gegeben durch die *Pauli-Z-Matrix* σ_z.

Fall 1: $|\psi\rangle = |0\rangle$

Im ersten Fall sei $|\psi\rangle = |0\rangle$. Sie haben bereits in Beispiel 4.5.15 gesehen, dass

$$\langle \sigma_z \rangle_0 = 1.$$

Für die Unschärfe in $|0\rangle$ gilt somit, dass

$$\begin{aligned}
\Delta_0(\sigma_z)^2 &= \left\langle (\sigma_z - \langle\sigma_z\rangle_0 \operatorname{Id})^2 \right\rangle_0 = \left\langle (\sigma_z - \operatorname{Id})^2 \right\rangle_0 \\
&= \left\langle 0 \right| (\sigma_z - \operatorname{Id})^2 \left|0\right\rangle \rangle = \langle 0| (\sigma_z - \operatorname{Id})(\sigma_z - \operatorname{Id}) |0\rangle \rangle \\
&= \langle 0| (\sigma_z - \operatorname{Id})(|0\rangle - |0\rangle) \rangle = 0,
\end{aligned}$$

wobei wir

- im ersten Schritt die Definition der Unschärfe benutzt haben,
- im zweiten Schritt benutzt haben, dass $\langle\sigma_z\rangle_0 = 1$,
- im dritten Schritt die Definition des Erwartungswerts benutzt haben,
- im vorletzten Schritt benutzt haben, dass $|0\rangle$ ein Eigenvektor von σ_z ist zum Eigenwert 1, und
- im letzten Schritt benutzt haben, dass $|0\rangle - |0\rangle$ den Nullvektor 0 ergibt und das Skalarprodukt mit dem Nullvektor immer gleich 0 ist.

Wie Sie in Kürze (nämlich in Lemma 5.2.3) sehen werden, ist dieses Ergebnis typisch für den Fall, wenn man die Unschärfe einer Observable in einem Eigenvektor berechnen möchte.

Fall 2: $|\psi\rangle = |+\rangle$

Im zweiten Fall sei $|\psi\rangle = |+\rangle$. Hier haben Sie bereits gesehen, dass

$$\langle \sigma_z \rangle_+ = 0.$$

Hiermit erhalten wir mithilfe von Lemma 4.4.9 für die Unschärfe, dass

$$\Delta_+(\sigma_z)^2 = \left\langle (\sigma_z)^2 \right\rangle_+ = \langle \mathrm{Id} \rangle_+ = \langle +| \,\mathrm{Id}\, |+\rangle \,\rangle = \langle +|+\rangle = 1.$$

In Abschnitt 2.6 haben Sie gesehen, dass eine Zufallsvariable, deren Varianz gleich 0 ist, *deterministisch* ist, d. h., die Realisierung ergibt immer denselben Wert. Natürlich sollte es sich hier bei der Unschärfe genauso verhalten. Das heißt, falls $\Delta_\psi(A) = 0$, dann sollte eine Messung bezüglich der Observable A immer dasselbe Ergebnis liefern. Gemäß unseren Erkenntnissen aus Abschnitt 4.5 entspricht Letzteres aber genau dem Fall, dass $|\psi\rangle$ ein Eigenvektor von A ist. In folgendem Lemma sehen Sie, dass die vorangehenden Überlegungen der Wahrheit entsprechen:

Lemma 5.2.3 Sei $A \in \mathcal{L}_{\mathrm{sa}}(\mathscr{H})$ und $|\psi\rangle \in \mathscr{H}$. Dann gilt $\Delta_\psi(A) = 0$ genau dann, wenn $|\psi\rangle$ ein Eigenvektor von A ist.

Beweis: In Beispiel 5.2.2 konnten Sie bereits in einen konkreten Fall hineinschnuppern und sehen, was passiert, wenn wir die Unschärfe in einem Eigenvektor der Observable berechnen. An dieser Stelle möchte ich die Berechnung aus diesem Beispiel auf allgemeine Observablen und deren Eigenvektoren verallgemeinern. Insbesondere möchte ich noch die andere Richtung zeigen, d. h., ich möchte zeigen, dass die Unschärfe *nur* dann gleich 0 ist, wenn sie in einem Eigenvektor berechnet wird.

Hierfür brauchen wir folgende Erkenntnis aus der Linearen Algebra: Die Adjungierte von der Summe zweier linearer Abbildungen ist die Summe der einzelnen Adjungierten. Dies kann man leicht mithilfe der Bilinearität des Skalarprodukts beweisen. Somit gilt insbesondere:

$$(A - \langle A \rangle_\psi \mathrm{Id})^* = A^* - (\langle A \rangle_\psi \mathrm{Id})^* = A^* - \langle A \rangle_\psi^* \mathrm{Id}^* = A - \langle A \rangle_\psi \mathrm{Id}, \quad (5.2.2)$$

wobei wir im letzten Schritt benutzt haben, dass A und Id selbstadjungiert sind und dass $\langle A \rangle_\psi$ eine reelle Zahl ist, was Sie wiederum in Gleichung (4.5.21) gesehen haben.

Somit gilt für die Unschärfe mithilfe ähnlicher Rechenschritte, die wir bereits im oberen Beispiel durchgeführt haben, dass

$$\begin{aligned}\Delta_\psi(A)^2 &= \left\langle (A - \langle A\rangle_\psi \,\mathrm{Id})^2 \right\rangle_\psi = \langle \psi |\, (A - \langle A\rangle_\psi \,\mathrm{Id})^2 \,|\psi\rangle \,\rangle \\ &= \langle \,(A - \langle A\rangle_\psi \,\mathrm{Id})\,|\psi\rangle \,|\, (A - \langle A\rangle_\psi \,\mathrm{Id})\,|\psi\rangle \,\rangle \\ &= \left\| (A - \langle A\rangle_\psi \,\mathrm{Id})\,|\psi\rangle \right\|^2 .\end{aligned} \tag{5.2.3}$$

Hieraus folgern wir also, dass

$$\Delta_\psi(A)^2 = 0 \qquad \Leftrightarrow \qquad \left\| (A - \langle A\rangle_\psi \,\mathrm{Id})\,|\psi\rangle \right\|^2 = 0. \tag{5.2.4}$$

Andererseits wissen Sie aber gemäß der Definition von Normen, dass eine Norm ausschließlich beim Nullvektor gleich 0 ist (siehe Abschnitt 2.4). Wir folgern also, dass

$$\left\| (A - \langle A\rangle_\psi \,\mathrm{Id})\,|\psi\rangle \right\|^2 = 0 \qquad \Leftrightarrow \qquad (A - \langle A\rangle_\psi \,\mathrm{Id})\,|\psi\rangle = 0. \tag{5.2.5}$$

Letztere Bedingung ist aber äquivalent dazu, dass

$$A\,|\psi\rangle = \langle A\rangle_\psi \,|\psi\rangle\,, \tag{5.2.6}$$

was wiederum äquivalent dazu ist, dass $|\psi\rangle$ ein Eigenvektor ist von A zum Eigenvektor $\langle A\rangle_\psi$. □

Als direkte Folgerung aus Lemma 5.2.3 möchte ich folgende Intuition als Korollar festhalten, um später auf sie verweisen zu können.

Korollar 5.2.4 Seien $A \in \mathcal{L}_{\mathrm{sa}}(\mathscr{H})$ und $|\psi\rangle \in \mathscr{H}$ der initial präparierte Zustand eines Quantensystems. Sei $\Delta_\psi(A) > 0$. Dann ist $|\psi\rangle$ kein Eigenvektor von A, und somit ist das Messergebnis bei einer Messung bezüglich A *echt zufällig* (d. h., es steht nicht im Vorhinein fest).

Eine weitere Stütze für unsere Intuition

Im Folgenden möchte ich noch eine interessante Nebensache zur Unschärfe herleiten, die wir aber im weiteren Verlauf dieses Buchs nicht benutzen werden. Somit können Sie das folgende Lemma 5.2.5 zunächst nur überfliegen oder überspringen und direkt mit Abschnitt 5.2.2 fortfahren.

Wir können nämlich bezüglich unserer Intuition über die Unschärfe einer Observable sogar noch einen Schritt weiter gehen als Lemma 5.2.3. Denn intuitiv sollte das Messergebnis sehr selten von einem Eigenwert $\lambda \in \sigma(A)$ abweichen, falls $|\psi\rangle$ zwar nicht gleich, aber immherin *ungefähr gleich* (also ganz in der Nähe bezüglich der Euklid'schen Metrik zu) einem zu λ zugehörigen Eigenvektor von A ist. Dass auch diese Intuition durch die Definition der Unschärfe abgedeckt wird, sehen Sie im folgenden Lemma:

Lemma 5.2.5 Sei $A \in \mathcal{L}_{\text{sa}}(\mathscr{H})$. Dann gibt es eine Konstante $C_A > 0$, die nur von A abhängt, sodass für alle $\lambda \in \sigma(A)$, $v \in \text{Eig}(\lambda, A)$ und Zustände $|\psi\rangle \in \mathscr{H}$ gilt:

$$\Delta_\psi(A) \leq C_A \, \|v - \psi\|. \tag{5.2.7}$$

Beweis: Den Beweis führen wir in Übung 5.3. □

Anschaulich kann man das vorangehende Lemma folgendermaßen interpretieren: Je näher der Zustand des Quantensystems einem Eigenvektor von A kommt, desto geringer ist die Unschärfe, und somit die Unsicherheit darüber, welcher Messwert bei einer Messung zu erwarten ist.

5.2.2 (In-)Kompatibilität

Als Nächstes beschreibe ich, was wir unter zueinander *(in)kompatiblen* Observablen verstehen. Wie immer, möchte ich die zugehörigen Konzepte anschaulich herleiten.

Wann sind Observablen nicht zueinander kompatibel? Natürlich, wenn das Messverhalten bezüglich beider Observablen jeweils entgegengesetzt ist. Und wann ist dies der Fall? Erinnern Sie sich dazu an Abschnitt 4.5, wo wir herausgefunden haben, dass die Eigenräume das Messverhalten bestimmen. Somit folgern wir, dass die Kompatibilität von zwei Observablen davon abhängen muss, wie deren Eigenräume zueinander stehen. Anhand der folgenden Definition und des Lemmas 5.2.9 erkennen Sie, dass anhand des Konzepts des *Kommutators* die vorangehenden Ideen in der Sprache der Mathematik wiedergegeben werden können.

Definition 5.2.6 Seien $A, B \in \mathcal{L}_{\text{sa}}(\mathscr{H})$. Dann ist der *Kommutator* $[A, B]$ von A und B definiert als

$$[A, B] = AB - BA. \tag{5.2.8}$$

Falls $[A, B] = 0$, so sagen wir, dass A und B *kompatibel* sind, und falls $[A, B] \neq 0$, so sagen wir, dass A und B *inkompatibel* sind.

Bemerkung 5.2.7 Die folgenden zwei Eigenschaften des Kommutators sind eine direkte Konsequenz aus dessen Definition:

$$[A, B] = -[B, A] \quad \text{und} \quad [A, A] = 0.$$

Beispiel 5.2.8 Zur Verdeutlichung dieser Definition möchten wir die Kommutatoren für die Pauli-Matrizen nachrechnen. Das heißt in diesem Beispiel gilt wieder, dass $\mathscr{H} = \mathcal{H} = \mathbb{C}^2$. Direktes Nachrechnen ergibt hier, dass

$$\begin{aligned}[\sigma_x, \sigma_y] &= 2i\sigma_z = -[\sigma_y, \sigma_x] \\ [\sigma_x, \sigma_z] &= -2i\sigma_y = -[\sigma_z, \sigma_x] \\ [\sigma_y, \sigma_z] &= 2i\sigma_x = -[\sigma_z, \sigma_y].\end{aligned}$$

Warum der Kommutator das für unsere Zwecke richtige Konzept ist, erkennen Sie im folgenden Lemma:

Lemma 5.2.9 Sei $\mathscr{H}$ ein N-dimensionaler Hilbertraum, wobei $N \in \mathbb{N}$. Dann sind $A, B \in \mathcal{L}_{\text{sa}}(\mathscr{H})$ genau dann kompatibel, wenn es Vektoren $\{e_k\}_{k=0,\ldots,N-1} \subset \mathscr{H}$ gibt, sodass die folgenden drei Aussagen gelten:

- $\{e_k\}_{k=0,\ldots,N-1}$ ist eine Orthonormalbasis von $\mathscr{H}$.
- Die Vektoren $\{e_k\}_{k=0,\ldots,N-1}$ sind Eigenvektoren von A.
- Die Vektoren $\{e_k\}_{k=0,\ldots,N-1}$ sind Eigenvektoren von B.

Beweis: Der Beweis dieser klassischen Aussage aus der Linearen Algebra kann in Theorem 4.1.6 in [HJ12] nachgelesen werden. □

Wir erhalten also das Ergebnis, dass inkompatible Observablen – nennen wir diese $A, B \in \mathcal{L}_{\text{sa}}(\mathscr{H})$ – unterschiedliche Eigenvektoren besitzen. Somit erhalten wir folgendes intuitives Bild für solche Observablen: Sei $|v\rangle \in \mathscr{H}$ ein Eigenvektor von A, aber kein Eigenvektor von B. Je kleiner der Abstand von $|\psi\rangle \in \mathscr{H}$, dem Zustand des Quantensystems, zu $|v\rangle$ wird, desto weiter entfernt sich $|\psi\rangle$ von allen Eigenvektoren von B. Gemäß der obigen Veranschaulichung folgern wir, dass für solche $|\psi\rangle$ eine Messung bezüglich A mit geringer Unsicherheit und eine Messung bezüglich B mit großer Unsicherheit verbunden ist.

5.2.3 Unschärferelation

Als Maß für die Unsicherheit sollte das soeben beschriebene Verhalten entsprechend durch die Unschärfe von A bzw. von B abgebildet werden können. Dies erhalten wir anhand der folgenden *Unschärferelation*:

Proposition 5.2.10 Seien $A, B \in \mathcal{L}_{\text{sa}}(\mathscr{H})$ und $|\psi\rangle \in \mathscr{H}$. Dann gilt, dass

$$\Delta_\psi(A)\Delta_\psi(B) \geq \left|\left\langle \frac{1}{2i}[A, B]\right\rangle_\psi\right|. \tag{5.2.9}$$

Beweis: Diesen Beweis lagere ich als Übung 5.4 aus. □

Beispiel 5.2.11 Natürlich hilft es hier, wieder eine konkrete Instanz zu betrachten, um das Resultat greifbarer zu machen. Wir nutzen hierzu die Berechnungen aus Beispiel 5.2.8. Des Weiteren werden wir die folgenden in Beispiel 4.5.15 berechneten Erwartungswerte verwenden:

$$\langle \sigma_z \rangle_0 = 1 \quad \text{und} \quad \langle \sigma_z \rangle_+ = 0.$$

Für die Unschärfen der Pauli-X- und der Pauli-Y-Matrix gelten gemäß der vorangehenden Proposition die folgenden Relationen:

$$\begin{aligned} \Delta_0(\sigma_x)\Delta_0(\sigma_y) &\geq \left| \left\langle \frac{1}{2i}[\sigma_x, \sigma_y] \right\rangle_0 \right| = \left| \left\langle \frac{1}{2i} \cdot (2i\sigma_z) \right\rangle_0 \right| \\ &= |\langle \sigma_z \rangle_0| = 1 \\ \Delta_+(\sigma_x)\Delta_+(\sigma_y) &\geq \left| \left\langle \frac{1}{2i}[\sigma_x, \sigma_y] \right\rangle_+ \right| = \left| \left\langle \frac{1}{2i} \cdot (2i\sigma_z) \right\rangle_+ \right| \\ &= \left| \langle \sigma_z \rangle_+ \right| = 0 \end{aligned}$$

Bemerkung 5.2.12 Ich hatte angekündigt, dass die soeben beschriebene Unschärferelation das oben beschriebene Verhalten bei inkompatiblen Observablen (siehe Aussage ($\star$)) mathematisch beschreibt. Doch wie genau gilt das? Hierzu muss man folgende Punkte festhalten:

- Es gibt inkompatible Observablen, bei denen die rechte Seite der Ungleichung (5.2.9) für alle Zustände gleichmäßig nach unten durch eine positive Konstante beschränkt ist. Das heißt, es gibt ein $c > 0$, sodass für alle $|\psi\rangle \in \mathscr{H}$ gilt:

  $$\Delta_\psi(A)\Delta_\psi(B) \geq \left| \left\langle \frac{1}{2i}[A, B] \right\rangle_\psi \right| \geq c \qquad (5.2.10)$$

  Ein klassisches Beispiel für so eine Instanz wird in Example 2.20 in [Sch19] gegeben.

  Dies impliziert insbesondere, dass die Unschärfe der einen Observable größer wird, falls die Unschärfe der anderen Observable kleiner wird, denn nur so kann die Ungleichung (5.2.10) aufrechterhalten werden.

- Die Unschärfe wiederum ist – so wie wir in Abschnitt 5.2.1 gesehen haben – ein Maß für die Unsicherheit bezüglich der Messergebnisse.

Hieraus leiten wir direkt die mathematische Beschreibung der Aussage ($\star$) ab.

Des Weiteren möchte ich Sie darauf hinweisen, dass Unschärfe und *Superposition* direkt miteinander zusammenhängen. Wie man diese wichtige Verbindung zwischen den beiden Themen einfach sehen kann, erfahren Sie in Übung 5.5.

Außerdem möchte ich noch erwähnen, dass die sehr bekannte *Heisenberg'sche Unschärferelation* eine spezielle Instanz der Unschärferelation darstellt. Das heißt, dass die Heisenberg'sche Unschärferelation aus der obigen Proposition folgt, wobei wir für $\mathscr{H}$, A, B explizite Objekte einsetzen. Für mehr Details hierzu verweise ich Sie auf Example 2.20 in [Sch19].

5.3 Verschränkung – die »spukhafte« Fernwirkung

In diesem Abschnitt lernen Sie eine weitere fundamentale Eigenart von Quantensystemen kennen, die sich in Experimenten beobachten lässt. Auf den ersten Blick scheint diese Eigenart unserem intuitiven Verständnis unserer Umgebung, die wir als unsere Realität wahrnehmen, zu widersprechen. Jedoch wird sich herausstellen, dass dieses Phänomen sich ausgehend von den Erkenntnissen, die wir bisher postuliert und erarbeitet haben, natürlich folgern lässt. Dieses Phänomen heißt *Verschränkung*.

Sie werden sehen, dass miteinander verschränkte Quantensysteme eine Wirkung aufeinander ausüben können, ohne dass dabei die räumliche Distanz zwischen diesen Quantensystemen eine Rolle spielt. Um keinen falschen Eindruck zu vermitteln, schon mal der Hinweis: Diese Wechselwirkung darf im Kontext der Verschränkung nicht als Informationsaustausch verstanden werden. Es handelt sich vielmehr um eine besondere Wirkung der verschränkten Quantensysteme aufeinander. Sie werden in Abschnitt 5.4 sehen, dass es nicht möglich sein wird, diese Wirkung so auszunutzen, dass Informationen ausgetauscht oder transportiert werden können.

5.3.1 Ein kurzer Blick in die Historie

Historisch gesehen war dieses Phänomen sehr umstritten, und die zu der Zeit angesehensten Namen der Physik debattierten darüber. Ich möchte Ihnen an dieser Stelle daher nur einen kurzen Einblick in die Historie geben. Für einen umfassenden Blick empfehle ich beispielsweise Kapitel 4 in [Sch19].

Das Phänomen der Verschränkung wurde erstmals in der wissenschaftlichen Arbeit [EPR35] von Einstein, Podolski und Rosen im Jahre 1935 als direkte Konsequenz des quantenmechanischen Formalismus beschrieben. Diese Arbeit ist mit über 25.000 Zitierungen – Stand 2025 – das am meisten zitierte Papier, an dem Einstein mitgewirkt hat. Angesichts der bahnbrechenden anderen Arbeiten von Einstein (z. B. die allgemeine Relativitätstheorie oder der Photoelektrische Effekt) mag dies überraschend klingen. Allerdings war dieses

Papier der Startschuss für eine Jahrzehnte übergreifende intensive Debatte. Der Begriff der *Verschränkung* wurde erstmals 1935 von Schrödinger in [Sch35] eingeführt.

Der größte Kritikpunkt von Einstein, Podolski und Rosen war, dass – aufgrund des Vorhandenseins von Verschränkung und der Unschärfe bei inkompatiblen Observablen – die folgenden beiden fundamentalen Eigenschaften der Natur in der Quantenmechanik verletzt seien (siehe Abschnitt 2.12 in [Hom08]):

- **Lokalismus:** Jede Wirkung beruht auf direktem Kontakt oder wird durch ein Medium weitergeleitet, und zwar höchstens so schnell wie Licht.
- **Realismus:** Physikalische Eigenschaften sind unabhängig von ihrer Beobachtung.

Aufgrund dieser Defizite der Quantenmechanik, die fortan als das *EPR-Paradoxon* referenziert wurden, stellten die Autoren die Vermutung auf, dass es *versteckte Variablen* geben muss, die in der Modellierung der Quantenmechanik nicht berücksichtigt wurden und diese somit zu einer *unvollständigen* Theorie degradieren.

In den 1960er-Jahren kam John Bell in [Bel64] zu der Erkenntnis, dass unter der Annahme solcher versteckter Variablen gewisse Ungleichungen, die *Bell'schen Ungleichungen*, gelten müssen. Dies war eine bahnbrechende Erkenntnis, denn jetzt hat man ein klares Kriterium, was es experimentiell zu prüfen galt:

1. Wenn in einem Versuch mit Quantenobjekten die Bell'sche Ungleichung erfüllt ist, so ist dies ein Hinweis darauf, dass es versteckte Variablen gibt und die Quantenmechanik unvollständig ist.
2. Wenn in einem Versuch mit Quantenobjekten die Bell'sche Ungleichung *nicht* erfüllt ist, so ist dies ein Hinweis darauf, dass die Quantenmechanik *nicht* unvollständig ist und dass die Verletzung der beiden Eigenschaften (Lokalismus und Realismus) eine wesentliche Eigenart der Quantenobjekte ist.

Es dauerte wiederum bis 1982, bis in [ADR82] anhand eines Versuchs mit Quantenobjekten geprüft werden konnte, ob die Bell'sche Ungleichung – oder eher deren Erweiterung von Clauser, Horne, Shimony und Holt (siehe [CHSH69]) – erfüllt ist oder nicht. In dieser Arbeit konnten Aspect, Dalibard und Roger zeigen, dass der 2. Fall vorliegt.

Dieser kurze Exkurs in die Historie zeigt, wie bedeutend, spannend und kontrovers die Auswirkungen des Phänomens diskutiert wurden. Dies sollte uns als Motivation für unsere nächsten Schritte dienen.

5.3.2 Von separablen und verschränkten Quantensystemen

Ziel dieses Abschnitts ist es also, das Phänomen der Verschränkung in der Sprache der Quantenmechanik zu beschreiben. Ich werde versuchen, Sie durch intuitive Fragen und durch einen konkreten Fall (gegeben durch das Setting aus Abschnitt 4.6.4) sukzessive an dieses Thema heranzuführen. Die mathematische Beschreibung dieses faszinierenden Phänomens – eingebettet in den quantenmechanischen Formalismus, den wir bisher erarbeitet haben – stellt den Höhepunkt dieses Unterabschnitts dar.

Das einfachste Setting zur Veranschaulichung

Fangen wir mit dem uns bekannten zusammengesetzten Quantensystem an, bei dem der Hilbertraum gegeben ist durch $\mathcal{H} \otimes \mathcal{H}$ (siehe Abschnitt 4.6.4).

Sie kennen mittlerweile den Baustein der Messung, und Sie wissen auch, dass wir uns wahlweise auch bei der Messung nur auf Teile des Quantensystems beschränken können (siehe Beispiel 4.6.5). Was passiert, wenn wir nur bezüglich des einen Quantensystems messen? Das hängt natürlich vom aktuellen Zustand und von der gewählten Observable ab. Im Folgenden schauen wir uns zwei Fälle an, die auftreten können: *separable* und *nicht-separable* Zustände.

Separable Zustände

Schauen wir uns beispielsweise Zustände der Form $|\psi_0\rangle \otimes |\psi_1\rangle$ an, wobei $|\psi_0\rangle, |\psi_1\rangle \in \mathcal{H}$. Solche Zustände, die man als Tensorprodukt von Zuständen aus den Subsystemen schreiben kann, nennt man *separabel*

Wir möchten nun *nur das erste Quantensystem* bezüglich der Observable σ_z messen. Wie Sie in Beispiel 4.6.5 gesehen haben, gelingt eine Messung nur am ersten Quantensystem bezüglich σ_z, indem man für das Gesamtsystem eine Messung bezüglich der Observablen $\sigma_z \otimes I$ durchführt.

Wie hoch sind nun die Wahrscheinlichkeiten, dass das erste Quantensystem nach der Messung den Zustand $|0\rangle$ (bzw. $|1\rangle$) annimmt? Sei hierzu

$$|\psi_0\rangle = \alpha_0 |0\rangle + \alpha_1 |1\rangle$$

für gewisse $\alpha_0, \alpha_1 \in \mathbb{C}$ wie in Gleichung (4.2.8). Mittels der Linearität des Tensorprodukts erhalten wir dann, dass

$$\begin{aligned} |\psi_0\rangle \otimes |\psi_1\rangle &= (\alpha_0 |0\rangle + \alpha_1 |1\rangle) \otimes |\psi_1\rangle \\ &= \alpha_0(|0\rangle \otimes |\psi_1\rangle) + \alpha_1(|1\rangle \otimes |\psi_1\rangle). \end{aligned}$$

Zur Berechnung der gesuchten Wahrscheinlichkeiten müssen wir natürlich Lemma 4.5.8 für die Observable $\sigma_z \otimes I$ anwenden. Allerdings müssen wir vorher herausfinden, welche Messergebnisse wir erwarten können. Aus Beispiel 4.6.5 wissen wir, dass

- $|0\rangle \otimes |\psi_1\rangle$ und $|1\rangle \otimes |\psi_1\rangle$ Eigenvektoren sind von $\sigma_z \otimes \mathrm{Id}$ zu den Eigenwerten 1 bzw. -1 und dass
- $|0\rangle \otimes |\psi_1\rangle$ und $|1\rangle \otimes |\psi_1\rangle$ orthogonal zueinander sind.

Dies wiederum impliziert direkt via Lemma 4.5.8 – durch eine ähnliche Berechnung wie in Beispiel 4.5.10 –, dass mit Wahrscheinlichkeit $|\alpha_0|^2$ (bzw. $|\alpha_1|^2$) das Quantensystem nach der Messung den Zustand $|0\rangle \otimes |\psi_1\rangle$ (bzw. $|1\rangle \otimes |\psi_1\rangle$) annimmt.

Insbesondere halten wir aber die folgende wichtige Beobachtung fest: In allen Fällen bleibt das zweite Quantensystem im Zustand $|\psi_1\rangle$. Mit dem zweiten Quantensystem passiert also nichts! Es bleibt *invariant*.

Dies ist ein Umstand, den wir bei *separablen* Zuständen festhalten möchten. Allerdings gilt dies in einem weitaus allgemeineren Setting, wenn man die vorangehenden Berechnungen auf beliebige zusammengesetzte Quantensysteme verallgemeinert. Für diese Verallgemeinerung dieser Aussagen verweise ich auf Kapitel 4 in [Sch19]. Hier halte ich nur das zugehörige Resultat fest:

Proposition 5.3.1 Seien $\mathscr{H}_0, \mathscr{H}_1$ Hilberträume. Sei $|\Psi\rangle \in \mathscr{H}_0 \otimes \mathscr{H}_1$ ein *separabler* Zustand, d. h., es gibt $|\psi_0\rangle \in \mathscr{H}_0$ und $|\psi_1\rangle \in \mathscr{H}_1$, sodass

$$|\Psi\rangle = |\psi_0\rangle \otimes |\psi_1\rangle \,.$$

Wenn der initial präparierte Zustand gegeben ist durch den separablen Zustand $|\Psi\rangle$, dann bleibt bei einer Messung bezüglich des ersten Quantensystems $\mathscr{H}_0$ das zweite Quantensystem $\mathscr{H}_1$ invariant. Genauso verhält es sich auch bei einer Messung bezüglich des zweiten Quantensystems.

Beweis: Dies ist eine Verallgemeinerung der vorangehenden Erkenntnisse, die in Kapitel 4 in [Sch19] (insbesondere in Theorem 4.3) nachgelesen werden kann. Bei der Formulierung wird in dieser Referenz das Konzept von *gemischten Zuständen* benutzt, auf das ich in diesem Buch verzichtet habe. □

Nicht-separable Zustände

Doch was passiert bei *nicht-separablen* Zuständen, d. h. bei Zuständen, die wir nicht als Tensorprodukt von Zuständen aus den einzelnen Hilberträumen definieren können? Auch hier bietet es sich an, explizit ein Beispiel durchzurechnen und daraus Erkenntnisse zu gewinnen.

Betrachten wir eines der Elemente aus der *Bell-Basis*, die wir in Gleichung (4.6.18) kennengelernt haben:

$$|\Psi_+\rangle = \frac{1}{\sqrt{2}}\Big(|01\rangle + |10\rangle\Big) = \frac{1}{\sqrt{2}}\Big(|0\rangle \otimes |1\rangle + |1\rangle \otimes |0\rangle\Big) \tag{5.3.1}$$

In Übung 5.6 zeige ich, dass dieser Zustand tatsächlich nicht-separabel ist.

Was passiert, wenn wir hier bezüglich der Observablen $\sigma_z \otimes I$ messen? Auch hier müssen wir erst die Eigenvektoren von $\sigma_z \otimes \mathrm{Id}$ ermitteln. Eine einfache Berechnung hierzu zeigt, dass

- $|0\rangle \otimes |1\rangle$ und $|1\rangle \otimes |0\rangle$ Eigenvektoren sind von $\sigma_z \otimes \mathrm{Id}$ zu den Eigenwerten 1 bzw. -1 und dass
- $|0\rangle \otimes |1\rangle$ und $|1\rangle \otimes |0\rangle$ orthogonal zueinander sind.

Auch hier impliziert eine direkte Anwendung von Lemma 4.5.8, dass mit Wahrscheinlichkeit 1/2 der Zustand $|01\rangle$ nach der Messung angenommen wird und mit Wahrscheinlichkeit 1/2 der Zustand $|10\rangle$.

Dies ist sehr interessant. Denn jetzt ist es *nicht* so, dass in beiden Fällen der Zustand des zweiten Quantensystems unabhängig ist vom Messausgang des ersten Quantensystems. Vielmehr legt die Messung – erinnern Sie sich daran, dass wir nur bezüglich des ersten Quantensystems gemessen haben (da wir $\sigma_z \otimes I$ als Observable gewählt haben) – bereits das zweite Quantensystem fest, obwohl wir es gar nicht angefasst haben (da wir ja bezüglich des zweiten Quantensystems die Identität I als Observable gewählt haben). Genauer gesagt erhalten wir Folgendes:

- Wenn wir im ersten Quantensystem den Zustand $|0\rangle$ beobachtet haben, wissen wir, dass das zweite Quantensystem nach der Messung den Zustand $|1\rangle$ angenommen hat.
- Wenn wir im ersten Quantensystem den Zustand $|1\rangle$ beobachtet haben, wissen wir, dass das zweite Quantensystem den Zustand $|0\rangle$ angenommen hat.

Wir halten fest, dass bei nicht-separablen Quantensystemen eine Messung des ersten Quantensystems unmittelbare Auswirkungen auf den Zustand des zweiten Quantensystems hat. Dies ist eine Realisation des Phänomens der *Verschränkung*, und nicht-separable Quantensysteme nennt man daher *verschränkte* Quantensysteme.

Interessanterweise erkennt man bereits in diesen formalen Berechnungen, dass bei dieser Wirkung aufeinander bei verschränkten Quantensystemen nirgendwo die Komponente der räumlichen Distanz zwischen diesen Zuständen eine Rolle spielt. Sobald wir in der Lage sind, verschränkte Zustände – wie beispielsweise den oben analysierten Bell-Basisvektor – zu erzeugen und diese zu halten, können wir diese Wirkung erwarten. Und dies ist mittlerweile beispielsweise über eine Distanz von 230 m – in diesem Fall via sogenannter *Ionenfallen* – möglich (siehe [KGK$^+$23]).

Wie in Proposition 5.3.1 lassen sich die soeben hergeleiteten Erkenntnisse auf allgemeine Hilberträume erweitern. Um diese verallgemeinerten Aussagen rigoros beschreiben zu können, benötigt man allerdings das Konzept der *gemischten Zustände*, worauf ich in diesem Buch verzichte. Dennoch möchte ich in der folgenden Proposition eine intuitive Formulierung dieser verallgemeinerten Aussage festhalten. Sie finden die zugehörigen rigorosen Konzepte und Aussagen in Kapitel 2 und 4 von [Sch19].

Proposition 5.3.2 Seien $\mathscr{H}_0, \mathscr{H}_1$ Hilberträume. Sei $|\Psi\rangle \in \mathscr{H}_0 \otimes \mathscr{H}_1$ ein *nicht-separabler* (oder anders ausgedrückt: *verschränkter*) Zustand, d. h., es gibt *keine* $|\psi_0\rangle \in \mathscr{H}_0$ und $|\psi_1\rangle \in \mathscr{H}_1$, sodass

$$|\Psi\rangle = |\psi_0\rangle \otimes |\psi_1\rangle .$$

Sei bei einer Messung des ersten Quantensystems $\mathscr{H}_0$ bezüglich einer Observable $A \in \mathcal{L}_{\mathrm{sa}}(\mathscr{H}_0)$ der initial präparierte Zustand, gegeben durch den verschränkten Zustand $|\Psi\rangle$. Dann ist der Zustand des zweiten Quantensystems $\mathscr{H}_1$ nach der Messung abhängig vom Ausgang der Messung des ersten Quantensystems.

Genauso verhält es sich auch bei einer Messung bezüglich des zweiten Quantensystems.

Beweis: Der Beweis einer rigorosen Formulierung dieser Proposition mittels des Konzepts von sogenannten *gemischten Zuständen* finden Sie in Theorem 4.3 in [Sch19]. □

Verschränkung und Quantenüberlegenheit

Es steht außer Frage, dass die Verschränkung ein sehr faszinierendes Phänomen ist. Für uns ist aber die Bedeutung in der Quanteninformatik entscheidend. Dass die Superposition eine wichtige Rolle spielen wird, habe ich in Abschnitt 4.3 schon angedeutet. Doch wie ist es mit der Verschränkung?

Es stellt sich heraus, dass Verschränkung notwendig ist für einen *exponential speed-up*, d. h. dafür, dass die Komplexität der Lösung eines Problems auf einem Quantencomputer exponentiell schneller ist als die entsprechende Komplexität auf einem klassischen Computer. Dies ist ein Resultat von Jozsa und Linden in [JL03]. Intuitiv kann man das so erklären: Wenn man

Qubits miteinander verschränkt, Manipulationen des einen Qubits unmittelbare Auswirkungen auf das andere Qubit haben, wodurch Berechnungen deutlich beschleunigt werden können. Für weitere Details empfehle ich Ihnen das Paper [JL03].

5.4 Das No-Communication-Theorem: Das Problem bei Lieferdiensten, die schneller sind als Licht

Vielleicht fragen Sie sich jetzt, ob man aus dieser spukhaften Fernwirkung nicht auch Kapital schlagen könnte, um Informationen zu übertragen. Unsere jetzige Kommunikationsinfrastruktur basiert auf der Übertragung elektromagnetischer Strahlung, die mit Lichtgeschwindigkeit erfolgt. Die Wirkung der Verschränkung erfolgt instantan, also sogar noch schneller. In diesem Abschnitt sehen Sie aber, dass eine noch schnellere Kommunikation *nicht* möglich ist. Das zugehörige Resultat kennt man in der Literatur als das *No-Communication-Theorem*.

Dieses Resultat ist in einem allgemeinen Setting wie in Proposition 5.3.2 gültig. Doch auch hier möchten wir uns auf eine konkrete Instanz beschränken, und die Argumente nur für diese Instanz durchgehen. Wir werden außerdem nur ein mögliches, naheliegendes Kommunikationsprotokoll betrachten – d.h. eine Option, wie sich zwei Kommunikationsparteien verständigen und austauschen können. Die hier präsentierten Argumente liefern aber trotzdem schon die wesentlichen Beweisschritte, die für das allgemeine Setting nötig sind.

Vereinfachtes Setting

Gegeben seien also zwei Kommunikationsparteien *Alice* und *Bob* (wie sie üblicherweise in der Literatur genannt werden), die einen Bitwert 0 oder 1 mithilfe eines verschränkten Quantensystems miteinander austauschen möchten. Wir nehmen an, dass Alice und Bob sehr weit voneinander entfernt sind und ein verschränktes Zwei-Qubit-Register miteinander teilen, wobei Alice das eine Qubit besitzt und Bob das andere. Außerdem nehmen wir der Einfachheit wegen an, dass dieses Zwei-Qubit-Register folgenden Zustand hat:

$$|\Phi_+\rangle = \frac{1}{\sqrt{2}}(|00\rangle + |11\rangle), \tag{5.4.1}$$

das Sie als Element der Bell-Basis (siehe Gleichung (4.6.18)) wiedererkennen.

Bevor wir weitermachen, erinnere ich Sie an eine Identität, die Sie in Übung 4.20 bewiesen haben:

$$|\Phi_+\rangle = \frac{1}{\sqrt{2}}(|+\rangle \otimes |+\rangle + |-\rangle \otimes |-\rangle) \tag{5.4.2}$$

Sobald Alice eine Messung an Ihrem Qubit vornimmt, wird das Qubit von Bob einen dementsprechenden Zustand annehmen (entsprechend unserer Erkenntnisse aus 5.3). Und dieser Zustand, den Bob erhält, ist bestimmt durch die Observable, bezüglich der Alice die Messung durchführt. Dies sehen Sie an zwei Beispielen:

Kommunikationsprotokoll

- Wählt Alice die Messung bezüglich σ_z, bedeutet das, dass der Zustand ihres Qubits nach der Messung gegeben ist durch entweder $|0\rangle$ oder $|1\rangle$ (jeweils mit Wahrscheinlichkeit 1/2). Aufgrund der Formel (5.4.1) impliziert dies, dass Bobs Qubit nach der Messung von Alice auch entweder den Zustand $|0\rangle$ oder $|1\rangle$ annimmt.
- Wählt Alice die Messung bezüglich σ_x, bedeutet das, dass der Zustand ihres Qubits nach der Messung gegeben ist durch entweder $|+\rangle$ oder $|-\rangle$ (jeweils mit Wahrscheinlichkeit 1/2). Aufgrund der Formel (5.4.2) impliziert dies, dass Bobs Qubit nach der Messung von Alice auch entweder den Zustand $|+\rangle$ oder $|-\rangle$ annimmt.

Das wäre doch ein guter Ansatz, um zu kommunizieren! Das zugehörige Protokoll lautet wie folgt:

- Wenn Alice die 0 übermitteln möchte, dann wählt sie σ_z als Observable. Danach hat Bobs Qubit entweder den Zustand $|0\rangle$ oder $|1\rangle$.
- Wenn Alice die 1 übermitteln möchte, dann wählt sie σ_x als Observable. Danach hat Bobs Qubit entweder den Zustand $|+\rangle$ oder $|-\rangle$.

Bob erhält dennoch keine Informationen

Sie werden nun eine heuristische Beweisskizze dafür sehen, wieso durch dieses Protokoll dennoch keine Information übertragen wird, auch wenn Bobs Qubit sich jeweils in den beiden Fällen in einer anderen Menge befindet. Betrachten wir hierzu diese beiden Fälle. Die Schlussfolgerung finden Sie im Anschluss.

Fall 1: Alice möchte die 0 übertragen

Angenommen, dass Alice die 0 übermitteln möchte, d.h., Alice führt eine Messung bezüglich σ_z durch. Bobs Qubit hat also entweder den Zustand $|0\rangle$ oder $|1\rangle$ angenommen. Wie kann Bob nun erfahren, dass Alice ihm eine 0 mitteilen möchte? Natürlich müsste er hierfür irgendetwas messen.

- Angenommen Bob führt eine Messung bezüglich σ_z durch. Dann verändert sich der Zustand seines Qubits nicht, da sowohl $|0\rangle$ als auch $|1\rangle$ Eigenvektoren sind von σ_z. Demnach hat Bob denselben Zustand wie Alice (aufgrund von Gleichung (5.4.1)). Alice hat wiederum mit Wahrscheinlichkeit 1/2 jeweils $|0\rangle$ oder $|1\rangle$ erhalten. Somit hat hier auch Bobs Qubit mit Wahrscheinlichkeit 1/2 jeweils den Zustand $|0\rangle$ oder $|1\rangle$ angenommen.

- Angenommen, Bob führt eine Messung bezüglich σ_x durch. Aufgrund des Born'schen Gesetzes (Lemma 4.5.8) sowie der Identitäten

$$|0\rangle = \frac{1}{\sqrt{2}}(|+\rangle + |-\rangle) \quad \text{und} \quad |1\rangle = \frac{1}{\sqrt{2}}(|+\rangle - |-\rangle) \tag{5.4.3}$$

  gilt, dass Bobs Qubit in beiden Fällen – d.h., unabhängig davon, ob das Qubit von Alice nach der Messung den Zustand $|0\rangle$ oder $|1\rangle$ angenommen hat – mit Wahrscheinlichkeit 1/2 jeweils den Zustand $|+\rangle$ oder $|-\rangle$ angenommen hat.

Fall 2: Alice möchte die 1 übertragen

In diesem Fall führt Alice eine Messung bezüglich σ_x durch. Bobs Qubit hat also entweder den Zustand $|+\rangle$ oder $|-\rangle$ angenommen.

- Angenommen, Bob führt eine Messung bezüglich σ_z durch. Aufgrund des Born'schen Gesetzes (Lemma 4.5.8) sowie der Identitäten

$$|+\rangle = \frac{1}{\sqrt{2}}(|0\rangle + |1\rangle) \quad \text{und} \quad |1\rangle = \frac{1}{\sqrt{2}}(|0\rangle - |1\rangle)$$

  gilt, dass Bobs Qubit in beiden Fällen – d.h., unabhängig davon, ob das Qubit von Alice nach der Messung den Zustand $|+\rangle$ oder $|-\rangle$ angenommen hat – mit Wahrscheinlichkeit 1/2 jeweils den Zustand $|0\rangle$ oder $|1\rangle$ angenommen hat.
- Angenommen, Bob führt eine Messung bezüglich σ_x durch. Dann verändert sich der Zustand seines Qubits nicht, da sowohl $|+\rangle$ als auch $|-\rangle$ Eigenvektoren sind von σ_x. Demnach hat Bobs Qubit denselben Zustand wie das von Alice (aufgrund von Gleichung (5.4.2)). Alice hat wiederum mit Wahrscheinlichkeit 1/2 jeweils $|+\rangle$ oder $|-\rangle$ erhalten. Somit hat hier auch Bobs Qubit mit Wahrscheinlichkeit 1/2 jeweils den Zustand $|+\rangle$ oder $|-\rangle$ angenommen.

Schlussfolgerung

Wir sehen also, dass sich in beiden Fällen Bobs Messungen exakt gleich verhalten:

- Misst er bezüglich σ_x, so erhält er **sowohl in Fall 1 als auch in Fall 2** mit Wahrscheinlichkeit 1/2 jeweils den Zustand $|+\rangle$ oder $|-\rangle$.
- Misst er bezüglich σ_z, so erhält er **sowohl in Fall 1 als auch in Fall 2** mit Wahrscheinlichkeit 1/2 jeweils den Zustand $|0\rangle$ oder $|1\rangle$.

Es gibt zwar jeweils verschiedene Gründe, aber das Endresultat – also das finale statistische Verhalten seines Qubits – ist aus Sicht von Bob *in beiden Fällen* exakt gleich. Um es in einer Metapher zu sagen: Viele verschiedene Wege führen nach Rom, und wenn man mit verbundenen Augen in Rom ankommt und erst dort die Augenbinde abnimmt, weiß man nicht, auf welchem Wege man dorthin gelangt ist.

Daher kann Bob (zumindest mit den bisher genutzten Methoden) nicht detektieren, ob Alice σ_z oder σ_x gewählt hat. Dies liefert eine heuristische Erklärung dafür, wieso dieses Protokoll keine Informationen übermittelt.

Rigoroser Beweis und Verallgemeinerung

Dies ist natürlich kein rigoroser Beweis. So einen Beweis führt man am besten mithilfe sogenannter *gemischter Zustände*, die wir in diesem Buch aber nicht betrachten. Die vorangehenden Ideen liefern aber bereits wichtige Argumente, die im Beweis enthalten sind. Außerdem haben wir das Resultat auch nicht in einer rigorosen Form formuliert. Für eine konkrete Formulierung des Resultats sowie für einen rigorosen Beweis verweise ich Sie auf Abschnitt 4.6.1 in [Sch19].

Ich möchte nochmals betonen, dass wir hier einen konkreten verschränkten Zustand und nur ein mögliches Kommunikationsprotokoll betrachtet haben. Es ist eine interessante Übung, sich zu überlegen, wieso auch bei anderen konkreten Kommunikationsprotokollen sowie bei anderen konkreten Zuständen keine Information übertragen wird.

5.5 Das No-Cloning-Theorem: Kopieren verboten!

Während ich dieses Buch hier schreibe, versuche ich stets Sicherheitskopien zu machen. Ich hoffe, dass auch Sie das bei Ihren wichtigen Dokumenten tun, denn – sei es durch Verlust oder Systemschaden – wir möchten nicht, dass die investierte Arbeit verloren geht. Daher ist es eine legitime Frage, ob dies auch in der Quanteninformatik möglich ist. Die kurze und vielleicht überraschende Antwort lautet aber: Nein, das ist nicht möglich, und zwar aufgrund des sogenannten *No-Cloning-Theorems*, das ich in diesem Abschnitt herleiten werde.

Metaphorische Schilderung der Herausforderung

Es erscheint doch überraschend, dass Kopien in der Quanteninformatik nicht möglich sind. Daher möchte ich mittels einer Metapher das Problem etwas näher erläutern.

Wenn Sie eine Kopie erstellen von einem wichtigen Papierdokument möchten, dann müssen wir es erst scannen und dann drucken. Das neue, ausgedruckte Dokument gleicht dem Originaldokument schon ziemlich gut – je nachdem, wie qualitativ hochwertig unser Kopiergerät ist. Doch ist es wirklich exakt gleich? Was passiert, wenn wir immer tiefer heranzoomen? Werden die beiden Dokumente sogar bis in die atomare Ebene identisch sein? Es ist klar, dass man einen Hersteller, der so ein präzises Kopiergerät verspricht, zumindest kritisch hinterfragen muss. Dass sich selbst die Atome in ihren jeweiligen Zuständen als Quantenobjekt gleichen können, erscheint mit unseren bisherigen Einblicken in die Quantenmechanik nicht vereinbar zu sein.

Und da sehen Sie auch schon ein Problem beim Kopieren – oder besser gesagt *Klonen* – von Quantenobjekten. Sie werden sehen, dass das Klonen tatsächlich mit den Gesetzen der Quantenmechanik nicht vereinbar ist.

Definition eines Quanten-Kopiergeräts

Vorher muss ich aber erst definieren, was genau wir unter einem *Quanten-Kopiergerät* verstehen. Ich meine damit ein Gerät, das als Input ein beliebiges zu kopierendes Quantensystem mit dem Zustand $|\phi\rangle \in \mathscr{H}$ (aus einem Hilbertraum $\mathscr{H}$) und ein bestimmtes Quantensystem mit dem Zustand $|\psi\rangle \in \mathscr{H}$ erhält und als Output den zusammengesetzten Zustand beider Quantensysteme ausgibt, in dem $|\psi\rangle$ von $|\phi\rangle$ überschrieben wird. Das heißt, hier übernimmt $|\psi\rangle$ die Rolle der leeren Seite. Natürlich muss dieses Gerät eine unitäre Abbildung sein, denn sonst wäre Postulat II.2 verletzt. Wir erhalten hiermit die folgende Definition.

Definition 5.5.1 Sei $\mathscr{H}$ ein Hilbertraum. Ein *Quanten-Kopiergerät* ist eine unitäre Abbildung

$$K : \mathscr{H} \otimes \mathscr{H} \to \mathscr{H} \otimes \mathscr{H},$$

bei der es ein normiertes $|\psi\rangle \in \mathscr{H}$ gibt, sodass

$$K(|\phi\rangle \otimes |\psi\rangle) = |\phi\rangle \otimes |\phi\rangle$$

für alle beliebigen, normierten $|\phi\rangle \in \mathscr{H}$.

Es ist hier wichtig zu betonen, dass von einem Quanten-Kopiergerät verlangt wird, dass es alle Zustände kopieren kann und nicht nur einen Teil aller möglichen Zustände. Beispielsweise kann das sogenannte *CNOT-Gatter* (definiert in Gleichung (7.4.2)) die Zustände $|0\rangle$ und $|1\rangle$ kopieren (wenn man $|\psi\rangle = |0\rangle$ in Definition 5.5.1 wählt).

Das No-Cloning-Theorem

Wir sind nun bereit für das No-Cloning-Theorem. Der Beweis folgt gemäß dem Prinzip *Beweis per Widerspruch*. Das heißt, wir werden zunächst annehmen, dass das Gegenteil von dem, was wir beweisen möchten, gilt. Dann werden wir zeigen, dass unter dieser Annahme Widersprüche impliziert werden.

Proposition 5.5.2 Es gibt kein Quanten-Kopiergerät.

Beweis: Angenommen, ein Quanten-Kopiergerät K existiert.
Seien $|\phi_0\rangle, |\phi_1\rangle, |\psi\rangle \in \mathscr{H}$ mit $\|\phi_0\| = \|\phi_1\| = \|\psi\| = 1$. Dann gilt gemäß Definition 5.5.1, dass

$$K(|\phi_0\rangle \otimes |\psi\rangle) = |\phi_0\rangle \otimes |\phi_0\rangle \quad \text{und} \quad K(|\phi_1\rangle \otimes |\psi\rangle) = |\phi_1\rangle \otimes |\phi_1\rangle .$$

Daraus folgern wir, da K unitär ist und gemäß der Definition des Skalarprodukts beim Tensorprodukt, dass

$$\begin{aligned}\langle\phi_0|\phi_1\rangle &= \langle\phi_0|\phi_1\rangle \cdot 1 = \langle\phi_0|\phi_1\rangle \cdot \langle\psi|\psi\rangle = \langle\, \phi_0 \otimes \psi \mid \phi_1 \otimes \psi \,\rangle \\ &= \langle\, K(|\phi_0\rangle \otimes |\psi\rangle) \mid K(|\phi_1\rangle \otimes |\psi\rangle) \,\rangle \\ &= \langle\, \phi_0 \otimes \phi_0 \mid \phi_1 \otimes \phi_1 \,\rangle \\ &= |\, \langle\phi_0|\phi_1\rangle \,|^2 .\end{aligned}$$

Es gilt also, dass $\langle\phi_0|\phi_1\rangle = |\,\langle\phi_0|\phi_1\rangle\,|^2$. Diese Gleichung gilt aber nur genau dann, wenn $\langle\phi_0|\phi_1\rangle = 0$ oder $\langle\phi_0|\phi_1\rangle = 1$. Dies widerspricht der Bedingung in Definition 5.5.1, dass $|\phi_0\rangle, |\phi_1\rangle$ beliebig gewählt sein können. Somit kann die Annahme, dass ein Quanten-Kopiergerät existiert, nicht gehalten werden. □

5.6 Dichte Quantenkodierung

Sie haben in den letzten beiden Abschnitten gesehen, was mit einem Quantencomputer *nicht* möglich ist. Um die Motivation hochzuhalten, wollen wir in diesem Abschnitt ein erstes Gefühl dafür bekommen, dass tatsächlich erstaunliche Dinge möglich sein können, wenn man die quantenmechanischen Phänomene geschickt auszunutzen weiß. Daher möchte ich ein Kommunikationsprotokoll zwischen Alice und Bob vorstellen, bei dem Alice Bob *ein* Qubit schickt, aber Bob die Information von *zwei* (klassischen) Bits erhält. Derartige Kommunikationsprotokolle (bei denen weniger Qubits geschickt werden als Bits an Informationen) nennt man *dichte Quantenkodierung*.

Ich werde im Folgenden erst die Voraussetzungen für dieses Kommunikationsprotokoll auflisten, dann das Kommunikationsprotokoll beschreiben und dessen Korrektheit nachweisen. Zum Schluss ordne ich dieses Resultat noch praktisch ein.

Bemerkung 5.6.1 Eine mögliche Quelle für Verwirrung (auf die ich Sie hiermit hinweise) kann im Folgenden die Tatsache sein, dass wir die Pauli-Matrizen sowohl als unitäre Matrizen zur Manipulation von Qubits als auch als Observable nutzen werden.

Voraussetzungen Genauso wie in Abschnitt 5.4 nehmen wir in diesem Abschnitt an, dass Alice und Bob ein verschränktes Zwei-Qubit-Register im Zustand $|\Phi_+\rangle$ teilen, wobei jeder von ihnen Zugang zu einem Qubit hat. Wir notieren außerdem mit b_1b_0 die zwei Bits, die Alice an Bob übermitteln möchte. Es gilt, dass $b_1b_0 \in \{00, 01, 10, 11\}$. Letztlich nehmen wir auch an, dass Alice und Bob sich vorab auf das folgende Kommunikationsprotokoll und dessen Interpretation geeinigt haben.

Kommunikationsprotokoll Die Idee des Kommunikationsprotokolls lautet, dass Alice ihr Qubit durch eine unitäre Matrix manipuliert, wobei diese unitäre Matrix davon abhängt, welche Bits sie an Bob schicken möchte. Anschließend schickt sie ihr Qubit an Bob, und dieser führt geeignete Messungen durch, durch die er rekonstruieren kann, welche unitäre Matrix Alice gewählt hat. Da diese Wahl von den Bits abhängt, die Alice schicken möchte, findet er so die gesuchten Bitwerte heraus. Ein wichtiger Punkt für die Korrektheit dieses Kommunikationsprotokolls (die wir später nachprüfen werden) lautet, dass die unitären Matrizen, die Alice wählt, jeweils immer andere Messergebnisse liefern für Bob.

Im Detail lautet das Kommunikationsprotokoll wie folgt:

- Alice wendet eine unitäre Abbildung $U_{b_1b_0} \in \mathcal{U}(\mathcal{H})$ auf das ihr vorliegende Qubit an, wobei $U_{b_1b_0}$ definiert ist durch

  $$U_{b_1b_0} = \sigma_z^{b_0} \cdot \sigma_x^{b_1}.$$

  In der Definition von $U_{b_1b_0}$ nutzen wir die Konvention, dass für alle Matrizen A gilt, dass $A^0 = \mathrm{Id}$.
- Alice sendet ihr Qubit an Bob.
- Bob führt zwei Messungen durch: erst bezüglich $\sigma_z \otimes \sigma_z$ und dann bezüglich $\sigma_x \otimes \sigma_x$.
- Aus den Messergebnissen extrahiert Bob die von Alice verschickten Bitwerte gemäß des Schemas in Tabelle 5.1.

Bobs Messergebnisse	**Zugeordnete Bitwerte b_1b_0**
$+1, +1$	00
$+1, -1$	01
$-1, +1$	10
$-1, -1$	11

Tabelle 5.1 Bobs Auswahlschema

Korrektheit des Kommunikationsprotokolls

Um die Korrektheit dieses Protokolls zu prüfen, müssen wir im Wesentlichen nur die Plausibilität der Tabelle 5.1 verifizieren. Hierzu müssen wir sichergehen, dass die besagten Ergebnisse tatsächlich mit den jeweiligen Bitwerten korrespondieren, die Alice schicken möchte.

Um die Messergebnisse nachvollziehen zu können, müssen wir zunächst den Zustand des Zwei-Qubit-Registers vor der Messung berechnen. Dieser ist gegeben durch

$$
\begin{aligned}
(\sigma_z^{b_1}\sigma_x^{b_0} \otimes \mathrm{Id})\,|\Phi_+\rangle &= (\sigma_z^{b_1}\sigma_x^{b_0} \otimes \mathrm{Id})\left(\frac{1}{\sqrt{2}}(|00\rangle + |11\rangle)\right)\\
&= (\sigma_z^{b_1}\sigma_x^{b_0} \otimes \mathrm{Id})\left(\frac{1}{\sqrt{2}}(|0\rangle \otimes |0\rangle + |1\rangle \otimes |1\rangle)\right)\\
&= \frac{1}{\sqrt{2}}\Big((\sigma_z^{b_1}\sigma_x^{b_0} \otimes \mathrm{Id})\,|0\rangle \otimes |0\rangle + (\sigma_z^{b_1}\sigma_x^{b_0} \otimes \mathrm{Id})\,|1\rangle \otimes |1\rangle)\Big)\\
&= \frac{1}{\sqrt{2}}\Big((\sigma_z^{b_1}\sigma_x^{b_0}\,|0\rangle) \otimes |0\rangle + (\sigma_z^{b_1}\sigma_x^{b_0}\,|1\rangle) \otimes |1\rangle)\Big).
\end{aligned}
$$

Im Fall $b_1 = b_0 = 1$ ergibt sich aufgrund der Identitäten in Lemma 4.4.9 und gemäß der Definition der Bell-Basis in Gleichung (4.6.18), dass

$$
\begin{aligned}
(\sigma_z^{b_1}\sigma_x^{b_0} \otimes \mathrm{Id})\,|\Phi_+\rangle &= \frac{1}{\sqrt{2}}\Big((\sigma_z\sigma_x\,|0\rangle) \otimes |0\rangle + (\sigma_z\sigma_x\,|1\rangle) \otimes |1\rangle)\Big)\\
&= \frac{1}{\sqrt{2}}\Big((\sigma_z\,|1\rangle) \otimes |0\rangle + (\sigma_z\,|0\rangle) \otimes |1\rangle)\Big)\\
&= \frac{1}{\sqrt{2}}\Big(-|1\rangle \otimes |0\rangle + |0\rangle \otimes |1\rangle)\Big)\\
&= \frac{1}{\sqrt{2}}\Big(-|10\rangle + |01\rangle)\Big) = |\Psi_-\rangle\,.
\end{aligned}
$$

Für die restlichen Kombinationsmöglichkeiten der Bitwerte $b_1 b_0$ ergeben sich die Zustände in Tabelle 5.2. Den Beweis der noch nicht durchgerechneten Behauptungen finden Sie in Übung 5.8.

$b_1 b_0$	$(\sigma_z^{b_0}\sigma_x^{b_1} \otimes \mathrm{Id})\,|\Phi_+\rangle$
00	$|\Phi_+\rangle$
01	$|\Psi_+\rangle$
10	$|\Phi_-\rangle$
11	$|\Psi_-\rangle$

Tabelle 5.2 Berechnung der Zustände $(\sigma_z^{b_0}\sigma_x^{b_1} \otimes \mathrm{Id})\,|\Phi_+\rangle$

Als Nächstes müssen wir prüfen, welche Eigenvektoren und Eigenwerte die beiden Observablen $\sigma_z \otimes \sigma_z$ und $\sigma_x \otimes \sigma_x$ haben, da Messungen durch die

Eigenräume charakterisiert sind. Hierzu gelten die Zusammenhänge in Tabelle 5.3, die wir in Übung 5.9 (wieder mithilfe der Identitäten in Lemma 4.4.9) nachprüfen:

Bell-Basis-Element	Eigenwert als Eigenvektor von $\sigma_z \otimes \sigma_z$	Eigenwert als Eigenvektor von $\sigma_x \otimes \sigma_x$
$\|\Phi_+\rangle$	$+1$	$+1$
$\|\Phi_-\rangle$	$+1$	-1
$\|\Psi_+\rangle$	-1	$+1$
$\|\Psi_-\rangle$	-1	-1

Tabelle 5.3 Zuordnung der Messergebnisse von Bob zu den Bell-Basis-Elementen

Somit gilt, dass Bob aufgrund seiner Messergebnisse eindeutig herausfinden kann (mittels der Tabelle 5.3), welchen Zustand das Zwei-Qubit-Register vor der Messung innehatte. Dadurch weiß er aber wiederum aufgrund von Tabelle 5.2, welche unitäre Matrix $\sigma_z^{b_0}\sigma_x^{b_1}$ Alice angewendet haben muss. Und aus dieser Auswahl der unitären Matrix kann er direkt die Bits extrahieren, die Alice ihm übermitteln wollte.

Hierdurch erhalten wir die Plausibilität der Tabelle 5.1, die einfach eine Kurzfassung der Tabellen 5.2 und 5.3 ist.

Praktische Einordnung

In der Praxis muss man bei der Ausnutzung dieses Kommunikationsprotokolls berücksichtigen,

- dass bereits ein verschränkter Zustand zwischen Alice und Bob existieren muss und
- dass ein Qubit fehlerfrei von Alice nach Bob transferiert werden muss.

Diese beiden Voraussetzungen sind in der heutigen Infrastruktur natürlich aufwendiger, als zwei Bits zu übertragen. Aber man weiß nie, wie die Welt in der Zukunft aussehen wird.

5.7 Quantenteleportation

Wohl jeder Mensch hat sich wohl schon einmal gedacht: »Ich wünschte, ich könnte mich jetzt nach Hause beamen lassen.« In diesem Abschnitt sehen Sie, dass dies – zu einem sehr sehr hohen Preis – in der Theorie vielleicht gar nicht mal so unmöglich ist. Sie lernen nämlich ein Protokoll zur *Quantenteleportation* kennen, mit dem der Zustand eines Quantensystems auf den Zustand eines anderen Quantensystems übertragen wird. Hierbei spielt die räumliche Distanz zwischen den beiden vorhandenen Quantensystemen nur dahingehend eine Rolle, dass ein verschränkter Zustand zwischen beiden Quantensystemen aufrechterhalten bleiben muss.

Das Resultat aus dem letzten Abschnitt war schon sehr interessant und vielleicht auch überraschend. Das, was Sie in diesem Abschnitt lernen, verwendet technische Elemente aus dem letzten Abschnitt und wird Sie definitiv überraschen sowie vielleicht sogar an geliebte Science-Fiction-Klassiker erinnern. Wir werden hierbei organisatorisch ähnlich vorgehen wie im letzten Abschnitt.

Voraussetzungen

Genauso wie in den letzten Abschnitten nehmen wir hier an, dass Alice und Bob ein verschränktes Zwei-Qubit-Register im Zustand $|\Phi_+\rangle$ teilen, wobei jeder von ihnen Zugang zu einem Qubit hat. Eine weitere Voraussetzung ist, dass wir annehmen, dass Alice Zugang hat zu einem Ein-Qubit-Register im Zustand

$$|\psi\rangle = \alpha_0 |0\rangle + \alpha_1 |1\rangle \,, \quad \text{wobei } \alpha_0, \alpha_1 \in \mathbb{C} \quad \text{mit } |\alpha_0|^2 + |\alpha_1|^2 = 1.$$

Das Ziel von Alice ist es, diesen Zustand zu Bob zu *teleportieren*, d.h., ihn

- bei sich selbst zu eliminieren
- und ihn bei Bob wieder erzeugen zu lassen.

Der erste Punkt impliziert auch den soeben genannten sehr, sehr hohen Preis für die Teleportation (bei einem Menschen) und zeigt den fundamentalen Unterschied zum Klonen.

Das Protokoll für die Teleportation

Die Idee des Protokolls lautet, dass Alice ihr Ein-Qubit-Register im Zustand $|\psi\rangle$ mit dem verschränkten Zwei-Qubit-Register zusammensetzt und dann an den beiden ihr zugänglichen Qubits geeignete Messungen durchführt. Je nachdem, was sie für ein Messergebnis erhält, schickt sie im Anschluss eine Anleitung an Bob, wie er die Auswirkungen ihrer Messungen an seinem Qubit ausnutzen kann, um $|\psi\rangle$ zu rekonstruieren.

Im Detail lautet das Protokoll wie folgt:

1. Alice setzt die beiden Quantensysteme zu einem Drei-Qubit-Quantensystem zusammen.
2. Alice führt zwei Messungen an den beiden ihr zugänglichen Qubits im Drei-Qubit-Quantensystem durch: erst bezüglich $\sigma_z \otimes \sigma_z$ und dann bezüglich $\sigma_x \otimes \sigma_x$.

3. Alice sendet Bob zwei Bitwerte $b_1 b_0$ abhängig von ihren Messergebnissen und entsprechend Tabelle 5.1.
4. Bob wendet die unitäre Abbildung

$$U_{b_1 b_0} = \sigma_z^{b_0} \cdot \sigma_x^{b_1}$$

auf das ihm vorliegende Qubit an.
5. Das Bob vorliegende Qubit hat nun den Zustand $|\psi\rangle$.

Korrektheit des Protokolls

Nach Schritt (1) befindet sich das Drei-Qubit-Register im Zustand $|\psi\rangle \otimes |\Phi_+\rangle$. Um zu verstehen, was die Messung aus Schritt (2) für eine Auswirkung hat, müssen wir diesen Zustand so umschreiben, dass die ersten beiden Qubits (auf die Alice Zugriff hat und die gemessen werden) vom letzten Qubit (auf das nur Bob Zugriff hat) separiert sind. Durch elementare Berechnungen erhalten wir, dass

$$\begin{aligned} |\psi\rangle \otimes |\Phi_+\rangle = \tfrac{1}{2}\Big(& |\Phi_+\rangle \otimes |\psi\rangle \;+\; |\Psi_+\rangle \otimes (\sigma_x |\psi\rangle) \\ & + |\Phi_-\rangle \otimes (\sigma_z |\psi\rangle) \;+\; |\Psi_-\rangle \otimes (\sigma_x \sigma_z |\psi\rangle)\Big). \end{aligned} \tag{5.7.1}$$

Die Verifikation dieser Formel lagern wir als Übung 5.10 aus.

Der Zustand der ersten beiden Qubits ist somit gegeben durch eine Superposition der Elemente der Bell-Basis. Gemäß unserer Erkenntnisse aus dem letzten Abschnitt wissen wir nun, dass Alice' Messungen bezüglich $\sigma_z \otimes \sigma_z$ und dann bezüglich $\sigma_x \otimes \sigma_x$ folgende Eigenschaften haben:

- Es gibt vier mögliche Kombinationen an Messergebnissen:

$$(+1, +1)$$
$$(+1, -1)$$
$$(-1, +1)$$
$$(-1, -1)$$

- Die vier möglichen Kombinationen an Messergebnissen sind (gemäß Tabelle 5.3) eindeutig einem der vier Elemente der Bell-Basis zugeordnet.

Daraus folgern wir, dass Alice nach dieser zweimaligen Messung genau weiß, in welchem Zustand sich das ihr vorliegende Zwei-Qubit befindet. Da ihre Qubits immer noch mit Bobs Qubits verschränkt sind, weiß sie auch schon, in welchem Zustand sich Bobs Qubit befindet. Dieser Zustand ist durch Gleichung (5.7.1) determiniert und wird in Tabelle 5.4 zusammengefasst.

Messergebnis von Alice	Zustand von Bobs Qubit
$\|\Phi_+\rangle$	$\|\psi\rangle = \sigma_x^0\sigma_z^0\|\psi\rangle$
$\|\Phi_-\rangle$	$\sigma_z\|\psi\rangle = \sigma_x^0\sigma_z^1\|\psi\rangle$
$\|\Psi_+\rangle$	$\sigma_x\|\psi\rangle = \sigma_x^1\sigma_z^0\|\psi\rangle$
$\|\Psi_-\rangle$	$\sigma_x\sigma_z\|\psi\rangle = \sigma_x^1\sigma_z^1\|\psi\rangle$

Tabelle 5.4 Zuordnung der Messergebnisse zum Zustand von Bobs Qubit

In kompakter Form lässt sich der Zustand von Bobs Qubit schreiben als

$$\sigma_x^{b_1}\sigma_z^{b_0}|\psi\rangle\,,$$

wobei b_1b_0 anhand der Tabellen 5.1 und 5.3 durch die von Alice gemessenen Messergebnisse bestimmt werden. Diese zwei Bits b_1b_0 an Informationen leitet Alice in Schritt (3) an Bob weiter.

Nun weiß Bob nach Schritt (3) also, dass sich sein Qubit im Zustand $\sigma_x^{b_1}\sigma_z^{b_0}|\psi\rangle$ befindet, wobei er b_1b_0 von Alice in Schritt (3) erhalten hat. Wenn er nun in Schritt (4) die unitäre Matrix $U_{b_1b_0} = \sigma_z^{b_0}\sigma_x^{b_1}$ auf sein Qubit anwendet, erhält er, dass

$$\begin{aligned} U_{b_1b_0}\sigma_x^{b_0}\sigma_z^{b_1}|\psi\rangle &= \sigma_z^{b_0}\sigma_x^{b_1}\sigma_x^{b_1}\sigma_z^{b_0}|\psi\rangle = \sigma_z^{b_0}(\sigma_x^2)^{b_1}\sigma_z^{b_0}|\psi\rangle \\ &= \sigma_z^{b_0}\mathrm{Id}\,\sigma_z^{b_0}|\psi\rangle = \sigma_z^{b_0}\sigma_z^{b_0}|\psi\rangle = (\sigma_z^2)^{b_0}|\psi\rangle = |\psi\rangle\,, \end{aligned}$$

wobei wir hier mehrmals ausgenutzt haben, dass die Pauli-Matrizen selbstinvers sind (siehe Lemma 4.4.9). Somit hat Bob den Zustand $|\psi\rangle$ in seinem Ein-Qubit-Register erhalten.

5.8 Zusammenfassung, Übungen und bibliografische Hinweise

5.8.1 Zusammenfassung

- **Globale Phasen** haben keine Auswirkung auf das statistische Verhalten innerhalb eines geschlossenen Quantensystems.
- **Relative Phasen** können Interferenzphänomene erzeugen und demnach eine Auswirkung auf das statistische Verhalten innerhalb eines geschlossenen Quantensystems haben.

- Die **Unschärferelation** besagt, dass für $A, B \in \mathcal{L}_{\text{sa}}(\mathscr{H})$ und $|\psi\rangle \in \mathscr{H}$ gilt, dass

$$\Delta_\psi(A)\Delta_\psi(B) \geq \left| \left\langle \frac{1}{2i}[A,B] \right\rangle_\psi \right|.$$

- Es gibt **separable** und **verschränkte** Zustände. Bei verschränkten Zuständen beeinflusst die Messung des einen Subsystems den Zustand des anderen Subsystems.
- Es ist **nicht möglich**, mittels des Phänomens der Verschränkung **Informationen auszutauschen**.
- Es gibt **kein Quanten-Kopiergerät**.
- Es gibt ein **plausibles Kommunikationsprotokoll**, in dem Alice Bob **ein** Qubit schickt, aber Bob die Information von **zwei** (klassischen) Bits erhält. Die Voraussetzung hierfür ist, dass Alice und Bob ein verschränktes Zwei-Qubit-System teilen.
- Es gibt ein **plausibles Protokoll**, mit dem es für Alice möglich ist, einen Zustand zu Bob zu **teleportieren**. Die Voraussetzung hierfür ist, dass Alice und Bob ein verschränktes Zwei-Qubit-System teilen.

5.8.2 Übungen

Übung 5.1 Beweisen Sie Proposition 5.1.4.

Übung 5.2 Beschreiben Sie, wie die Unschärferelation im Doppelspaltexperiment (siehe Abschnitt 3.2) und im Stern-Gerlach-Experiment (siehe Abschnitt 3.3) nachgewiesen werden kann.

Übung 5.3 Seien $A \in \mathcal{L}_{\text{sa}}(\mathscr{H})$ und $|\psi\rangle \in \mathscr{H}$ der initial präparierte Zustand eines Quantensystems. Zeigen Sie, dass $\exp(A)_\psi \leq \lambda_{max}$, wobei $\lambda_{max} \in \sigma(A)$ der betragsmäßig größte Eigenwert von A ist.

Tipp: Erinnern Sie sich an Formel (4.5.21).

Sei nun $\|A\|$ die zugehörige *Operatornorm*, definiert durch

$$\|A\| := \max_{v \in \mathscr{H} \text{ mit } \|v\|=1} \|Av\|.$$

Zeigen Sie, dass $\|Av\| \leq \|A\|\|v\|$ für alle beliebigen $v \in \mathscr{H}$. (Lesen Sie auch Abschnitt 7.6.3 für mehr Informationen zur Operatornorm.) Beweisen Sie nun Lemma 5.2.5.

Tipps: Fangen Sie mit Gleichung (5.2.3) an. Danach ergänzen Sie geeignete Terme, nutzen die Dreiecksungleichung und schätzen die verbliebenen Terme geeignet ab.

Übung 5.4 Beweisen Sie Proposition 5.2.10.

Tipps: Fangen Sie mit Gleichung (5.2.3) an und nutzen Sie die Cauchy-Schwarz-Ungleichung (siehe Übung 2.9).

Übung 5.5 Seien $A \in \mathcal{L}_{\text{sa}}(\mathscr{H})$ und $|\psi\rangle \in \mathscr{H}$. Nehmen Sie an, dass $\Delta_\psi(A)$. Zeigen Sie, dass $|\psi\rangle$ eine Superposition der Eigenvektoren von A ist.

Übung 5.6 Zeigen Sie, dass $|\Psi_+\rangle$, definiert in Gleichung (4.6.18), tatsächlich nicht-separabel ist.

Übung 5.7 Zeigen Sie, dass das No-Cloning-Theorem *nicht* gilt, wenn das No-Communication-Theorem *nicht* gilt.

Übung 5.8 Berechnen Sie $(\sigma_z^{b_1}\sigma_x^{b_0} \otimes \text{Id})\,|\Phi_+\rangle$ für alle $b_0, b_1 \in \{0, 1\}$.

Übung 5.9 Zeigen Sie, dass die Elemente der Bell-Basis Eigenvektoren der Operatoren $\sigma_z \otimes \sigma_z$ und $\sigma_x \otimes \sigma_x$ sind und geben Sie die jeweiligen Eigenwerte an.

Übung 5.10 Beweisen Sie die Gleichung (5.7.1). Für diese Verifikation sind wieder die Formeln zu Summen von Elementen der Bell-Basis sehr hilfreich (siehe Übung 4.20).

5.8.3 Bibliografische Hinweise

Die Empfehlungen und Literaturhinweise für dieses Kapitel 5 sind deckungsgleich mit denen aus Kapitel 4, die in Abschnitt 4.7.3 aufgelistet sind.

TEIL III
Das Quantenschaltkreismodell

Kapitel 6
(Multi-)Qubits

Bisher habe ich Sie immer wieder vorgreifend Beispiele aus der *Quanteninformatik* ausführen lassen, um begleitend zum abstrakten quantenmechanischem Formalismus konkrete Beispiele zu haben. Nun möchte ich alles nochmal rigoros und sauber einführen.

In diesem Kapitel gehen Sie also offiziell Ihre ersten Schritte in der Quanteninformatik und lernen *(Multi-)Qubits* kennen: die erste Zutat des sogenannten Quantenschaltkreismodells (siehe Definition 8.1.1). Diese (Multi-)Qubits spielen in der Quanteninformatik die Rolle der *Bit-Register* in der klassischen Informatik. Sie dienen somit dazu, Daten in *Qubit-Registern* zu speichern und zu verarbeiten.

Sie wissen bereits, dass man in der Quanteninformatik beabsichtigt, sich die Gesetze der Quantenmechanik zunutze zu machen. Somit werden die Regeln der Quantenmechanik, die Sie in Kapitel 4 kennengelernt haben und die teilweise fundamental von unserer klassischen Vorstellung abweichen, auch in die Quanteninformatik übertragen. Dies wiederum bedeutet aber, dass sich (Multi-)Qubits und Bit-Register zwar in ihrer Funktionalität ähnlich sind, sich aber in ihren Eigenschaften fundamental unterscheiden müssen. Ein Ziel dieses Kapitels ist es, einige dieser fundamentalen Unterschiede – aufbauend auf unseren Erkenntnissen aus Kapitel 4 – herzuleiten und aufzuzeigen.

Der rote Faden in diesem Kapitel

In Abschnitt 6.1 führe ich den Begriff des Qubits und einige damit zusammenhängende Begriffe nochmals ein. Hierbei lernen Sie auch die *Bloch-Darstellung* zur Visualisierung von Qubits kennen.

In Abschnitt 6.2 erweitere ich die wesentlichen Konzepte auf *Multi-Qubits*, d. h. auf den Verbund mehrerer Qubits zu einem Register.

In Abschnitt 6.3 greife ich schließlich die Frage aus Kapitel 4 auf, wieso wir gerade diese Form des Tensorprodukts wählen mussten, um Multi-Qubits zu konstruieren.

6.1 Qubits – die Bits der Quanteninformatik

Wir beginnen mit der Einführung der elementaren, kleinsten Informationseinheit in der Quanteninformatik, dem *Qubit*. Diese sind in der Quanteninformatik das Pendant zu Bits in der klassischen Informatik.

Der rote Faden in diesem Abschnitt

Wir beginnen mit der Definition von Qubits in Abschnitt 6.1.1. Danach greifen wir in Abschnitt 6.1.2 nochmals das Phänomen des Superpositionsprinzips auf und überlegen uns anschaulich, wieso wir hiermit einen Vorteil erzielen könnten. In Abschnitt 6.1.3 betrachten wir die sogenannte *Messung bezüglich der Rechenbasis*, eine Ausleseart der Qubits, die wir sehr häufig verwenden werden. In den Abschnitten 6.1.4, 6.1.5 und 6.1.6 lernen Sie die *Bloch-Darstellung*, einige Beispiele hierzu sowie gewisse geometrische Interpretationen in diesem Kontext kennen.

6.1.1 Definition von Qubits

Fangen wir mit der rigorosen Definition der Qubits an. Qubits sollen also unserer Intuition nach elementare Informationen speichern sowie weiterverarbeiten und dabei quantenmechanischen Prinzipien folgen. Somit müssen Qubits durch Quantensysteme realisiert werden, denn hier lassen sich die Gesetze der Quantenmechanik nachweisen. Von Quantensystemen wiederum wissen wir bereits aus Kapitel 4, dass diese durch einen Zustandsvektor beschrieben werden. Dieser Zustandsvektor ist stets ein Element aus einem Hilbertraum $\mathscr{H}$. In Abschnitt 4.2.2 habe ich bereits vorgegriffen erwähnt, dass der *Hilbertraum in der Quanteninformatik im Falle eines einzelnen Qubits* gegeben ist durch den zwei-dimensionalen komplexen Hilbertraum $\mathbb{C}^2$. Zur besseren Unterscheidbarkeit bezeichnen wir diesen Hilbertraum auch mit $\mathcal{H}$, d. h., im Falle eines einzelnen Qubits gilt, dass

$$\mathscr{H} = \mathcal{H} = \mathbb{C}^2.$$

An dieser Stelle wird auch klar, warum wir einen zwei-dimensionalen Hilbertraum wählen mussten. Denn die Zwei-Dimensionalität impliziert, dass jede Basis aus zwei Basisvektoren besteht. Und so können wir eine gewisse Basis herauspicken und die zugehörigen zwei Basisvektoren als unsere elementaren Informationseinheiten auswählen – d. h., die Pendents zu 0 und 1 aus der klassischen Informatik. Sie haben bereits gesehen, dass wir diese beiden Basiselemente als $|0\rangle$ und $|1\rangle$ notieren und dass diese gegeben sind durch die Standardbasis, die wir als *Rechenbasis* bezeichnen, d. h.,

$$|0\rangle = \begin{pmatrix} 1 \\ 0 \end{pmatrix} \quad \text{und} \quad |1\rangle = \begin{pmatrix} 0 \\ 1 \end{pmatrix}.$$

Anders ausgedrückt, legen wir fest, dass wir

- einem Qubit den Wert 0 zuordnen, wenn der Zustand des Qubits gegeben ist durch $|0\rangle$, und
- einem Qubit den Wert 1 zuordnen, wenn der Zustand des Qubits gegeben ist durch $|1\rangle$.

So eine Zuordnung nennen wir in diesem Buch auch *informationstheoretische Interpretation*.

Wir halten den soeben erarbeiteten Formalismus in der folgenden Definition von Qubits fest.

Definition 6.1.1 Ein *Qubit* ist die elementare, kleinste Informationseinheit in der Quanteninformatik. Als Quantensystem ist der zugehörige Hilbertraum $\mathscr{H}$ des Qubits gegeben durch den zwei-dimensionalen komplexen Hilbertraum $\mathcal{H} = \mathbb{C}^2$. Das heißt, der Zustand eines Qubits wird beschrieben durch einen Vektor $|\psi\rangle \in \mathcal{H}$.

Die Standardbasis in $\mathcal{H}$ wird als *Rechenbasis* bezeichnet und als $\{|0\rangle\,, |1\rangle\}$ notiert. Die Rechenbasis übernimmt die Rolle der elementaren Informationseinheiten in der Quanteninformatik.

Außerdem werden die Zustände $\{|0\rangle\,, |1\rangle\}$ jeweils informationstheoretisch den Werten 0 und 1 zugeordnet.

6.1.2 Die Bedeutung der Superposition

Die vorangehende Definition sagt uns also, dass wir den Zuständen $\{|0\rangle\,, |1\rangle\}$ jeweils informationstheoretisch die Werte 0 und 1 zuordnen. Doch was passiert, wenn der Zustand des Qubits keinem dieser beiden Zustände entspricht? Denn Sie haben ja gelernt, dass Quantensysteme aufgrund des Superpositionsprinzips (siehe Abschnitt 4.3) auch andere Zustände annehmen können. Diese sind im Allgemeinen in der Form

$$|\psi\rangle = \alpha_0\,|0\rangle + \alpha_1\,|1\rangle\,, \qquad (6.1.1)$$

wobei $\alpha_0, \alpha_1 \in \mathbb{C}$ mit $|\alpha_0|^2 + |\alpha_1|^2 = 1$, wie Sie bereits in Abschnitt 4.2.2 herausgefunden haben. In der Quantenmechanik werden diese Zustände also durch das Superpositionsprinzip beschrieben. Doch was hat das für eine Bedeutung in der Quanteninformatik? Oder in anderen Worten: Wie interpretieren wir derartige Zustände im informationstheoretischen Sinne?

Durch diese Frage nähern wir uns einem der fundamentalen Unterschiede zwischen der Quanteninformatik und der klassischen Informatik: Während in der klassischen Informatik die elementaren Informationseinheiten – das sind die Bits – nur die Werte 0 oder 1 annehmen können, können die elementaren Informationseinheiten in der Quanteninformatik – das sind die Qubits – auch Werte annehmen, die *Überlagerungen* der Zustände $|0\rangle$ und $|1\rangle$ darstellen. Das heißt, dass das Qubit sich in einem Zustand befindet, der weder gleich $|0\rangle$ noch gleich $|1\rangle$ ist, aber von beiden Zuständen beeinflusst wird und Eigenschaften von diesen beiden Zuständen besitzt. Hierbei ist auch eine verschiedene Gewichtung auf die jeweiligen Zustände möglich. Erinnern Sie sich daran, dass diese Gewichtung determiniert wird durch die jeweiligen Koeffizienten, d. h. durch α_0 und α_1 (siehe Beispiel 4.5.10).

Dies ist sehr interessant. Das Qubit muss sich also nicht entscheiden, ob es den einen oder den anderen Zustand annimmt. Es kann beide *überlagert* annehmen.

Wie kann man daraus Profit schlagen und effizienter rechnen?

Bevor wir uns dieser Frage widmen, müssen wir uns nochmals vor Augen führen, was es überhaupt bedeutet, mit einem Qubit zu rechnen. Beim Rechnen muss man natürlich Operationen durchführen. Dass dies auch mit Qubits möglich ist, haben Sie bereits in Kapitel 4 (unter anderem in diversen Codebeispielen) gesehen und werde ich in Kapitel 7 näher beleuchten. Gemäß der Gesetze der Quantenmechanik ist es möglich, gezielt die Zustände eines Quantensystems – d. h. in diesem Fall eines Qubits – durch unitäre Matrizen zu manipulieren (siehe Postulat II.2).

Wir fassen also zusammen: Gemäß der Gesetze der Quantenmechanik ist es möglich,

- dass ein Qubit zwei Werte überlagert annehmen kann und
- dass Qubits gezielt manipuliert werden können.

Dies impliziert direkt folgende intuitive Vorstellung: Man kann mit einem Qubit der Form (6.1.1), das sich in Superposition befindet, so rechnen, als würde man *parallel* ausgehend vom Zustand $|0\rangle$ und vom Zustand $|1\rangle$ aus die Berechnung beginnen. Denn diese überlagerten Zustände besitzen ja schließlich – entsprechend der Gewichtung – die Eigenschaften vom Zustand $|0\rangle$ *und* vom Zustand $|1\rangle$. Man muss also nicht einzeln für beide Startpunkte jeweils die Berechnungen durchführen, sondern kann beide Startpunkte parallel berücksichtigen.

Diese Beobachtung erscheint besonders hilfreich, da sich so möglicherweise viele Berechnungen parallelisieren lassen und somit effizienter durchgeführt werden könnten. Sie werden im weiteren Verlauf dieses Buchs sehen, dass dies tatsächlich möglich ist.

6.1.3 Auslesen eines Qubits

Eine weitere Aufgabe stellt sich uns jetzt auf natürliche Weise. Denn irgendwie müssen wir am Ende des Tages, nachdem wir unsere Berechnungen durchgeführt haben, trotzdem noch unser *Qubit auslesen* können. Demnach muss es im Anschluss an unsere Berechnungen entweder den Zustand $|0\rangle$ oder $|1\rangle$ annehmen, damit wir es sinnvoll interpretieren können.

Hier kommt die *Messung* ins Spiel, die ich in Abschnitt 4.5 ausführlich eingeführt habe. Dort haben Sie gelernt, dass der entscheidende Schritt die richtige Wahl der Observablen ist: Wir müssen eine geeignete Observable für das Auslesen des Qubits auswählen, sodass nach der Messung bezüglich dieser Observable entweder der Zustand $|0\rangle$ oder der Zustand $|1\rangle$ angenommen wird; je nachdem, was die vorherigen Berechnungen ergaben.

Doch welche Observable ist hier die richtige? Das haben Sie in Kapitel 4 mehrmals gesehen: die Pauli-Z-Matrix σ_z. Wir wissen nämlich, dass σ_z die Vektoren $|0\rangle$ und $|1\rangle$ als Eigenvektoren zu den Eigenwerten 1 bzw. -1 hat. Tatsächlich haben Sie auch schon explizite Codebeispiele gesehen – z. B. Codebeispiel 4.5:20 –, in denen wir eine Messung bezüglich σ_z praktisch ausgeführt haben. So eine Messung bezeichnet man auch als *Messung bezüglich der Rechenbasis*.

Definition 6.1.2 Gegeben sei ein Qubit, dessen Zustand beschrieben ist durch einen Vektor in $\mathcal{H}$. Die *Messung des Qubits bezüglich der Rechenbasis* ist definiert als die Messung bezüglich der Pauli-Z-Matrix σ_z. Nach einer Messung bezüglich der Rechenbasis sagen wir, dass

- das **Ausgabeergebnis** gleich 0 ist, wenn der Zustand des Qubits nach der Messung gegeben ist durch $|0\rangle$, und
- das **Ausgabeergebnis** gleich 1 ist, wenn der Zustand des Qubits nach der Messung gegeben ist durch $|1\rangle$.

Messwahrscheinlichkeiten

Sie wissen bereits, dass man bei einer Messung stets die Frage nach den Wahrscheinlichkeiten im Hinterkopf haben muss. Bei der Messung bezüglich der Rechenbasis bei einem einzelnen Qubit haben wir bereits Vorarbeit geleistet und die Wahrscheinlichkeiten in Beispiel 4.5.10 berechnet. Hierbei erhielten wir für allgemeine Qubits der Form (6.1.1), dass

$$\begin{aligned}
&\mathbb{P}_{|\psi\rangle}[\text{Der Zustand nach der Messung ist } |0\rangle] \\
&= \mathbb{P}_{|\psi\rangle}[\text{Das Ausgabeergebnis ist } 0] \\
&= \mathbb{P}_{|\psi\rangle}[\text{Das Messergebnis ist } 1] = |\alpha_0|^2 \\
&\mathbb{P}_{|\psi\rangle}[\text{Der Zustand nach der Messung ist } |1\rangle] \\
&= \mathbb{P}_{|\psi\rangle}[\text{Das Ausgabeergebnis ist } 1] \\
&= \mathbb{P}_{|\psi\rangle}[\text{Das Messergebnis ist } -1] = |\alpha_1|^2.
\end{aligned}$$

6.1.4 Die Bloch-Darstellung zur Visualisierung von Qubits

Im Quantenschaltkreismodell werden Qubits durch die Anwendung unitärer Matrizen oder – wie wir sie in Kürze nennen werden – durch *Gatter* (siehe Kapitel 7) manipuliert, um neue Zustände zu generieren. Dadurch beabsichtigt man, gewisse Probleme zu lösen. Hierbei wäre es sehr hilfreich, wenn wir diese Manipulation der Zustände der Qubits grafisch visualisieren könnten. Dies wiederum bedingt eine einheitliche grafische Darstellung der Qubits. Hier kommt die *Bloch-Darstellung* ins Spiel.

Eine neue Parametrisierung von Qubits

Im ersten Schritt müssen wir zunächst eine neue einheitliche mathematische Darstellung der Qubits finden. Bisher wissen wir nur, dass der Zustand $|\psi\rangle$ eines allgemeinen Qubits durch folgende Formel beschrieben wird:

$$|\psi\rangle = \alpha_0 |0\rangle + \alpha_1 |1\rangle, \tag{6.1.2}$$

wobei $\alpha_0, \alpha_1 \in \mathbb{C}$ mit $|\alpha_0|^2 + |\alpha_1|^2 = 1$. Das Ziel ist jetzt, diese Darstellung geeignet zu parametrisieren, d. h., so umzuformen, dass die allgemeine Darstellung durch gewisse Parameter gekennzeichnet ist. Wir wünschen auch, dass diese Darstellung eine geometrische/grafische Interpretation beinhaltet.

Erinnern Sie sich dazu daran, dass alle komplexen Zahlen durch Polarkoordinaten dargestellt werden können (siehe Abschnitt 2.3). Das heißt, es gibt $r_0, r_1, \beta_0, \beta_1 \in \mathbb{R}$, sodass

$$\alpha_0 = r_0\, e^{i\beta_0} \quad \text{und} \quad \alpha_1 = r_1\, e^{i\beta_1}. \tag{6.1.3}$$

In unserem Fall wissen Sie aufgrund der Normiertheitsbedingung außerdem noch, dass

$$\begin{aligned}
1 &= |\alpha_0|^2 + |\alpha_1|^2 = |r_0\, e^{i\beta_0}|^2 + |r_1\, e^{i\beta_1}|^2 = |r_0|^2\, |e^{i\beta_0}|^2 + |r_1|^2\, |e^{i\beta_1}|^2 \\
&= |r_0|^2 + |r_1|^2.
\end{aligned}$$

Es gilt also, dass $|r_0|^2 + |r_1|^2 = 1$ und dass r_0, r_1 reelle Zahlen sind. Somit können diese beiden Zahlen via trigonometrischer Funktionen dargestellt werden. Das bedeutet: Es gibt ein $\theta \in \mathbb{R}$, sodass

$$r_0 = \cos\left(\tfrac{\theta}{2}\right) \quad \text{und} \quad r_1 = \sin\left(\tfrac{\theta}{2}\right).$$

Wieso man hier $\frac{\theta}{2}$ statt einfach nur θ wählt, erklärt sich in Bemerkung 6.1.7. Zusammengefasst folgern wir, dass alle Qubits $|\psi\rangle$ dargestellt werden können als

$$|\psi\rangle = e^{i\beta_0} \cos\left(\tfrac{\theta}{2}\right) |0\rangle + e^{i\beta_1} \sin\left(\tfrac{\theta}{2}\right) |1\rangle, \tag{6.1.4}$$

wobei $\theta, \beta_0, \beta_1 \in \mathbb{R}$.

Doch wir können diese Darstellung noch weiter vereinfachen und einen der drei Parameter eliminieren. Erinnern Sie sich daran, dass globale Phasen keine messbare Auswirkung auf Quantenzustände haben (siehe Abschnitt 5.1). Es gilt also, dass $|\psi\rangle$ und $e^{-i\beta_0} |\psi\rangle$ denselben Zustand beschreiben. Dies impliziert, dass wir die allgemeine Darstellung reduzieren können zu

$$|\psi\rangle = \cos\left(\tfrac{\theta}{2}\right) |0\rangle + e^{i(\beta_1 - \beta_0)} \sin\left(\tfrac{\theta}{2}\right) |1\rangle. \tag{6.1.5}$$

Wenn wir außerdem noch $\beta = \beta_1 - \beta_0$ setzen, erhalten wir folgende Bloch-Darstellung, die wir als Proposition festhalten.

Proposition 6.1.3 Sei $|\psi\rangle \in \mathcal{H}$ der Zustand eines Qubits. Dann gibt es $\theta, \beta \in \mathbb{R}$, sodass

$$|\psi\rangle = \cos\left(\tfrac{\theta}{2}\right) |0\rangle + e^{i\beta} \sin\left(\tfrac{\theta}{2}\right) |1\rangle. \tag{6.1.6}$$

Abbildung in die Einheitssphäre

Wir haben uns somit eine einheitliche mathematische Darstellung aller Qubits erarbeitet, die durch zwei reelle Werte $\theta, \beta \in \mathbb{R}$ parametrisiert wird. Nun möchten wir diese Darstellung nutzen, um die Qubits auch grafisch darzustellen. Dies gelingt uns am besten durch die *Bloch-Darstellung*, die ich im Folgenden definiere.

Definition 6.1.4 Sei $|\psi\rangle \in \mathcal{H}$ der Zustand eines Qubits. Seien $\theta, \beta \in \mathbb{R}$ so wie in Proposition 6.1.3. Dann bezeichnen wir den Vektor

$$\mathrm{n}_{\theta,\beta} := \begin{pmatrix} \sin(\theta)\cos(\beta) \\ \sin(\theta)\sin(\beta) \\ \cos(\theta) \end{pmatrix} \tag{6.1.7}$$

als die *Bloch-Darstellung* des Qubits und den Vektor $\mathrm{n}_{\theta,\beta}$ als *Bloch-Vektor* von $|\psi\rangle$.

Bemerkung 6.1.5 Es ist leicht zu sehen, dass der Vektor in Gleichung (6.1.7) ein Element der zweidimensionalen Einheitssphäre – d. h. die Oberfläche der Einheitskugel im Raum $\mathbb{R}^3$ – ist. Das heißt, dass die Länge des dreidimensionalen Vektors $\mathrm{n}_{\theta,\beta}$ auf der rechten Seite von (6.1.7) gleich 1 ist (und somit auf der Einheitskugel liegt), da

$$\begin{aligned}&|\sin(\theta)\cos(\beta)|^2 + |\sin(\theta)\sin(\beta)|^2 + |\cos(\theta)|^2\\ &\quad= |\sin(\theta)|^2\left(|\cos(\beta)|^2 + |\sin(\beta)|^2\right) + |\cos(\theta)|^2\\ &\quad= |\sin(\theta)|^2 \cdot 1 + |\cos(\theta)|^2 = 1,\end{aligned}$$

wobei wir zweimal die Identität $\sin^2 + \cos^2 = 1$ benutzt haben. Durch direktes Nachrechnen (siehe Übung 6.1) erhalten wir, dass

$$\mathrm{n}_{\theta,\beta} = \begin{pmatrix} \langle\sigma_x\rangle_\psi \\ \langle\sigma_y\rangle_\psi \\ \langle\sigma_z\rangle_\psi \end{pmatrix}. \qquad (6.1.8)$$

Somit hätten wir auch Gleichung (6.1.8) als die ursprüngliche Definition des Bloch-Vektors $\mathrm{n}_{\theta,\beta}$ wählen können. Wir haben jedem möglichen Zustand eines Qubits einen Punkt auf der Einheitssphäre zugeordnet. Die Punkte im Inneren der Einheitskugel werden sogenannten *gemischten Zuständen* zugeordnet (siehe S. 62 und 63 in [Sch19] für mehr Details).

Somit haben wir jedem Zustand einen Punkt auf dieser Einheitssphäre zugeordnet. Dies ist unsere geometrische Visualisierung, die uns in vielen Situationen helfen wird. Ein typisches Beispiel sehen Sie in Abbildung 6.1.

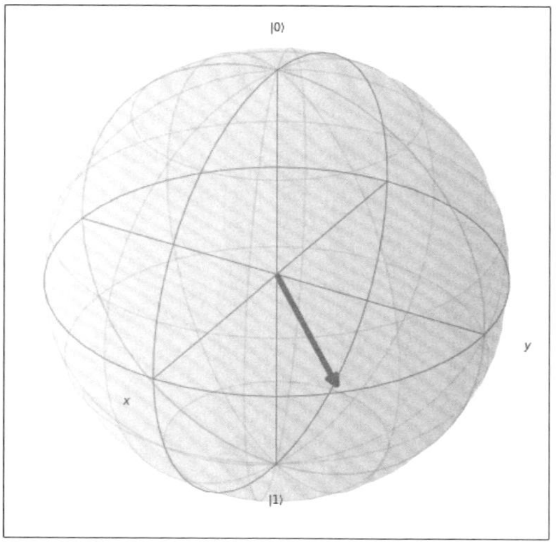

Abbildung 6.1 Beispiel einer Bloch-Darstellung für $\theta = \frac{\pi}{2}$ und $\beta = \frac{\pi}{4}$

Im Folgenden möchten wir sehen, dass durch die Parameter θ und β zudem auch spezielle Winkel in der Bloch-Darstellung angegeben werden. Doch um dies nachvollziehen zu können, betrachten wir zunächst drei wichtige Beispiele: die drei Pauli-Matrizen. Anschließend gehe ich nochmals darauf ein, wo θ und β in der Bloch-Darstellung wiederzufinden sind.

6.1.5 Beispiele zur Bloch-Darstellung

Es ist jetzt an der Zeit für einige Codebeispiele, mit denen wir die Bloch-Darstellung visualisieren wollen. Die Beispiele drehen sich alle um die Eigenvektoren der Pauli-Matrizen, da diese bei der Bloch-Darstellung eine besondere Rolle spielen.

Bisher haben wir immer durch den Befehl `QuantumCircuit(1)` einzelne Qubits initialisiert. Im Folgenden werden wir unsere Codes etwas verkürzen und 2-Qubit-Register initialisieren, d.h. Systeme, die ich in Abschnitt 4.6.4 beschrieben habe. Dies gelingt via `QuantumCircuit(2)` und indem man bei allen Operationen auf den Qubits durch die Parameter `0` oder `1` angibt, auf welches der beiden Qubits die Operation angewendet werden soll.

Bevor ich auf die einzelnen Beispiele eingehe, müssen wir noch herausfinden, wie wir in Qiskit Bloch-Vektoren anzeigen lassen können. Die Bloch-Darstellungen mehrerer einzelner Qubits werden Qiskit durch den Befehl `plot_bloch_multivector` abgebildet. Durch die Parameter `title` und `figsize` kann man jeweils noch einen String als Titel der Darstellung angeben oder die Größe der Grafiken (in Inch) festlegen. Alternativ gibt es auch den Befehl `plot_bloch_vector`, durch den man direkt die Koordinaten des Vektors auf der Einheitssphäre angeben kann. Wir werden im Folgenden nur die Darstellung via `plot_bloch_multivector` verwenden.

Die Rechenbasis – die Eigenvektoren der Pauli-Z-Matrix

Die einfachsten Beispiele sind natürlich die Elemente $|0\rangle$ und $|1\rangle$ der Rechenbasis, die zugleich Eigenvektoren sind von der Pauli-Z-Matrix (siehe Abschnitt 4.5.3). Es gilt hier, dass

- $\theta = 0$ und $\beta = 0$ in Gleichung (6.1.6) für $|0\rangle$ und
- $\theta = \pi$ und $\beta = 0$ in Gleichung (6.1.6) für $|1\rangle$,

sodass die zugehörigen Bloch-Vektoren gegeben sind durch

- $n_{0,0} = (0, 0, 1)^T$ für $|0\rangle$ und
- $n_{\pi,0} = (0, 0, -1)^T$ für $|1\rangle$.

In Listing 6.1 und Abbildung 6.2 sehen Sie, wie der Code und die zugehörigen Bloch-Darstellungen in Qiskit aussehen.

```
from qiskit import QuantumCircuit
from qiskit.visualization import plot_bloch_multivector

circ = QuantumCircuit(2)
circ.x(1)
plot_bloch_multivector(circ,title="Bloch-Darstellungen ↲
        der Eigenvektoren der Pauli-Z-Matrix", figsize=(9,9))
```

Listing 6.1 Code zu den Bloch-Darstellungen der Eigenvektoren der Pauli-Z-Matrix

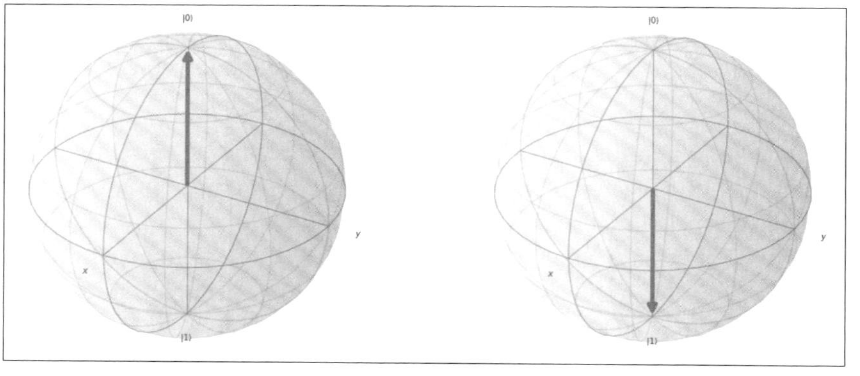

Abbildung 6.2 Bloch-Darstellungen der Eigenvektoren der Pauli-Z-Matrix

Die Basis $\{|+\rangle, |-\rangle\}$ – die Eigenvektoren der Pauli-X-Matrix

Die nächsten Beispiele sind die Basis $\{|+\rangle, |-\rangle\}$, d. h. die Eigenvektoren der Pauli-X-Matrix (siehe Abschnitt 4.5.3). Es gilt hier, dass

- $\theta = \frac{\pi}{2}$ und $\beta = 0$ in Gleichung (6.1.6) für $|+\rangle$ und
- $\theta = \frac{\pi}{2}$ und $\beta = \pi$ in Gleichung (6.1.6) für $|-\rangle$,

sodass die zugehörigen Bloch-Vektoren gegeben sind durch

- $n_{\frac{\pi}{2},0} = (1, 0, 0)^T$ für $|+\rangle$ und
- $n_{\frac{\pi}{2},\pi} = (-1, 0, 0)^T$ für $|-\rangle$.

In Listing 6.2 sehen Sie, wie der Code aussieht. Qiskit gibt dann die Bloch-Darstellungen aus Abbildung 6.3 aus.

```
from qiskit import QuantumCircuit
from qiskit.visualization import plot_bloch_multivector

circ = QuantumCircuit(2)
circ.h(0)
circ.x(1)
circ.h(1)
```

```
plot_bloch_multivector(circ,title="Bloch-Darstellungen der ↲
            Eigenvektoren der Pauli-X-Matrix", figsize=(9,9))
```

Listing 6.2 Code zu den Bloch-Darstellungen der Eigenvektoren der Pauli-X-Matrix

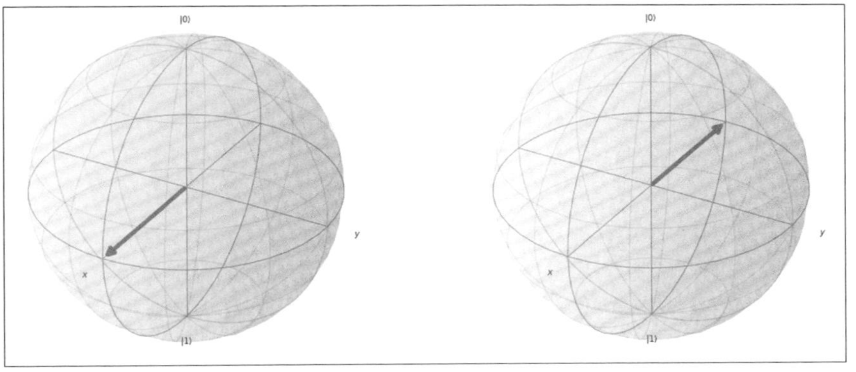

Abbildung 6.3 Bloch-Darstellungen der Eigenvektoren der Pauli-X-Matrix

Die Eigenvektoren der Pauli-Y-Matrix

Es bleibt noch herauszufinden, wie die Bloch-Vektoren der Eigenvektoren der Pauli-Y-Matrix aussehen. In Übung 4.8 haben wir gesehen, dass diese Eigenvektoren gegeben sind durch

$$|+_y\rangle := \frac{1}{\sqrt{2}}(|0\rangle + i\,|1\rangle) \quad \text{und} \quad |-_y\rangle := \frac{1}{\sqrt{2}}(|0\rangle - i\,|1\rangle). \tag{6.1.9}$$

Es ist leicht zu sehen, dass die beiden Vektoren in Gleichung (6.1.9) sich von dem Vektor $|+\rangle$ durch eine relative Phase $i = e^{i\frac{\pi}{2}}$ bzw. $-i = e^{i\frac{3\pi}{2}}$ unterscheiden. Wie Sie bereits in Codebeispiel 5.1.6 gesehen haben, können wir solche relativen Phasen durch die Phasenmatrix P induzieren. Wir erhalten somit, dass

$$\frac{1}{\sqrt{2}}(|0\rangle + i\,|1\rangle) = P\left(\frac{\pi}{2}\right) H\,|0\rangle$$
$$\frac{1}{\sqrt{2}}(|0\rangle - i\,|1\rangle) = P\left(\frac{3\pi}{2}\right) H\,|0\rangle\,.$$

Es gilt hier, dass die zugehörigen Bloch-Vektoren gegeben sind durch

- $n_{\frac{\pi}{2},\frac{\pi}{2}} = (0,1,0)^T$ für $|+_y\rangle$ – d. h., es gilt $\theta = \frac{\pi}{2}$ und $\beta = \frac{\pi}{2}$ in (6.1.6) –, und
- $n_{\frac{\pi}{2},\frac{3\pi}{2}} = (0,-1,0)^T$ für $|-_y\rangle$ – d. h., es gilt $\theta = \frac{\pi}{2}$ und $\beta = \frac{3\pi}{2}$ in (6.1.6).

In Listing 6.3 und Abbildungen 6.4 sehen Sie das Ergebnis.

```
from qiskit import QuantumCircuit
from qiskit.visualization import plot_bloch_multivector
import numpy as numpy

circ = QuantumCircuit(2)
theta = np.pi/2
circ.h(0)
circ.p(theta,0)

theta=np.pi/2*3
circ.h(1)
circ.p(theta,1)

plot_bloch_multivector(circ,title="Bloch-Darstellungen der ↵
           Eigenvektoren der Pauli-Y-Matrix", figsize=(9,9))
```

Listing 6.3 Code zu den Bloch-Darstellungen der Eigenvektoren der Pauli-Y-Matrix

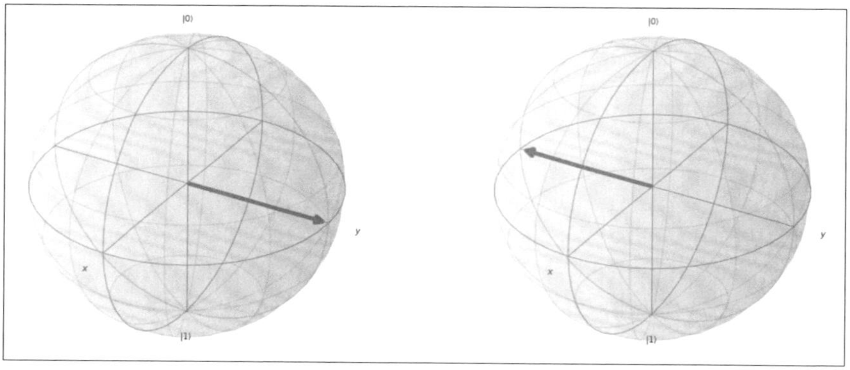

Abbildung 6.4 Bloch-Darstellungen der Eigenvektoren der Pauli-Y-Matrix

Wenn Sie diese Beispiele aufmerksam verfolgt haben, ist Ihnen vielleicht eine Tatsache aufgefallen:

> *Die Eigenvektoren der Pauli-Matrizen bilden bei der Bloch-Darstellung jeweils die X-, Y- und die Z-Achse der Einheitssphäre.*

Dies ist schon mal sehr hilfreich und wird uns im Folgenden begleiten.

6.1.6 Die geometrische Bedeutung der Parameter θ und β

Wir möchten nun diese Erkenntnis zur Bedeutung der Pauli-Matrizen in der Bloch-Darstellung nutzen, um spezielle Winkel in der Bloch-Darstellung präzise beschreiben zu können:

Proposition 6.1.6 Sei $|\psi\rangle \in \mathcal{H}$ der Zustand eines Qubits. Seien $\theta, \beta \in \mathbb{R}$ so wie in Proposition 6.1.3. Dann beschreibt

- θ den Winkel zwischen dem Vektor $\mathrm{n}_{\theta,\beta}$ (siehe Gleichung (6.1.7)) und $\mathrm{n}_{0,0}$ – d. h. dem Bloch-Vektor zu $|0\rangle$, und
- β den Winkel zwischen
  - der Projektion des Vektors $\mathrm{n}_{\theta,\beta}$ (siehe Gleichung (6.1.7)) auf die Ebene, die durch die X- und die Y-Achse aufgespannt wird, und
  - $\mathrm{n}_{\frac{\pi}{2},0}$ – d. h. dem Bloch-Vektor zu $|+\rangle$.

Beweis: Die Verifikation der Behauptung, dass θ und β genau diese Winkel angeben, ist eine gute Übung in der Trigonometrie, die ich als Übung 6.2 auslagere und die ich Ihnen sehr ans Herz lege. □

In Abbildung 6.5 sehen Sie in einem Beispiel, wo diese Winkel in der Bloch-Darstellung auftauchen.

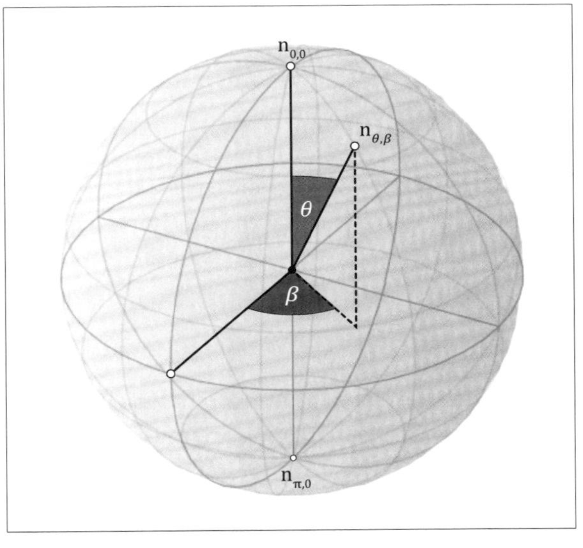

Abbildung 6.5 Darstellung der Winkel θ und β

Bemerkung 6.1.7 Ich bin Ihnen noch die Antwort auf die Frage schuldig, warum wir in Gleichung (6.1.7) $\theta/2$ gewählt haben statt θ. Dies ist eine gängige Konvention, damit θ den Winkel aus der vorangehenden Proposition beschreibt. Im anderen Fall – also wenn wir in Gleichung in (6.1.7) θ gewählt hätten statt $\theta/2$ – würde 2θ den besagten Winkel beschreiben.

Ausblick

In Abschnitt 7.3 werden Sie herausfinden, wie Sie die soeben erarbeitete geometrische Visualisierung von Qubits nutzen können, um auch *Operationen am Qubit* zu visualisieren.

6.2 Multi-Qubits

Sie wissen bereits, dass wir mit der Betrachtung eines einzigen Qubits nicht sehr weit kommen werden. Daher haben wir in Abschnitt 4.6 die Modellierung von *zusammengesetzten* Quantensystemen erarbeitet. Wir haben dort auch bereits mit einem zusammengesetzten Quantensystem aus zwei Qubits Berechnungen durchgeführt.

In diesem Kapitel gehen wir noch einen Schritt weiter und lernen *Multi-Qubits* kennen. Als Multi-Qubits bezeichnet man die Zusammensetzung mehrerer (und nicht unbedingt nur zweier) einzelner Qubits zu einem einzelnen Verbund. Somit spielen Multi-Qubits in der Quanteninformatik die Rolle von *Bytes* oder allgemeiner von *n-Bit-Registern* (wobei $n \in \mathbb{N}$) in der klassischen Informatik.

Der rote Faden in diesem Abschnitt

Wir beginnen mit der Definition von Multi-Qubits in Abschnitt 6.2.1. Danach führe ich in Abschnitt 6.2.2 die *Rechenbasis* für Multi-Qubits ein. In Abschnitt 6.2.3 leiten wir die allgemeine Darstellung des Zustands eines Multi-Qubits anhand der Rechenbasis her, und in Abschnitt 6.2.4 lernen Sie die *Messung bezüglich der Rechenbasis* bei Multi-Qubits kennen und berechnen die zugehörigen Messwahrscheinlichkeiten.

6.2.1 Die Definition von Multi-Qubits

Wie der Name es bereits andeutet, bestehen Multi-Qubits aus mehreren Qubits, die miteinander interagieren können. Hieraus folgern wir, dass bei der Modellierung von Multi-Qubits das Postulat IV eine wichtige Rolle spielt, das besagt, dass der Hilbertraum bei zusammengesetzten Quantensystemen durch das *Tensorprodukt* bestimmt ist. Dieses Postulat ist somit der wesentliche Baustein in der folgenden Definition von Multi-Qubits.

Definition 6.2.1 Eine Zusammensetzung mehrerer, sagen wir $n \in \mathbb{N}$, Qubits, die miteinander interagieren können, bezeichnen wir als *n-Qubit-Register* oder als *Multi-Qubits*. Gemäß Postulat IV und Abschnitt 6.1 ist der zu Multi-Qubits zugehörige Hilbertraum gegeben durch

$$\mathcal{H}^{\otimes n} := \mathcal{H} \otimes \mathcal{H} \otimes \cdots \otimes \mathcal{H} = \mathbb{C}^{2 \cdot 2 \cdot \cdots \cdot 2} = \mathbb{C}^{2^n}.$$

Insbesondere wird also der Zustand eines Multi-Qubits beschrieben durch einen normierten Vektor $|\psi\rangle \in \mathcal{H}^{\otimes n}$.

6.2.2 Die Rechenbasis

Auch hier spielt die *Standardbasis* oder – anders ausgedrückt – die *Rechenbasis* eine besondere Rolle, die ich im Folgenden beschreiben möchte. Wahrscheinlich werden Sie die Notation zuerst gewöhnungsbedürftig finden. Dennoch wird sich diese Notation für Sie im Laufe dieses Buchs als praktisch erweisen.

Intuitive Herleitung der Rechenbasis und deren informationstheoretischer Interpretation

Erinnern Sie sich zurück an den Fall $n = 1$, in dem wir nur ein einzelnes Qubit betrachten. Hier übernimmt die Rechenbasis $\{|0\rangle, |1\rangle\}$ die Rolle der elementaren Informationseinheit in der Quanteninformatik. Die einzelnen Basiselemente der Rechenbasis haben also eine direkte *informationstheoretische Interpretation* (siehe Abschnitt 6.1.1): $|0\rangle$ korrespondiert zu 0, $|1\rangle$ zu 1.

Wir möchten nun dieses Konzept auf Multi-Qubits erweitern. Genauer heißt das, wir möchten durch ein n-Qubit-Register informationstheoretische Interpretationen abbilden, die durch n klassische Bits dargestellt werden können. Aus der klassischen Informatik wissen wir, dass n klassische Bits alle Informationen abbilden können, die sich durch eine binäre Zahl der Länge n, also ein Element aus $\{0, 1\}^n$, darstellen lassen. Solche binären Zahlen nennt man auch *Bitstrings*. Beispielsweise ist 101101 ein Bitstring der Länge 6.

Hieraus lässt sich die Erweiterung des Konzepts von Qubits auf n-Qubit-Register direkt erahnen: Die einzelnen Basiselemente der Rechenbasis von $\mathcal{H}^{\otimes n}$ (die aus 2^n Elementen besteht) korrespondieren zu den 2^n möglichen Bitstrings aus $\{0, 1\}^n$. Falls der Zustand des n-Qubit-Registers gleich einem Basiselement der Rechenbasis ist, interpretieren wir somit diesen Zustand im informationstheoretischen Sinne als das Element aus $\{0, 1\}^n$, die diesem Basiselement zugeordnet ist.

Das ist schon mal eine hilfreiche Idee. Doch wie genau soll die Zuordnung aussehen? Das heißt, welches Basiselement soll zu welchem Bitstring aus $\{0, 1\}^n$ korrespondieren? Auch hier gibt es eine naheliegende Lösung: Wir gehen einfach der Reihe nach. Denn beide Mengen – die Menge der Basiselemente der Rechenbasis sowie die Menge $\{0, 1\}^n$ – beinhalten eine intrinsische Ordnung wie folgt:

- Die einzelnen Elemente der Rechenbasis sind Vektoren, die aus einer 1 und sonst aus Nullen bestehen. Somit können wir die Elemente der Rechenbasis bezüglich ihrer Position der 1 sortieren.
- Die Menge $\{0,1\}^n$ ist nur eine andere Schreibweise für die Teilmenge $\{0,1,\ldots,2^n-1\}$ der natürlichen Zahlen. Somit beherbergt die Menge $\{0,1\}^n$ die Ordnung der natürlichen Zahlen.

Definition der Rechenbasis und deren informationstheoretische Interpretation

Diese Konzepte halten wir in der folgenden Definition fest. In dieser Definition führen wir außerdem noch wichtige notationelle Grundlagen zum Rechnen mit der Rechenbasis ein. Ich möchte an dieser Stelle nochmals an die von mir gewählten Vereinfachungen aus Bemerkung 4.6.3 erinnern, die wir auch im Folgenden wieder nutzen werden.

Definition 6.2.2 Gegeben sei ein n-Qubit-Register, wobei $n \in \mathbb{N}$. Die *Rechenbasis* bezeichnet die Standardbasis von $\mathcal{H}^{\otimes n} = \mathbb{C}^{2^n}$. Diese Basis besteht aus den folgenden 2^n Vektoren aus $\mathcal{H}^{\otimes n}$:

$$\begin{pmatrix}1\\0\\0\\\vdots\\0\end{pmatrix}, \quad \begin{pmatrix}0\\1\\0\\\vdots\\0\end{pmatrix}, \quad \ldots \quad , \begin{pmatrix}0\\0\\\vdots\\0\\1\end{pmatrix}.$$

Für alle $k \in \{0,1,\ldots,2^n-1\}$ bezeichnen wir mit

$$|k\rangle$$

das Basiselement aus der Rechenbasis, bei dem die 1 an k-ter Stelle steht. Hierbei ist zu beachten, dass wir bei der Bestimmung dieser Position oben anfangen und die Zählung bei null beginnen, d. h.

$$\begin{pmatrix}1\\0\\0\\\vdots\\0\end{pmatrix} = |0\rangle\,.$$

Die Rechenbasis ist somit gegeben durch

$$\{|0\rangle\,, |1\rangle\,, \ldots, |2^n-1\rangle\}.$$

Eine alternative Schreibweise der Rechenbasis ist folgendermaßen gegeben: Sei $k \in \{0,1,\ldots,2^n-1\}$ als Binärzahl gegeben durch $k_{n-1}k_{n-2}\ldots k_0$, wobei

$k_{n-1}k_{n-2}\dots k_0 \in \{0,1\}$. Dann notieren wir den Zustand $|k\rangle$ alternativ auch als $|k_{n-1}k_{n-2}\dots k_0\rangle$. Das heißt, dass für alle $k \in \{0,1,\dots,2^n-1\}$ gilt, dass

$$|k\rangle = |k_{n-1}k_{n-2}\dots k_0\rangle = \begin{pmatrix} 0 \\ \vdots \\ 0 \\ 1 \\ 0 \\ \vdots \\ 0 \end{pmatrix},$$

wobei beim Vektor auf der rechten Seite die 1 an k-ter Stelle steht. Die Rechenbasis wird notationell somit ebenfalls durch

$$\{|0\cdots0\rangle, |0\cdots01\rangle, \dots, |1\cdots1\rangle\}$$

beschrieben.

Des Weiteren übernimmt die Rechenbasis die Rolle der elementaren Informationseinheiten in der Quanteninformatik. Das heißt, dass wir ein n-Qubit-Register, dessen Zustand gegeben ist durch $|\rangle$ (für gewisse $k_{n-1}k_{n-2}\dots k_0 \in \{0,1\}$), im informationstheoretischen Sinne dem Bitstring $k_{n-1}k_{n-2}\dots k_0$ zuordnen.

Brücke zum Tensorprodukt

Vielleicht stellen Sie sich jetzt noch folgende interessante Frage: Sind wir in unserer Interpretation auch wirklich den richtigen Weg gegangen? Denn es ist ja so: Postulat IV besagt, dass der Hilbertraum bei zusammengesetzten Quantensystemen durch das Tensorprodukt bestimmt ist. Aber bei der Herleitung der informationstheoretischen Interpretation der Zustände haben wir nirgendwo das Tensorprodukt benutzt. Wir haben schlicht unsere Standardbasis auf natürliche Weise sortiert und diesen Basiselementen danach Bitstrings zugeordet. Ist dies auch wirklich kompatibel mit Postulat IV? Dass dies so ist, möchten ich Ihnen im Folgenden zeigen.

Lemma 6.2.3 Gegeben sei ein n-Qubit-Register, wobei $n \in \mathbb{N}$.
Seien $k_0, k_1, \dots, k_{n-1} \in \{0,1\}$. Dann gilt, dass

$$|k_{n-1}k_{n-2}\dots k_0\rangle = |k_{n-1}\rangle \otimes |k_{n-2}\rangle \otimes \cdots \otimes |k_0\rangle .$$

Beweis: Der Beweis dieses Lemmas ist eine direkte Folgerung aus den Definitionen aus Abschnitt 4.6.2 wie Sie in Übung 6.3 sehen werden. □

Das vorangehende Lemma zeigt uns, dass wir mit unserer informationstheoretischen Interpretation aus Definition 6.2.2 richtig liegen. Dies sieht man anhand folgender Argumentation:

Gegeben sei ein n-Qubit-Register, bei dem die Zustände der einzelnen Qubits gegeben sind durch $|k_0\rangle, |k_1\rangle, \ldots, |k_{n-1}\rangle$. Wir wissen also (aufgrund unserer Interpretationen für Ein-Qubit-Systeme), dass die einzelnen Qubits jeweils zu genau den Bitwerten $k_0, k_1, \ldots, k_{n-1}$ korrespondieren. Es ist jetzt naheliegend, dass das Gesamtsystem, also das n-Qubit-Register, zum Bitstring $k_{n-1}k_{n-2}\ldots k_0$ korrespondieren muss, weil dieses sich ja aus den einzelnen Systemen zusammensetzen muss. Gemäß Postulat IV wird dieses Gesamtsystem beschrieben durch $|k_{n-1}\rangle \otimes |k_{n-2}\rangle \otimes \cdots \otimes |k_0\rangle$. Und nun können wir mithilfe von Lemma 6.2.3 eben von diesem Zustand auf den Zustand $|k_{n-1}k_{n-2}\ldots k_0\rangle$ schließen. Und dies rechtfertigt unsere Herangehensweise aus Definition 6.2.2.

6.2.3 Der Zustand eines Multi-Qubits

Wir wissen zwar, dass der Zustand eines allgemeinen Multi-Qubits ein Element aus $\mathcal{H}^{\otimes n}$ sein muss, aber wir haben bisher nur für die Rechenbasis die Form explizit aufgeschrieben. Glücklicherweise ist das aber schon der wesentliche Schritt, da Sie ja aus Gleichung (4.6.4) wissen, dass alle Vektoren in $\mathcal{H}^{\otimes n}$ lediglich Linearkombinationen dieser Basisvektoren sein müssen. Damit diese Vektoren aber den Zustand eines Quantensystems beschreiben können, müssen wir sichergehen, dass Postulat I nicht verletzt wird. Dies beantwortet auch schon die Frage nach der allgemeinen Form von Multi-Qubits, die ich in der folgenden Proposition festhalte.

Proposition 6.2.4 Gegeben sei ein n-Qubit-Register, wobei $n \in \mathbb{N}$. Sei der Zustand des n-Qubit-Registers gegeben durch $|\psi\rangle \in \mathcal{H}^{\otimes n}$. Dann gilt, dass

$$|\psi\rangle = \sum_{\ell=0}^{2^n-1} \alpha_\ell \, |\ell\rangle \, ,$$

wobei $\alpha_\ell \in \mathbb{C}$ für alle $\ell = 0, \ldots, 2^n - 1$, sodass

$$1 = \sum_{\ell=0}^{2^n-1} |\alpha_x|^2.$$

Beweis: Dies ist eine direkte Konsequenz aus der Tatsache, dass die Rechenbasis eine Basis des $\mathcal{H}^{\otimes n}$ darstellt, sowie aus der Normiertheitsanforderung aus Postulat I. □

6.2.4 Messungen bei Multi-Qubits

Im Grunde habe ich in den letzten Abschnitten nur neue Notationen und keine Konzepte eingeführt, die Sie nicht schon vorher kannten. Tatsächlich musste ich nur die Grundlagen und Begrifflichkeiten, die Sie bereits in aus Kapitel 4 gelernt haben, dem besonderen Setting eines Quantencomputers mit mehreren Qubits anpassen. Auch in diesem Abschnitt wird es nicht anders sein, denn hier möchte ich das Thema *Messung* wieder aufgreifen.

Sie wissen, dass Sie in der Quantenmechanik eine Messung durchführen müssen, um Informationen extrahieren zu können. So wird es auch in der Quanteninformatik sein, wenn Sie die Ergebnisse eines Quantenalgorithmus auslesen möchten. Da diese Ergebnisse in den Zuständen der Qubits kodiert sind, bedingt dies somit eine *Messung der Multi-Qubits*.

Doch wie genau gestalten Sie die Messung hier am besten? Schließlich haben Sie in Abschnitt 4.5 gelernt, dass man für eine Messung eine Observable auswählen muss, und diese Auswahl sollte wohlüberlegt sein. In vielen Fällen (aber nicht in allen) wählt man hier die sogenannte *Messung bezüglich der Rechenbasis*, die wir im Folgenden definieren.

Definition 6.2.5 Gegeben sei ein n-Qubit-Register, wobei $n \in \mathbb{N}$. Die *Messung bezüglich der Rechenbasis* ist definiert als die Messung bezüglich der Observable

$$\sum_{k=0}^{2^n-1} k \cdot |k\rangle\langle k| \,.$$

Bemerkung 6.2.6 Wir haben in dieser Definition stillschweigend angenommen, dass die Matrix $\sum_{k=0}^{2^n-1} k \cdot |k\rangle\langle k|$ hermitesch ist und somit auch wirklich eine Observable sein darf. Die Verifikation dieser Behauptung verlagern wir in die Übung 6.4.

Motivation für die Messung bezüglich der Rechenbasis

Doch warum ist diese Messung bezüglich der Rechenbasis oftmals eine gute Wahl? Dies folgt aus den folgenden Tatsachen, die Ihnen entweder schon bekannt sind oder schnell verifizierbar sind:

- Die Observable $\sum_{k=0}^{2^n-1} k \cdot |k\rangle\langle k|$ hat
  - genau die Rechenbasis als Eigenvektoren,
  - die Eigenwerte (und somit möglichen Messergebnisse) gegeben durch $0, \dots, 2^n - 1$ und
  - nur eindimensionale Eigenräume.

- Somit gilt des Weiteren,
  - dass nach einer Messung bezüglich dieser Observable der Zustand des Multi-Qubits gegeben ist durch $|k\rangle$ für ein $k \in \{0, \ldots, 2^n - 1\}$ und
  - dass verschiedene Messergebnisse $k, j \in \{0, \ldots, 2^n - 1\}$ mit $k \neq j$ zu verschiedenen Zuständen $|k\rangle$ und $|j\rangle$ führen.
- Die Rechenbasis $\{|k\rangle\}_{k\in\{0,\ldots,2^n-1\}}$ korrespondiert zu Bitstrings, d.h., diese Basis besitzt eine informationstheoretische Interpretation (wie Sie in Definition 6.2.2 gesehen haben).

Daher ist es naheliegend, dass in vielen Szenarien eine Messung bezüglich der Rechenbasis sinnvoll ist, da nach dieser Messung ein Element der Rechenbasis vorliegt, wofür wie eine informationstheoretische Interpretation haben.

Messwahrscheinlichkeiten

In der folgenden Proposition möchten wir nachrechnen, wie hoch die jeweiligen Messwahrscheinlichkeiten sind

Proposition 6.2.7 Gegeben sei ein n-Qubit-Register, wobei $n \in \mathbb{N}$. Sei der Zustand des n-Qubit-Registers gegeben durch $|\psi\rangle \in \mathcal{H}^{\otimes n}$. Sei $|\psi\rangle = \sum_{\ell=0}^{2^n-1} \alpha_\ell |\ell\rangle$ für geeignete $\{\alpha_\ell\}_\ell$ wie in Proposition 6.2.4, und sei $k \in \{0, \ldots, 2^n - 1\}$.

Die Wahrscheinlichkeit, dass nach der Messung des Multi-Qubits bezüglich der Rechenbasis der Zustand gegeben ist durch $|k\rangle$, notiere ich in diesem Buch mit

$$\mathbb{P}[k]$$

und sie ist gegeben durch

$$\mathbb{P}[k] = |\alpha_k|^2.$$

Beweis: Der Beweis ist eine weitere schöne Anwendung von Lemma 4.5.8. Es gilt nämlich, dass die gesuchte Wahrscheinlichkeit in der Notation aus Lemma 4.5.8 geschrieben wird als

$$\mathbb{P}_{|\psi\rangle}[\text{Das Messergebnis ist } k],$$

da $|k\rangle$ ein Eigenvektor ist zum Eigenwert k. Für diese Wahrscheinlichkeit gilt aber gemäß Lemma 4.5.8, dass

$$\begin{aligned}\mathbb{P}_{|\psi\rangle}[\text{Das Messergebnis ist } k] = |\langle k|\psi\rangle|^2 &= \left|\left\langle k \middle| \left(\sum_{\ell=0}^{2^n-1} \alpha_\ell |\ell\rangle\right)\right\rangle\right|^2 \\ &= \left|\sum_{\ell=0}^{2^n-1} \alpha_\ell \langle k|\ell\rangle\right|^2 = |\alpha_k|^2,\end{aligned}$$

wobei wir im letzten Schritt nutzen, dass die Vektoren $\{|k\rangle\}_{k\in\{0,\ldots,2^n-1\}}$ ein orthonormales System bilden. □

6.3 Tensorprodukt vs. Skalarprodukt

Sie haben nun (insbesondere in der Quanteninformatik) zusammengesetzte Quantensysteme genauer kennengelernt. Es bleibt aber noch eine Frage offen, die ich bereits in Abschnitt 4.6 aufgeworfen hatte:

> *Wieso ist das Tensorprodukt die richtige Wahl für unsere zusammengesetzten Quantensysteme?*

Diese Frage werden ich in diesem Abschnitt aufnehmen und intuitiv beantworten. Erinnern Sie sich aber zunächst an die folgenden Tatsachen, wobei wir im Folgenden annehmen, dass (für $n, m \in \mathbb{N}$)

$$|\phi\rangle\,,\, |\phi'\rangle \in \mathcal{H}^{\otimes n}$$

und

$$|\psi\rangle\,,\, |\psi'\rangle \in \mathcal{H}^{\otimes m}.$$

1. Aus Lemma 4.5.8 wissen Sie, dass *das Skalarprodukt die Messwahrscheinlichkeiten bestimmt.* Beispielsweise gilt, dass mit $|\langle \phi \otimes \psi | \phi' \otimes \psi' \rangle|^2$ die Wahrscheinlichkeit determiniert wird, mit der der Zustand $|\phi' \otimes \psi'\rangle$ gemessen wird, wenn der Zustand des Systems präpariert ist durch $|\phi \otimes \psi\rangle$.
2. Für *separable* Zustände gilt, dass die Subsysteme in ihrem Messverhalten voneinander *unabhängig* sind, sie sich also in keinster Weise gegenseitig beeinflussen (siehe Abschnitt 5.3). Insbesondere muss also gelten, dass, wenn der Zustand des Systems präpariert ist durch $|\phi \otimes \psi\rangle$, die jeweiligen Messergebnisse – d. h. das Messergebis im Subsystem $\mathcal{H}^{\otimes n}$ von $|\phi\rangle$ und im Subsystem $\mathcal{H}^{\otimes m}$ von $|\psi\rangle$ – voneinander unabhängig sein müssen.
3. Für unabhängige Ereignisse müssen sich die Wahrscheinlichkeiten *faktorisieren*, d. h., die Wahrscheinlichkeit, dass alle Ereignisse eintreffen, muss ein Produkt der Wahrscheinlichkeiten der einzelnen Ereignisse sein (siehe Abschnitt 2.6). Werfe ich beispielsweise $k \in \mathbb{N}$-mal einen fairen Würfel, dann beträgt die Wahrscheinlichkeit, in allen k Versuchen keine 6 zu würfeln genau, $5/6 \cdot 5/6 \cdot \ldots \cdot 5/6 = (5/6)^k$.
4. Das Skalarprodukt im Tensorprodukt $\mathcal{H}^{\otimes n} \otimes \mathcal{H}^{\otimes m}$ ist das Produkt der jeweiligen Skalarprodukte aus $\mathcal{H}^{\otimes n}$ und $\mathcal{H}^{\otimes m}$ (siehe Theorem 4.6.1). Das heißt, dass:
$$\langle \phi \otimes \psi | \phi' \otimes \psi' \rangle = \langle \phi | \phi' \rangle \cdot \langle \psi | \psi' \rangle$$

Wir leiten aus diesen Tatsachen ab,

- dass aufgrund von (1) auch im zusammengesetzten System die Messwahrscheinlichkeiten determiniert sind durch das Skalarprodukt,
- dass aufgrund von (2) und (3) dieses Skalarprodukt sich faktorisieren muss und
- dass genau diese Faktorisierungsanforderung aufgrund von Punkt (4) für das Skalarprodukt im Tensorprodukt gegeben ist.

Und genau diese wichtige Eigenschaft des zugehörigen Skalarprodukts liefert uns die anschauliche Begründung dafür, warum für das zusammengesetzte Quantensystem das Tensorprodukt die richtige Wahl ist.

6.4 Zusammenfassung, Übungen und bibliografische Hinweise

6.4.1 Zusammenfassung

- Eine Zusammensetzung mehrerer, sagen wir $n \in \mathbb{N}$, Qubits, die miteinander interagieren können, bezeichnen wir als *n-Qubit-Register* oder als *Multi-Qubits*. Der zugehörige Hilbertraum gegeben ist durch $\mathcal{H}^{\otimes n}$.
- Die *Rechenbasis* bezeichnet die Standardbasis von $\mathcal{H}^{\otimes n} = \mathbb{C}^{2^n}$. Sie ist somit gegeben durch

  $$\{|0\rangle, |1\rangle, \ldots, |2^n - 1\rangle\}.$$

  Alternativ nutzen wir auch oft die zugehörige binäre Schreibweise der Rechenbasis gegeben,durch

  $$\{|0 \cdots 0\rangle, |0 \cdots 01\rangle, \ldots, |1 \cdots 1\rangle\}.$$

- Sei $|\psi\rangle \in \mathcal{H}^{\otimes n}$ der Zustand eines n-Qubit-Registers. Dann gilt, dass

  $$|\psi\rangle = \sum_{\ell=0}^{2^n-1} \alpha_\ell |\ell\rangle,$$

  wobei $\alpha_\ell \in \mathbb{C}$ für alle $\ell = 0, \ldots, 2^n - 1$, sodass

  $$1 = \sum_{\ell=0}^{2^n-1} |\alpha_x|^2.$$

- Die *Messung bezüglich der Rechenbasis* ist definiert als die Messung bezüglich der Observable

  $$\sum_{k=0}^{2^n-1} k \cdot |k\rangle\langle k|.$$

- Sei $|\psi\rangle \in \mathcal{H}^{\otimes n}$ der Zustand eines n-Qubit-Registers. Sei $|\psi\rangle = \sum_{\ell=0}^{2^n-1} \alpha_\ell |\ell\rangle$ für geeignete $\{\alpha_\ell\}_\ell$ und sei $k \in \{0, \dots, 2^n - 1\}$. Die Wahrscheinlichkeit, dass nach der Messung des Multi-Qubits bezüglich der Rechenbasis der Zustand gegeben ist durch $|k\rangle$, notieren wir in diesem Buch mit $\mathbb{P}[k]$ und sie ist gegeben durch
$$\mathbb{P}[k] = |\alpha_k|^2.$$
- Sei $|\psi\rangle \in \mathcal{H}$ der Zustand eines Qubits. Dann gibt es $\theta, \beta \in \mathbb{R}$, sodass
$$|\psi\rangle = \cos\left(\tfrac{\theta}{2}\right)|0\rangle + e^{i\beta}\sin\left(\tfrac{\theta}{2}\right)|1\rangle .$$
Diese Darstellung kann man nutzen, um die Qubits geeignet grafisch darzustellen. Den Vektor
$$\mathrm{n}_{\theta,\beta} := \begin{pmatrix} \sin(\theta)\cos(\beta) \\ \sin(\theta)\sin(\beta) \\ \cos(\theta) \end{pmatrix}$$
bezeichnet man als die *Bloch-Darstellung* des Qubits.
- Aufgrund der Faktorisierungseigenschaft des Skalarprodukts ist für das zusammengesetzte Quantensystem das Tensorprodukt die richtige Wahl.

6.4.2 Übungen

Übung 6.1 Verifizieren Sie die Formel (6.1.8).

Übung 6.2 Beweisen Sie Proposition 6.1.6.

Übung 6.3 Beweisen Sie Lemma 6.2.3.

Übung 6.4 Zeigen Sie, dass die Matrix $\sum_{k=0}^{2^n-1} k \cdot |k\rangle\langle k|$ hermitesch ist.

6.4.3 Bibliografische Hinweise

Die ersten Empfehlungen und Literaturhinweise für dieses Kapitel 6 sind – ebenso wie in Kapitel 4 – die Referenzen [BCS04], [Hom08], [NC10] und [Sch19]. Darüber hinaus empfehle ich Ihnen auch noch folgende Skripte zur Quanteninformatik: [KLM06], [Chi17] und [Mos08]

Kapitel 7
Gatter

Sie haben nun Multi-Qubits, die elementaren Informationseinheiten in der Quanteninformatik, kennengelernt. Doch es reicht natürlich nicht, nur diese Qubits zu initialisieren. Sie möchten ja auch mit diesen rechnen und *Quantenalgorithmen* implementieren können. Hierzu lernen Sie in diesem Kapitel die zweite Zutat des sogenannten Quantenschaltkreismodells (siehe Definition 8.1.1) kennen: *Gatter*.

Der rote Faden in diesem Kapitel

In Abschnitt 7.1 lernen Sie die allgemeine Definition von Gattern kennen.

In Abschnitt 7.2 liste ich Ihnen alle uns bereits bekannten Ein-Qubit-Gatter auf, d. h. Gatter, die nur auf ein einzelnes Qubit wirken.

In Abschnitt 7.3 leite ich die Verbindung dieser Ein-Qubit-Gatter zur Bloch-Darstellung her.

In den Abschnitten 7.4 und 7.5 lernen Sie Zwei-Qubit-Gatter bzw. Drei-Qubit-Gatter kennen. In Abschnitt 7.6 lernen Sie einige *Universalgatter*-Mengen kennen, d. h. verschiedene Familien an Gattern, mit denen alle anderen Gatter dargestellt bzw. beliebig genau approximiert werden können. Diese sind somit die Pendants des `NAND`-Gatters in der klassischen Informatik, was beispielsweise diese Eigenschaft in der klassischen Informatik erfüllt.

In Abschnitt 7.7 lernen Sie eine spezielle Klasse von Gattern kennen, die *Orakel-Gatter*. Diese nehmen eine wichtige Rolle bei den Algorithmen ein, die wir in Teil IV kennenlernen werden.

In Abschnitt 7.8 zeige ich Ihnen die *Operator-Klasse* in Qiskit, die sehr hilfreich ist, um Gatter praktisch zu implementieren.

7.1 Die allgemeine Definition von Gattern

Algorithmen beschreiben einen festgelegten Plan mit der Absicht, ein gewisses Ziel zu erreichen. Die einzelnen Schritte eines jeden Algorithmus müssen so gut heruntergebrochen sein, dass der zugrunde liegende Mechanismus

(d. h. die Hardware) diese einzelnen Schritte korrekt umsetzen kann. Hier landen wir in der klassischen Informatik bei den *Gattern*.

In der Quanteninformatik geht man ähnlich vor. Sie wissen bereits, dass Veränderungen des Zustands durch unitäre Matrizen umgesetzt werden (siehe Postulat II.2). Daher bestehen die einzelnen Schritte eines Quantenalgorithmus aus solchen unitären Matrizen.

Ich möchte dies aber etwas genauer erläutern: Sei U_1 eine unitäre Matrix, deren Anwendung wir im Quantensystem physikalisch realisieren können. Würde nun das beabsichtigte Ziel im Algorithmus durch eine einmalige Anwendung von U_1 gelingen, so würde unser Quantenalgorithmus – gemäß Postulat II.2 – aus genau dieser einmaligen Anwendung von U_1 bestehen.

Seien aber nun $U_2, \ldots, U_k \in \mathcal{U}(\mathscr{H})$ (wobei $k \in \mathbb{N}$) weitere unitäre Matrizen, deren Anwendung im Quantensystem wir physikalisch realisieren können und die wir nacheinander (nach U_1) anwenden müssten, um unseren angestrebten Zustand zu erreichen. Wie gehen wir nun vor? Ganz einfach: Wir setzen unsere Strategie sukzessive fort. Wir fangen also mit $|\psi\rangle$ an, und nach einer einmaligen Anwendung von U_1 erhalten wir $U_1 |\psi\rangle$. Nun erlauben wir uns einen Perspektivwechsel: $U_1 |\psi\rangle$ ist jetzt unser Anfangszustand und $U_2 U_1 |\psi\rangle$ ist unser angestrebter neuer Zustand, sodass wir nun einmalig U_2 anwenden müssen. Wir fahren so fort, bis wir den Zustand $U_k \cdots U_2 U_1 |\psi\rangle$ erreichen.

Dies ist genau der Ansatz, den man im *Quantenschaltkreismodell* wählt, was ich in Kapitel 8 detailliert einführen werde. Die *Gatter* der Quanteninformatik somit mathematisch durch unitäre Matrizen beschrieben. Dies halte ich in der folgenden Definition von Gattern fest:

Definition 7.1.1 Gemäß den Postulaten der Quantenmechanik erfolgen Veränderungen des Zustands eines Multi-Qubits via unitärer Matrizen. Diese unitären Matrizen werden sukzessive und nach einem bestimmten Plan, dem *Quantenalgorithmus*, auf den initial präparierten Zustand des Multi-Qubits angewendet. Die unitären Matrizen im Quantenalgorithmus bezeichnen wir als *Gatter*.

7.2 Ein-Qubit-Gatter

Ein-Qubit-Gatter sind nichts anderes als unitäre Matrizen in $\mathcal{H} = \mathbb{C}^2$. Hierfür haben Sie schon einige Beispiele gesehen. Zu ihnen gehören die unitären

Matrizen $H, \sigma_x, \sigma_y, \sigma_z$ sowie $P(\vartheta)$ (wobei $\vartheta \in \mathbb{R}$ ein Winkel ist), die ich im Folgenden als das **Hadamard-Gatter**, das **Pauli-X-Gatter**, das **Pauli-Y-Gatter**, das **Pauli-Z-Gatter** sowie das **Phasengatter** bezeichnen werde.

Sie haben in Codebeispiel 5.1.2 außerdem gesehen, wie wir den initial präparierten Zustand $|0\rangle$ um eine globale Phase verschieben können: durch den Eingabeparameter `global_phase` in `QuantumCircuit`. Die zugehörige Matrix für diese Verschiebung um eine globale Phase bezeichnen wir mit $M(\vartheta)$, wobei $\vartheta \in \mathbb{R}$ ein Winkel ist, und sie ist definiert durch

7

$$\begin{pmatrix} e^{i\vartheta} & 0 \\ 0 & e^{i\vartheta} \end{pmatrix}. \tag{7.2.1}$$

In Tabelle 8.1 fasse ich alle Ein-Qubit-Gatter zusammen, die wir in diesem Buch kennenlernen. Diese Tabelle beinhaltet auch die Befehle, die in Qiskit für diese Gatter verwendet werden.

7.3 Ein-Qubit-Gatter und die Bloch-Darstellung

Sie haben in Abschnitt 6.1.4 eine geometrische Visualisierung von Qubits via der Bloch-Darstellung kennengelernt. Natürlich möchten wir diese Darstellung auch dafür nutzen, um Operationen am Qubit – d.h. die Anwendung von Ein-Qubit-Gattern – visualisieren zu können. Wie das gelingt, erfahren Sie in diesem Abschnitt.

Es stellt sich allerdings heraus, dass hierfür einige tiefergehende mathematische Formalitäten notwendig sind. Daher wäre es denkbar, dass Sie diesen Abschnitt zunächst nur überfliegen und sich auf die Resultate (und nicht auf die Herleitungen) fokussieren, da die vollständige Aufarbeitung dieses Abschnitts möglicherweise viel Zeit in Anspruch nehmen könnte. Allerdings empfehle ich Ihnen dann, zu einem späteren Zeitpunkt diesen Abschnitt zu lesen, um sich mit den Details zu befassen.

Präzisierung der Fragestellung und Herangehensweise

Sie wissen, dass Veränderungen am Qubit durch Gatter, d.h. unitäre Matrizen in $\mathcal{H} = \mathbb{C}^2$, modelliert werden. Sei $|\psi\rangle \in \mathcal{H}$ der Zustand eines beliebigen Qubits und $U \in \mathcal{U}(\mathcal{H})$ eine unitäre Matrix. Wir möchten also herausfinden, wie genau sich die Bloch-Darstellung von $U(|\psi\rangle)$ *geometrisch* von der Bloch-Darstellung von $|\psi\rangle$ unterscheidet. Oder anders ausgedrückt: Wie kann ich durch typische geometrische Operationen (wie etwa *Rotationen*) am Bloch-Vektor zu $|\psi\rangle$ den Bloch-Vektor zu $U(|\psi\rangle)$ erhalten? Dies möchten wir in diesem Abschnitt herausfinden.

Es gibt hier mehrere Ansätze, die zum Ziel führen. Die von uns gewählte Strategie besteht darin, ein hilfreiches Resultat aus der Linearen Algebra heranzuziehen, durch das wir U als eine Kombination von Matrizen beschreiben können, die jeweils *Rotationen* des Bloch-Vektors um die Koordinatenachsen darstellen. Doch um dies vollständig zu verstehen, benötigt es zunächst etwas mathematische Vorarbeit. Wir werden dabei folgendermaßen vorgehen:

- Bestimme die Exponentiale der Pauli-Matrizen.
- Leite daraus eine Beschreibung von Rotationen um die Z-Achse in der Bloch-Darstellung ab.
- Leite daraus eine Beschreibung von Rotationen um die X- und Y-Achse in der Bloch-Darstellung ab.
- Leite daraus eine Beschreibung von Rotationen um eine beliebige Achse in der Bloch-Darstellung ab.
- Leite daraus eine Beschreibung beliebiger Operationen am Qubit in der Bloch-Darstellung ab.

7.3.1 Die Exponentiale der Pauli-Matrizen

Es stellt sich heraus, dass bei der Beschreibung der Rotation um die Koordinatenachsen zwei Konzepte eine wichtige Rolle spielen, die Sie bereits kennengelernt haben:

- Pauli-Matrizen (was nicht überraschend ist, da diese mit den Koordinatenachsen in Verbindung stehen, wie wir in Abschnitt 6.1.5 gesehen haben) und
- Exponentialmatrizen, die ich in Definition 4.4.1 eingeführt habe.

Genauer gesagt interessieren wir uns für die folgenden Matrizen:

Definition 7.3.1 Sei $\vartheta \in \mathbb{R}$. Wir definieren die Matrizen $R_x(\vartheta), R_y(\vartheta), R_z(\vartheta) \in \mathbb{C}^{2,2}$ durch

$$\begin{aligned} R_x(\vartheta) &:= e^{-i\frac{\vartheta}{2}\sigma_x} \\ R_y(\vartheta) &:= e^{-i\frac{\vartheta}{2}\sigma_y} \\ R_z(\vartheta) &:= e^{-i\frac{\vartheta}{2}\sigma_z} \end{aligned} \tag{7.3.1}$$

und bezeichnen sie als die *Rotation um den Winkel ϑ um die X- bzw. Y- bzw. Z-Achse.*

Aufgrund von Lemma 4.4.3 wissen Sie bereits, dass die Matrizen $R_x(\vartheta)$, $R_y(\vartheta)$ und $R_z(\vartheta)$ unitäre Matrizen sind. Doch bevor wir prüfen, dass diese Matrizen auch wirklich das tun, was ihr Name verspricht (nämlich einen Bloch-Vektor um die jeweilige Koordinatenachse zu rotieren), brauchen wir noch ein paar weitere Eigenschaften dieser Matrizen.

Lemma 7.3.2 Sei $\mathscr{H}$ ein Hilbertraum. Sei $A \in \mathcal{L}(\mathscr{H})$ so, dass $A^2 = \mathrm{Id}$. Dann gilt, dass

$$e^{i\vartheta A} = \cos(\vartheta)\mathrm{Id} + i\sin(\vartheta)A.$$

Beweis: Beachten Sie zunächst, dass wir aufgrund der Eigenschaft $A^2 = \mathrm{Id}$ ebenso erhalten, dass für alle $k \in \mathbb{N}$

$$A^{2k} = (A^2)^k = \mathrm{Id}^k = \mathrm{Id} \quad \text{und} \quad A^{2k+1} = (A^{2k})A = \mathrm{Id} \cdot A = A.$$

Dann gilt mithilfe der Definition 4.4.1 der Exponentialmatrizen, dass

$$\begin{aligned} e^{i\vartheta A} &= \lim_{n\to\infty} \sum_{k=0}^{n} i^k A^k \frac{1}{k!} \\ &= \lim_{n\to\infty} \sum_{k=0}^{n} i^{2k} A^{2k} \frac{1}{(2k)!} + \lim_{n\to\infty} \sum_{k=0}^{n} i^{2k+1} A^{2k+1} \frac{1}{(2k+1)!} \\ &= \lim_{n\to\infty} \sum_{k=0}^{n} i^{2k} \frac{1}{(2k)!}\mathrm{Id} + \lim_{n\to\infty} \sum_{k=0}^{n} i^{2k+1} \frac{1}{(2k+1)!}A \\ &= \cos(\vartheta)\mathrm{Id} + i\sin(\vartheta)A, \end{aligned}$$

wobei wir im letzten Schritt die Reihendarstellungen von cos und sin benutzt haben. □

Korollar 7.3.3 Sei $\vartheta \in \mathbb{R}$. Dann gilt, dass

$$\begin{aligned} R_x(\vartheta) &= \cos\left(\frac{\vartheta}{2}\right)\mathrm{Id} - i\sin\left(\frac{\vartheta}{2}\right)\sigma_x = \begin{pmatrix} \cos\left(\frac{\vartheta}{2}\right) & -i\sin\left(\frac{\vartheta}{2}\right) \\ -i\sin\left(\frac{\vartheta}{2}\right) & \cos\left(\frac{\vartheta}{2}\right) \end{pmatrix} \\ R_y(\vartheta) &= \cos\left(\frac{\vartheta}{2}\right)\mathrm{Id} - i\sin\left(\frac{\vartheta}{2}\right)\sigma_y = \begin{pmatrix} \cos\left(\frac{\vartheta}{2}\right) & -\sin\left(\frac{\vartheta}{2}\right) \\ \sin\left(\frac{\vartheta}{2}\right) & \cos\left(\frac{\vartheta}{2}\right) \end{pmatrix} \\ R_z(\vartheta) &= \cos\left(\frac{\vartheta}{2}\right)\mathrm{Id} - i\sin\left(\frac{\vartheta}{2}\right)\sigma_z = \begin{pmatrix} e^{-i\frac{\vartheta}{2}} & 0 \\ 0 & e^{i\frac{\vartheta}{2}} \end{pmatrix}. \end{aligned} \tag{7.3.2}$$

Beweis: Die Aussagen aus dem vorangehenden Lemma sind anwendbar für die Matrizen $R_x(\vartheta)$, $R_y(\vartheta)$ und $R_z(\vartheta)$, da

$$\sigma_x^2 = \sigma_y^2 = \sigma_z^2 = \mathrm{Id}.$$

Die Gleichungen (7.3.2) sind eine direkte Folgerungen hieraus mithilfe der Identitäten $\cos\left(-\frac{\vartheta}{2}\right) = \cos\left(\frac{\vartheta}{2}\right)$, $\sin\left(-\frac{\vartheta}{2}\right) = -\sin\left(\frac{\vartheta}{2}\right)$ und Gleichung (5.1.1). □

7.3.2 Rotation um die Z-Achse in der Bloch-Darstellung

Wir möchten uns nun $R_z(\vartheta)$ genauer anschauen. Wir werden sehen, dass – für einen beliebigen Zustand $|\psi\rangle \in \mathcal{H}$ – der Bloch-Vektor zu $R_z(\vartheta)(|\psi\rangle)$ gegeben ist durch eine Rotation des Bloch-Vektors zu $|\psi\rangle$ um die Z-Achse und um den Winkel ϑ.

Zunächst möchten wir $R_z(\vartheta)(|\psi\rangle)$ und den zugehörigen Bloch-Vektor berechnen. Erinnern Sie sich daran, dass

$$|\psi\rangle = \cos\left(\tfrac{\theta}{2}\right)|0\rangle + e^{i\beta}\sin\left(\tfrac{\theta}{2}\right)|1\rangle$$

für gewisse $\theta, \beta \in \mathbb{R}$. Dann gilt, dass

$$\begin{aligned}
R_z(\vartheta)(|\psi\rangle) &= R_z(\vartheta)\big(\cos\left(\tfrac{\theta}{2}\right)|0\rangle + e^{i\beta}\sin\left(\tfrac{\theta}{2}\right)|1\rangle\big) \\
&= \cos\left(\tfrac{\theta}{2}\right)R_z(\vartheta)(|0\rangle) + e^{i\beta}\sin\left(\tfrac{\theta}{2}\right)R_z(\vartheta)(|1\rangle) \\
&= \cos\left(\tfrac{\theta}{2}\right)\begin{pmatrix} e^{-i\frac{\vartheta}{2}} & 0 \\ 0 & e^{i\frac{\vartheta}{2}} \end{pmatrix}|0\rangle + e^{i\beta}\sin\left(\tfrac{\theta}{2}\right)\begin{pmatrix} e^{-i\frac{\vartheta}{2}} & 0 \\ 0 & e^{i\frac{\vartheta}{2}} \end{pmatrix}|1\rangle \\
&= \cos\left(\tfrac{\theta}{2}\right)\begin{pmatrix} e^{-i\frac{\vartheta}{2}} \\ 0 \end{pmatrix} + e^{i\beta}\sin\left(\tfrac{\theta}{2}\right)\begin{pmatrix} 0 \\ e^{i\frac{\vartheta}{2}} \end{pmatrix} \\
&= \cos\left(\tfrac{\theta}{2}\right)e^{-i\frac{\vartheta}{2}}|0\rangle + e^{i\beta}\sin\left(\tfrac{\theta}{2}\right)e^{i\frac{\vartheta}{2}}|1\rangle \\
&= \cos\left(\tfrac{\theta}{2}\right)e^{-i\frac{\vartheta}{2}}|0\rangle + e^{i\left(\beta+\frac{\vartheta}{2}\right)}\sin\left(\tfrac{\theta}{2}\right)|1\rangle\,.
\end{aligned}$$

Um den zugehörigen Bloch-Vektor zu berechnen, müssen wir diesen Vektor auf der rechten Seite in die Form aus Gleichung (6.1.6) bringen. Hierzu multiplizieren wir diesen Vektor mit der globalen Phase $e^{i\frac{\vartheta}{2}}$, was – wie wir in Abschnitt 5.1 herausgefunden haben – keinen beobachtbaren Effekt auf den Zustand hat. Wir erhalten den Zustand

$$\cos\left(\tfrac{\theta}{2}\right)|0\rangle + e^{i(\beta+\vartheta)}\sin\left(\tfrac{\theta}{2}\right)|1\rangle\,.$$

Dies impliziert, dass der zu $R_z(\vartheta)(|\psi\rangle)$ zugehörige Bloch-Vektor gegeben ist durch

$$\mathrm{n}_{\theta,\beta+\vartheta} = \begin{pmatrix} \sin(\theta)\cos(\beta+\vartheta) \\ \sin(\theta)\sin(\beta+\vartheta) \\ \cos(\theta) \end{pmatrix}.$$

Es gibt nun zwei Wege, wie man sehen kann, dass $\mathrm{n}_{\theta,\beta+\vartheta}$ durch eine Rotation des Bloch-Vektors $\mathrm{n}_{\theta,\beta}$ von $|\psi\rangle$ um die Z-Achse erhalten wird.

Weg 1

Erinnern Sie sich an die Erkenntnisse aus Abschnitt 6.1.5 und Abschnitt 6.1.6. Dort haben wir insbesondere herausgefunden, dass die Bloch-Vektoren zu $|0\rangle$ und $|1\rangle$ die Z-Achse bilden und dass θ und β in der Bloch-Darstellung spezielle Winkel beschreiben:

- θ beschreibt den Winkel zwischen $\mathrm{n}_{\theta,\beta}$ und $\mathrm{n}_{0,0}$, dem Bloch-Vektor zu $|0\rangle$, und
- β beschreibt den Winkel zwischen der Projektion von $\mathrm{n}_{\theta,\beta}$ auf die X-Y-Ebene und $\mathrm{n}_{\frac{\pi}{2},0}$, was auf der X-Achse liegt.

7

Sie sehen somit, dass $\mathrm{n}_{\theta,\beta+\vartheta}$ sich von $\mathrm{n}_{\theta,\beta}$ darin unterscheidet, dass der Winkel zu $\mathrm{n}_{0,0}$ unverändert blieb und der andere Winkel – d.h. der Winkel zwischen der Projektion des Vektors auf die X-Y-Ebene und der X-Achse – um den Grad der Rotation verändert wurde. Es ist nun anschaulich klar, dass dies bedeutet, dass $\mathrm{n}_{\theta,\beta+\vartheta}$ durch eine Rotation von $\mathrm{n}_{\theta,\beta}$ um die Z-Achse entstanden ist.

Weg 2

Wir können alternativ die Transformationsmatrix in $\mathbb{R}^{3,3}$, mit der wir $\mathrm{n}_{\theta,\beta+\vartheta}$ ausgehend von $\mathrm{n}_{\theta,\beta}$ erhalten, direkt berechnen:

$$
\begin{aligned}
\mathrm{n}_{\theta,\beta+\vartheta} &= \begin{pmatrix} \sin(\theta)\cos(\beta+\vartheta) \\ \sin(\theta)\sin(\beta+\vartheta) \\ \cos(\theta) \end{pmatrix} = \begin{pmatrix} \sin(\theta)(\cos(\beta)\cos(\vartheta) - \sin(\beta)\sin(\vartheta)) \\ \sin(\theta)(\cos(\beta)\sin(\vartheta) + \sin(\beta)\cos(\vartheta)) \\ \cos(\theta) \end{pmatrix} \\
&= \begin{pmatrix} \cos(\vartheta) & -\sin(\vartheta) & 0 \\ \sin(\vartheta) & \cos(\vartheta) & 0 \\ 0 & 0 & 1 \end{pmatrix} \begin{pmatrix} \sin(\theta)\cos(\beta) \\ \sin(\theta)\sin(\beta) \\ \cos(\theta) \end{pmatrix},
\end{aligned}
$$

wobei wir im zweiten Schritt die Additionstheoreme der trigonometrischen Funktionen benutzt haben. Es ist eine bekannte Aussage aus der Linearen Algebra, dass die Matrix

$$
\begin{pmatrix} \cos(\vartheta) & -\sin(\vartheta) & 0 \\ \sin(\vartheta) & \cos(\vartheta) & 0 \\ 0 & 0 & 1 \end{pmatrix}
$$

die Rotation um die Z-Achse im $\mathbb{R}^3$ um den Winkel ϑ beschreibt. Für weitere Informationen und Details hierzu empfehle ich Ihnen die Referenz in den Abschnitten 2.5 und 5.5 in [FS14]. Alternativ ist es auch eine interessante Übung, selbst herauszufinden, wieso diese Matrix die Rotation um die Z-Achse beschreibt.

7.3.3 Rotation um die X-, Y und die Z-Achse

Sie wissen also nun, dass die Rotation um die Z-Achse um den Winkel ϑ durch die Anwendung der unitären Matrix $R_z(\vartheta)$ auf das Qubit gelingt. Wieso haben wir eigentlich mit der Rotation um die Z-Achse angefangen? Der Grund ist, dass dies der einfachste Fall ist, da in diesem Fall die Auswirkungen durch $R_z(\vartheta)$ auf den zum Qubit zugehörigen Bloch-Vektor direkt ersichtlich sind. Doch warum ist das ausgerechnet bei der Rotation um die Z-Achse so? Die Argumentationskette hierfür ist etwas lang, aber nicht kompliziert.

Es ist nämlich so, dass wir unsere Darstellung in Gleichung (6.1.6) eines allgemeinen Qubits bezüglich der Rechenbasis definiert haben. Dies impliziert, dass der bei der Rotation fix zu haltende Winkel θ bezüglich derjenigen Achse definiert ist, die zu dieser Rechenbasis korrespondiert. Und genau diese Achse ist die Z-Achse (siehe Abschnitt 6.1.6).

Nun haben Sie gesehen, was das Erfolgsrezept war, um die Rotation um die Z-Achse zu verstehen. Um nun auch die Rotation um die X-Achse (bzw. um die Y-Achse) zu verstehen, müssen Sie genauso vorgehen wie bei der Z-Achse. Das heißt, dass wir alle unsere Berechnungen wiederholen – mit dem wesentlichen Unterschied, dass wir nun eine neue allgemeine Darstellung eines Qubits (siehe Gleichung (6.1.6)) wählen, bei der wir nun die Basis $\{|+\rangle, |-\rangle\}$ (bzw. die Basis $\{|+_y\rangle, |-_y\rangle\}$, siehe Gleichung (6.1.9)) bevorzugt behandeln statt die Rechenbasis.

Hierdurch erhalten wir, dass auch $R_x(\vartheta)$ und $R_y(\vartheta)$ Rotationen beschreiben, nämlich um die X- bzw. um die Y-Achse. Ich empfehle Ihnen, sich selbst davon zu überzeugen und die Berechnungen eigenständig durchzuführen. Die Details in diesen beiden Fällen habe ich daher in Übung 7.1 ausgelagert.

Codebeispiel 7.3.4 Die Rotationen $R_x(\vartheta), R_y(\vartheta), R_z(\vartheta)$ können in Qiskit direkt durch die Befehle

```
rx(theta, 0),ry(theta, 0),rz(theta, 0)
```

implementiert werden. Hierbei gilt, dass `theta` einen Winkel angibt (in diesem Fall wäre `theta=`ϑ) und dass der zweite Eingabeparameter bestimmt, bei welchem Qubit die Rotation angewendet werden muss. Dies gelingt ähnlich wie in unserem Codebeispiel 5.1.6 zur Phasenmatrix.

Im folgenden Codebeispiel werden wir stellvertretend für alle drei Fälle den Befehl `ry` nutzen, um eine Rotation des Bloch-Vektors zu $|0\rangle$ um die Y-Achse und um den Winkel $\pi/2$ zu implementieren.

```
from qiskit import QuantumCircuit
from qiskit.quantum_info import Statevector
import numpy as np

theta = np.pi/2
circ = QuantumCircuit(1)
circ.ry(theta,0)

Statevector(circ)
```

Listing 7.1 Code zur Rotation mit dem Befehl `ry`

Dies führt zu folgender Ausgabe:

```
Statevector([0.70710678+0.j, 0.70710678+0.j],
            dims=(2,))
```

Listing 7.2 Die Ausgabe

7.3.4 Rotation um eine beliebige Achse in der Bloch-Darstellung

Wie so oft im endlichdimensionalen Kontext implizieren die Aussagen für die Koordinatenachsen (bzw. die Basiselemente) direkt die Aussagen für alle beliebigen Vektoren. So ist es auch in diesem Fall. Wir haben die Rotationen um die X-, Y- und die Z-Achse beschrieben, und nun möchten wir dies nutzen, um die Rotation um eine beliebige Achse zu beschreiben.

Gegeben sei also ein Bloch-Vektor $\mathrm{n}_{\theta,\beta}$ (wobei $\theta, \beta \in \mathbb{R}$), den wir um eine beliebige Achse um einen Winkel $\vartheta \in \mathbb{R}$ rotieren möchten. Diese Achse ist durch einen anderen Bloch-Vektor $\mathrm{n}_{\theta',\beta'}$ beschrieben, wobei $\theta', \beta' \in \mathbb{R}$. Unsere *Strategie* lautet, dass wir

1. erst $\mathrm{n}_{\theta,\beta}$ und $\mathrm{n}_{\theta',\beta'}$ umpositionieren, sodass $\mathrm{n}_{\theta',\beta'}$ auf der Z-Achse liegt,
2. dann die Rotation um den Winkel ϑ durchführen und
3. anschließend die Umpositionierung wieder rückgängig machen.

Durch diese Strategie können wir in Schritt (2) ausnutzen, dass wir die Rotation um die Z-Achse bereits sehr gut kennen. Wir müssen uns nur überlegen, wie wir durch bekannte Rotationen auch die Schritte (1) und (3) hinbekommen.

Zu Schritt (1)

Um $\mathrm{n}_{\theta',\beta'}$ auf die Z-Achse zu verschieben, müssen wir einfach die Winkel umkehren, die durch θ' und β' beschrieben werden (siehe Abschnitt 6.1.6). Dies gelingt dadurch, dass wir

- erst um den Winkel $-\beta'$ um die Z-Achse rotieren, wodurch wir auf der X-Z-Ebene landen,
- und dann um den Winkel $-\theta'$ um die Y-Achse rotieren, wodurch wir auf der Z-Achse landen.

Das heißt, wir müssen zuerst

$$R_y(-\theta') \cdot R_z(-\beta')$$

anwenden.

Zu Schritt (2)

Nun müssen wir wie geplant die gewünschte Rotation um ϑ um die Z-Achse durchführen. Dies gelingt durch

$$R_z(\vartheta).$$

Zu Schritt (3)

Um die Umpositionierung aus Schritt (1) wieder rückgängig zu machen, müssen wir

- um den Winkel θ' um die Y-Achse rotieren, wodurch wir auf der X-Z-Ebene landen,
- und dann um den Winkel β' um die Z-Achse rotieren, wodurch wir die Achse (die ursprünglich durch $\mathrm{n}_{\theta',\beta'}$ beschrieben wurde) auf ihre ursprüngliche Position verschoben haben.

Das heißt, wir müssen noch

$$R_z(\beta') \cdot R_y(\theta')$$

anwenden.

Die vorangehenden Erkenntnisse fassen wir in der folgenden Proposition zusammen.

Proposition 7.3.5 Sei $\mathrm{n} := \mathrm{n}_{\theta',\beta'}$ ein beliebiger Bloch-Vektor, wobei $\theta', \beta' \in \mathbb{R}$. Die Rotation um einen Winkel $\vartheta \in \mathbb{R}$ um n wird mathematisch beschrieben durch

$$R_{\mathrm{n}}(\vartheta) := R_z(\beta') \cdot R_y(\theta') \cdot R_z(\vartheta) \cdot R_y(-\theta') \cdot R_z(-\beta').$$

Des Weiteren lässt sich durch weitere Umformungen der rechten Seite zeigen, dass

$$R_{\mathrm{n}}(\vartheta) = e^{-i\frac{\vartheta}{2}\mathrm{n}\cdot\sigma}, \tag{7.3.3}$$

wobei der Operator $\mathrm{n} \cdot \sigma \in \mathbb{C}^{2,2}$ definiert ist durch die folgende Linearkombination der Pauli-Matrizen

$$\mathrm{n} \cdot \sigma := \mathrm{n}^x \cdot \sigma_x + \mathrm{n}^y \cdot \sigma_y + \mathrm{n}^z \cdot \sigma_z,$$

wobei wir hier wiederum die Komponenten von n schreiben als

$$\mathrm{n} = \left(\mathrm{n}^x, \mathrm{n}^y, \mathrm{n}^z\right).$$

Beweis: Den ersten Teil dieser Proposition haben wir bereits bewiesen. Den Beweis von Gleichung (7.3.3) lagere ich als Übung 7.2 aus. □

Beachten Sie die Konsistenz der Form der Rotationsmatrizen in Gleichung (7.3.1) und Gleichung (7.3.3).

Codebeispiel 7.3.6 Gegeben sei das Setting aus Proposition 7.3.5. Die Rotation $R_{\mathrm{n}}(\vartheta)$ um eine beliebige Achse n und um den Winkel ϑ kann in Qiskit direkt durch den Befehl `rv(nx,ny,nz, 0)` implementiert werden. Hierbei gibt der vierte Eingabeparameter an, bei welchem Qubit die Rotation angewendet wird. Sei N^x:=nx, N^y:=ny und N^z:=nz. Die ersten drei Eingabeparameter – d.h. das Triple (N^x, N^y, N^z) – beschreiben in der Notation von Proposition 7.3.5 den Vektor $\vartheta \cdot \mathrm{n}$, d.h.

$$(N^x, N^y, N^z) = \vartheta \cdot \mathrm{n}.$$

Da n normiert ist gilt, dass

$$\|(N^x, N^y, N^z)\| = \|\vartheta \cdot \mathrm{n}\| = |\vartheta| \cdot \|\vartheta \cdot \mathrm{n}\| = |\vartheta|.$$

Das heißt, dass die Länge $\|(N^x, N^y, N^z)\| = \sqrt{|N^x|^2 + |N^y|^2 + |N^z|^2}$ des Vektors (N^x, N^y, N^z) (was durch die ersten drei Eingabeparamter in `rv(nx,ny,nz, 0)` definiert wird) angibt, um welchen Winkel die Rotation stattfinden soll.

Im folgenden Codebeispiel nutzen wir den Befehl `rv`, um eine Rotation des Bloch-Vektors zu $|0\rangle$ um die Y-Achse und um den Winkel $\pi/2$ zu implementieren.

```
from qiskit import QuantumCircuit
from qiskit.quantum_info import Statevector
import numpy as np

theta = np.pi/2
circ = QuantumCircuit(1)
circ.rv(0,theta,0,0)

Statevector(circ)
```

Listing 7.3 Code zur Rotation mit dem Befehl `rv`

Dies führt zu folgender Ausgabe:

```
Statevector([0.70710678+0.j, 0.70710678+0.j],
            dims=(2,))
```

Listing 7.4 Die Ausgabe

7.3.5 Beliebige Gatter in der Bloch-Darstellung

Sie sind nun bereit für die Hauptresultate dieses Abschnitts. Wir werden sehen, dass jedes Ein-Qubit-Gatter sich durch die Anwendung einer globalen Phase und einer Rotationsmatrix (bzw. mehrerer Rotationsmatrizen jeweils um die Koordinatenachsen) darstellen lässt. Diesbezüglich werden Sie zwei Resultate sehen.

Für das erste Resultat ist es interessant zu sehen, dass wir aufgrund unserer Vorarbeit für den Beweis keine neuen Ideen mehr brauchen.

Theorem 7.3.7 Sei $U \in \mathcal{U}(\mathcal{H})$ ein Ein-Qubit-Gatter. Dann gibt es $\gamma, \vartheta \in \mathbb{R}$ und einen Einheitsvektor $\mathrm{n} \in \mathbb{R}^3$, sodass

$$U = e^{i\gamma} \cdot R_{\mathrm{n}}(\vartheta) \tag{7.3.4}$$

Beweis: Im folgenden Beweis müssen Sie sich an folgende Tatsachen erinnern, die wir in Kapitel 4 herausgefunden haben:

- Für alle $U \in \mathcal{U}(\mathcal{H})$ gibt es ein $K \in \mathcal{L}_{\mathrm{sa}}(\mathcal{H})$, sodass $U = \exp(-iK)$ (siehe Lemma 4.4.3).
- Die Pauli-Matrizen bilden gemeinsam mit der Identität eine Basis von $\mathcal{L}_{\mathrm{sa}}(\mathcal{H})$, wobei wir $\mathcal{L}_{\mathrm{sa}}(\mathcal{H})$ als $\mathbb{R}$-Vektorraum betrachten (siehe die Beispiele aus Abschnitt 4.4.3).

Das heißt, dass für alle $K \in \mathcal{L}_{\mathrm{sa}}(\mathcal{H})$ gibt es $\gamma, m_x, m_y, m_z \in \mathbb{R}$, sodass

$$K = -\gamma \mathrm{Id} + m_x\sigma_x + m_y\sigma_y + m_z\sigma_z.$$

(Wir wählen hier vorausschauend $-\gamma$ statt γ, damit wir später γ mit demselben Vorzeichen wie in Gleichung (7.3.4) bestücken können.)

Gemeinsam implizieren diese beiden Tatsachen, dass es $\gamma, m_x, m_y, m_z \in \mathbb{R}$ gibt, sodass

$$U = e^{-i(-\gamma \mathrm{Id}+m_x\sigma_x+m_y\sigma_y+m_z\sigma_z)} = e^{i\gamma}e^{-i(m_x\sigma_x+m_y\sigma_y+m_z\sigma_z)},$$

wobei wir im zweiten Schritt benutzt haben, dass die Exponentierung der Identitätsmatrix im Wesentlichen gleich der Multiplikation mit einem Skalar ist. Sei

$$\|m\|^2 := m_x^2 + m_y^2 + m_z^2 \quad \text{und} \quad \mathrm{n} := \left(\frac{m_x}{\|m\|}, \frac{m_y}{\|m\|}, \frac{m_z}{\|m\|}\right). \tag{7.3.5}$$

Es ist leicht zu sehen, dass n ein Einheitsvektor im $\mathbb{R}^3$ ist. Damit erhalten wir, dass

$$U = e^{i\gamma}e^{-i(m_x\sigma_x+m_y\sigma_y+m_z\sigma_z)} = e^{i\gamma}e^{-i\|m\|\cdot(\mathrm{n}\cdot\sigma)} = e^{i\gamma}\cdot R_{\mathrm{n}}(\vartheta),$$

wobei wir im zweiten Schritt die Definition von $\mathrm{n}\cdot\sigma$ genutzt haben und im dritten Schritt $\vartheta = 2\|m\|$ gesetzt und Proposition 7.3.5 angewendet haben. □

Das zweite angekündigte Resultat in dieser Richtung liefert uns eine andere Darstellung beliebiger Ein-Qubit-Gatter, die aber auch auf Rotationsmatrizen und auf die Anwendung einer globalen Phase zurückgeführt werden kann.

Theorem 7.3.8 Sei $U \in \mathcal{U}(\mathcal{H})$ ein Ein-Qubit-Gatter. Dann gibt es $\gamma, \vartheta_1, \vartheta_2, \vartheta_3 \in \mathbb{R}$, sodass

$$U = e^{i\gamma}\cdot R_z(\vartheta_1)\cdot R_y(\vartheta_2)\cdot R_z(\vartheta_3). \tag{7.3.6}$$

Beweis: Den Beweis dieser Behauptung führen Sie in Übung 7.4. □

Beispiel 7.3.9 Wir möchten nun am konkreten Beispiel des Hadamard-Gatters das vorangehende Theorem ausprobieren. Ich empfehle Ihnen, erst selbst zu versuchen, die Werte $\gamma, \vartheta_1, \vartheta_2, \vartheta_3 \in \mathbb{R}$ für das Hadamard-Gatter zu finden.

Durch direktes Einsetzen erhalten wir, dass

$$
\begin{aligned}
&e^{i\frac{\pi}{2}} \cdot R_z(0) \cdot R_y\left(\frac{\pi}{2}\right) \cdot R_z(\pi) \\
&= i \cdot 1 \cdot \left(\cos\left(\frac{\pi}{4}\right)\mathrm{Id} - i\sin\left(\frac{\pi}{4}\right)\sigma_y\right) \cdot \left(\cos\left(\frac{\pi}{2}\right)\mathrm{Id} - i\sin\left(\frac{\pi}{2}\right)\sigma_z\right) \\
&= i\left(\frac{1}{\sqrt{2}} \cdot \mathrm{Id} - i\frac{1}{\sqrt{2}} \cdot \sigma_y\right) \cdot (0 \cdot \mathrm{Id} - i \cdot 1 \cdot \sigma_z) \\
&= i\frac{1}{\sqrt{2}}(\mathrm{Id} - i\sigma_y) \cdot (-i\sigma_z) = \frac{1}{\sqrt{2}}(\mathrm{Id} - i\sigma_y) \cdot \sigma_z = \frac{1}{\sqrt{2}}(\sigma_z - i\sigma_y\sigma_z) \\
&= \frac{1}{\sqrt{2}}\begin{pmatrix} 1 & 0 \\ 0 & -1 \end{pmatrix} - i\frac{1}{\sqrt{2}}\begin{pmatrix} 0 & -i \\ i & 0 \end{pmatrix}\begin{pmatrix} 1 & 0 \\ 0 & -1 \end{pmatrix} \\
&= \frac{1}{\sqrt{2}}\begin{pmatrix} 1 & 0 \\ 0 & -1 \end{pmatrix} - i\frac{1}{\sqrt{2}}\begin{pmatrix} 0 & i \\ i & 0 \end{pmatrix} = H.
\end{aligned}
$$

7.4 Zwei-Qubit-Gatter

Sie wissen nun, wie Ein-Qubit-Gatter aussehen und wie diese auf Bloch-Vektoren wirken. Nun gehen wir einen Schritt weiter und beschäftigen uns mit Gattern, die auf zwei Qubits wirken, sogenannte *Zwei-Qubit-Gatter*. Das heißt, dass in diesem Abschnitt für den Hilbertraum gilt, dass

$$\mathscr{H} = \mathcal{H}^{\otimes 2} = \mathbb{C}^4.$$

Eine Auflistung einiger wichtiger Zwei-Qubit-Gatter finden Sie in Tabelle 8.2. Diese Tabelle beinhaltet auch die Befehle, die in Qiskit für diese Gatter verwendet werden.

Der rote Faden in diesem Abschnitt

In diesem Abschnitt lernen Sie einige interessante Zwei-Qubit-Gatter kennen, die auf der Konstruktion *kontrollierter Operationen* basieren. Daher fangen wir mit der Motivation und Beschreibung dieser Operationen an. Danach lernen Sie noch das *Swap-Gatter* kennen, bei dem zwei Qubits ihre Zustände miteinander tauschen. Sie werden dabei auch immer sehen, wie Sie diese Gatter in Qiskit implementieren können.

7.4.1 Kontrollierte Operationen

Es wird in vielen Situationen hilfreich sein, eine Art Schalter einzubauen, mit dem man die Wirkung eines Gatters $U \in \mathcal{U}(\mathcal{H})$ auf ein Qubit $|\psi\rangle \in \mathcal{H}$ ein- oder ausschalten kann. In der Quanteninformatik gelingt diese Kontrolle unter anderem, indem man ein weiteres Qubit $|\phi\rangle \in \mathcal{H}$ daneben schaltet und die Wirkung von U auf $|\psi\rangle$ darauf bedingt, dass das andere Qubit $|\phi\rangle$ einen bestimmten Zustand – also beispielsweise $|1\rangle$ – annimmt.

In anderen Worten: Man kontrolliert und gewichtet die Anwendung von U auf $|\psi\rangle$, indem man bestimmt, inwieweit $|\phi\rangle$ einen speziellen Zustand (wie beispielsweise $|1\rangle$) annehmen kann. Gilt also in diesem Beispiel $|\phi\rangle = |1\rangle$, so wird U auf $|\psi\rangle$ angewandt. Gilt aber $|\phi\rangle = |0\rangle$, so wird U *nicht* auf $|\psi\rangle$ angewandt.

Für Superpositionen dieser beiden Fälle wird dann die Wahrscheinlichkeit, dass U angewendet wird oder nicht, ausschlaggebend sein. Diese Wahrscheinlichkeiten werden gemäß der quantenmechanischen Gesetze (siehe Kapitel 4) sowie der Rechenregeln bei der Anwendung Linearer Operatoren auf Tensorprodukten berechnet. Ich werde dies im Folgenden anhand konkreter Beispiele näher erläutern.

Kontrolliertes U-Gatter

Seien U, $|\phi\rangle$, $|\psi\rangle$ so, wie soeben angegeben. Genauer sei

$$U = \begin{pmatrix} u_{00} & u_{01} \\ u_{10} & u_{11} \end{pmatrix}$$

für geeignete $u_{00}, u_{01}, u_{10}, u_{11} \in \mathbb{C}$. Das *kontrollierte U-Gatter (bedingt auf $|1\rangle$ im ersten Qubit)* $\Lambda^{|1\rangle}(U)$ ist definiert durch

$$\begin{aligned}
\Lambda^{|1\rangle}(U) &:= |0\rangle\langle 0| \otimes \mathrm{Id} + |1\rangle\langle 1| \otimes U \\
&= \begin{pmatrix} 1\begin{pmatrix} 1 & 0 \\ 0 & 1 \end{pmatrix} & 0\begin{pmatrix} 1 & 0 \\ 0 & 1 \end{pmatrix} \\ 0\begin{pmatrix} 1 & 0 \\ 0 & 1 \end{pmatrix} & 0\begin{pmatrix} 1 & 0 \\ 0 & 1 \end{pmatrix} \end{pmatrix} + \begin{pmatrix} 0\begin{pmatrix} u_{00} & u_{01} \\ u_{10} & u_{11} \end{pmatrix} & 0\begin{pmatrix} u_{00} & u_{01} \\ u_{10} & u_{11} \end{pmatrix} \\ 0\begin{pmatrix} u_{00} & u_{01} \\ u_{10} & u_{11} \end{pmatrix} & 1\begin{pmatrix} u_{00} & u_{01} \\ u_{10} & u_{11} \end{pmatrix} \end{pmatrix} \\
&= \begin{pmatrix} 1 & 0 & 0 & 0 \\ 0 & 1 & 0 & 0 \\ 0 & 0 & 0 & 0 \\ 0 & 0 & 0 & 0 \end{pmatrix} + \begin{pmatrix} 0 & 0 & 0 & 0 \\ 0 & 0 & 0 & 0 \\ 0 & 0 & u_{00} & u_{01} \\ 0 & 0 & u_{10} & u_{11} \end{pmatrix} \\
&= \begin{pmatrix} 1 & 0 & 0 & 0 \\ 0 & 1 & 0 & 0 \\ 0 & 0 & u_{00} & u_{01} \\ 0 & 0 & u_{10} & u_{11} \end{pmatrix} =: \begin{pmatrix} \mathrm{Id} & 0 \\ 0 & U \end{pmatrix},
\end{aligned} \tag{7.4.1}$$

wobei wir hier mehrmals die *Blockmatrix-Schreibweise* genutzt haben, in der die Einträge der Matrix wieder Matrizen – sogenannte *Untermatrizen* – sind. In diesem Fall gilt, dass die Untermatrizen alle Matrizen aus $\mathbb{C}^{2,2}$ sind, wobei hier 0 für die Nullmatrix in diesem Raum steht.

Das erste Qubit bezeichnen wir hier als das *Kontroll-Qubit*, da durch dieses Qubit die Anwendung von U auf das zweite Qubit kontrolliert wird.

Für Zustände der Form

$$|\phi\rangle = \alpha_0 |0\rangle + \alpha_1 |1\rangle$$

mit geeigneten $\alpha_0, \alpha_1 \in \mathbb{C}$ gilt, dass

$$\begin{aligned}
\Lambda^{|1\rangle}(U)(|\phi\rangle \otimes |\psi\rangle) &= (|0\rangle\langle 0| \otimes \mathrm{Id})\Big((\alpha_0 |0\rangle + \alpha_1 |1\rangle) \otimes |\psi\rangle\Big) \\
&\quad + (|1\rangle\langle 1| \otimes U)\Big((\alpha_0 |0\rangle + \alpha_1 |1\rangle) \otimes |\psi\rangle\Big) \\
&= (\alpha_0 |0\rangle\langle 0| |0\rangle + \alpha_1 |0\rangle\langle 0| |1\rangle) \otimes |\psi\rangle \\
&\quad + (\alpha_0 |1\rangle\langle 1| |0\rangle + \alpha_1 |1\rangle\langle 1| |1\rangle) \otimes U |\psi\rangle \\
&= \alpha_0 |0\rangle \otimes |\psi\rangle + \alpha_1 |1\rangle \otimes U |\psi\rangle .
\end{aligned}$$

Hieraus erkennen Sie, dass die Anwendung von U auf das zweite Qubit dadurch gewichtet ist, wie sehr das erste Qubit bezüglich des Zustands $|1\rangle$ gewichtet ist.

Bemerkung 7.4.1 Es ist möglich, dieses Gatter auch in Qiskit zu implementieren. Dies gelingt durch den Befehl `cu`. Allerdings verzichte ich an dieser Stelle auf ein Codebeispiel zu diesem Befehl, da dieses Kommando auf einer Darstellung von U basiert, die zwar nicht besonders kompliziert ist, die ich aber in diesem Buch nicht eingeführt habe. Stattdessen werden wir für das nächste Beispiel, das CNOT-Gatter, ein Codebeispiel durchrechnen.

CNOT-Gatter

Ein sehr wichtiger und häufiger Spezialfall eines kontrollierten U-Gatters ist der Fall, wenn $U = \sigma_x$. Der Grund ist, dass – wie Sie in Lemma 4.4.9 gesehen haben – mit der Pauli-X-Matrix die *Negation* eines Qubits (oder auch das **NOT** oder *Bitflip*-Gatter) modelliert wird. Dadurch können wir Bitflips eines zweiten Qubits durch den Zustand des ersten Qubits kontrollieren. Es gilt, dass

$$\Lambda^{|1\rangle}(\sigma_x) = |0\rangle\langle 0| \otimes \mathrm{Id} + |1\rangle\langle 1| \otimes \sigma_x = \begin{pmatrix} 1 & 0 & 0 & 0 \\ 0 & 1 & 0 & 0 \\ 0 & 0 & 0 & 1 \\ 0 & 0 & 1 & 0 \end{pmatrix} = \begin{pmatrix} \mathrm{Id} & 0 \\ 0 & \sigma_x \end{pmatrix} . \quad (7.4.2)$$

Codebeispiel 7.4.2 Wir möchten nun sehen, wie wir das CNOT-Gatter in Qiskit implementieren können. Dies gelingt durch den Befehl `cx(0,1)`,c wobei der erste Eingabeparameter – in diesem Fall also die 0 – bestimmt, mit welchem Qubit kontrolliert wird. Mit dem zweiten Eingabeparameter – d.h. in diesem Fall mit der 1 – wird bestimmt, auf welches Qubit das Ein-Qubit-Gatters – in diesem Fall σ_x – wirkt.

In Listing 7.5 sehen Sie den Code zum einfachen Beispiel, wenn in unserer oben angegebenen Rechnung gilt, dass

$$|\phi\rangle = H(|0\rangle) = |+\rangle \quad \text{und} \quad |\psi\rangle = |0\rangle \,.$$

Bitte beachten Sie, dass Sie bei allen Qiskit-Codes mit mehr als einem Qubit stets den Befehl reverse$_bits()$ ausführen müssen.

Das liegt daran, dass in Qiskit die *Little-Endian*-Konvention gilt. Das heißt, dass die Bit-Reihenfolge in Qiskit bei der Ausgabe von rechts nach links gewählt ist. Dies widerspricht unserem Formalismus, in dem die *Big-Endian*-Konvention gilt, bei der die Bit-Reihenfolge von links nach rechts gewählt ist. Ich habe die Big-Endian-Konvention gewählt, da diese in der Literatur zur Quantenmechanik üblich ist. Mittels des Befehls `reverse_bits()` wechseln wir von der Little-Endian-Konvention auf die Big-Endian-Konvention.

```
from qiskit import QuantumCircuit
from qiskit.quantum_info import Statevector

circ = QuantumCircuit(2)
circ.h(0)
circ.cx(0,1)

# Wechsel in die Big-Endian-Ordnung
circ = circ.reverse_bits()
Statevector(circ)
```

Listing 7.5 Code mit Anwendung des CNOT-Gatters

```
Statevector([0.70710678+0.j, 0.        +0.j, 0.        +0.j,
             0.70710678+0.j],
            dims=(2, 2))
```

Listing 7.6 Die Ausgabe

In der Ausgabezeile sehen Sie,

- dass es sich diesmal um ein Zwei-Qubit-System handelt (aufgrund von `dims(2,2)`) und
- dass es sich diesmal bei den Einträgen in `Statevector` um die Koeffizienten bei der allgemeinen Darstellung eines Zwei-Qubit-Registers handelt (siehe Gleichung **(4.6.16)**). Das heißt, dass

- der erste Eintrag in `Statevector` α_{00},
- der zweite Eintrag in `Statevector` α_{01},
- der dritte Eintrag in `Statevector` α_{10} und
- der vierte Eintrag in `Statevector` α_{11}

entspricht.

Nach der Zuordnung der einzelnen Koeffizienten ist Ihnen vielleicht aufgefallen, dass wir soeben den *Bell-Zustand* $|\Phi_+\rangle$ präpariert haben. Fühlen Sie sich frei, auch die anderen Bell-Zustände als Übung via Qiskit zu präparieren.

Bemerkung 7.4.3 Die Bedeutung des CNOT-Gatters wird durch dessen Nähe zur XOR-Verknüpfung, die ich im Folgenden erläutern werde, nochmals unterstrichen. Zur Erinnerung: Die XOR-Verknüpfung in der klassischen Informatik bildet zwei Bits $a, b \in \{0, 1\}$ auf ein Bit ab, welches wir dann mit dem Symbol $a \oplus b \in \{0, 1\}$ notieren. Diese Verknüpfung ist folgendermaßen definiert:

$$0 \oplus 0 = 0$$

$$0 \oplus 1 = 1$$

$$1 \oplus 0 = 1$$

$$1 \oplus 1 = 0$$

Eine andere Herangehensweise wäre die Interpretation dieser Verknüpfung als Addition im *Körper* $\mathbb{F}_2$ (siehe Abschnitt 10.2 für mehr Details).

Mittels dieser Verknüpfung können wir das CNOT-Gatter, das jeweils zwei Qubits als Input sowie als Output hat, als die folgende Abbildung beschreiben:

$$\text{CNOT}\big(\,|\psi\rangle \otimes |\phi\rangle\,\big) = |\psi\rangle \otimes |\phi \oplus \psi\rangle \qquad \text{für } |\psi\rangle\,, |\phi\rangle \in \{|0\rangle\,, |1\rangle\}$$

Diese Eigenschaft werden wir im weiteren Verlauf dieses Buchs einige Male wieder aufgreifen.

Weitere spezielle kontrollierte U-Gatter

Wir haben soeben den Spezialfall $U = \sigma_x$ eines kontrollierten U-Gatters betrachtet. In Qiskit sind auch noch weitere solcher Spezialfälle abgebildet, die ich im Folgenden aufliste, wobei diese Aufzählung nicht als vollständig betrachtet werden darf, da die Qiskit-Bibliothek mittlerweile sehr umfassend und weitreichend ist:

- Das *kontrollierte H-Gatter* ist definiert durch

$$\Lambda^{|1\rangle}(H) = |0\rangle\langle 0| \otimes \mathrm{Id} + |1\rangle\langle 1| \otimes H.$$

  Der zugehörige Qiskit-Befehl lautet `ch(·, ·)`, wobei der erste Eingabeparameter das Kontroll-Qubit angibt und der zweite das Qubit, auf dem H angewendet werden soll.

- Das *kontrollierte Phasengatter* ist definiert durch

$$\Lambda^{|1\rangle}(P(\vartheta)) = |0\rangle\langle 0| \otimes \mathrm{Id} + |1\rangle\langle 1| \otimes P(\vartheta)$$

  wobei $\vartheta \in \mathbb{R}$. Der zugehörige Qiskit-Befehl lautet `cp(·, ·, ·)`, wobei der erste Eingabeparameter hier den Winkel ϑ angibt, um den eine relative Phase induziert wird, der zweite das Kontroll-Qubit und der dritte das Qubit, auf dem $P(\vartheta)$ angewendet werden soll.

- Die *kontrollierten Rotationsgatter* sind auf analoge Weise jeweils definiert durch Gleichung (7.4.1), wobei für U jeweils entweder

$$R_x(\vartheta), R_y(\vartheta), R_z(\vartheta).$$

  eingesetzt wird, wobei $\vartheta \in \mathbb{R}$. Die zugehörigen Qiskit-Befehle lauten `crx(·, ·, ·)`, `cry(·, ·, ·)`, `crz(·, ·, ·)`, wobei die Eingabeparameter analog zu den Eingabeparametern in `cp` gewählt sind.

Kontrolliertes U-Gatter mit Kontrolle durch den Zustand $|0\rangle$

In unserer Definition des kontrollierten U-Gatters in Gleichung (7.4.1) haben wir willkürlich $|1\rangle$ als Zustand ausgewählt, bei dem die Anwendung von U auf das zweite Qubit aktiviert wird. Selbstverständlich können wir auch den Spieß umdrehen und beispielsweise $|0\rangle$ diese Rolle zuschreiben statt $|1\rangle$. Die zugehörige Definition sieht dann folgendermaßen aus:

$$\Lambda^{|0\rangle}(U) := |0\rangle\langle 0| \otimes U + |1\rangle\langle 1| \otimes \mathrm{Id} = \begin{pmatrix} U & 0 \\ 0 & \mathrm{Id} \end{pmatrix}$$

Die Frage nach der *Implementierung solcher Gatter* in Qiskit ist relativ einfach: Wir nutzen dieselben Befehle wie bei den kontrollierten U-Gattern, wo die Kontrolle durch den Zustand $|1\rangle$ gegeben ist, aber schalten eine einmalige Anwendung des Pauli-X-Gatters davor. Hierdurch gelingt uns nämlich ein Bitflip, womit wir die Kontrolle effektiv auf den Zustand $|0\rangle$ verlagern. Ich empfehle Ihnen, die Details dieser Implementierung als Übung selbst auszuführen.

Kontrolliertes U-Gatter mit dem zweiten Qubit als Kontroll-Qubit

Angelehnt an das Vorangehende können wir nun auch fragen, ob wir auch die Rollen der beiden Qubits tauschen können. Das heißt, ob wir auch die Anwendung von U auf das erste Qubit steuern können, indem wir das zweite Qubit als Kontroll-Qubit verwenden. Dies ist natürlich möglich, und das zugehörige Gatter sieht folgendermaßen aus:

$$\begin{aligned}
\Lambda_{|1\rangle}(U) &:= \mathrm{Id} \otimes |0\rangle\langle 0| + U \otimes |1\rangle\langle 1| \\
&= \begin{pmatrix} 1\begin{pmatrix} 1 & 0 \\ 0 & 0 \end{pmatrix} & 0\begin{pmatrix} 1 & 0 \\ 0 & 0 \end{pmatrix} \\ 0\begin{pmatrix} 1 & 0 \\ 0 & 0 \end{pmatrix} & 1\begin{pmatrix} 1 & 0 \\ 0 & 0 \end{pmatrix} \end{pmatrix} + \begin{pmatrix} u_{00}\begin{pmatrix} 0 & 0 \\ 0 & 1 \end{pmatrix} & u_{01}\begin{pmatrix} 0 & 0 \\ 0 & 1 \end{pmatrix} \\ u_{10}\begin{pmatrix} 0 & 0 \\ 0 & 1 \end{pmatrix} & u_{11}\begin{pmatrix} 0 & 0 \\ 0 & 1 \end{pmatrix} \end{pmatrix} \\
&= \begin{pmatrix} 1 & 0 & 0 & 0 \\ 0 & 0 & 0 & 0 \\ 0 & 0 & 1 & 0 \\ 0 & 0 & 0 & 0 \end{pmatrix} + \begin{pmatrix} 0 & 0 & 0 & 0 \\ 0 & u_{00} & 0 & u_{01} \\ 0 & 0 & 0 & 0 \\ 0 & u_{01} & 0 & u_{11} \end{pmatrix} = \begin{pmatrix} 1 & 0 & 0 & 0 \\ 0 & u_{00} & 0 & u_{01} \\ 0 & 0 & 1 & 0 \\ 0 & u_{01} & 0 & u_{11} \end{pmatrix}
\end{aligned}$$

Auch solche Gatter können Sie selbstverständlich in Qiskit implementieren, da Sie in den Eingabeparametern angeben können, welches Qubit das Kontroll-Qubit ist und auf welchem Qubit U angewendet werden soll.

7.4.2 Swap-Gatter

Ein weiteres häufig benutztes Gatter ist das sogenannte *Swap-Gatter*, bei dem die Zustände von zwei Qubits miteinander getauscht werden. Um dieses Gatter $S \in \mathcal{U}(\mathcal{H}^{\otimes 2})$ mathematisch herzuleiten, reicht es, zunächst nur dessen Anwendung auf die Rechenbasis zu betrachten. Sobald hier die gewünschte Austausch-Eigenschaft nachgewiesen ist für S, kann die Eigenschaft auch für alle anderen Vektoren abgeleitet werden, da die Rechenbasis eine Basis des Hilbertraums $\mathcal{H}^{\otimes 2}$ darstellt und da S eine lineare Abbildung ist.

Genauer gesagt brauchen wir, dass

1. $|01\rangle$ von S auf $|10\rangle$ abgebildet wird und
2. $|10\rangle$ von S auf $|01\rangle$ abgebildet wird.

Denn beispielsweise gilt im Fall (1), dass das erste Qubit *vor der Anwendung von S* den Zustand $|0\rangle$ hat und das zweite Qubit den Zustand $|1\rangle$ und dass *nach der Anwendung von S* diese beiden Zustände miteinander getauscht werden. Für die Anwendung von S auf die Zustände $|11\rangle$ und $|00\rangle$ gilt, dass S diese Zustände nicht verändern darf, da hier effektiv kein Tausch zwischen den Qubits stattfindet, da beide Qubits vor der Anwendung von S denselben

Zustand haben. Mathematisch lassen sich diese Bedingungen ausdrücken als

$$
\begin{aligned}
S &= |00\rangle\langle 00| + |11\rangle\langle 11| + |01\rangle\langle 10| + |10\rangle\langle 01| \\
&= \begin{pmatrix} 1 & 0 & 0 & 0 \\ 0 & 0 & 0 & 0 \\ 0 & 0 & 0 & 0 \\ 0 & 0 & 0 & 0 \end{pmatrix} + \begin{pmatrix} 0 & 0 & 0 & 0 \\ 0 & 0 & 0 & 0 \\ 0 & 0 & 0 & 0 \\ 0 & 0 & 0 & 1 \end{pmatrix} + \begin{pmatrix} 0 & 0 & 0 & 0 \\ 0 & 0 & 1 & 0 \\ 0 & 0 & 0 & 0 \\ 0 & 0 & 0 & 0 \end{pmatrix} + \begin{pmatrix} 0 & 0 & 0 & 0 \\ 0 & 0 & 0 & 0 \\ 0 & 1 & 0 & 0 \\ 0 & 0 & 0 & 0 \end{pmatrix} \\
&= \begin{pmatrix} 1 & 0 & 0 & 0 \\ 0 & 0 & 1 & 0 \\ 0 & 1 & 0 & 0 \\ 0 & 0 & 0 & 1 \end{pmatrix}.
\end{aligned}
$$

In Qiskit lässt sich das Swap-Gatter durch den Befehl `swap` implementieren. Das Swap-Gatter wird natürlich auch für allgemeine n-Qubit-Register (mit $n \in \mathbb{N}$) benötigt, in denen möglicherweise mehr als zwei Qubits miteinander vertauscht werden. Für mehr Informationen zu diesem Befehl verweise ich Sie auf [IBMl].

7.5 Drei-Qubit-Gatter

Natürlich gibt es auch eine Vielzahl an Drei-Qubit-Gatter – d. h. unitären Matrizen im Hilbertraum $\mathcal{H}^{\otimes 3} = \mathbb{C}^8$ –, die in der Quanteninformatik eine wichtige Rolle spielen. Allerdings werde ich Ihnen in diesem Buch nur ein solches Gatter vorstellen: Das sogenannte *Toffoli-* oder *CCNOT*-Gatter definiert durch

$$
\Lambda^{|11\rangle}(\sigma_x) := |11\rangle\langle 11| \otimes \sigma_x + (\mathrm{Id} - |11\rangle\langle 11|) \otimes \mathrm{Id} = \begin{pmatrix} 1 & 0 & 0 & 0 & 0 & 0 & 0 & 0 \\ 0 & 1 & 0 & 0 & 0 & 0 & 0 & 0 \\ 0 & 0 & 1 & 0 & 0 & 0 & 0 & 0 \\ 0 & 0 & 0 & 1 & 0 & 0 & 0 & 0 \\ 0 & 0 & 0 & 0 & 1 & 0 & 0 & 0 \\ 0 & 0 & 0 & 0 & 0 & 1 & 0 & 0 \\ 0 & 0 & 0 & 0 & 0 & 0 & 0 & 1 \\ 0 & 0 & 0 & 0 & 0 & 0 & 1 & 0 \end{pmatrix}
$$

Dieses Gatter hat große Ähnlichkeiten mit der Identitätsmatrix Id in $\mathbb{C}^{8,8}$ mit Ausnahme der letzten beiden Spalten und Zeilen. Auf die Rechenbasis hat es dementsprechend den Effekt, dass $\Lambda^{|11\rangle}(\sigma_x)$

- $|110\rangle$ auf $|111\rangle$,
- $|111\rangle$ auf $|110\rangle$ und
- alle anderen Elemente der Rechenbasis auf sich selbst abbildet.

Daher wird nur dann das letzte Qubit negiert, wenn der Zustand der ersten beiden Qubits jeweils gleich $|1\rangle$ ist. Demnach interpretieren wir *die ersten beiden Qubits als Kontroll-Qubits*.

In Qiskit lässt sich das CCNOT-Gatter durch den Befehl `ccx` implementieren, wie Sie in Listing 7.7 sehen können.

```
from qiskit import QuantumCircuit
from qiskit.quantum_info import Statevector
circ = QuantumCircuit(3)
circ.h(0)
circ.h(1)
circ.ccx(0,1,2)

circ = circ.reverse_bits()
Statevector(circ)
```

Listing 7.7 Code mit Anwendung des CCNOT-Gatters

```
Statevector([0.5+0.j, 0. +0.j, 0.5+0.j, 0. +0.j, 0.5+0.j, 0. +0.j,
             0. +0.j, 0.5+0.j],
                   dims=(2, 2, 2))
```

Listing 7.8 Die Ausgabe

Die besondere Bedeutung dieses Gatters lernen Sie in Abschnitt 7.6 näher kennen.

7.6 Universalgatter

Ich habe bereits in Abschnitt 4.4 erwähnt, dass es hilfreich wäre, wenn wir uns bei der physikalischen Realisation von Quantencomputern auf einen gewissen Satz an Gattern beschränken könnten, aus denen alle anderen Gatter abgeleitet werden. In diesem Abschnitt möchte ich dieses Problem wieder aufgreifen und Resultate vorstellen, die einen Satz an *Universalgattern* aufzeigen – d.h. einen Satz an Gattern, durch die alle anderen Gatter dargestellt werden können.

Ich werde im Folgenden auf die Beweise der Resultate verzichten. Die Resultate sind zwar für das Grundwissen in der Quanteninformatik wichtig, ein tiefergehendes Verständnis brauchen Sie aber nur, wenn Sie sich mit der Korrektur von Quantenfehlern oder der physikalischen Realisierung von Quantencomputern befassen wollen. In diesem Fall verweise ich Sie auf weiterführende Literatur (wie etwa Abschnitt 4.5 in [NC10] oder Abschnitt 5.2 in [Sch19]).

7.6.1 Darstellung via zweistufiger, unitärer Matrizen

Das Ziel dieses Abschnitts ist es, beliebige unitäre Matrizen $U \in \mathcal{U}(\mathcal{H}^{\otimes n})$, wobei $n \in \mathbb{N}$, durch einen kleinen Satz einfacherer Matrizen darzustellen. Dies klingt schon allein deswegen nach einer großen Herausforderung, weil wir in diesem endlichen Satz keine Abhängigkeit von der Dimension n haben möchten, sodass wir Universalgatter finden müssen, die für beliebige Dimensionen beliebige unitäre Matrizen darstellen können.

In diesem ersten Schritt möchten wir nun sehen, wie man zumindest die Abhängigkeit von der Dimension n beseitigt. Sie werden sehen, dass sich beliebige $U \in \mathcal{U}(\mathcal{H}^{\otimes n})$ durch *zweistufige* unitäre Matrizen darstellen lassen. Wir bezeichnen eine unitäre Matrix $V \in \mathcal{U}(\mathcal{H}^{\otimes n})$ als *zweistufig*, wenn es nur genau zwei Elemente der Rechenbasis gibt, die von V *nicht* auf sich selbst abgebildet werden. Beispielsweise ist das CCNOT-Gatter zweistufig, da nur $|110\rangle$ und $|111\rangle$ nicht auf sich selbst abgebildet werden.

Lemma 7.6.1 Sei $n \in \mathbb{N}$ und $U \in \mathcal{U}(\mathcal{H}^{\otimes n})$. Dann gibt es $k \in \mathbb{N}$ und $V_1, \ldots, V_k$, sodass

$$U = V_1 \cdot V_2 \cdots V_k,$$

wobei für alle $i \in \{1, \ldots, k\}$ gilt, dass V_i zweistufig ist.

Beweis: Der Beweis dieser Aussage kann in Unterabschnitt 4.5.1 von [NC10] oder in Theorem 5.20 in [Sch19] nachgelesen werden. □

Sie sehen also, dass die Menge aller zweistufigen Gatter universell ist. Das sind zwar deutlich weniger unitäre Matrizen als vorher, aber immer noch zuviele. Daher halten wir Ausschau nach Besserem.

7.6.2 Darstellung via Drehungen und CNOT

Sie werden nun sehen, dass wiederum die zweistufigen Gatter mithilfe gewisser Ein-Qubit-Gatter und dem CNOT-Gatter dargestellt werden können.

Genauer gesagt gilt, dass alle zweistufigen unitären Matrizen durch unitäre Matrizen $V \in \mathcal{U}(\mathcal{H}^{\otimes n})$ der Form

$$V = A \otimes B \otimes C$$

dargestellt werden können, wobei

- genau eine der drei unitären Matrizen A, B, C gegeben ist durch
  - entweder ein Element der Menge $\{R_y(\vartheta), R_z(\vartheta), M(\vartheta)\}$ für ein $\vartheta \in \mathbb{R}$ (siehe Definition 7.3.1 und Gleichung (7.2.1) für die jeweiligen Definitionen dieser Matrizen)
  - oder durch $\Lambda^{|1\rangle}(\sigma_x)$

  und
- die beiden übrigen unitären Matrizen Identitätsmatrizen bestimmter Dimension sind, sodass V eine unitäre Matrix ist auf $\mathcal{H}^{\otimes n}$.

Im Folgenden werden wir zu solchen unitären Matrizen V sagen, dass diese *vollständig definiert* sind durch entweder eine unitäre Matrix aus $\{R_y(\vartheta), R_z(\vartheta), M(\vartheta)\}$ für ein $\vartheta \in \mathbb{R}$ oder durch $\Lambda^{|1\rangle}(\sigma_x)$.

Lemma 7.6.2 Seien $n \in \mathbb{N}$, $U \in \mathcal{U}(\mathcal{H}^{\otimes n})$ und U zweistufig. Dann gibt es $k \in \mathbb{N}$ und $V_1, \ldots, V_k \in \mathcal{U}(\mathcal{H}^{\otimes n})$, sodass

$$U = V_1 \cdot V_2 \cdots V_k$$

wobei für alle $i \in \{1, \ldots, k\}$ die $V_i \in \mathcal{U}(\mathcal{H}^{\otimes n})$ vollständig definiert sind durch

- entweder eine unitäre Matrix aus $\{R_y(\vartheta), R_z(\vartheta), M(\vartheta)\}$ für ein $\vartheta \in \mathbb{R}$
- oder durch $\Lambda^{|1\rangle}(\sigma_x)$.

Beweis: Der Beweis dieser Aussage nutzt das Resultat aus Theorem 7.3.8 und kann in Abschnitt 5.2 von [Sch19] nachgelesen werden. □

Die Kombination von Lemma 7.6.1 mit Lemma 7.6.2 impliziert, dass wir, um ein beliebiges n-Qubit-Gatter physikalisch zu realisieren, (bis auf eine globale Phase) nur wissen müssen, wie $\Lambda^{|1\rangle}(\sigma_x)$ sowie $R_y(\vartheta)$ und $R_z(\vartheta)$ für alle $\vartheta \in \mathbb{R}$ physikalisch realisiert werden. Das schränkt zwar unsere physikalische Herausforderung etwas ein, aber es sind immer noch *überabzählbar* viele Gatter, die wir realisieren müssen (da wir die Rotationsmatrizen für alle $\vartheta \in \mathbb{R}$ implementieren können müssen). Dass dies so ist, ist nicht überraschend, da auch die Menge der unitären Matrizen überabzählbar ist.

7.6.3 Darstellung via Hadamard-Gatter, Phasenmatrix und CNOT

Es wäre aber trotzdem enorm hilfreich, wenn wir irgendwie von dieser immer noch überabzählbaren Menge zu einer endlichen Menge wechseln könnten. Dies würde insbesondere für die Quantenfehlerkorrektur von wesentlicher Bedeutung sein, da man nur noch wissen muss, wie eben diese endlich vielen Gatter fehlerkorrigiert werden müssen. Da aber die Menge der unitären Matrizen überabzählbar ist, wissen wir, dass dieser Wunsch in der aktuellen Form unserer Anforderungen nicht erfüllbar ist. Die Idee ist nun, dass wir unsere Erwartungen etwas einschränken und die Anforderung, dass wir U *exakt* darstellen möchten, etwas abschwächen, indem wir sagen, dass wir U nur geeignet *approximieren* möchten.

Doch für Approximationen benötigen wir eine *Metrik*, d.h., ein Maß, um Abstände messen zu können. Welche Metrik eignet sich hier am besten? Die folgende Metrik hängt mit der sogenannten *Operatornorm* (siehe Übung 5.3) zusammen und ist im Kontext von Operatoren oftmals (und insbesondere hier) die richtige Wahl:

$$\|U - V\| = \max \left\{ \| \, U\,|\psi\rangle - V\,|\psi\rangle \, \| \;\middle|\; |\psi\rangle \in \mathcal{H}^{\otimes n}, \||\psi\|| = 1 \right\},$$

wobei $U, V \in \mathcal{U}(\mathcal{H}^{\otimes n})$. In solchen Situationen müssen Sie sich immer fragen, ob das gesuchte Maximum auch wirklich existiert. Falls Sie es genauer wissen wollen: Man kann sich leicht davon überzeugen, dass wir hier ein Maximum einer stetigen, reellwertigen Funktion – nämlich $|\psi\rangle \mapsto \|U\,|\psi\rangle - V\,|\psi\rangle\,\|$ – auf dem Einheitskreis in $\mathscr{H}$ suchen. Dieser Einheitskreis ist *kompakt*, da $\mathscr{H}$ endlichdimensional ist. Und bei stetigen Funktionen auf kompakten Mengen weiß man, dass das Maximum existiert. Weitere Details hierzu und zu den genannten Konzepten und Strukturen finden Sie in jeder Einstiegsklektüre zur Analysis.

Lemma 7.6.3 Seien $n \in \mathbb{N}, U \in \mathcal{U}(\mathcal{H}^{\otimes n})$ und U zweistufig. Sei $\varepsilon > 0$. Dann gibt es $k \in \mathbb{N}$ und $V_1, \ldots, V_k$, sodass

$$\|U - V_1 \cdot V_2 \cdots V_k\| < \varepsilon,$$

wobei für alle $i \in \{1, \ldots, k\}$ die $V_i \in \mathcal{U}(\mathcal{H}^{\otimes n})$ vollständig definiert sind durch

- entweder eine unitäre Matrix aus $\{H, P(\frac{\pi}{4}), \Lambda^{|1\rangle}(\sigma_x)\}$ (siehe Codebeispiel 5.1.6 für die Definition der Phasenmatrix P)
- oder durch $M(\vartheta)$ für ein $\vartheta \in \mathbb{R}$.

Beweis: Der Beweis dieser Aussage baut auf das vorangehende Lemma auf und basiert darauf, zu zeigen, dass man mit H und $P(\frac{\pi}{4})$ die Familie $\{R_y(\vartheta), R_z(\vartheta)\}_{\vartheta \in \mathbb{R}}$ an Gattern beliebig nah approximieren kann. Hierbei ist das sogenannte *Solovay–Kitaev-Theorem* (siehe [Kit97, DN06]) von herausragender Bedeutung. Weitere Informationen hierzu sowie die zugehörigen Beweise können Sie in Unterabschnitt 4.5.3 von [NC10] nachlesen. □

7.6.4 Darstellung via CCNOT-Gatter

Auch in der klassischen Informatik gibt es CCNOT-Gatter. Man kann sogar zeigen, dass das CCNOT-Gatter *universell ist für alle reversiblen klassischen Operationen*. Allerdings können alle klassischen Operatoren durch reversible klassische Operatoren dargestellt werden. Dies impliziert, dass jede klassische Rechenaufgabe – d. h. in anderen Worten jede Funktion $f : \{0,1\}^n \to \{0,1\}^m$ (für $n, m \in \mathbb{N}$) – durch Anwendungen des CCNOT-Gatters dargestellt werden kann (siehe Unterabschnitt 1.4.1 in [NC10]).

Nun wissen wir aber, dass es das CCNOT-Gatter auch in der Quanteninformatik gibt. Daraus folgern wir die wichtige Erkenntnis, dass alle klassischen Rechenaufgaben in der Quanteninformatik abgebildet werden können. Doch ist auch hier in der Quanteninformatik das CCNOT-Gatter universell? Natürlich nicht, denn die erwartete Quantenüberlegenheit hat schließlich einen Preis. Es stellt sich aber heraus, dass zur Universalität nicht mehr viel benötigt wird: Man muss nur noch das Hadamard-Gatter hinzufügen. Für die Details der Aussage und des Beweises verweise ich Sie auf [Shi03].

7.6.5 Der Aufwand dieser Darstellungen

Eine sehr wichtige Frage habe ich in diesem Abschnitt bisher verschwiegen: Wie groß ist eigentlich das k jeweils in den Lemmata 7.6.1, 7.6.2 und 7.6.3? Dies ist eine essenziell wichtige Frage, da mit der Größe von k die Komplexität bestimmt wird, eine unitäre Matrix zu implementieren. Dass es so ein k gibt, zeigt uns, dass wir U durch einen gewissen Satz an Gattern darstellen können. Die Größe von k hingegen determiniert, wie aufwendig es ist, U durch diesen Satz an Gattern darzustellen.

Es stellt sich heraus, dass es unitäre Matrizen gibt, für die bereits das k in Lemma 7.6.1 exponentiell groß ist in n, der Anzahl der Qubits. Und da ich bereits erwähnt habe, dass die Lemmata 7.6.2 und 7.6.3 darin bestehen, einzelne unitäre Matrizen aus Lemma 7.6.1 mit Anwendungen der jeweiligen Ein-Qubit- und Zwei-Qubit-Gatter zu approximieren, ist das k aus Lemma

7.6.1 eine untere Schranke für die Komplexität. Es stellt sich aber (dank des bereits erwähnten Solovay–Kitaev-Theorems) heraus, dass der Overhead aus Lemma 7.6.3 von kleinerer Ordnung ist. Die Details zu all diesen Behauptungen finden Sie in Abschnitt 4.5 von [NC10].

7.7 Orakel-Gatter

In vielen Problemen der Informatik ist es nötig, *Boole'sche Funktionen*, d.h. Funktionen f der Form

$$f : \{0,1\}^M \to \{0,1\}^N \quad \text{für } M, N \in \mathbb{N},$$

die Bit-Strings auf Bit-Strings abbilden, zu implementieren. Auch in der Quanteninformatik wünscht man sich so etwas. Hier ist man aber etwas eingeschränkt aufgrund der Anforderung in Postulat II.2, dass Gatter nur durch unitäre Abbildungen modelliert werden können. Denn Boole'sche Funktionen sind im Allgemeinen nicht reversibel.

Die Lösung, die man in vielen Fällen wählt, sind sogenannte *Orakel-Gatter*, die wir im Folgenden definieren werden.

Definition 7.7.1 Sei

$$f : \{0,1\}^M \to \{0,1\}^N \quad \text{für } M, N \in \mathbb{N}.$$

Für beliebige Elemente der Rechenbasis $|x\rangle$, $|y\rangle$ sei das $M+N$-Qubit-Gatter $\mathcal{O}_f$ definiert durch

$$\mathcal{O}_f\big(\,|x\rangle \otimes |y\rangle\,\big) = |x\rangle \otimes |y \oplus f(x)\rangle\,.$$

Hier bezeichnet $\oplus$ die Erweiterung der in Bemerkung 7.4.3 eingeführten XOR-Verknüpfung von $\{0,1\}$ auf $\{0,1\}^N$, indem die XOR-Verknüpfung zeilenweise für jede Koordinate durchgeführt wird.

$\mathcal{O}_f$ bezeichnet man als das *Orakel-Gatter zu* f.

Beispiel 7.7.2 Erfreulicherweise haben Sie bereits ein Oracle-Gatter kennengelernt: das CNOT-Gatter! Das CNOT-Gatter ist nichts anderes als ein Oracle-Gatter zur Funktion

$$f : \{0,1\} \to \{0,1\}, \quad f(x) = x.$$

Dies folgt direkt aus unseren Überlegungen in Bemerkung 7.4.3.

Codebeispiel 7.7.3 Ich möchte auch hier ein Codebeispiel mit Ihnen durchrechnen. Diesen Code finden Sie in Listing 7.9 und Listing 7.10, die Ausgabe finden Sie in Listing 7.11. Wir betrachten hierbei zwei Orakel. Die Orakel gehören jeweils zu den beiden konstanten Funktionen $f_0, f_1 : \{0,1\}^n \to \{0,1\}$, bei denen jedes Element auf die 0 bzw. auf die 1 abgebildet wird. Obgleich diese Orakel trivialen Funktionen zugeordnet sind, kommt ihnen im weiteren Verlauf dieses Buchs, nämlich im Deutsch-Jozsa-Algorithmus (siehe Kapitel 9) eine wichtige Rolle zu. Dort werden wir die in diesem Codebeispiel definierten Orakel auch wieder aufrufen.

Aufgrund Ihrer mittlerweile umfangreicheren Erfahrungen im Programmieren sind keine detaillierten Erläuterungen zu diesem Code erforderlich. Ich möchte nur auf die folgenden, für uns neuen Elemente eingehen:

- In Listing 7.9 implementieren wir diesmal die Gatter als Funktionen und rufen diese nach der Initialisierung des Inputs (`leftcirc` und `rightcirc`) in Listing 7.10 auf. Diese beiden Inputs übernehmen die Rolle des linken Registers und des rechten Registers, auf denen das Orakel angewendet wird.
- Wir nutzen die Funktion `width()`, um von einem Input-Quantenschaltkreis die Anzahl der Qubits zu extrahieren.
- Wir nutzen die Funktion `compose`, um zwei Quantenschaltkreise miteinander zu verbinden. Hierbei gibt der zweite Eingabeparameter an, an welchen Stellen im Quantenschaltkreis der Quantenschaltkreis aus dem ersten Eingabeparameter eingesetzt werden soll.
- Wir können Ein-Qubit-Gatter durch einen einzelnen Aufruf direkt auf mehrere Qubits anwenden, indem wir als Eingabeparameter eine Liste angeben. Beispielsweise können wir durch den Befehl `leftcirc.h(range(m))` das Hadamard-Gatter auf alle m Qubits des Quantenschaltkreises `leftcirc` anwenden.

```
from qiskit import QuantumCircuit, QuantumRegister
from qiskit.quantum_info import Statevector

def orakel_konstant_0(leftcirc,rightcirc):
    m = leftcirc.width()
    n = rightcirc.width()
    mplusn = m+n
    ocirc = QuantumCircuit(mplusn)
    ocirc = ocirc.compose(leftcirc,range(m))
    ocirc = ocirc.compose(rightcirc,range(m,mplusn))
    return ocirc
```

```
def orakel_konstant_1(leftcirc,rightcirc):
    m = leftcirc.width()
    n = rightcirc.width()
    mplusn = m+n
    ocirc = QuantumCircuit(mplusn)
    ocirc = ocirc.compose(leftcirc,range(m))
    ocirc = ocirc.compose(rightcirc,range(m,mplusn))
    ocirc.x(range(m,mplusn))
    return ocirc
```

Listing 7.9 Orakel als Funktionen mit verschiedenen Operatoren

```
# Erzeuge Input für die Orakel
m=3
leftcirc = QuantumCircuit(m)
leftcirc.h(range(m))

n=1
rightcirc = QuantumCircuit(n)

print('Initialer Zustand des linken Registers:', ↲
          Statevector(leftcirc.reverse_bits()))
print('Initialer Zustand des rechten Registers:', ↲
          Statevector(rightcirc.reverse_bits()))
print('Orakel zur 0-Funktion:', ↲
      Statevector(orakel_konstant_0(leftcirc,rightcirc) ↲
                                    .reverse_bits()))
print('Orakel zur 1-Funktion:', ↲
      Statevector(orakel_konstant_1(leftcirc,rightcirc) ↲
                                    .reverse_bits()))
```

Listing 7.10 Aufruf zur Ausführung der Orakel-Gatter

```
Initialer Zustand des linken Registers:
Statevector([0.35355339+0.j, 0.35355339+0.j, 0.35355339+0.j,
             0.35355339+0.j, 0.35355339+0.j, 0.35355339+0.j,
             0.35355339+0.j, 0.35355339+0.j],
            dims=(2, 2, 2))
Initialer Zustand des rechten Registers: Statevector([1.+0.j, 0.+0.j],
            dims=(2,))
Orakel zur 0-Funktion:
Statevector([0.35355339+0.j, 0.        +0.j, 0.35355339+0.j,
             0.        +0.j, 0.35355339+0.j, 0.        +0.j,
             0.35355339+0.j, 0.        +0.j, 0.35355339+0.j,
             0.        +0.j, 0.35355339+0.j, 0.        +0.j,
```

```
             0.35355339+0.j, 0.        +0.j, 0.35355339+0.j,
             0.        +0.j],
            dims=(2, 2, 2, 2))
Orakel zur 1-Funktion:
Statevector([0.        +0.j, 0.35355339+0.j, 0.        +0.j,
             0.35355339+0.j, 0.        +0.j, 0.35355339+0.j,
             0.        +0.j, 0.35355339+0.j, 0.        +0.j,
             0.35355339+0.j, 0.        +0.j, 0.35355339+0.j,
             0.        +0.j, 0.35355339+0.j, 0.        +0.j,
             0.35355339+0.j],
            dims=(2, 2, 2, 2))
```

Listing 7.11 Die Ausgabe der Orakel-Gatter

7.8 Gatter als Operatoren in Qiskit

Bereits in Codebeispiel 4.5.16 haben Sie mit der `Operator`-Klasse Bekanntschaft gemacht. Diese Klasse bietet uns sehr nützliche Hilfsmittel, um gewünschte Gatter via Qiskit zu implementieren. In diesem Abschnitt möchte ich noch einmal einen Blick in diese Klasse werfen und einige ausgewählte Vorteile auflisten.

7.8.1 Definition eines gewünschten Operators

Es gibt mehrere Wege, wie wir eine gewünschte unitäre Abbildung als Operator in Qiskit abbilden können. In Listing 7.12 und Listing 7.13 habe ich mehrere solcher Optionen angewendet und ausgeben lassen. Da Sie mittlerweile einige Erfahrung mit Qiskit haben, sprechen diese Optionen für sich selbst und bieten Ihnen eine direkte Grundlage für weitere Anwendungen. Weitere Informationen und Optionen finden Sie in [IBMj].

```
from qiskit import QuantumCircuit
from qiskit.quantum_info.operators import Operator

circ = QuantumCircuit(1)
circ.y(0)

U1 = Operator.from_circuit(circ)
U2 = Operator([[0,0.-1.j],[0.+1.j,0]])
U3 = Operator.from_label('Y')
```

```
U4 = Operator.transpose(U1)
U5 = Operator.conjugate(U1)
U6 = Operator.adjoint(U1)

print("Operator aus Schaltkreis:", U1)
print("Operator aus expliziter Eingabe:", U2)
print("Operator aus Eingabe eines Labels:", U3)
print("Operator durch Transponieren:", U4)
print("Operator durch Konjugation:", U5)
print("Operator durch Konjugation und Transponieren:", U6)
```

Listing 7.12 Code mit verschiedenen Operatoren

```
Operator aus Schaltkreis:
Operator([[0.+0.j, 0.-1.j],
          [0.+1.j, 0.+0.j]],
          input_dims=(2,), output_dims=(2,))
Operator aus expliziter Eingabe:
Operator([[0.+0.j, 0.-1.j],
        [0.+1.j, 0.+0.j]],
          input_dims=(2,), output_dims=(2,))
Operator aus Eingabe eines Labels:
Operator([[0.+0.j, 0.-1.j],
        [0.+1.j, 0.+0.j]],
          input_dims=(2,), output_dims=(2,))
Operator durch Transponieren:
Operator([[0.+0.j, 0.+1.j],
          [0.-1.j, 0.+0.j]],
          input_dims=(2,), output_dims=(2,))
Operator durch Konjugation:
Operator([[0.-0.j, 0.+1.j],
          [0.-1.j, 0.-0.j]],
            input_dims=(2,), output_dims=(2,))
Operator durch Konjugation und Transponieren:
Operator([[0.-0.j, 0.-1.j],
          [0.+1.j, 0.-0.j]],
            input_dims=(2,), output_dims=(2,))
```

Listing 7.13 Ausgabe der verschiedenen Operatoren

Es ist eine gute Übung zu prüfen, wie die Erweiterung der gezeigten Erzeugung auf Multi-Qubits funktioniert.

7.8.2 Anwendung von Operatoren

Sie haben soeben paar Möglichkeiten gesehen, wie man Operatoren initiieren kann. Jetzt möchten wir herausfinden, was man mit ihnen machen kann. Sie werden zwei Anwendungen sehen:

- Die Berechnung vom Tensorprodukt zwischen Matrizen
- Die Anwendung eines Operators auf Qubits

Gerade die letztere Anwendung ist natürlich sehr hilfreich, da Sie so direkt unitäre Matrizen als Operatoren initiieren und diese auf Qubits Ihrer Wahl anwenden können.

Berechnung des Tensorprodukts zwischen Matrizen

Es ist manchmal mühsam, das Tensorprodukt zwischen Matrizen zu berechnen. Erfreulicherweise können wir uns von Qiskit helfen lassen und uns die Berechnung ausgeben lassen. Dies ist das Ziel des Codes in Listing 7.14. Hierbei gilt, dass für zwei Matrizen `U1` und `U2`

- `U1.tensor(U2)` das Tensorprodukt $U1 \otimes U2$ berechnet und
- `U1.expand(U2)` das Tensorprodukt $U2 \otimes U1$.

```
from qiskit.quantum_info.operators import Operator

U1 = Operator.from_label('X')
U2 = Operator.from_label('Y')

print("Operator aus Schaltkreis:", U1.tensor(U2))
print("Operator aus expliziter Eingabe:", U1.expand(U2))
```

Listing 7.14 Code zur Berechnung vom Tensorprodukt zwischen Matrizen

```
Operator aus Schaltkreis:
Operator([[0.+0.j, 0.+0.j, 0.+0.j, 0.-1.j],
  [0.+0.j, 0.+0.j, 0.+1.j, 0.+0.j],
  [0.+0.j, 0.-1.j, 0.+0.j, 0.+0.j],
  [0.+1.j, 0.+0.j, 0.+0.j, 0.+0.j]],
  input_dims=(2, 2), output_dims=(2, 2))
Operator aus expliziter Eingabe:
Operator([[0.+0.j, 0.+0.j, 0.+0.j, 0.-1.j],
  [0.+0.j, 0.+0.j, 0.-1.j, 0.+0.j],
  [0.+0.j, 0.+1.j, 0.+0.j, 0.+0.j],
  [0.+1.j, 0.+0.j, 0.+0.j, 0.+0.j]],
   input_dims=(2, 2), output_dims=(2, 2))
```

Listing 7.15 Die Ausgabe

Im Code in Listing 7.16 sehen Sie, wie Sie Operatoren auf Qubits anwenden können. Der Code bedarf diesmal aber weiterer Erläuterungen:

Anwendung eines Operators auf Qubits

- Die Funktion, mit der wir einen Operator an einer gewünschten Stelle in einem Schaltkreis anhängen können, heißt `append()`. Hierbei referenziert der erste Eingabeparameter den anzuwendenden Operator und der zweite Eingabeparameter gibt die Indizes der Qubits an, auf die der Operator angewendet wird.
- Bei diesem zweiten Eingabeparameter müssen Sie darauf achten, ihn in der Little-Endian-Konvention anzugeben. Wie ich bereits erwähnt hatte, wird mit dem `reverse_bits`-Befehl am Ende des Codes dafür gesorgt, dass wir zur Big-Endian-Konvention wechseln können, die in der Literatur üblich ist.

```
Statevector([ 0.        +0.j, -0.70710678+0.j,  0.        +0.j,
              0.        +0.j,  0.        +0.j, -0.70710678+0.j,
              0.        +0.j,  0.        +0.j],
            dims=(2, 2, 2))
```

Listing 7.16 Code zur Anwendung eines Operators auf Qubits

Eine weitere Möglichkeit, Objekte direkt auf einem Schaltkreis anzuwenden, ist durch Befehl `unitary()` gegeben. Hier wird im ersten Eingabeparameter eine unitäre Matrix angegeben, die auf die Qubits angewendet wird, die im zweiten Eingabeparameter angegeben werden. Ein Beispiel zu diesem Befehl finden Sie im Simon-Algorithmus in Kapitel 10.

7.9 Zusammenfassung, Übungen und bibliografische Hinweise

7.9.1 Zusammenfassung

- Veränderungen des Zustands eines Multi-Qubits erfolgen via unitärer Matrizen. Diese unitären Matrizen werden sukzessive und nach einem bestimmten Plan, dem **Quantenalgorithmus**, auf den initial präparierten Zustand des Multi-Qubits angewendet. Die unitären Matrizen im Quantenalgorithmus bezeichnen wir als **Gatter**.
- Jedes Ein-Qubit-Gatter lässt sich durch die Anwendung einer globalen Phase und einer Rotationsmatrix (bzw. mehrerer Rotationsmatrizen jeweils um die Koordinatenachsen) bezüglich der Bloch-Darstellung darstellen.

- **Kontrollierte Operationen** stellen wichtige Beispiele für Zwei- und Drei-Qubit-Gatter dar.
- Jedes Gatter lässt sich durch einen gewissen Satz an **Universalgattern** approximieren. Dies ist hilfreich für die physikalische Realisierung von Quantencomputern, da man sich so nur noch auf die Umsetzung der Universalgatter in der Praxis beschränken kann.
- Boole'sche Funktionen werden in der Quanteninformatik duch **Orakel-Gatter** dargestellt.
- Die Operator-Klasse bietet ein wichtiges Hilfswerkzeug in Qiskit, um mit beliebigen Gattern rechnen zu können.

7.9.2 Übungen

Übung 7.1 Weisen Sie nach, dass auch $R_x(\vartheta)$ und $R_y(\vartheta)$ Rotationen beschreiben, nämlich um die X- bzw. um die Y-Achse.

Übung 7.2 Beweisen Sie die Darstellung (7.3.3).

Übung 7.3 Sei $U \in \mathcal{U}(\mathcal{H})$ ein Ein-Qubit-Gatter.
Zeigen Sie, dass es $\gamma, \vartheta_1, \vartheta_2, \vartheta_3 \in \mathbb{R}$ gibt, sodass

$$U = e^{i\gamma} \cdot \begin{pmatrix} e^{-i(\vartheta_1+\vartheta_2)/2}\cos(\vartheta_3/2) & -e^{i(\vartheta_2-\vartheta_1)/2}\sin(\vartheta_3/2) \\ e^{i(\vartheta_1-\vartheta_2)/2}\sin(\vartheta_3/2) & e^{i(\vartheta_1+\vartheta_2)/2}\cos(\vartheta_3/2) \end{pmatrix}. \tag{7.9.1}$$

Tipp: Setzen Sie $U = \begin{pmatrix} a & b \\ c & d \end{pmatrix}$ für $a, b, c, d \in \mathbb{C}$ und leiten Sie aus der Tatsache, dass U unitär ist, Gleichungen ab. Nutzen Sie zudem die Polarkoordinaten-Darstellung komplexer Zahlen (siehe Abschnitt 2.3).

Übung 7.4 Beweisen Sie Theorem 7.3.8.

Tipp: Nutzen Sie Gleichung (7.9.1) und die Darstellungen aus Korollar 7.3.3.

7.9.3 Bibliografische Hinweise

Die Empfehlungen und Literaturhinweise für dieses Kapitel 7 sind deckungsgleich mit denen für Kapitel 6, die in Abschnitt 6.4.3 aufgelistet sind.

Kapitel 8
Quantenschaltkreise

Sie haben es geschafft. Ihr Einsatz hat sich ausgezahlt. Denn jetzt sind Sie bereit, die essenzielle Grundlage dieses Buchs und ein häufig benutztes Berechnungsmodell der Quanteninformatik zu definieren: das *Quantenschaltkreismodell*. Die gesamten Bemühungen der vorhergehenden Kapitel galten dem Ziel, dieses Modell rigoros einführen zu können. Die Vorarbeit hierzu war lang und mitunter abstrakt. Aber dafür haben Sie ein umso tieferes Fundament gelegt, um jetzt mit Quantenalgorithmen arbeiten zu können.

Der rote Faden in diesem Kapitel

Wir fangen mit der *Definition des Quantenschaltkreismodells* in Abschnitt 8.1 an. Danach schauen wir uns in Abschnitt 8.2 an, wie man *Quantenschaltkreise visuell darstellen* kann. In Abschnitt 8.3 liste ich einige wichtige Gatter und deren zugehörige *Kennungen in Qiskit* auf. Anschließend führe ich in Abschnitt 8.4 in die Terminologie ein, mit der wir die *Komplexität eines Algorithmus* erfassen können. Letztlich werden wir in Abschnitt 8.5 das wichtige Thema der *Quantenfehlerkorrektur* und dessen Bedeutung für die praktische Realisierung von Quantencomputern kurz diskutieren.

8.1 Definition des Quantenschaltkreismodells

Der Informatik liegen *Berechnungsmodelle* zugrunde. Diese bieten das theoretische Gerüst für Ablaufpläne – sogenannten *Algorithmen* –, mit denen zu gewissen Problemen Lösungen berechnet werden sollen. Ein Beispiel so eines Berechnungsmodells in der klassischen Informatik ist das sogenannte *Boole'sche Schaltkreismodell*. In diesem werden klassische *Gatter*, die jeweils Bitstrings auf ein einzelnes Bit abbilden (wie beispielsweise das AND-, NAND- oder XOR-Gatter), in *Schaltkreisen*, d. h., nach einem vorgelegten Schema, angewendet. Als Eingabe und Ausgabe dienen hier wieder Bitstrings. Mithilfe dieses Berechnungsmodells lassen sich dann Algorithmen sowie deren *Komplexität* beschreiben – d. h. der Aufwand, um diese Algorithmen praktisch umzusetzen.

Auch in der Quanteninformatik bedarf es eines Berechnungsmodells. Das folgende Berechnungsmodell ähnelt dem Boole'schen Schaltkreismodell aus der klassischen Informatik sehr, und Sie dürfen es auch gerne als dessen Verallgemeinerung auf die Quanteninformatik sehen.

Definition 8.1.1 Das *Quantenschaltkreismodell* ist ein Berechnungsmodell in der Quanteninformatik, in dem Qubits nach einem Ablaufplan, dem *Quantenalgorithmus*, gesteuert werden, um Probleme zu lösen. In diesem Modell enthalten sind

- Qubits, die präpariert und manipuliert werden,
- Gatter, mit denen die Qubits manipuliert werden, und
- Messungen, mit denen die Ergebnisse der Manipulationen/Berechnungen ausgelesen werden können.

Einen Verbund dieser Elemente in einem konkreten Fall nennt man *Quantenschaltkreis*. Optional enthalten Quantenschaltkreise zusätzlich noch

- klassische Bit-Register, die entweder Input für die Berechnungen in den Qubit-Registern liefern, oder die die Messergebnisse speichern und weiterverarbeiten, und
- klassische Gatter, die für Berechnungen an den klassischen Bit-Registern angewendet werden.

8.2 Visuelle Darstellung von Quantenschaltkreisen

Bisher haben Sie in unseren Codebeispielen nur den Quellcode mit der zugehörigen Ausgabe gesehen. Wir können diesen Quellcode in Qiskit aber auch grafisch darstellen. Dies gelingt durch den Befehl `circ.draw()`, wobei `circ` den Namen des Quantenschaltkreises bezeichnet. In unseren Codebeispielen habe ich bisher immer diesen Namen gewählt.

So eine grafische Darstellung eines Quantenalgorithmus ist natürlich deutlich schneller zu erfassen und einfacher zu merken als eine Beschreibung durch einen Quellcode. In diesem Abschnitt werden Sie herausfinden, wie diese grafische Darstellung in Qiskit gewählt ist und was genau die Symbole in der Darstellung bedeuten.

Doch vorher möchte ich natürlich die Frage beantworten, die Sie sich wahrscheinlich jetzt stellen: Wieso habe ich diese grafische Darstellung erst jetzt eingeführt – nachdem wir schon viele Codebeispiele durchgerechnet haben?

Der Grund ist pädagogischer Natur: Man sollte erst das Kopfrechnen erlernen, bevor man auf den Taschenrechner umsteigt. Auch hier ist diese Herangehensweise sinnvoll, in der wir zunächst mit den wichtigen Grundlagen der Programmiersprache den Quantenalgorithmus implementieren, bevor wir uns fortan das Leben leichter machen und nur noch die grafische Darstellung betrachten. Des Weiteren hätte ich zu viel Terminologie einführen müssen, wenn ich das Quantenschaltkreismodell frühzeitig vorgestellt hätte. Dadurch hätten wir uns zu weit vom Ziel der Erarbeitung der quantenmechanischen Grundlagen entfernt.

Qubits und Gatter

Qubits werden in einem Quantenschaltkreis auf der linken Seite aufgelistet. Die Reihenfolge dieser Auflistung hängt davon ab, ob man die Big-Endian- oder die Little-Endian-Konvention gewählt hat. Da in Qiskit die Little-Endian-Konvention gilt, werden die Qubits von oben nach unten angeordnet, d.h., das Least Significant Bit ist oben und das Most Significant Bit unten: In Abbildung 8.1 ist der Zustand $|001\rangle$ präpariert worden und in Abbildung 8.2 der Zustand $|100\rangle$.

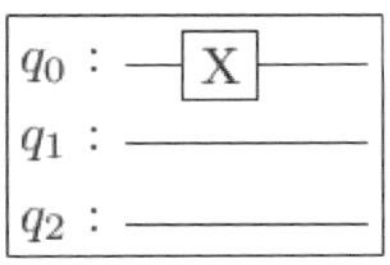

Abbildung 8.1 Präparation des Zustands $|001\rangle$

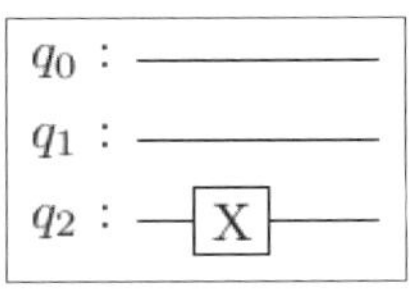

Abbildung 8.2 Präparation des Zustands $|100\rangle$

In vielen Situationen ist es außerdem sinnvoll, die Qubits in einzelne Gruppen – d.h. in verschiedene Qubit-Register – aufzuteilen. Wie genau das funktioniert, sehen Sie im Codebeispiel in Kapitel 9.

Gatter werden als Kästen dargestellt. Für die Beispiele, die Sie gesehen haben, wird das Gatter durch das mathematische Symbol innerhalb des Kastens gekennzeichnet. Die Pauli-Matrizen bilden hier eine Ausnahme. Diese werden entsprechend mit X, Y oder mit Z gekennzeichnet. Das Swap-Gatter und die kontrollierten Gatter bilden weitere Ausnahmen, wie Sie sehen werden.

Um zu erkennen, auf welche Qubits die jeweiligen Gatter angewendet werden, sind die zu den Gattern zugehörigen Kästen über Drähte mit denjenigen

Qubits verbunden, auf denen sie wirken. Hierbei wird auch die Reihenfolge der Gatter, in der sie auf die Qubits wirken, berücksichtigt: Die Gatter werden von links nach rechts im Quantenschaltkreis abgebildet, und zwar gemäß der Reihenfolge, wie sie im Quantenalgorithmus angewendet werden.

Anhand des minimalen Codebeispiels in Listing 8.1 erkennen Sie, wie die soeben eingeführten Konventionen in der Praxis aussehen.

```
from qiskit import QuantumCircuit
import numpy as np

theta = np.pi/4

circ = QuantumCircuit(2)

circ.h(0)
circ.x(1)
circ.p(theta,0)

circ.draw(output="latex")
```

Listing 8.1 Beispielcode mit grafischer Darstellung

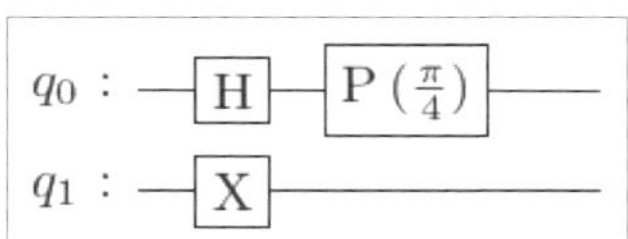

Abbildung 8.3 Die Ausgabe

Ich habe hier die Darstellung `latex` gewählt. Dies können Sie nach Belieben anpassen. Die möglichen Optionen sowie weitere Eingabeparameter, mit denen Sie die grafische Darstellung umgestalten können, finden Sie in [IBMd].

Kontrollierte Operationen und Swap-Gatter

Kontrollierte Operationen werden dargestellt, indem ein schwarzer Punkt das Kontroll-Qubit anzeigt und von dort ein Draht zum zugehörigen Gatter ausgeht, das auf ein Qubit wirkt. Hierbei spielt das CNOT-Gatter eine besondere Rolle, da hier zwar als Gatter σ_x auftauchen sollte, aber stattdessen ein $\oplus$ dargestellt wird. Dies liegt an der Verbindung dieses Gatters zum klassischen XOR-Gatter, die ich in Bemerkung 7.4.3 kurz erläutert habe.

Eine weitere Besonderheit gilt beim kontrollierten Phasengatter. Hier wird sowohl beim Kontroll- als auch beim Ziel-Qubit jeweils ein schwarzer Punkt dargestellt. Die Frage, wieso das so ist, beantworte ich in Übung 8.2.

Swap-Gatter werden mit zwei verbundenen Kreuzen zwischen den beiden zu vertauschenden Qubits dargestellt.

Abbildung 8.4 liefert ein Beispiel für diese Konventionen.

```
from qiskit import QuantumCircuit
from qiskit.quantum_info import Statevector
import numpy as np

theta = np.pi/4

circ = QuantumCircuit(2)

circ.x(1)
circ.cx(1,0)
circ.p(theta,0)
circ.swap(0,1)

circ.draw(output="latex")
```

Listing 8.2 Beispielcode mit CNOT- und Swap-Gatter sowie grafischer Darstellung

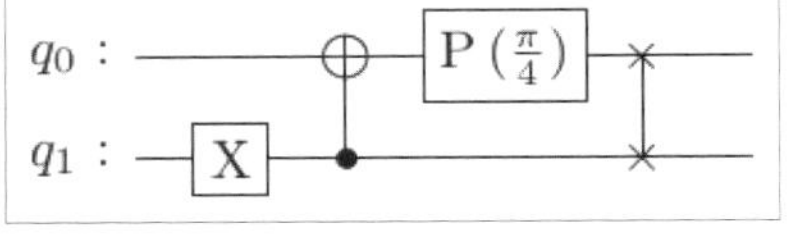

Abbildung 8.4 Die Ausgabe

Klassische Bit-Register

Wie bereits erwähnt, können auch klassische Bit-Register Bestandteil eines Quantenschaltkreises sein. Diese Bit-Register werden gebündelt auf der linken Seite des Quantenschaltkreises gruppiert. Die Zahl unter dieser Bündelung gibt die Anzahl der klassischen Register an. Die Drähte für die klassischen Bit-Register werden durch andere Linien gekennzeichnet als bei den Qubit-Registern, um zu verdeutlichen, dass es sich um verschiedene Arten der Implementierung handelt. Wie diese Drähte genau aussehen, sehen Sie in Abbildung 8.5.

Messung bezüglich der Rechenbasis

Sie wissen bereits auch, dass Messungen ein wesentlicher Bestandteil von Quantenschaltkreisen sind. Das Symbol, das zu der grafischen Darstellung gehört, sehen Sie in Abbildung 8.5. Hier erkennen Sie auch, dass von diesem Symbol aus ein Pfeil zu den klassischen Bit-Registern ausgeht und dass am Ende dieses Pfeils der Index des klassischen Registers angegeben ist, in dem das Messergebnis gespeichert werden soll.

```
from qiskit import QuantumCircuit
import numpy as np

theta = np.pi/4

circ = QuantumCircuit(2,2)

circ.x(1)
circ.cx(1,0)
circ.p(theta,0)

circ.measure(0, 0)

circ.draw(output="latex")
```

Listing 8.3 Beispielcode mit Messung und grafischer Darstellung

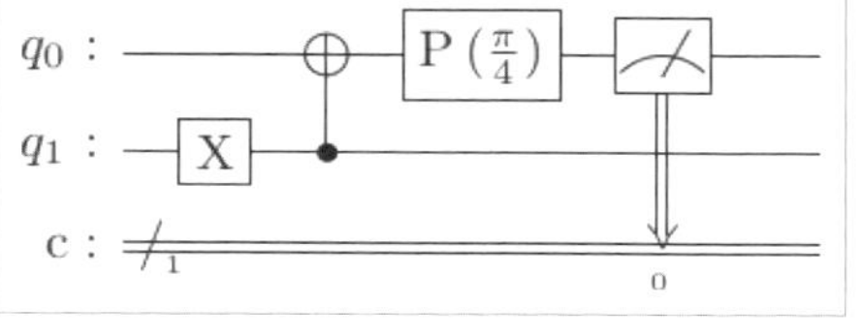

Abbildung 8.5 Die Ausgabe

Qiskit-Coding per Drag-and-Drop

Diese grafische Darstellung können Sie auch in einem frei zugänglichen IBM-Tool nutzen, um Qiskit-Codes per Drag-and-Drop zu erstellen. Dieses Tool können Sie direkt über den Browser unter folgendem Link aufrufen: *https://quantum.ibm.com/composer/files/new* (siehe auch [IBMc]).

Aber wie gesagt: Wir sind ja an den Grundlagen interessiert und wollen genau verstehen, wie Quantenschaltkreise funktionieren. Die Abkürzungen helfen Ihnen, wenn Sie anschließend mit Qiskit arbeiten wollen.

8.3 Eine Auswahl an Gattern in Qiskit

Die Tabellen 8.1 und 8.2 liefern eine Zusammenfassung von einigen Gattern und deren zugehörige Befehlen in Qiskit.

Name und Symbol	Definition	Befehl in Qiskit
Hadamard-Gatter, H	$\frac{1}{\sqrt{2}}\begin{pmatrix}1 & 1\\ 1 & -1\end{pmatrix}$	h
Pauli-X-Gatter, σ_x	$\begin{pmatrix}0 & 1\\ 1 & 0\end{pmatrix}$	x
Pauli-Y-Gatter, σ_y	$\begin{pmatrix}0 & -i\\ i & 0\end{pmatrix}$	y
Pauli-Z-Gatter, σ_z	$\begin{pmatrix}1 & 0\\ 0 & -1\end{pmatrix}$	z
Phasengatter, $P(\vartheta), \vartheta \in \mathbb{R}$	$\begin{pmatrix}1 & 0\\ 0 & e^{i\vartheta}\end{pmatrix}$	p
Globale-Phase-Gatter, $M(\vartheta), \vartheta \in \mathbb{R}$	$\begin{pmatrix}e^{i\vartheta} & 0\\ 0 & e^{i\vartheta}\end{pmatrix}$	global_phase
X-Rotations-Gatter, $R_x(\vartheta), \vartheta \in \mathbb{R}$	$\begin{pmatrix}\cos\left(\frac{\vartheta}{2}\right) & -i\sin\left(\frac{\vartheta}{2}\right)\\ -i\sin\left(\frac{\vartheta}{2}\right) & \cos\left(\frac{\vartheta}{2}\right)\end{pmatrix}$	rx
Y-Rotations-Gatter, $R_y(\vartheta), \vartheta \in \mathbb{R}$	$\begin{pmatrix}\cos\left(\frac{\vartheta}{2}\right) & -\sin\left(\frac{\vartheta}{2}\right)\\ \sin\left(\frac{\vartheta}{2}\right) & \cos\left(\frac{\vartheta}{2}\right)\end{pmatrix}$	ry
Z-Rotations-Gatter, $R_z(\vartheta), \vartheta \in \mathbb{R}$	$\begin{pmatrix}e^{-i\frac{\vartheta}{2}} & 0\\ 0 & e^{i\frac{\vartheta}{2}}\end{pmatrix}$	rz
n-Rotations-Gatter, $R_{\mathrm{n}}(\vartheta), \vartheta \in \mathbb{R}, \mathrm{n} \in \mathbb{R}^3$	$e^{-i\frac{\vartheta}{2}\mathrm{n}\cdot\sigma}$	rv

Tabelle 8.1 Eine Auswahl an Ein-Qubit-Gattern, die wir in diesem Buch anwenden

In Tabelle 8.2 finden Sie alle bisher eingeführten Zwei-Qubit-Gatter.

Name und Symbol	**Definition**	**Befehl in Qiskit**
Kontrolliertes U-Gatter, $\Lambda^{\|1\rangle}(U)$	$\|0\rangle\langle 0\| \otimes \mathrm{Id} + \|1\rangle\langle 1\| \otimes U$	`cu`
CNOT-Gatter, $\Lambda^{\|1\rangle}(\sigma_x)$	$\|0\rangle\langle 0\| \otimes \mathrm{Id} + \|1\rangle\langle 1\| \otimes \sigma_x$	`cx`
Kontrolliertes H-Gatter, $\Lambda^{\|1\rangle}(H)$	$\|0\rangle\langle 0\| \otimes \mathrm{Id} + \|1\rangle\langle 1\| \otimes H$	`ch`
Kontrolliertes Phasengatter, $\Lambda^{\|1\rangle}(P(\vartheta))$	$\|0\rangle\langle 0\| \otimes \mathrm{Id} + \|1\rangle\langle 1\| \otimes P(\vartheta)$	`cp`
Kontrolliertes X-Rotations-Gatter, $\Lambda^{\|1\rangle}(R_x(\vartheta))$	$\|0\rangle\langle 0\| \otimes \mathrm{Id} + \|1\rangle\langle 1\| \otimes R_x(\vartheta)$	`crx`
Kontrolliertes Y-Rotations-Gatter, $\Lambda^{\|1\rangle}(R_y(\vartheta))$	$\|0\rangle\langle 0\| \otimes \mathrm{Id} + \|1\rangle\langle 1\| \otimes R_y(\vartheta)$	`cry`
Kontrolliertes Z-Rotations-Gatter, $\Lambda^{\|1\rangle}(R_z(\vartheta))$	$\|0\rangle\langle 0\| \otimes \mathrm{Id} + \|1\rangle\langle 1\| \otimes R_z(\vartheta)$	`crz`
Kontrolliertes U-Gatter mit Kontrolle durch den Zustand $\|0\rangle$, $\Lambda^{\|0\rangle}(U)$	$\|0\rangle\langle 0\| \otimes U + \|1\rangle\langle 1\| \otimes \mathrm{Id}$	`cru` mit vorgeschaltetem `x`
Kontrolliertes U-Gatter mit dem zweiten Qubit als Kontroll-Qubit, $\Lambda_{\|1\rangle}(U)$	$\mathrm{Id} \otimes \|0\rangle\langle 0\| + U \otimes \|1\rangle\langle 1\|$	`cru`
Swap-Gatter, S	$\|00\rangle\langle 00\| + \|11\rangle\langle 11\| + \|01\rangle\langle 10\| + \|10\rangle\langle 01\|$	`swap`

Tabelle 8.2 Eine Auswahl an Zwei-Qubit-Gatter, die wir in diesem Buch anwenden

8.4 Komplexität

Aufgrund des nun eingeführten Berechnungsmodells lässt sich auch unmittelbar die Terminologie definieren, mit der Sie die Komplexität eines Algorithmus erfassen können.

- Die **Anzahl der Qubits**, die in einem Quantenalgorithmus (und somit im zugehörigen Quantenschaltkreis) nötig sind, liefert eine wichtige Größe, um die Komplexität und den Aufwand des Quantenalgorithmus zu quantifizieren. Diese Größe wird in der Literatur auch oftmals die *Breite des Quantenschaltkreises* genannt.
- Die **Anzahl der Gatter**, die in einem Quantenschaltkreis benötigt werden, ist ebenfalls eine wichtige Kenngröße. Diese Größe wird in der Literatur auch oftmals als *Tiefe des Quantenschaltkreises* bezeichnet. Oftmals ist es hier sinnvoll, zwischen
  - der **Gatter-Komplexität**, der nötigen allgemeinen Anzahl an Gattern, oder
  - der **Orakel-Aufruf-Komplexität**, der nötigen Anzahl an Aufrufen eines Orakel-Gatters,

  zu unterscheiden. Es ist außerdem in der Praxis oft hilfreich, die Anzahl der nötigen Gatter noch modularer anzugeben, indem man die benötigte Anzahl eines bestimmten Gatters aus einem Universalgatter-Satz bestimmt. Beispielsweise könnte man an der Anzahl der nötigen CCNOT- oder Hadamard-Gatter interessiert sein.

8.5 Quantenfehlerkorrektur

Sie haben jetzt eine Vorstellung von Quantenschaltkreisen. Ich muss Ihnen aber gestehen, dass wir uns bisher immer nur eine idealisierte, unrealistische Welt vorgestellt haben: Denn ich habe bis jetzt die bereits in Abschnitt 4.4.4 erwähnte Instabilität und Fehleranfälligkeit von Quantensystemen ignoriert.

Diese muss in der Praxis natürlich mit berücksichtigt werden. Denn in der Quanteninformatik beabsichtigen wir bekanntlich, präzise Berechnungen mittels Quantensystemen durchzuführen und dabei quantenmechanische Phänomene zu unserem Vorteil auszunutzen. Demnach müssen insbesondere hier äußere Störeinflüsse mitigiert werden, um Fehler in den Berechnungen zu vermeiden. Es stellt sich aber heraus, dass diese Fehler nie vollständig eliminiert werden können, sodass man diese in der Praxis immer mit berücksichtigen muss. Um mit diesen unausweichlichen Fehlern umgehen zu können, gibt es unter anderem zwei Ansätze:

- **Quantenfehlerkorrektur**. Das Prinzip der Fehlerkorrektur kennen Sie *auch aus der klassischen Informatik*. Die Idee ist, dass wir *Overhead* erzeugen, d. h., zusätzlichen Speicher und Rechenarbeit aufbringen, um ungewollte Fehler zu korrigieren. Beispielsweise kann nur so das Abspielen einer CD gelingen (die jüngeren Leserinnen und Leser werden es wohl nicht mehr kennen), obwohl auf der Datenausleseseite der CD (nicht allzu viele) Kratzer vorhanden sind. Ein naiver Ansatz für so eine Fehlerkorrektur in der klassischen Informatik wäre die *Vervielfältigung*, d. h., man speichert mehrere Kopien der Daten ab und prüft bei einem fehlerhaften oder nicht auslesbaren Bit, welcher Bitwert an dieser Stelle bei allen Kopien am häufigsten vorkommt. Dies vervielfacht direkt den benötigten Speicherbedarf. Andere, effizientere Ansätze sind gegeben durch *Fehlerkorrekturcodes*, in die mathematische Ideen einfließen, beispielsweise die Prüfung auf *Parität*, d. h., ob die Summe der Bits gerade ist oder ungerade (siehe Kapitel 7 in [Sch19] oder [Gai08]).

  Letzteres ist auch das Prinzip, wie man in der Quanteninformatik vorgeht. Man erzeugt Overhead durch sogenannte *Quanten-Fehlerkorrekturcodes*. Dahinter steckt eine faszinierende Theorie, die der Gegenstand aktueller Forschung ist und in der man noch vor großen Herausforderungen steht. Diese Theorie beinhaltet verschiedene Ansätze, von denen einige auf die spezifischen Hardware-Plattformen zugeschnitten sind. In diesem Buch gehe ich auf dieses Thema nicht weiter ein. Die Details und den aktuellen Stand können Sie beispielsweise in [Bun23a] finden. An dieser Stelle will ich nur auf zwei Begriffe eingehen, die in diesem Zusammenhang immer wieder auftauchen: **physikalische Qubits** und **logische Qubits**.

  Mit *physikalischen Qubits* meint man die im Quantencomputer konkret vorhandenen Qubits, die aber fehleranfällig sind und somit fehlerkorrigiert werden müssen. Man konstruiert diese physikalischen Qubits so, dass ein gewisser Satz an physikalischen Qubits nach der Fehlerkorrektur ein *logisches Qubit* bildet. Dieses logische Qubit kann dann als (nahezu) fehlerfrei angesehen werden. Zusammengefasst erzeugt man also Overhead, indem *mehrere* physikalische Qubits realisiert werden müssen, die durch Einsatz der Fehlerkorrektur *ein* logisches Qubit darstellen. In diesem Buch werde ich diesen Overhead nicht berücksichtigen und spreche somit immer nur von fehlerfreien, logischen Qubits.

  Das Kriterium, nach dem ein Fehlerkorrekturcode als *effektiv* bezeichnet wird, hängt mit dem sogenannten *Threshold-Theorem* zusammen, wofür ich Sie auf Abschnitt 10.6 in [NC10] verweise. Es galt lange Zeit als große Herausforderung, eine *effektive* Fehlerkorrektur zu demonstrieren. Tatsächlich ist es erst Ende August 2024 einem Team von Forschenden gelungen, diesen Meilenstein zu erreichen (siehe [AABA$^+$24]). Dieses Resultat ist spezifisch für den Fehlerkorrekturansatz *surface code*. Es ist spannend zu sehen, welche Fortschritte in dieser Richtung wir in den nächsten Jahren erleben werden.

- **Der NISQ-Ansatz.** Ein anderer Ansatz ist der sogenannte *Noisy-Intermediate-Scale-Quantum-Ansatz* oder abgekürzt *NISQ-Ansatz*. Hier versucht man nicht, die Fehler aktiv zu korrigieren, sondern nur Quantenalgorithmen anzuwenden, die eine geringe *Tiefe* haben – d.h., bei denen Berechnungsketten kürzer sind – und die stattdessen viele *Restarts* haben. Dadurch beabsichtigt man, dass entstandene Fehler nicht über viele Rechenschritte hinweg weitergetragen und vergrößert werden.

  Dieser Ansatz beinhaltet viele Ideen heuristischer Natur und konnte noch keine wesentlichen Benchmarks erreichen, also gewisse Kriterien, die die Effizienz und Güte dieses Ansatzes bescheinigen. Dennoch ist es wichtig, diesen Ansatz zu verfolgen, da große Erkenntnissprünge in der theoretischen oder praktischen Forschung nicht auszuschließen sind.

Einen Überblick über den aktuellen Stand der Technik der verschiedenen Hardware-Plattformen, in der Quanten-Fehlerkorrektur sowie in der Mitigation von Dekohärenz bietet die fortlaufende Studie des *Bundesamts für Sicherheit in der Informationstechnik*, die unter [Bun23a] frei zugänglich ist.

8.6 Zusammenfassung, Übungen und bibliografische Hinweise

8.6.1 Zusammenfassung

- Das **Quantenschaltkreismodell** ist ein Berechnungsmodell in der Quanteninformatik, in dem Qubits nach einem Ablaufplan, dem **Quantenalgorithmus**, gesteuert werden, um Probleme zu lösen. In diesem Modell enthalten sind Qubits, Gatter, Messungen, klassische Bit-Register und klassische Gatter. Einen Verbund dieser Elemente in einem konkreten Fall nennt man **Quantenschaltkreis**.
- Quantenschaltkreise können sinnvoll visualisiert werden.
- Um die Komplexität eines Quantenalgorithmus zu quantifizieren, ist es oftmals hilfreich, die **Breite** sowie die **Tiefe** des zugehörigen Quantenschaltkreises zu bestimmen.

8.6.2 Übungen

Übung 8.1 Schauen Sie sich die Codebeispiele aus den letzten Kapiteln an. Versuchen Sie zunächst die visuellen Darstellungen der Quantenschaltkreise selbst auf einem Blatt Papier zu erschließen. Anschließend prüfen Sie, ob Sie richtig gelegen haben, indem Sie diese Darstellung via Qiskit ausgeben lassen.

Übung 8.2 Erklären Sie, wieso in Qiskit das Symbol für das kontrollierte Phasengatter durch zwei schwarze Punkte dargestellt wird, jeweils beim Kontroll- und beim Ziel-Qubit.

8.6.3 Bibliografische Hinweise

Die Empfehlungen und die Literaturhinweise für dieses Kapitel sind deckungsgleich mit denen aus Kapitel 6, die in Abschnitt 6.4.3 aufgelistet sind.

Für das Thema Quantenfehlerkorrektur verweise ich Sie auf die Referenzen [Sch19] (besonders Kapitel 7), [NC10] (besonders Kapitel 10) oder [Gai08]. Für einen Überblick mitsamt Einschätzung der aktuell gängigsten Methoden der Quantenfehlerkorrektur verweise ich Sie auf [Bun23a].

TEIL IV

Algorithmen

Kapitel 9
Der Deutsch-Jozsa-Algorithmus

Sie haben nun den Punkt erreicht, an dem Sie einige für die Quanteninformatik bahnbrechende Quantenalgorithmen kennenlernen und selbst via Qiskit implementieren können. Wir beginnen in diesem Kapitel mit dem sogenannten *Deutsch-Jozsa-Algorithmus* aus [DJ92].

Der rote Faden in diesem Kapitel

In Abschnitt 9.1 diskutiere ich die Hintergründe zum Deutsch-Jozsa-Algorithmus und dem zugehörigen Deutsch-Jozsa-Problem. In Abschnitt 9.2 erledigen wir dann zwei vorbereitende Schritte, bevor wir in Abschnitt 9.3 den Algorithmus und dessen Korrektheit beschreiben. In Abschnitt 9.4 schauen wir uns an, wie man diesen Algorithmus in Qiskit abbilden kann. In Abschnitt 9.5 geht es schließlich um eine leichte Abwandlung des Deutsch-Jozsa-Algorithmus, nämlich um den *Bernstein-Vazirani-Algorithmus*.

9.1 Hintergründe und Motivation des Deutsch-Jozsa-Algorithmus

Lassen Sie uns in einem ersten Schritt die Hintergründe und die Motivation zum Deutsch-Jozsa-Algorithmus betrachten.

In den allermeisten Fällen entwickelt man einen Algorithmus (sowohl in der klassischen Informatik als auch in der Quanteninformatik), um gewisse Rechenprobleme zu lösen. Ich hoffe, dass ich Sie nicht enttäusche, wenn ich sage, dass dies beim Deutsch-Jozsa-Algorithmus *nicht* der Fall ist. Der Deutsch-Jozsa-Algorithmus hat eine sehr wichtige akademische Bedeutung, die ich in Abschnitt 9.1.2 erläutern werde und die zeigt, wieso man sich mit diesem Algorithmus beschäftigen sollte. Allerdings gibt es – im Gegensatz zu den Algorithmen aus den Kapiteln 10, 11 und 12 – kaum konkrete praktische Anwendungen dieses Algorithmus. Mir ist hierzu nur die Arbeit [BLNPS21] bekannt.

Um die akademische Bedeutung dieses Algorithmus zu verstehen, müssen wir zunächst untersuchen, welches Problem dieser Algorithmus löst.

Definition 9.1.1 Gegeben sei eine Boole'sche Funktion $f : \{0,1\}^n \to \{0,1\}$, von der wir wissen, dass entweder

- f **konstant** ist – d. h. entweder $f(k) = 1$ für alle $k \in \{0, \ldots, 2^n - 1\}$ oder $f(k) = 0$ für alle $k \in \{0, \ldots, 2^n - 1\}$ – oder
- f **balanciert** ist – d. h., es gibt Teilmengen I_0 und I_1 von $\{0, \ldots, 2^n - 1\}$ mit $|I_0| = |I_1| = 2^{n-1}$, sodass $f(k) = 0$ für alle $k \in I_0$ und $f(k) = 1$ für alle $k \in I_1$.

Das **Deutsch-Jozsa-Problem** besteht darin, mit Wahrscheinlichkeit 1 angeben zu können, welcher dieser beiden Fälle vorliegt – und zwar mit möglichst wenigen Evaluierungen der Funktion f oder eines zugehörigen Orakels.

9.1.1 Das Deutsch-Jozsa-Problem mittels eines klassischen Computers lösen

Angenommen, wir haben f 2^{n-1}-Mal an einer jeweils anderen Stelle evaluiert und jedes Mal dasselbe Ergebnis – sagen wir die 1 – erhalten. Heißt das, dass wir uns sicher sein können, dass f konstant ist und wir das Deutsch-Jozsa-Problem lösen können? Leider nicht, denn es könnte ja immer noch sein, dass die Funktion balanciert ist und wir vielleicht nur Pech hatten und jedes Mal tatsächlich bei der Wahl des Eingabewerts in I_1 gelandet sind. Zugegeben, dass dies passiert, ist sehr unwahrscheinlich, aber im Deutsch-Jozsa-Problem verlangen wir, dass wir die Unterscheidung immer *mit Wahrscheinlichkeit 1* korrekt angeben können.

Daher benötigt ein klassischer Computer für die Lösung des Deutsch-Jozsa-Problems im *Worst Case*, also im ungünstigsten Fall, mindestens

$$2^{n-1} + 1$$

Evaluierungen der Funktion f.

9.1.2 Ein erstes Mal Quantenüberlegenheit

In diesem Kapitel lernen Sie einen von Deutsch und Jozsa in [DJ92] veröffentlichten Quantenalgorithmus kennen, der lediglich durch einen einzigen Aufruf des Orakels zu f das Deutsch-Jozsa-Problem lösen kann. Somit beobachten wir das erste Mal das Phänomen der *Quantenüberlegenheit*, d. h., ein Problem, das mittels eines Quantencomputers deutlich effizienter gelöst werden kann als durch einen klassischen Computer.

Dieses Ergebnis von Deutsch und Jozsa liefert also erstmals die wichtige Erkenntnis, dass

- **EQP** (Exact Quantum Polynomial Time), die Klasse der Probleme, die von Quantencomputern *effizient* – d.h. mit polynomieller Laufzeit – und *deterministisch* – d.h. mit Wahrscheinlichkeit 1 – gelöst werden können,

sich klar von

- **P**, der Klasse der Probleme, die von klassischen Computern effizient und deterministisch gelöst werden können,

unterscheidet. Sie wissen bereits aus Abschnitt 7.6.4, dass jedes Problem, das von klassischen Computern effizient und deterministisch gelöst werden kann, auch von einem Quantencomputer effizient und deterministisch gelöst werden kann, d.h., dass **P** $\subset$ **EQP**. Jetzt wissen Sie also, dass es sich hierbei um eine *echte Teilmenge* handelt, d.h., dass es in EQP wirklich mindestens ein Problem gibt, das nicht in P liegt.

An dieser Stelle erkennen Sie auch die akademische Bedeutung des Deutsch-Jozsa-Algorithmus, da hierdurch erstmals die Ungleichheit der Problemklassen **P** und **EQP** aufgezeigt wurde.

9.2 Vorbereitung

Bevor wir zur Beschreibung des Algorithmus kommen, benötigen wir zwei wichtige Vorbereitungsschritte: Sie müssen wissen, was *Phasenorakel* sind und was für eine Wirkung das n-fache Tensorprodukt der Hadamard-Matrix hat, da diese beiden Elemente wichtige Bestandteile des Deutsch-Jozsa-Algorithmus darstellen.

9.2.1 Phasenorakel

Gegeben sei eine Boole'sche Funktion f. Sie wissen mittlerweile, wie das zugehörige Orakel-Gatter $\mathcal{O}_f$ aussieht. Wir möchten nun herausfinden, wie man daraus ein *Phasenorakel* konstruieren kann. Hierbei werden Sie auch zum ersten Mal die Anwendung eines *Hilfsregisters* (oder auf Englisch: *ancilla register*) sehen, was uns in der Quanteninformatik häufig begegnen wird.

Lemma 9.2.1 Sei $n \in \mathbb{N}$ und $f : \{0,1\}^n \to \{0,1\}$. Dann gibt es ein Gatter $\mathcal{U}_f$, das sogenannte *Phasenorakel*, das auf n-Qubit-Register angewendet wird, mit der Auswirkung, dass

$$\mathcal{U}_f(|k\rangle) = (-1)^{f(k)}\,|k\rangle$$

für alle Elemente $|k\rangle$ der Rechenbasis.

Beweis: Die Konstruktion des Gatters $\mathcal{U}_f$ benötigt zwei Zutaten:

- das zu f zugehörige Orakel-Gatter $\mathcal{O}_f$ und
- ein weiteres Qubit, das mit $|-\rangle$ präpariert wird und das wir als *Hilfsregister* bezeichnen.

Dann ist $\mathcal{U}_f$ durch die folgenden Schritte definiert:

(i) Präpariere $|k\rangle$ als Input.

(ii) Füge ein Hilfsregister dem Quantenschaltkreis hinzu, das im Zustand $|-\rangle$ präpariert ist.

(iii) Wende das zu f zugehörige Orakel-Gatter $\mathcal{O}_f$ an.

(iv) Verwirf das Hilfsregister wieder.

Rechnen wir nach, welcher Zustand nach jedem Schritt angenommen wird:

- Nach Schritt (i), der Präparation des Quantensystems, befindet sich das n-Qubit-Register im Zustand $|k\rangle$.
- Nach Schritt (ii) befindet sich das $(n+1)$-Qubit-Register im Zustand $|k\rangle \otimes |-\rangle$.
- Nach Schritt (iii), der Anwendung von $\mathcal{O}_f$, befindet sich das $(n+1)$-Qubit-Register im Zustand

$$\begin{aligned}
\mathcal{O}_f(|k\rangle \otimes |-\rangle) &= \frac{1}{\sqrt{2}}\mathcal{O}_f(|k\rangle \otimes |0\rangle) - \frac{1}{\sqrt{2}}\mathcal{O}_f(|k\rangle \otimes |1\rangle) \\
&= \frac{1}{\sqrt{2}}(|k\rangle \otimes |0 \oplus f(k)\rangle) - \frac{1}{\sqrt{2}}(|k\rangle \otimes |1 \oplus f(k)\rangle) \\
&= \begin{cases} \frac{1}{\sqrt{2}}(|k\rangle \otimes |0\rangle) - \frac{1}{\sqrt{2}}(|k\rangle \otimes |1\rangle) & \text{falls } f(k) = 0 \\ \frac{1}{\sqrt{2}}(|k\rangle \otimes |1\rangle) - \frac{1}{\sqrt{2}}(|k\rangle \otimes |0\rangle) & \text{falls } f(k) = 1 \end{cases} \\
&= \begin{cases} |k\rangle \otimes |-\rangle & \text{falls } f(k) = 0 \\ -|k\rangle \otimes |-\rangle & \text{falls } f(k) = 1 \end{cases}
\end{aligned}$$

  (wobei wir mit $\oplus$ die XOR-Verknüpfung zweier binärer Zahlen bezeichnen; siehe Definition 7.7.1). Auf kompakte Weise können wir diesen Zustand auch schreiben als

$$(-1)^{f(k)} |k\rangle \otimes |-\rangle .$$

- Nach Schritt (iv) erhalten wir für das n-Qubit-Register den Zustand

$$(-1)^{f(k)} |k\rangle .$$

□

Durch das Phasenorakel gelingt es uns also, Koordinaten gezielt um die Phase -1 zu verschieben. Dieses Hilfsmittel werden wir im Deutsch-Jozsa-Algorithmus anwenden.

9.2.2 Hadamard-Gatter auf Multi-Qubits

Bereits in Lemma 4.4.6 haben Sie gesehen, was eine Anwendung des Hadamard-Gatters H für eine Auswirkung auf das Qubit hat. Es gilt, dass

$$H(\,|k\rangle\,) = \begin{cases} \frac{1}{\sqrt{2}}\,(|0\rangle + |1\rangle) & : \text{falls } k = 0 \\ \frac{1}{\sqrt{2}}\,(|0\rangle - |1\rangle) & : \text{falls } k = 1 \end{cases}$$

Auf kompakte Weise können wir dies für $k \in \{0, 1\}$ auch schreiben als

$$\begin{aligned} H(\,|k\rangle\,) &= \frac{1}{\sqrt{2}}\left((-1)^{k\cdot 0}\,|0\rangle + (-1)^{k\cdot 1}\,|1\rangle\right) \\ &= \frac{1}{\sqrt{2}}\sum_{j=0}^{1}(-1)^{k\cdot j}\,|j\rangle \end{aligned} \tag{9.2.1}$$

Im folgenden Lemma möchte ich zeigen, dass diese Formel sich auf die Auswirkung des Tensorprodukts

$$H^{\otimes n} = H \otimes H \otimes \cdots \otimes H$$

erweitern lässt.

Lemma 9.2.2 Sei $n \in \mathbb{N}$. Dann gilt für $k \in \{0, \ldots, 2^n - 1\}$, dass

$$H^{\otimes n}(\,|k\rangle\,) = \frac{1}{\sqrt{2^n}}\sum_{j=0}^{2^n-1}(-1)^{j\odot k}\,|j\rangle\,, \tag{9.2.2}$$

wobei $j \odot k$ definiert ist als das folgende innere Produkt der Binärdarstellungen $j_{n-1}j_{n-2}\ldots j_0$ und $k_{n-1}k_{n-2}\ldots k_0$ von $j, k \in \{0, \ldots, 2^n - 1\}$:

$$j \odot k := k_0 j_0 \oplus k_1 j_1 \oplus \cdots \oplus k_{n-1} j_{n-1}$$

Des Weiteren gilt, dass

$$H^{\otimes n}(H^{\otimes n}(\,|\psi\rangle\,)) = |\psi\rangle$$

für alle $|\psi\rangle \in \mathcal{H}^{\otimes n}$. Das heißt, dass $H^{\otimes n}$ *selbstinvers* ist.

Beweis: Der Beweis der ersten Behauptung erfolgt über vollständige Induktion. Das bedeutet, dass wir die folgenden beiden Schritte zeigen müssen:

- **Induktionsanfang:** Wir müssen zeigen, dass die Aussage für $n = 1$ gilt.
- **Induktionsschritt:** Unter der Annahme – der sogenannten *Induktionsannahme* –, dass die Aussage für ein beliebiges $n \in \mathbb{N}$ gilt, müssen wir zeigen, dass die Aussage auch für $n + 1$ gilt.

Durch den Nachweis dieser beiden Schritte haben wir die Behauptung für alle $n \in \mathbb{N}$ bewiesen.

Induktionsanfang

Dies haben wir bereits in Gleichung (9.2.1) gezeigt.

Induktionsschritt

Angenommen, die Behauptung (9.2.2) gilt für $n \in \mathbb{N}$. Wir müssen zeigen, dass diese auch für $n + 1$ gilt. Genauer gesagt müssen wir zeigen, dass für $k \in \{0, \ldots, 2^{n+1} - 1\}$ gilt, dass

$$H^{\otimes(n+1)}\big(\,|k\rangle\,\big) = \frac{1}{\sqrt{2^{n+1}}} \sum_{j=0}^{2^{n+1}-1} (-1)^{j \odot k}\, |j\rangle\,.$$

Sei $k = k_n k_{n-1} \ldots k_0$ die Binärdarstellung von k. Dann gilt nach Definition des Tensorprodukts von Matrizen, nach der Induktionsannahme sowie mittels der Linearität des Tensorprodukts, dass

$$\begin{aligned}
H^{\otimes(n+1)}\big(\,|k\rangle\,\big) &= H^{\otimes n}\big(\,|k_n k_{n-1} \ldots k_1\rangle\,\big) \otimes H\big(\,|k_0\rangle\,\big) \\
&= \frac{1}{\sqrt{2^n}} \sum_{j=0}^{2^n-1} (-1)^{j \odot (k_n k_{n-1} \ldots k_1)}\, |j\rangle \otimes \frac{1}{\sqrt{2}} \sum_{l=0}^{1} (-1)^{l \cdot k_0}\, |l\rangle \\
&= \frac{1}{\sqrt{2^{n+1}}} \sum_{j=0}^{2^n-1} (-1)^{j \odot (k_n k_{n-1} \ldots k_1)}\, |j\rangle \otimes \sum_{l=0}^{1} (-1)^{l \cdot k_0}\, |l\rangle \\
&= \frac{1}{\sqrt{2^{n+1}}} \sum_{j=0}^{2^n-1} \sum_{l=0}^{1} (-1)^{j \odot (k_n k_{n-1} \ldots k_1)} (-1)^{l \cdot k_0}\, |j\rangle \otimes |l\rangle \\
&= \frac{1}{\sqrt{2^{n+1}}} \sum_{j=0}^{2^n-1} \sum_{j_0=0}^{1} (-1)^{j \odot (k_n k_{n-1} \ldots k_1)} (-1)^{j_0 \cdot k_0}\, |j\rangle \otimes |j_0\rangle \\
&= \frac{1}{\sqrt{2^{n+1}}} \sum_{j=0}^{2^{n+1}-1} (-1)^{j \odot (k_n k_{n-1} \ldots k_1)\, +\, j_0 \cdot k_0}\, |j\rangle\,,
\end{aligned}$$

wobei wir im vorletzten Schritt eine simple Umbenennung der Indizierung in der zweiten Summe durchgeführt haben. Wir müssen nur noch zeigen, dass

$$(-1)^{j \odot (k_n k_{n-1} \ldots k_1)\, +\, j_0 \cdot k_0} = (-1)^{j \odot k} \qquad (9.2.3)$$

Es gilt, dass

$$(-1)^{j\odot(k_n k_{n-1}\dots k_1)\,+\,j_0\cdot k_0} = (-1)^{(k_0 j_0 \oplus k_1 j_1 \oplus \cdots \oplus k_{n-1} j_{n-1})\,+\,j_0\cdot k_0}.$$

Wir müssen also nur noch zeigen, dass wir auf der rechten Seite statt $+$ auch $\oplus$ schreiben können. Da sowohl $(k_0 j_0 \oplus k_1 j_1 \oplus \cdots \oplus k_{n-1} j_{n-1}) \in \{0,1\}$ als auch $j_0 \cdot k_0 \in \{0,1\}$, unterscheiden sich die beiden Fälle $+$ und $\oplus$ nur dann, wenn beide Summanden gleich 1 sind. Denn in diesem Fall gilt, dass $1+1=2$ und $1 \oplus 1 = 0$. Allerdings betrachten wir hier die Summe bzw. die XOR-Verknüpfung im Exponenten zur Basis (-1). Und da $(-1)^2 = (-1)^0 = 1$, folgt die Gleichung (9.2.3).

9

Der Beweis, dass $H^{\otimes n}$ selbstinvers ist, ist als Übung 9.1 ausgelagert. □

Bemerkung 9.2.3 Eine wichtige und nützliche Beobachtung, die wir aus dem vorangehenden Lemma folgern, lautet, dass die Anwendung von $H^{\otimes n}$ auf $|0\rangle$ die *gleichförmige Superposition des gesamtem n-Qubit-Registers* erzeugt, d. h.

$$H^{\otimes n}(|0\rangle) = \frac{1}{\sqrt{2^n}} \sum_{j=0}^{2^n-1} |j\rangle\,.$$

Dies ist auch intuitiv gerechtfertigt. Denn $H^{\otimes n}$ wirkt unabhängig auf jedes einzelne Qubit, und somit wird jedes einzelne Qubit von $|0\rangle$ in die gleichmäßige Superposition $H(|0\rangle) = |+\rangle$ gebracht. Demnach ist $H^{\otimes n}(|0\rangle) = \otimes_{i=0}^{2^n-1} H(|0\rangle)$ ein Tensorprodukt von einzelnen Zuständen, die sich jeweils in der gleichmäßigen Superposition befinden. Somit muss sich das zusammengesetzte Quantensystem auch in gleichmäßiger Superposition befinden.

9.3 Den Deutsch-Jozsa-Algorithmus verstehen

Nun sind Sie in der Lage, den Deutsch-Jozsa-Algorithmus zu verstehen. Ich werde zunächst den Algorithmus beschreiben. Anschließend werden wir dessen Korrektheit prüfen.

Der Deutsch-Jozsa-Algorithmus besteht aus den folgenden Schritten. Hierbei gilt als Input eine Boole'sche Funktion $f : \{0,1\}^n \to \{0,1\}$ (wobei $n \in \mathbb{N}$), die entweder konstant oder balanciert ist.

1. Präpariere ein n-Qubit-Register mit dem Zustand $|0\rangle$.
2. Wende $H^{\otimes n}$ auf das n-Qubit-Register an.
3. Wende $\mathcal{U}_f$ auf das n-Qubit-Register an.
4. Wende $H^{\otimes n}$ auf das n-Qubit-Register an.
5. Miss bezüglich der Rechenbasis.
6. Wenn $|0\rangle$ das Messergebnis ist, dann gib als Output aus:

   f ist konstant.

   Bei jedem anderen Messergebnis gib als Output aus:

   f ist balanciert.

9.3.1 Korrektheit des Algorithmus prüfen

Wir möchten zunächst prüfen, in welchem Zustand sich das n-Qubit-Register kurz vor der Messung – d.h. nach Schritt (4) – befindet.

- Nach Schritt (1) befindet sich das n-Qubit-Register im Zustand $|0\rangle$.
- Nach Schritt (2) befindet sich das n-Qubit-Register im Zustand $H^{\otimes n}(|0\rangle) = \frac{1}{\sqrt{2^n}} \sum_{j=0}^{2^n-1} |j\rangle$.
- Nach Schritt (3) befindet sich das n-Qubit-Register im Zustand

$$\begin{aligned} \mathcal{U}_f\left(\frac{1}{\sqrt{2^n}} \sum_{j=0}^{2^n-1} |j\rangle\right) &= \frac{1}{\sqrt{2^n}} \sum_{j=0}^{2^n-1} \mathcal{U}_f(|j\rangle) \\ &= \frac{1}{\sqrt{2^n}} \sum_{j=0}^{2^n-1} (-1)^{f(j)} |j\rangle \end{aligned}$$

- Nach Schritt (4) befindet sich das n-Qubit-Register im Zustand

$$\begin{aligned} H^{\otimes n}\left(\frac{1}{\sqrt{2^n}} \sum_{j=0}^{2^n-1} (-1)^{f(j)} |j\rangle\right) &= \frac{1}{\sqrt{2^n}} \sum_{j=0}^{2^n-1} (-1)^{f(j)} H^{\otimes n}(|j\rangle) \\ &= \frac{1}{\sqrt{2^n}} \sum_{j=0}^{2^n-1} (-1)^{f(j)} \frac{1}{\sqrt{2^n}} \sum_{k=0}^{2^n-1} (-1)^{k \odot j} |k\rangle \\ &= \frac{1}{2^n} \sum_{j=0}^{2^n-1} \sum_{k=0}^{2^n-1} (-1)^{k \odot j + f(j)} |k\rangle . \end{aligned}$$

Nun wissen wir, in welchem Zustand sich das n-Qubit-Register kurz vor der Messung befindet. Wir erkennen, dass die Ausgabe des Algorithmus in Schritt (6) ausschließlich von der Wahrscheinlichkeit determiniert ist, mit der das n-Qubit-Register sich nach der Messung im Zustand $|0\rangle$ befindet. Daher möchten wir nun diese Wahrscheinlichkeit für alle drei Fälle – f ist konstant gleich 1, f ist konstant gleich 0, f ist balanciert – gleichzeitig berechnen. Hierbei möchte ich Sie kurz an die Definition der Teilmengen I_0 und I_1 aus Definition 9.1.1 erinnern.

Gemäß Proposition 6.2.7 ist die Wahrscheinlichkeit, dass das n-Qubit-Register sich nach der Messung im Zustand $|0\rangle$ befindet, gegeben durch:

$$\begin{aligned}
&\left|\left\langle 0 \middle| \left(\frac{1}{2^n}\sum_{j=0}^{2^n-1}\sum_{k=0}^{2^n-1}(-1)^{k\odot j\,+\,f(j)}\,|k\rangle\right)\right\rangle\right|^2 \\
&= \left|\frac{1}{2^n}\sum_{j=0}^{2^n-1}\sum_{k=0}^{2^n-1}(-1)^{k\odot j\,+\,f(j)}\,\langle 0|k\rangle\right|^2 \\
&= \left|\frac{1}{2^n}\sum_{j=0}^{2^n-1}(-1)^{0\odot j\,+\,f(j)}\,\langle 0|0\rangle\right|^2 = \left|\frac{1}{2^n}\sum_{j=0}^{2^n-1}(-1)^{f(j)}\right|^2 \\
&= \begin{cases}
\left|\frac{1}{2^n}\sum_{j=0}^{2^n-1}(-1)^1\right|^2 & \text{falls } f \text{ konstant gleich 1 ist} \\
\left|\frac{1}{2^n}\sum_{j=0}^{2^n-1}(-1)^0\right|^2 & \text{falls } f \text{ konstant gleich 0 ist} \\
\left|\frac{1}{2^n}\sum_{j\in I_0}(-1)^0 + \frac{1}{2^n}\sum_{j\in I_1}(-1)^1\right|^2 & \text{falls } f \text{ balanciert 0 ist}
\end{cases} \\
&= \begin{cases}
1 & \text{falls } f \text{ konstant gleich 1 ist} \\
1 & \text{falls } f \text{ konstant gleich 0 ist} \\
0 & \text{falls } f \text{ balanciert 0 ist}
\end{cases}
\end{aligned}$$

Und dies liefert die Korrektheit des Algorithmus, d. h., dass in Schritt (6) auch wirklich das richtige Ergebnis ausgegeben wird. Denn im Falle einer konstanten Boole'schen Funktion f erhalten wir $|0\rangle$ bei *jeder* Messung und im Falle einer balancierten Boole'schen Funktion f bei *keiner* Messung.

9.4 Implementierung des Algorithmus in Qiskit

Schauen wir uns nun an, wie der Deutsch-Jozsa-Algorithmus via Qiskit implementiert werden kann. Sie könnten sich das Leben einfach machen und hierfür die bereits von Qiskit zur Verfügung gestellte Routine unter [IBMf] anwenden, doch dies hätte nur einen geringen Lerneffekt. Vielmehr möchte ich Sie ermutigen, es zunächst selbst zu versuchen.

In diesem Abschnitt werden wir als zusätzliche Lernhilfe auch gemeinsam den Deutsch-Jozsa-Algorithmus via Qiskit implementieren. Dies ist eine gute Gelegenheit, um Ihnen auf diesem Wege noch weitere Funktionalitäten von Qiskit näherzubringen.

Meinen Vorschlag für den Code finden Sie in Listing 9.1. Den zugehörigen Quantenschaltkreis sehen Sie in Abbildung 9.1.

```
from qiskit import QuantumCircuit, ClassicalRegister, QuantumRegister
from qiskit_aer import AerSimulator

n = 3

# Schritt (1)
# Initiiere n Qubits und ein Hilfsregister
qreg = QuantumRegister(n, 'Q')
# Initiiere ein Hilfsregister
hreg = QuantumRegister(1, 'H')
# Initiiere n klassische Bits für die Ausgabe der Messung
creg = ClassicalRegister(n)
# Verbinde alles zu einem Quantenschaltkreis
circ = QuantumCircuit(qreg, hreg, creg)

# Initialisiere das Hilfsregister im Zustand |->
circ.x(hreg)
circ.h(hreg)

# Schritt (2)
circ.h(qreg)

# Schritt (3)
# Determiniere die Eigenschaft von f
Eigf = "balanciert" # Alternativen: "konstant1" oder "konstant0"
# Wende das Phasenorakel an
if Eigf == "konstant1":
    circ.x(hreg)
elif Eigf == "balanciert":
    for i in range(n):
        circ.cx(i,hreg)

# Schritt (4)
circ.h(qreg)

# Schritt (5)
```

```
circ.measure(qreg, creg)
simulator = AerSimulator(method='statevector')
result = simulator.run(circ, shots=10000).result()
counts = result.get_counts(circ)

# Schritt (6)
# Erstelle den Nullvektor
a='0'
for i in range(1,n):
    a = a +'0'
# Prüfe, ob |0> gemessen wurde
if a in counts:
    print('Die Funktion ist konstant')
else:
    print('Die Funktion ist balanciert')
```

Listing 9.1 Code zum Deutsch-Jozsa-Algorithmus

```
Die Funktion ist balanciert
```

Listing 9.2 Die Ausgabe

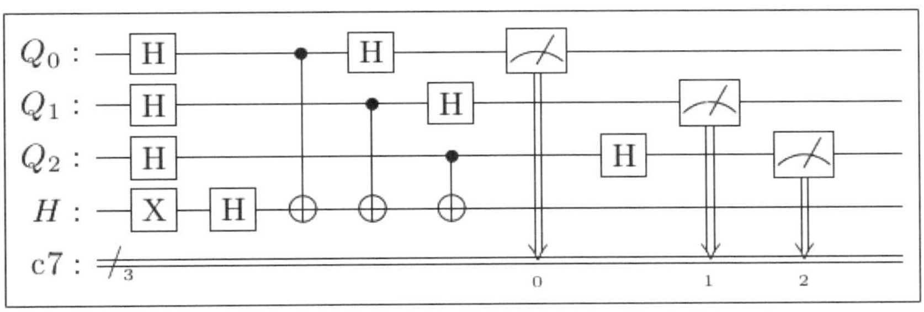

Abbildung 9.1 Quantenschaltkreis zum Deutsch-Jozsa-Algorithmus

Die Schritte (2), (4), (5) und (6) sind leicht nachzuvollziehen und bedürfen keiner weiteren Erläuterungen. Für die Schritte (1) und (3) möchten und müssen wir neue Wege beschreiten und daher schauen wir sie uns genauer an.

Zu Schritt (1)

In diesem Schritt sehen Sie zum ersten Mal, dass mithilfe der Kommandos `QuantumRegister` (bzw. `ClassicalRegister`) Qubit-Register (bzw. klassische Bit-Register) explizit präpariert werden können. Hierbei gibt jeweils der erste Eingabeparameter die Anzahl der Qubits (bzw. Bits) im Register an. Der zweite Eingabeparameter liefert die Möglichkeit, die Bezeichnung des Registers im Quantenschaltkreis explizit anzugeben.

Nach der Präparation der Register müssen diese durch den Befehl `QuantumCircuit` miteinander zu einem Quantenschaltkreis zusammengeführt werden. Diese Herangehensweise hat beispielsweise die Vorteile, dass man so die Register in verschiedenen Quantenschaltkreisen verwenden kann, oder dass man die Anwendung eines Gatters oder einer Messung auf einen speziellen Satz an Qubits oder klassischen Bits direkt referenzieren kann.

Zu Schritt (3) In Schritt (3) müssen wir das Phasenorakel anwenden. Hierbei greifen wir auf eine durch [Kop21] inspirierte Methode zurück. Wir werden demnach nicht das Phasenorakel gemäß des Rezepts aus Abschnitt 9.2 implementieren, sondern die Gatter so anwenden, dass die Wirkung des Phasenorakels imitiert wird. Natürlich müssen wir hierbei in den drei Fällen – f ist konstant gleich 1, f ist konstant gleich 0, f ist balanciert – jeweils anders vorgehen, da das Phasenorakel hier jeweils eine andere Wirkung erzielt. Dies möchte ich im Folgenden erläutern:

- Der Fall *f ist konstant gleich 0* – im Code gekennzeichnet durch den Parameter `konstant0` – ist besonders einfach, da hier das Phasengatter *keine Auswirkungen* hat:

  $$\mathcal{U}_f(|k\rangle) = (-1)^{f(k)}\,|k\rangle = (-1)^0\,|k\rangle = |k\rangle$$

  für alle Elemente $|k\rangle$ der Rechenbasis.

- Der Fall *f ist konstant gleich 1* – im Code gekennzeichnet durch den Parameter `konstant1` – beinhaltet schon etwas mehr Tiefe. Hier wird das n-Qubit-Register nach der Anwendung des Phasenorakels mit der globalen Phase (-1) multipliziert, da

  $$\mathcal{U}_f(|k\rangle) = (-1)^{f(k)}\,|k\rangle = (-1)^1\,|k\rangle = (-1)\,|k\rangle\,.$$

  Das heißt, wir müssen versuchen, für unser n-Qubit-Register – im Code gekennzeichnet durch `qreg` – eine globale Phase (-1) zu induzieren. Am einfachsten gelingt uns das, wenn wir das Hilfsregister – im Code gekennzeichnet durch `hreg` – hierzu heranziehen. Denn wir wissen, dass dieses Register im Zustand $|-\rangle$ präpariert wurde, sodass wir durch eine Anwendung der Pauli-X-Matrix die gewünschte globale Phase erhalten. Zur Erinnerung: $|-\rangle$ ist ein Eigenvektor dieser Matrix zum Eigenwert (-1). Als Resultat haben wir im aus `qreg` und `hreg` zusammengesetzten $n+1$-Qubit-Register eine globale Phase induziert.

- Die meiste Kreativität wird uns abverlangt, wenn der Fall *f ist balanciert* vorliegt – im Code gekennzeichnet durch den Parameter `balanciert`. Zum Verständnis, warum die wie im Code angegebene Anwendung des CNOT-Gatters zum Erfolg führt, ist das Konzept des *Hamming-Gewichts* ω_H eines n-Bit-Strings k hilfreich. Das Hamming-Gewicht von k ist definiert als die Anzahl der Bits in k, die den Wert 1 haben, d.h.,

  $$\omega_H(k) = |\{k_i \mid k_i = 1\}|.$$

  Wo findet sich das Hamming-Gewicht im Code wieder? Das sehen Sie jetzt.

  Vor Schritt (3) befindet sich das n-Qubit-Register in der gleichförmigen Superposition. Aufgrund von Linearität genügt es, uns anzuschauen, was im Fall `balanciert` mit einem einzelnen Summanden dieser Superposition passiert. Sei $|k\rangle$ ein Element der Rechenbasis und somit ein Summand in dieser Superpostion. Wir betrachten also den Zustand

  $$|k\rangle = |k_{n-1}\rangle \otimes \cdots \otimes |k_0\rangle$$

  Im Code wird nun nacheinander jedes einzelne dieser $|k_0\rangle, \ldots, |k_{n-1}\rangle$ als Kontroll-Qubit verwendet. Wann immer eines dieser Qubits gleich dem Zustand $|1\rangle$ ist – was genau $\omega_H(k)$-mal der Fall ist (!) –, wird die Pauli-X-Matrix auf das Hilfsregister angewendet und somit eine globale Phase (-1) induziert. Daher erhalten wir nach der Schleife im Code

  $$(-1)^{\omega_H(k)} |k\rangle .$$

  Und aufgrund von Linearität erhalten wir für den gesamten Zustand nach dieser Schleife

  $$\sum_{k=0}^{2^n-1} (-1)^{\omega_H(k)} |k\rangle .$$

  Es bleibt nur noch zu zeigen, dass $(-1)^{\omega_H(k)}$ für genau die Hälfte aller k den Wert 1 ergibt und für die andere Hälfte den Wert (-1). Um diese Aufgabe kümmern wir uns in einer Übung.

9.5 Der Bernstein-Vazirani-Algorithmus

Ich habe bereits erwähnt, dass der Deutsch-Jozsa-Algorithmus die Ungleichheit der Problemklassen **P** und **EQP** aufzeigt. Dies wird als *Separation* der beiden Klassen bezeichnet. Es stellt sich noch die Frage, wie das Verhältnis ist von

- **BQP** (*Bounded-Error Quantum Polynomial Time*), der Klasse von Problemen, die effizient und *mit einer Fehlerwahrscheinlichkeit kleiner oder gleich 1/3* von einem Quantencomputer gelöst werden können,

zu

- **BPP** (*Bounded-Error Probabilistic Polynomial Time*), der Klasse von Problemen, die effizient, *probabilistisch* und mit einer Fehlerwahrscheinlichkeit kleiner oder gleich 1/3 von einem klassischen Computer gelöst werden können.

Es sei erwähnt, dass der Wert 1/3 hier nur Konvention ist und man auch andere Werte hätte wählen können (siehe [AB09] für mehr Details).

Dieselben Argumente, die **P** $\subset$ **EQP** gezeigt haben, implizieren auch **BPP** $\subset$ **BQP**. Diesmal lässt sich aber mittels des Deutsch-Jozsa-Algorithmus darüber hinaus zu diesem Verhältnis keine Aussage treffen. Denn auch klassische Computer könnten das Deutsch-Jozsa-Problem lösen, wenn die Anforderung *mit Wahrscheinlichkeit 1* abgeschwächt würde und die Korrektheit des Algorithmus nur *mit hoher Wahrscheinlichkeit* verlangt wäre.

Wenig später, in der Arbeit [BV93] von 1993, die 1997 überarbeitet erschien, zeigten Bernstein und Vazirani dahingehend interessante Resultate. Sie demonstrierten, dass eine eingeschränkte Version des Deutsch-Jozsa-Algorithmus ein anderes Problem, das sogenannte *Bernstein-Vazirani-Problem*, löst, während auf einem klassischen Computer deutlich mehr Schritte nötig wären, um dieses Problem zu lösen.

Sie zeigten des Weiteren eine *Orakel-Separierung* zwischen **BPP** und **BQP**. Das heißt, dass – unter der Annahme, dass auf ein Orakel zugegriffen wird – es in **BQP** ein Problem gibt, das unter der gleichen Annahme nicht in **BPP** liegt.

In diesem Abschnitt beschäftigen wir uns mit dem Bernstein-Vazirani-Problem und mit dessen klassischer sowie quantenbasierter Lösung.

Definition 9.5.1 Gegeben sei eine Boole'sche Funktion $f : \{0,1\}^n \to \{0,1\}$, die mittels eines geheimen Schlüssels $s \in \{0,1\}^n$ definiert ist durch

$$f(k) = k \odot s$$

für alle $k \in \{0,1\}^n$. Das *Bernstein-Vazirani-Problem* besteht darin, mit möglichst wenigen Evaluierungen der Funktion f oder eines zugehörigen Orakels und mit einer Fehlerwahrscheinlichkeit kleiner oder gleich 1/3 den Schlüssel s zu extrahieren.

Das Bernstein-Vazirani-Problem mittels klassischer Computer

Ein ziemlich einfacher, klassischer Algorithmus besteht darin, alle Strings der Form

$$00\cdots 01,\ 0\cdots 010,\quad \ldots\quad ,010\cdots 0,\ 10\cdots 0$$

in f einzusetzen, da für $j \in \{0, \ldots, n-1\}$,

$$f(0\cdots 010\cdots 0) = s_j$$

wobei die 1 im Eingabewert von f an j-ter Stelle steht und s_j das j-te Bit von s ist. Dieser Ansatz würde uns n Evaluierungen von f kosten. Wir möchten aber die Anzahl der Evaluierungen von f minimieren, daher sollten wir uns noch ein paar Gedanken darüber machen, ob wir unseren Algorithmus optimieren könnten. Möglicherweise auch zu dem Preis, dass wir nur noch mit einer ausreichend großen Wahrscheinlichkeit das richtige s erhalten.

Bis jetzt ist kein klassischer Algorithmus bekannt, der mit weniger als $O(n)$ Evaluierungen von f das Bernstein-Vazirani-Problem löst. Intuitiv lässt es sich damit begründen, dass man mittels $O(n)$ klassischer Aufrufe auch nur höchstens $O(n)$ Bits an Informationen gewinnen kann.

Der Bernstein-Vazirani-Algorithmus

Der *Bernstein-Vazirani-Algorithmus* zur Lösung des Bernstein-Vazirani-Problems ist ein Quantenalgorithmus, der – unter der Annahme, dass Zugriff auf das Orakel $\mathcal{O}_f$ zu f existiert – aus exakt denselben Schritten (1), (2), (3) und (4) des Deutsch-Jozsa-Algorithmus besteht. Erfreulicherweise ist im Anschluss an diese Schritte bereits das n-Qubit-Register im Zustand $|s\rangle$! Wieso das so ist, sehen Sie in Kürze. Vorher möchten ich nur festhalten, dass wir auch hier nur einen Aufruf der Orakelfunktion zu f benötigt haben.

Wieso löst aber der Bernstein-Vazirani-Algorithmus das Bernstein-Vazirani-Problem? In anderen Worten: Wieso ist nach Schritt (4) das n-Qubit-Register im Zustand $|s\rangle$? Das sehen wir daran, dass wir gemäß der Berechnungen oben wissen, dass nach Schritt (3) das n-Qubit-Register sich in folgendem Zustand befindet:

$$\frac{1}{\sqrt{2^n}} \sum_{j=0}^{2^n-1} (-1)^{f(j)} |j\rangle = \frac{1}{\sqrt{2^n}} \sum_{j=0}^{2^n-1} (-1)^{j \odot s} |j\rangle = H^{\otimes n}(|s\rangle),$$

wobei wir im letzten Schritt Lemma 9.2.2 benutzt haben. Aber auch eben dieses Lemma sagt uns, dass wir nach der abermaligen Anwendung von $H^{\otimes n}$ in Schritt (4) den Zustand $|s\rangle$ erhalten, da $H^{\otimes n}$ selbstinvers ist. Dies liefert uns die Korrektheit des Algorithmus.

Sie sehen also, dass das Bernstein-Vazirani-Algorithmus zeigt, dass Quantencomputer das Bernstein-Vazirani-Problem polynomiell schneller lösen können als klassische Computer. Unsere nächste Begegnung mit der Quantenüberlegenheit!

9.6 Übungen und bibliografische Hinweise

9.6.1 Übungen

Übung 9.1 Zeigen Sie, dass $H^{\otimes n}$ selbstinvers ist.

Übung 9.2 Implementieren Sie den Bernstein-Vazirani-Algorithmus.

9.6.2 Bibliografische Hinweise

Die Referenzen zu den beiden in diesem Kapitel vorgestellten Quantenalgorithmen lauten: [DJ92] und [BV93]. Alternativ sind diese Algorithmen natürlich auch in den gängigen Textbüchern zur Quanteninformatik beschrieben. Ich empfehle Ihnen insbesondere die Beschreibung des Deutsch-Jozsa-Algorithmus aus [Sch19].

Kapitel 10
Der Simon-Algorithmus

Der nächste wichtige Quantenalgorithmus, den Sie kennenlernen, ist der von Daniel Simon in [Sim97] veröffentlichte *Simon-Algorithmus*. Dieser Quantenalgorithmus löst das *Simon-Problem* und hat auf mehreren Ebenen eine wichtige Bedeutung in der Quanteninformatik – sowie in der Kryptologie! Das Ziel dieses Kapitels ist es, diesen Algorithmus und dessen Wichtigkeit nachzuvollziehen.

Der rote Faden in diesem Kapitel

Wir werden dabei analog vorgehen wie in Kapitel 9. In Abschnitt 10.1 diskutieren wir die Hintergründe zum Simon-Algorithmus und dem zugehörigen Simon-Problem. In Abschnitt 10.2 erledigen wir vorbereitende Schritte, bevor ich in Abschnitt 10.3 den Algorithmus und dessen Korrektheit beschreibe. In Abschnitt 10.4 schauen wir uns an, wie man diesen Algorithmus in Qiskit abbilden kann.

10.1 Hintergründe und Motivation des Simon-Algorithmus

In seinem bahnbrechenden Papier [Sho99] schreibt Peter Shor: »Simon's algorithm inspired the work presented in this paper«. Dies allein lässt schon aufhorchen und motiviert, sich mit dem Simon-Algorithmus zu beschäftigen. Doch es gibt noch weitere Gründe. Bevor ich diese aufliste, sollten Sie zunächst verstehen, welches Problem dieser Algorithmus löst.

Definition 10.1.1 Gegeben sei eine Boole'sche Funktion $f : \{0,1\}^n \to \{0,1\}^n$, von der wir wissen, dass es ein geheimes $s \in \{0,1\}^n$ gibt mit $s \neq 0$, sodass

$$f(j) = f(k) \quad \text{genau dann, wenn} \quad k = j \oplus s$$

für alle $j, k \in \{0,1\}^n$. Wir bezeichnen s im Folgenden als **Periode von** f. Das **Simon-Problem** besteht darin, mit möglichst wenigen Evaluierungen der Funktion f oder eines zugehörigen Orakels und mit einer Fehlerwahrscheinlichkeit kleiner oder gleich 1/3 die Periode s zu extrahieren.

Mit anderen Worten: Wir haben als Input eine Funktion gegeben, von der wir wissen, dass sie *periodisch* ist, aber die Periode unbekannt ist. Und das

Simon-Problem besteht nun darin, diese Periode herauszufinden. Als Erstes möchten wir die Lösungsmöglichkeiten für dieses Problem auf einem klassischen Computer eruieren.

10.1.1 Das Simon-Problem auf einem klassischen Computer lösen

Die Komplexität des Simon-Problems auf einem klassischen Computer beträgt $\Theta(\sqrt{2^n}) = \Theta(2^{n/2})$ Aufrufe von f. Im Genauen heißt das,

- dass eine **obere Schranke** für die Komplexität des Simon-Problems auf einem klassischen Computer gilt, d. h., es gibt einen klassischen Algorithmus, der dieses Problem mit $O(2^{n/2})$ Aufrufen von f löst, sowie
- dass auch die **untere Schranke** für die Komplexität gilt, d. h., dass man zeigen kann, dass es keinen klassischen Algorithmus geben kann, der das Simon-Problem effizienter als mit $O(2^{n/2})$ Aufrufen von f löst.

Im Folgenden möchten wir nur die *obere Schranke* intuitiv herleiten. Für eine Rechtfertigung der unteren Schranke verweise ich auf [Chi17, Theorem 5.1]. Da wir im weiteren Verlauf dieses Buchs sowohl diese Aussage als auch die in der Herleitung genutzten Argumente nicht benutzen werden, verzichte ich auf eine Wiedergabe dieser Herleitung.

Für die obere Schranke ist folgende Beobachtung sehr entscheidend: Angenommen, wir haben eine *Kollision* von f detektiert, d. h., wir haben zwei Eingabewerte x, y mit $x \neq y$ gefunden, für die gilt, dass $f(x) = f(y)$. Dann wissen wir aufgrund von Definition 10.1.1, dass

$$y = x \oplus s$$

gelten muss. Denn andernfalls darf ja $f(x) = f(y)$ nicht gelten. Aber hieraus können wir s direkt ermitteln durch:

$$x \oplus y = x \oplus (x \oplus s) = (x \oplus x) \oplus s = s.$$

Es reicht also, nach Kollisionen von f zu suchen.

Wie aufwendig ist es, nach Kollisionen zu suchen? Hierbei kommt nun das weit bekannte *Geburtstags-Paradoxon* zum Tragen: Es benötigt ungefähr 23 Menschen in einem Raum, damit es mit einer Wahrscheinlichkeit größer 1/2 zwei Menschen in diesem Raum gibt, die am selben Tag Geburtstag haben. Der Grund hierfür ist, dass 23 sich in der Größenordnung von $\sqrt{365}$ bewegt, und der Aufwand für die Suche nach einer Kollision ungefähr der Wurzel der Kardinalität der untersuchten Menge entspricht (welche in diesem Fall gegeben ist durch die Menge der Tage in einem Jahr).

Doch wieso muss es die Wurzel sein? Wir bleiben bei der Geburtstagsmetapher und abstrahieren sie im Nachhinein. Wenn wir annehmen, dass jeder Geburtstag gleich wahrscheinlich ist, dann gilt, dass ein zufällig gewähltes Paar an Personen mit der Wahrscheinlichkeit $1/365$ am selben Tag Geburtstag hat. Damit in dieser Menge der Paare im Raum eines ein Ereignis erfüllt, das mit der Wahrscheinlichkeit $1/365$ eintritt, benötigt es gemäß statistischer Methoden ungefähr 365 Paare im Raum. Wie viele Paare gibt es im Raum? Seien N Menschen im Raum. Dann lässt sich die Anzahl der Paare kombinatorisch leicht ermitteln als $N(N-1)$, d.h. ungefähr N^2 (wenn N groß genug ist). Somit ist es erforderlich, dass die Anzahl der Personen im Raum sich in der Größenordnung $N = \sqrt{365}$ bewegen muss.

In abstrakterer Form nehmen wir nun die Menge $\{0,1\}^n$ statt der Menge der Tage in einem Jahr. Diese Menge hat 2^n Elemente. Somit gilt, dass unter den obigen Annahme der Gleichverteilung des Outputs von f eine $O(2^{n/2})$-elementige Teilmenge A von $\{0,1\}^n$ benötigt wird, damit wir mit einer guten Wahrscheinlichkeit sagen können, dass es eine Kollision gibt von f auf A, d.h., dass es $x, y \in A$ gibt, sodass $x \neq y$ und $f(x) = f(y)$.

Für detaillierte Berechnungen in diesem Kontext verweise ich auf [SPH14].

10.1.2 Das erste Mal nützliche Quantenüberlegenheit

In diesem Kapitel lernen Sie den von Simon veröffentlichten Quantenalgorithmus kennen, der lediglich durch $O(n)$ Aufrufe des Orakels $\mathcal{O}_f$ zu f das Simon-Problem lösen kann. Dies ist auf mehreren Ebenen bemerkenswert:

- Erinnern wir uns zurück:
  - Beim Deutsch-Jozsa-Algorithmus haben wir eine *exponentielle Beschleunigung* gegenüber den Konkurrenten auf klassischen Computern gesehen.

    Das Problem: Dies gilt nur bei einer Problemstellung, bei der nur *deterministische* Lösungen akzeptiert wurden – d.h. Lösungen, die mit Wahrscheinlichkeit 1 das richtige Ergebnis liefern. In der Praxis würde man solche deterministischen Lösungen aber nur sehr selten verlangen. Meistens reicht es aus, zu wissen, dass die Lösung mit einer ausreichend hohen Wahrscheinlichkeit korrekt ist.
  - Beim Bernstein-Vazirani-Algorithmus haben wir daher eine Problemstellung untersucht, bei der auch Lösungen akzeptiert wurden, die nur mit einer ausreichend hohen Wahrscheinlichkeit korrekt sind.

Das Problem hier: Der Bernstein-Vazirani-Algorithmus hat gegenüber seinen Konkurrenten auf klassischen Computern nur eine *lineare Beschleunigung* vorzuweisen.

Der Simon-Algorithmus liefert nun erstmals *the best of both worlds*: Wir lernen einen Quantenalgorithmus kennen, der *mit einer Fehlerwahrscheinlichkeit kleiner oder gleich 1/3* ein Problem *exponentiell schneller* löst als der beste entsprechende klassische Algorithmus.

- Ein weiterer Vorteil gegenüber dem Bernstein-Vazirani-Algorithmus ist, dass es sich beim Simon-Problem um ein wirklich schweres Problem handelt, das auch praktische Relevanz hat. Im Vergleich dazu ist das Bernstein-Vazirani-Problem gerade so konstruiert worden, um die Quantenüberlegenheit zu zeigen. Das Bernstein-Vazirani-Problem ist also von geringer praktischer Relevanz. Im Vergleich dazu existieren mittlerweile viele Ansätze in der *Kryptoanalyse* – d. h. in der Wissenschaft, kryptografische Verfahren zu brechen –, die auf dem Simon-Algorithmus basieren (siehe beispielsweise [BHN$^+$19, BSS22, KLLNP16, KM10, KM12, BBH$^+$24] oder [Bun23a, Kapitel 4] für eine umfassende Auswahl an weiterführender Literatur dazu).

10.2 Vorbereitung

Auch beim Simon-Algorithmus brauchen wir eine kurze Vorbereitungsphase, die wir in diesem Abschnitt tätigen.

10.2.1 Vorbereitung der Vorbereitung

In diesem Abschnitt werden Sie erste Einblicke in die Zahlentheorie gewinnen. Hierfür müssen Sie sich vorher ein paar grundlegende Begriffe in Erinnerung rufen.

- Für $a, q \in \mathbb{Z}$ sagen wir, dass a durch q **teilbar** ist, falls ein $k \in \mathbb{Z}$ existiert, sodass $a = k \cdot q$. In diesem Fall nennen wir q einen **Teiler** von a und schreiben $q \mid a$.
- $a \in \mathbb{N}$ ist eine **Primzahl**, falls a genau zwei Teiler hat. Insbesondere muss a größer 1 sein. Da 1 und die Zahl a selbst immer Teiler sind von a, haben Primzahlen genau diese beiden Zahlen als Teiler.
- Für zwei Zahlen $a, b \in \mathbb{Z}$ ist der **größte gemeinsame Teiler**, $\mathrm{ggT}(a, b)$, gleich der größten ganzen Zahl $d \in \mathbb{Z}$, die sowohl a als auch b teilt.

10.2.2 Modulararithmetik

Bereits in der Grundschule haben wir mit ganzen Zahlen gerechnet (zumindest mit den positiven ganzen Zahlen, die negativen ganzen Zahlen kamen erst später). Wir haben gelernt, wie man mit diesen multiplizieren, addieren und subtrahieren kann. In diesem Abschnitt lernen Sie eine neue Art des Rechnens mit ganzen Zahlen in einer neuen Umgebung kennen, nämlich die *Modulararithmetik* oder auch *das Rechnen im Restklassenring*.

Wir können uns das Rechnen in $\mathbb{Z}$ stets durch einen Zahlenstrahl visualisieren. Addieren wir eine positive Zahl, bewegen wir uns um entsprechend viele Stellen nach rechts, subtrahieren wir sie, bewegen wir uns nach links. Das Rechnen im Restklassenring kann man sich nun so vorstellen, dass man

- diesen Zahlenstrahl am zwei Stellen aufschneidet: einmal an der 0 und einmal an einer beliebigen anderen positiven ganzen Zahl $q \in \mathbb{N}$, und
- anschließend die beiden Enden an einem gemeinsamen Punkt (den wir als 0 bezeichnen) zu einem Kreis – oder besser: einem Ring – wieder zusammenklebt.

Dieses neue Objekt bezeichnen wir als *Restklassenring modulo* q, und wir notieren ihn als $\mathbb{Z}_q$.

Als Erstes halten wir fest, dass wir nur noch endlich viele – nämlich q viele – Elemente haben, mit denen wir rechnen können. Genauer: Die Elemente in $\mathbb{Z}_q$ sind gegeben durch

$$\mathbb{Z}_q = \{0, 1, \ldots, q-1\}.$$

Doch wie rechnet man in $\mathbb{Z}_q$? Wir wissen beispielsweise noch nicht, wie man in diesem neuen Raum addiert. Diese Addition sollte auf natürliche Weise von der üblichen Addition in $\mathbb{Z}$ vererbt sein. Das heißt, wenn wir addieren oder subtrahieren, sollten wir uns wieder um entsprechend viele Positionen in die eine oder andere Richtung bewegen. Schließlich entstand unser Ring aus einem Zahlenstrahl, der mal $\mathbb{Z}$ repräsentierte.

Eine interessante Beobachtung lautet nun, dass eine Addition mit q gleichbedeutend ist mit einem vollständigen Rundlauf um den Ring. Wir landen somit am selben Ort, an dem wir angefangen haben, sodass eine Addition mit q äquivalent ist zu einer Addition mit 0. Entsprechend können wir diese Beobachtung auf weitere Additionen erweitern: Beispielsweise ist die Addition mit $10 \cdot q$ auch äquivalent zur Addition mit 0, und die Addition mit $q + 1$ ist äquivalent zu einer Addition mit 1.

Aus diesen Gedanken erschließen wir, dass die Addition mit einer Zahl $m \in \mathbb{N}$ in $\mathbb{Z}_q$ nur davon abhängt, wie viel von m übrig bleibt, wenn wir alle Vielfache von q, die beim Zählen bis m vorkommen, abziehen. Denn jedes Vielfache von q entspricht nur einer weiteren Addition mit 0 in $\mathbb{Z}_q$. Dies erinnert uns natürlich an die *Division mit Rest*, denn wir wissen, dass es für m zwei eindeutige Zahlen $a \in \mathbb{N}$, den *Quotienten*, und $r \in \{0, 1, \ldots, q-1\}$, den *Rest*, gibt, sodass

$$m = aq + r.$$

Addition mit m ist also äquivalent zur Addition mit r, wobei r dem Rest entspricht bei der Division von m durch q.

Aus dieser Motivation leiten wir die folgende Rechenregel in $\mathbb{Z}_q$ ab: Wir addieren in $\mathbb{Z}_q$, indem wir erst addieren, dann das Ergebnis durch q teilen und den Rest bei dieser Division als Ergebnis behalten. Dieser Rest ist ein Element aus $\{0, \ldots, q-1\}$.

Hieraus folgern wir außerdem, dass $a = b$ in $\mathbb{Z}_q$ (wobei $a, b \in \mathbb{Z}$) gilt, sobald a und b sich nur um Vielfache von q unterscheiden. Denn Vielfache von q sind ja – wie bereits erwähnt – nichts anderes als Addition mit 0 in $\mathbb{Z}_q$. In anderen Worten sagen wir, dass $a = b$ in $\mathbb{Z}_q$, wann immer $a - b$ durch q teilbar ist. Wir notieren diese Gleichheit in der Form

$$a = b \pmod{q}$$

und sagen, dass a und b **kongruent sind modulo** q.

Wir haben somit die Addition in $\mathbb{Z}_q$ charakterisiert und haben festgestellt, dass alle Elemente in $\mathbb{Z}$, die sich nur um Vielfache von q unterscheiden, in $\mathbb{Z}_q$ gleich sind. Die Erweiterung der Rechenregeln auf die Subtraktion und Multiplikation folgen nun analog wie bei der Addition.

Es gelten auch noch weitere wichtige Beobachtungen, die man auf ähnliche Weise intuitiv ableiten kann und deren Beweis ich als Übung auslagere:

Lemma 10.2.1 Seien $q \in \mathbb{N}$ und $a_1, a_2, b_1, b_2 \in \mathbb{Z}$.

- Für $a \in \mathbb{Z}$ gibt es genau ein $r \in \{0, 1, \ldots, q-1\}$ mit

  $$a = r \pmod{q}.$$

- Wenn

  $$a_1 = b_1 \pmod{q} \qquad \text{und} \qquad a_2 = b_2 \pmod{q},$$

  dann gilt, dass

$$a_1 + a_2 = b_1 + b_2 \pmod{q},$$
$$a_1 - a_2 = b_1 - b_2 \pmod{q},$$
$$a_1 \cdot a_2 = b_1 \cdot b_2 \pmod{q}.$$

- Für $a \in \mathbb{Z}$ gilt, dass

  $$a \cdot 1 = a \pmod{q}.$$

  In der sogenannten *Gruppentheorie* bedeutet das, dass 1 das *neutrale Element* in $\mathbb{Z}_q/\{0\}$ ist, da alle Elemente in $\mathbb{Z}_q/\{0\}$ multipliziert mit 1 unverändert bleiben (siehe beispielsweise [Wüs13] für mehr Informationen zur Gruppentheorie).

- Für $a \in \mathbb{Z}$ mit $a \neq 0$ gibt es ein $b \in \mathbb{Z}$ mit

  $$a \cdot b = 1 \pmod{q}$$

  genau dann, wenn

  $$\text{ggT}(a, q) = 1.$$

10

Beweis: Die Beweise dieser Aussagen können Sie in jedem Einstiegsbuch zur Algebra finden. Sie können sie aber auch beispielsweise in [SPH14, Proposition 1.13] nachlesen. Dennoch empfehle ich Ihnen aber als Übung, selbst zu versuchen, die Aussagen zu beweisen. Ein Hinweis hierzu: Für den Beweis der letzten Aussage benötigen Sie den *Euklid-Algorithmus*, mit dem man mitunter effizient den ggT zweier Zahlen berechnen kann (siehe beispielsweise [SPH14, Proposition 2.46]). □

Beispiel 10.2.2 Man muss sich vielleicht erst einmal klarmachen, dass man bereits im Alltag sehr häufig in Restklassenringen rechnet. Beispielsweise im Raum $\mathbb{Z}_7$, wenn man sich überlegen möchte, was für ein Wochentag man in 9 Tagen hat, wenn heute Montag ist. Oder aber Berechnungen in $\mathbb{Z}_{24}$, wenn man sich überlegt, auf wie viel Uhr man den Wecker stellen sollte, wenn man 8 Stunden schlafen möchte, es jetzt aber schon 23 Uhr ist.

Beispiel 10.2.3 In diesem Buch haben Sie bereits noch ein weiteres Beispiel gesehen: Bei der Einführung der XOR-Verknüpfung $\oplus$ haben Sie sich nämlich bereits unbewusst im Raum $\mathbb{Z}_2$ aufgehalten, da $\oplus$ nichts anderes ist als die Addition in $\mathbb{Z}_2$.

Der Sonderfall, wenn q eine Primzahl ist

Sie haben soeben gelernt, wie man in $\mathbb{Z}_q$ addiert, subtrahiert und multipliziert. In $\mathbb{Z}$ wissen wir, dass wir *fast* gar nicht dividieren können (eine Frage an Sie: Wann ist dividieren in $\mathbb{Z}$ möglich?). Aber wie sieht es denn in $\mathbb{Z}_q$ aus? Kann man hier vielleicht öfter dividieren? Dieser Frage möchten wir im Folgenden nachgehen.

Eine Division ist nichts anderes als die Multiplikation mit dem Kehrwert. Ein Kehrwert bezeichnet man in der Gruppentheorie auch als das *multiplikative Inverse* einer Zahl, da $a \in \mathbb{Z}$ mit $a \neq 0$ multipliziert mit seinem Kehrwert $1/a$ das neutrale Element – also in diesem Fall die 1 – ergibt. Daher müssen wir, wenn wir dividieren wollen, nach multiplikativen Inversen suchen – also nach Elementen $b \in \mathbb{Z}/\{0\}$, die bei der Multiplikation mit $a \in \mathbb{Z}/\{0\}$ in $\mathbb{Z}_q$, das neutrale Element 1 ergeben. Der Schlüssel bei dieser Suche ist die letzte Aussage in Lemma 10.2.1. Dort haben Sie gesehen, dass ein multiplikatives Inverses genau dann existiert, wenn $\mathrm{ggT}(a, q) = 1$. Sie können also nur dann durch a teilen, wenn diese Bedingung gegeben ist für a.

Und an dieser Stelle sehen Sie, warum der Fall, in dem q eine Primzahl ist, besonderer Aufmerksamkeit bedarf: Denn hier gilt diese Bedingung für alle $a \neq 0$! Wir folgern, dass man in $\mathbb{Z}_q$, wenn q eine Primzahl ist, immer und durch jede Zahl ungleich 0 dividieren kann. Wir haben also eine Situation, die besser ist als in $\mathbb{Z}$! Solche Eigenschaften der bedingungslosen Division durch alle Zahlen ungleich 0 kennen wir eigentlich nur aus $\mathbb{Q}$ oder $\mathbb{R}$. Dies zeigt, warum diese Fälle so wichtig sind. Man verwendet hier sogar eine andere Notation und schreibt

$$\mathbb{F}_q$$

statt $\mathbb{Z}_q$, wenn q eine Primzahl ist, um diese gesonderte Eigenschaft zu betonen. Hier wählt man den Buchstaben F, da dieses für *field* – Englisch für *Körper* – steht, da Räume, in denen man (zusätzlich zu anderen Eigenschaften) durch alle Elemente ungleich 0 dividieren kann, als »Körper« bezeichnet werden. Im Gegensatz hierzu werden Räume, in denen dies nicht gilt (wie im Beispiel $\mathbb{Z}$) als »Ring« bezeichnet. Für weitere Informationen zu diesen Strukturen und deren Nutzen verweise ich Sie auf jedes beliebige Einstiegsbuch in der Algebra wie beispielsweise [Wüs13].

10.2.3 Lineare Gleichungssysteme

Die andere wichtige Zutat, die wir für den Simon-Algorithmus brauchen, sind *lineare Gleichungssysteme*. Diese haben wir in der Regel bereits in der Schule kennengelernt. Das zu lösende Problem kann man auf folgende Art und Weise beschreiben: Gegeben seien eine Matrix $A \in \mathbb{R}^{n,m}$ und ein Vektor $b \in \mathbb{R}^n$, wobei $n, m \in \mathbb{N}$. Das Lösen des linearen Gleichungssystems zugehörig zu A und b beinhaltet die Suche nach einem Vektor $x \in \mathbb{R}^m$, sodass

$$Ax = b$$

Lösbarkeit

Es ist bekannt, dass drei Fälle eintreten können für die Lösung dieses linearen Gleichungssystems (d. h., die Existenz eines solchen x):

- Es gibt keine Lösung des linearen Gleichungssystems.
- Es gibt genau eine Lösung des linearen Gleichungssystems.
- Es gibt unendlich viele Lösungen des linearen Gleichungssystems.

Die Lösbarkeit sowie gegebenenfalls die Lösung des linearen Gleichungssystems können beispielsweise durch das *Gauss'sche Eliminierungsverfahren* ermittelt werden. Es ist bekannt, dass die Komplexität dieses Verfahrens $O(m^3)$ Rechenoperationen beträgt. Es gibt weitere Verfahren wie beispielsweise das Verfahren der konjugierten Gradienten (CG-Verfahren), die diese Komplexität noch weiter optimieren (siehe [She94]).

Zwei Sonderfälle

Ein wichtiger Sonderfall ist gegeben, wenn $b = 0$. In diesem Fall spricht man von einem *homogenen linearen Gleichungssystem*, und die Lösungsmenge bezeichnet man als *Kern* von A, und wird notiert als

$$\ker(A) := \{x \in \mathbb{R}^m \mid Ax = 0\}.$$

Ein weiterer wichtiger Fall ist gegeben, wenn $m = n$ und wenn die Matrix A invertierbar ist. In diesem Fall sagen wir, dass es sich um ein *unabhängiges lineares Gleichungssystem* handelt, da die Zeilen (und auch die Spalten) der Matrix A linear unabhängig sind und eine Basis des $\mathbb{R}^m$ bilden. Die eindeutige Existenz einer Lösung ist in diesem Fall klar, da die Matrix A invertierbar ist und die Lösung somit gegeben ist durch $x = A^{-1}b$.

Modulare lineare Gleichungssysteme

Eine wichtige Beobachtung aus dem Gauss'schen Eliminierungsverfahren ist, dass hier insbesondere Divisionen von Zeilen der Matrix A durch eine Zahl ungleich 0 eine wichtige Rolle spielen.

Da wir wissen, dass in $\mathbb{F}_q$ (für eine Primzahl q) Divisionen genauso gut möglich sind wie in $\mathbb{R}$, spricht nichts dagegen, unsere Berechnungen von $\mathbb{R}$ nach $\mathbb{F}_q$ zu verlagern. Hierdurch erhalten wir *modulare lineare Gleichungssysteme*, die die folgende Form annehmen:

Gegeben sei diesmal eine Matrix $A \in \mathbb{F}_q^{n,m}$ und ein Vektor $b \in \mathbb{F}_q^n$, d.h., A und b haben als Einträge Werte in $\mathbb{F}_q$ statt in $\mathbb{R}$. Das Lösen des linearen Gleichungssystems zugehörig zu A und b beinhaltet nun die Suche nach einem Vektor $x \in \mathbb{F}_q^m$, sodass

$$Ax = b \quad \text{in } \mathbb{F}_q^m$$

oder anders ausgedrückt, wenn $A = \{a_{i,j}\}_{i \in \{0,\ldots,n-1\}, j \in \{0,\ldots,m-1\}}$ und $b = \{b_i\}_{i \in \{0,\ldots,n-1\}}$ für gewisse Einträge $a_{i,j}, b_i \in \mathbb{F}_q$, muss gelten, dass

$$\begin{aligned}
a_{0,0}x_0 + \cdots + a_{0,m-1}x_{m-1} &= b_0 \pmod q \\
a_{1,0}x_0 + \cdots + a_{1,m-1}x_{m-1} &= b_1 \pmod q \\
&\vdots \\
a_{n-1,0}x_0 + \cdots + a_{n-1,m-1}x_{m-1} &= b_{n-1} \pmod q.
\end{aligned}$$

Und genau solche Gleichungssysteme (für $q = 2$) spielen beim Simon-Algorithmus eine wichtige Rolle.

Es ist wichtig zu erwähnen, dass in Gleichungssystemen in $\mathbb{F}_q$ die Option *Es gibt unendlich viele Lösungen des linearen Gleichungssystems* nicht vorkommen kann, da der Raum nur endlich viele Elemente besitzt. Wie bereits erwähnt, können wir hier das Gauss'sche Eliminierungsverfahren anwenden, um eine Lösung zu ermitteln.

10.3 Den Simon-Algorithmus verstehen

Der Simon-Algorithmus besteht aus den folgenden Schritten. Hierbei gilt als Input eine periodische Funktion $f : \{0,1\}^n \to \{0,1\}^n$ mit unbekannter Periode s.

1. Präpariere zwei n-Qubit-Register mit dem Zustand $|0\rangle \otimes |0\rangle \in \mathcal{H}^{\otimes n} \otimes \mathcal{H}^{\otimes n}$.
2. Wende $H^{\otimes n}$ auf das linke n-Qubit-Register an.
3. Wende $\mathcal{O}_f$ auf beide n-Qubit-Register an.
4. Wende $H^{\otimes n}$ auf das linke n-Qubit-Register an.
5. Miss das linke n-Qubit-Register bezüglich der Rechenbasis.
6. Extrahiere eine lineare Gleichung in $\mathbb{F}_2$, in der die Koordinaten von s die Rolle der Unbekannten spielen.
7. Wiederhole die letzten 6 Schritte $n+10$-mal und extrahiere ein modulares lineares Gleichungssystem, das nur s und 0 als Lösung hat.
8. Löse dieses Gleichungssystem mittels eines klassischen Computers und erhalte s.

10.3.1 Korrektheit des Algorithmus

Wir möchten nun prüfen, dass der soeben beschriebene Algorithmus tatsächlich das Simon-Problem löst.

Die Schritte (1) bis (4)

Ähnliche Berechnungen wie beim Deutsch-Jozsa-Algorithmus zeigen, dass das $2n$-Qubit-Register in den Schritten (1) bis (4) die folgenden Zustände annimmt:

$$\begin{aligned}
&(1) \quad |0\rangle\,|0\rangle \\
&(2) \quad \frac{1}{\sqrt{2^n}} \sum_{k=0}^{2^n-1} |k\rangle\,|0\rangle \\
&(3) \quad \frac{1}{\sqrt{2^n}} \sum_{k=0}^{2^n-1} |k\rangle\,|f(k)\rangle \\
&(4) \quad \frac{1}{2^n} \sum_{j=0}^{2^n-1} \sum_{k=0}^{2^n-1} (-1)^{k\odot j}\,|j\rangle\,|f(k)\rangle
\end{aligned}$$

Als Übung empfehle ich Ihnen, diese Berechnung eigenständig nachzuprüfen.

Erläuterungen zu Schritt (5)

Was passiert nun in Schritt (5), wenn wir das erste n-Qubit-Register bezüglich der Rechenbasis messen?

Sie haben bereits in Definition 6.2.5 und Beispiel 4.6.5 gelernt, dass so eine Messung durch die Observable

$$\sum_{k=0}^{2^n-1} k \cdot |k\rangle\langle k| \otimes \mathrm{Id}$$

modelliert wird, wobei Id hier die Identitätsmatrix in $\mathcal{H}^{\otimes n}$ beschreibt. Grundsätzlich ist somit die Menge der möglichen Messergebnisse bei so einer Messung gegeben durch $\{0, \ldots, 2^n - 1\}$.

Wir möchten nun herausfinden, mit welchen Wahrscheinlichkeiten diese jeweiligen Messergebnisse auftreten.

Sei hierzu $m \in \{0, \ldots, 2^n - 1\}$ beliebig gewählt. Gemäß Lemma 4.5.8 und Proposition 6.2.7 gilt für die jeweiligen Messwahrscheinlichkeiten, dass

$$\mathbb{P}[m] = \left\| \Big(|m\rangle\langle m| \otimes \mathrm{Id} \Big) \frac{1}{2^n} \left(\sum_{j=0}^{2^n-1} \sum_{k=0}^{2^n-1} (-1)^{k\odot j}\,|j\rangle \otimes |f(k)\rangle \right) \right\|^2 .$$

Unter Ausnutzung diverser Eigenschaften des Tensorprodukts (siehe Abschnitt 4.6) können wir die rechte Seite dieser Gleichung vereinfachen, sodass

$$
\begin{aligned}
\mathbb{P}[m] &= \left\| \frac{1}{2^n} \sum_{j=0}^{2^n-1} \sum_{k=0}^{2^n-1} (-1)^{k \odot j} \Big(|m\rangle\langle m| \otimes \mathrm{Id} \Big) \Big(|j\rangle \otimes |f(k)\rangle \Big) \right\|^2 \\
&= \left\| \frac{1}{2^n} \sum_{j=0}^{2^n-1} \sum_{k=0}^{2^n-1} (-1)^{k \odot j} \Big(|m\rangle\langle m| \, |j\rangle \Big) \otimes \Big(\mathrm{Id}(|f(k)\rangle) \Big) \right\|^2 .
\end{aligned}
$$

Nun wenden wir wieder elementare Rechenregeln bei der Dirac-Notation sowie die Normiertheitsanforderungen an, und erhalten, dass

$$
\begin{aligned}
\mathbb{P}[m] &= \left\| \frac{1}{2^n} \sum_{k=0}^{2^n-1} (-1)^{k \odot m} |m\rangle \otimes |f(k)\rangle \right\|^2 \\
&= \left\| |m\rangle \otimes \left(\frac{1}{2^n} \sum_{k=0}^{2^n-1} (-1)^{k \odot m} |f(k)\rangle \right) \right\|^2 \\
&= \| |m\rangle \|^2 \cdot \left\| \frac{1}{2^n} \sum_{k=0}^{2^n-1} (-1)^{k \odot m} |f(k)\rangle \right\|^2 \\
&= \left\| \frac{1}{2^n} \sum_{k=0}^{2^n-1} (-1)^{k \odot m} |f(k)\rangle \right\|^2 .
\end{aligned}
\tag{10.3.1}
$$

Natürlich müssen wir irgendwann die Periodizität von f ins Spiel bringen. Doch wo finden wir diese Eigenschaft in der Gleichung (10.3.1) wieder? Schauen wir uns diese Gleichung mal genauer an.

Wenn wir die Summe auf der rechten Seite in Gleichung (10.3.1) betrachten, erkennen wir, dass es sich um eine Superposition aller möglichen Zustände $|x\rangle$ handelt, bei denen x *im Bild von f liegt*, d.h. $x \in \mathrm{Bild}(f)$, wobei

$$
\mathrm{Bild}(f) := \Big\{ x \in \{0, \ldots, 2^n - 1\} \;\Big|\; f(k) = x \text{ für ein } k \in \{0, \ldots, 2^n - 1\} \Big\}.
$$

Demzufolge können wir die Summe auf der rechten Seite in Gleichung (10.3.1) auf folgende Art und Weise umsortieren:

$$
\frac{1}{2^n} \sum_{k=0}^{2^n-1} (-1)^{k \odot m} |f(k)\rangle = \frac{1}{2^n} \sum_{x \in \mathrm{Bild}(f)} \; \sum_{k \in f^{-1}(x)} (-1)^{k \odot m} |x\rangle ,
$$

wobei die Menge $f^{-1}(x)$ das *Urbild von x unter f* beschreibt, d.h.

$$
f^{-1}(x) := \Big\{ k \in \{0, \ldots, 2^n - 1\} \;\Big|\; f(k) = x \Big\}.
$$

Diese Umstrukturierung der Summe impliziert für die gesuchte Wahrscheinlichkeit, dass

$$\begin{aligned}\mathbb{P}[m] &= \left\| \frac{1}{2^n} \sum_{k=0}^{2^n-1} (-1)^{k\odot m} |f(k)\rangle \right\|^2 \\ &= \left\| \frac{1}{2^n} \sum_{x\in \text{Bild}(f)} \sum_{k\in f^{-1}(x)} (-1)^{k\odot m} |x\rangle \right\|^2 \\ &= \frac{1}{2^{2n}} \sum_{x\in \text{Bild}(f)} \left\| \sum_{k\in f^{-1}(x)} (-1)^{k\odot m} |x\rangle \right\|^2 \\ &= \frac{1}{2^{2n}} \sum_{x\in \text{Bild}(f)} \left| \sum_{k\in f^{-1}(x)} (-1)^{k\odot m} \right|^2 \| |x\rangle \|^2 \\ &= \frac{1}{2^{2n}} \sum_{x\in \text{Bild}(f)} \left| \sum_{k\in f^{-1}(x)} (-1)^{k\odot m} \right|^2 ,\end{aligned} \tag{10.3.2}$$

wobei wir im dritten Schritt benutzt haben, dass für verschiedene $x, x' \in \text{Bild}(f)$ die beiden Vektoren $|x\rangle$ und $|x'\rangle$ orthogonal zueinander sind. Dies ist der Grund, warum es gut war, die Summe in Gleichung (10.3.1) derart umzustrukturieren. Denn durch diese Umstrukturierung haben wir eine Summe erhalten, bei der die Summanden orthogonal zueinander stehen. Diese Orthogonalität haben wir soeben benutzt und die gesuchte Formel deutlich vereinfacht.

Wir sind schon mal einen Schritt weiter, denn die rechte Seite von Gleichung (10.3.2) sieht schon einfacher aus. Aber wir haben die Periodizitäts-Eigenschaft von f immer noch nicht angewendet. Dies werden wir jetzt nachholen. Denn Sie werden jetzt sehen, dass man die einzelnen Summanden

$$\left| \sum_{k\in f^{-1}(x)} (-1)^{k\odot m} \right|^2$$

aufgrund dieser Periodizität von f noch mal vereinfachen kann. An dieser Stelle ermutige ich Sie, es selbst zu versuchen, bevor Sie weiterlesen.

Erinnern Sie sich daran, dass in unserem konkreten Fall für alle $x \in \text{Bild}(f)$ jeweils *genau zwei* Elemente im Urbild von x liegen. Oder anders ausgedrückt: $f^{-1}(x)$ hat genau zwei Elemente. Wenn wir eines dieser Elemente im Urbild als $k_x \in \{0, \ldots, 2^n - 1\}$ bezeichnen – d.h. $k_x \in f^{-1}(x)$ –, dann ist aufgrund der Periodizitäts-Eigenschaft das andere Element im Urbild gegeben durch $k_x \oplus s$. Zusammengefasst gilt also,

$$\{k_x, k_x \oplus s\} = f^{-1}(x).$$

Dies impliziert nun wiederum, dass

$$\begin{aligned}
\mathbb{P}[m] &= \frac{1}{2^{2n}} \sum_{x \in \mathrm{Bild}(f)} \left| \sum_{k \in f^{-1}(x)} (-1)^{k \odot m} \right|^2 \\
&= \frac{1}{2^{2n}} \sum_{x \in \mathrm{Bild}(f)} \left| (-1)^{k_x \odot m} + (-1)^{(k_x \oplus s) \odot m} \right|^2 \\
&= \frac{1}{2^{2n}} \sum_{x \in \mathrm{Bild}(f)} \left| (-1)^{k_x \odot m} \left(1 + (-1)^{s \odot m}\right) \right|^2,
\end{aligned}$$

wobei wir im letzten Schritt ausgenutzt haben, dass

$$(-1)^{k_x \odot m} (-1)^{s \odot m} = (-1)^{(k_x \oplus s) \odot m}.$$

Weitere Vereinfachungen dieser Formel ergeben, dass

$$\begin{aligned}
\mathbb{P}[m] &= \frac{1}{2^{2n}} \sum_{x \in \mathrm{Bild}(f)} \left| (-1)^{k_x \odot m} \left(1 + (-1)^{s \odot m}\right) \right|^2 \\
&= \frac{1}{2^{2n}} \sum_{x \in \mathrm{Bild}(f)} \left| (-1)^{k_x \odot m} \right|^2 \left| 1 + (-1)^{s \odot m} \right|^2 \\
&= \frac{1}{2^{2n}} \sum_{x \in \mathrm{Bild}(f)} \left| 1 + (-1)^{s \odot m} \right|^2 \\
&= \frac{1}{2^{2n}} \left| 1 + (-1)^{s \odot m} \right|^2 \sum_{x \in \mathrm{Bild}(f)} \\
&= \frac{1}{2^{2n}} \left| 1 + (-1)^{s \odot m} \right|^2 |\mathrm{Bild}(f)|.
\end{aligned}$$

Aufgrund der oben genannten Eigenschaften von f lässt sich $|\mathrm{Bild}(f)|$ sehr leicht berechnen. Wir wissen nämlich, dass

- f in die Menge $\{0, \ldots, 2^n - 1\}$ abbildet, die exakt 2^n Elemente hat, und
- dass nur die Hälfte dieser Menge getroffen werden kann von f, da f immer jeweils zwei Elemente auf ein und dasselbe Element abbildet.

Somit gilt, dass $\mathrm{Bild}(f)$ genau $\frac{2^n}{2}$ Elemente hat, und wir erhalten, dass

$$\begin{aligned}
\mathbb{P}[m] &= \frac{1}{2^{2n}} \left| 1 + (-1)^{s \odot m} \right|^2 |\mathrm{Bild}(f)| \\
&= \frac{1}{2^{2n}} \frac{2^n}{2} \left| 1 + (-1)^{s \odot m} \right|^2 = \frac{1}{2^{n+1}} \left| 1 + (-1)^{s \odot m} \right|^2.
\end{aligned}$$

Eine wichtige Beobachtung ist nun, dass

$$\mathbb{P}[m] = \begin{cases} 0 & \text{falls } \left(1 + (-1)^{s \odot m}\right) = 0 \\ \frac{1}{2^{n-1}} & \text{falls } \left(1 + (-1)^{s \odot m}\right) = 2 \end{cases}$$

oder äquivalent dazu, dass

$$\mathbb{P}[m] = \begin{cases} 0 & \text{falls } s \odot m = 1 \pmod 2 \\ \frac{1}{2^{n-1}} & \text{falls } s \odot m = 0 \pmod 2. \end{cases}$$

Somit ist

$$\mathbb{P}[m] > 0 \quad \text{genau dann, wenn} \quad s \odot m = 0 \pmod 2,$$

sodass i nur dann ein mögliches Messergebnis ist, wenn $s \odot m = 0 \pmod 2$. In anderen Worten: Die Menge der möglichen Messergebnisse ist gegeben durch

$$\mathcal{M} := \left\{m \in \{0, \ldots, 2^n - 1\} \,\middle|\, s \odot m = 0 \pmod 2\right\}.$$

Erläuterungen zu Schritt (6)

In Schritt (5) haben wir eine Messung des ersten n-Qubit-Registers durchgeführt. Sei $|m\rangle$ das Messergebnis. Wir wissen aus unseren vorangehenden Berechnungen, dass notwendigerweise $m \in \mathcal{M}$ gilt. Daher gilt, dass

$$s \odot m = \sum_{i=0}^{n-1} s_i \cdot m_i = 0 \pmod 2.$$

Dies ist ein aus einer Gleichung bestehendes Gleichungssystem im Körper $\mathbb{F}_2$. Das ist natürlich viel zu wenig, um s herauszufinden, aber ein guter Anfang.

Erläuterungen zu Schritt (7)

Aus Schritt (6) haben wir eine Gleichung erhalten. Wir wissen, dass diese Gleichung zumindest vom gesuchten s und von der 0 gelöst wird. Doch ein aus einer Gleichung bestehendes Gleichungssystem mit n Unbekannten kann noch mehr Lösungen haben. Um diese unerwünschten Lösungen auszuschließen, müssen wir weitere Gleichungen erzeugen. Daher wiederholen wir die Schritte (1) bis (5), um weitere Gleichungen zu erhalten.

Für alle diese Gleichungen wissen wir, dass zumindest s und 0 Lösungen darstellen. Aber je mehr Gleichungen wir hinzuziehen, desto unwahrscheinlicher wird es, dass noch andere, unerwünschte Lösungen existieren. Es stellt sich heraus, dass wir die Schritte $O(n)$-mal wiederholen müssen, damit wir mit einer ausreichend hohen Wahrscheinlichkeit sicher sein können, dass nur s und 0 das Gleichungssystem lösen. Wieso das genau so viele Schritte sein müssen, können Sie beispielsweise in [Bon21] nachlesen. In unserem

Algorithmus haben wir $n + 10$ Wiederholungen gewählt, um ausreichende Sicherheit zu haben bezüglich der Lösung, die wir erhalten.

Erläuterungen zu Schritt (8)

Sobald wir dieses Gleichungssystem haben, können wir die in Unterabschnitt 10.2.3 erwähnten Lösungsverfahren auf einem klassischen Computer laufen lassen, um die Lösung s zu extrahieren. Dieses klassische Post-Processing kostet uns $O(n^3)$ Rechenoperationen (siehe Abschnitt 10.2.3).

10.4 Implementierung des Algorithmus in Qiskit

In diesem Abschnitt lernen Sie eine Implementierung des Simon-Algorithmus in Qiskit kennen. Diese Implementierung ist inspiriert von der Implementierung durch IBM in [IBMb]. Der zugehörige Code mit Ausgabe und grafischer Darstellung des Quantenschaltkreises können Sie in Listing 10.1, Listing 10.2 und Abbildung 10.1 einsehen.

```
from qiskit import QuantumCircuit
from qiskit_aer import AerSimulator
import numpy as np
import galois
# Diese Library brauchen wir,
# um das Gleichungssystem in F_2 zu lösen

s='1010'  # Auswahl der Periode s ungleich 0

# Schritt (1)
n = len(s)
circ = QuantumCircuit(2 * n,n)

# Schritt (2)
circ.h(range(n,2*n))

# Schritt (3)
oracle = np.zeros((2**(2*n), 2**(2*n)))
for k in range(2**n):
    for j in range(2**n):
        z = j ^ min(k, k ^ int(s, 2))
        oracle[2**n * k + z, 2**n * k + j] = 1
circ.unitary(oracle, range(2 * n))

# Schritt (4)
circ.h(range(n,2*n))
```

```
# Schritte (5) und (7)
circ.measure(range(n,2*n), range(n))
simulator = AerSimulator(method='statevector')
result = simulator.run(circ, shots=n+10, memory=True).result()
measurements = result.get_memory()

print("Messergebnisse:", measurements)

# Schritt (6)
matrix = np.array([list(bitstring) for bitstring in ↲
         measurements]).astype(int)

# Schritt (8)
solution = galois.GF(2)(matrix).null_space()
print("Lösung des Gleichungssystems:", solution)
print("Der Schlüssel s ist gegeben durch:", ↲
      "".join(np.array(solution[0]).astype(str)))
```

Listing 10.1 Code zum Simon-Algorithmus

```
Messergebnisse: ['10101', '01011', '11111', '01001',
                 '11110', '10110', '10111', '10101',
                 '10110', '11101', '01001', '00000',
                 '01001', '01011', '11110']
Lösung des Gleichungssystems: [[1 0 1 0 0]]
Der Schlüssel s ist gegeben durch: 10100
```

Listing 10.2 Ausgabe zum Simon-Algorithmus

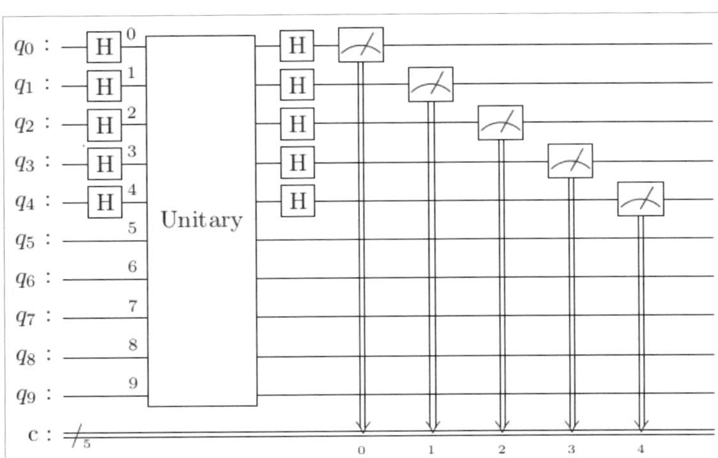

Abbildung 10.1 Quantenschaltkreis zum Simon-Algorithmus

Auch hier (ähnlich wie in Abschnitt 9.4) sind einige Schritte selbsterklärend. Im Folgenden möchte ich nur zu den Schritten (2), (3), (5), (7) und (8) weitere Erläuterungen hinzufügen.

Erläuterungen zu Schritt (2)

Das Einzige, worauf Sie bei Schritt (2) achtgeben müssen, ist die Frage, was genau wir mit dem *linken* n-Qubit-Register meinen. In unserem mathematischen Formalismus meinen wir mit dem linken n-Qubit-Register den Vektor, der beim Tensorprodukt auf der linken Seite steht. Gemäß der Qiskit-Konvention ist dieses Register das *untere* Register in der grafischen Darstellung des Quantenschaltkreises, und wir können es mit den Indizes $n, \ldots, 2n-1$ referenzieren. Dies erklärt, warum wir das Hadamard-Gatter im Code in Abbildung 10.1 auf die Qubits mit diesen Indizes anwenden.

Erläuterungen zu Schritt (3)

Schritt (3) stellt die größte Herausforderung dar. Hier habe ich die Vorgehensweise aus [IBMb] übernommen.

Zunächst müssen wir festlegen, welche periodische Funktion f wir betrachten möchten. Die Wahl fällt auf die Funktion f, definiert durch

$$f(x) = \min(x, x \oplus s) \quad \text{für alle } x \in \{0, \ldots, 2^n - 1\}$$

für ein $s \in \{1, \ldots, 2^n - 1\}$. Es ist leicht zu sehen, dass diese Funktion tatsächlich die gewünschte Periodizitäts-Eigenschaft besitzt, da

$$f(x \oplus s) = \min(x \oplus s, (x \oplus s) \oplus s) = \min(x \oplus s, x \oplus (s \oplus s)) = \min(x \oplus s, x) = f(x).$$

Das Ziel in Schritt (3) ist es also, das Orakel $\mathcal{O}_f$ zu f zu implementieren.

Es genügt, die Auswirkung von $\mathcal{O}_f$ auf die Elemente der Rechenbasis zu beobachten und daraus Schlüsse zu ziehen, wie wir dieses Gatter in Qiskit abbilden können. Seien hierzu $k, j \in \{0, \ldots, 2^n - 1\}$. Die Zustände

$$|k\rangle\, |j\rangle$$

werden von $\mathcal{O}_f$ abgebildet auf

$$|k\rangle\, |j \oplus f(k)\rangle\,.$$

Wir haben die beiden vorangehenden Zustände jeweils als Tensorprodukt von zwei Vektoren aus $\mathcal{H}^{\otimes n}$ beschrieben. Um diese Vektoren als Zustände im Hilbertraum $\mathcal{H}^{\otimes 2n}$ zu beschreiben, nutzen wir unsere Konventionen und Erkenntnisse aus Abschnitt 6.2.2 und erhalten, dass

$$|k\rangle\, |j\rangle = |2^n \cdot k + j\rangle \qquad \text{und} \qquad |k\rangle\, |j \oplus f(k)\rangle = |2^n \cdot k + j \oplus f(k)\rangle$$

Wir müssen also eine unitäre Matrix finden, die für alle k, j das Element $|2^n \cdot k + j\rangle$ der Rechenbasis auf das Element $|2^n \cdot k + j \oplus f(k)\rangle$ der Rechenbasis abbildet.

Sie wissen bereits, dass für fest gehaltene k, j die Matrix

$$|2^n \cdot k + j \oplus f(k)\rangle\langle 2^n \cdot k + j|$$

diese Abbildung durchführt. Diese Matrix besteht nur aus Nullen mit einer einzigen Ausnahme: Der Eintrag in der Zelle, die in der $(2^n \cdot k + j \oplus f(k))$-ten Zeile und in der $(2^n \cdot k +)j$-ten Spalte positioniert ist, hat den Wert 1.

Wir folgern, dass folgende Matrix die gewünschte Abbildung für alle k, j erfüllt:

$$\sum_{k=0}^{2^n-1} \sum_{j=0}^{2^n-1} \langle 2^n \cdot k + j \oplus f(k)|2^n \cdot k + j\rangle$$

Und genau diese Matrix wird in Schritt (3) des Codes implementiert. Es ist eine interessante Übung, nachzuprüfen, dass diese Matrix auch wirklich unitär ist.

Die Anwendung dieser unitären Matrix auf den Schaltkreis erfolgt mit dem Befehl `unitary`, den ich bereits in Abschnitt 7.8.2 erwähnt habe.

Erläuterungen zu den Schritten (5) und (7)

Zu den Schritten (5) und (7), in denen wir Messungen durchführen, muss ich nur erwähnen, dass wir diesmal nicht an den Häufigkeiten der jeweiligen Messergebnisse interessiert sind, sondern an den einzelnen Messergebnisse selbst. Daher verwenden wir den Befehl `get_memory` statt wie beispielsweise in Code-Beispiel 4.5.20 den Befehl `get_counts`.

Erläuterungen zu Schritt (8)

Auch hier möchte ich Ihnen nur einen Hinweis mitgeben: Zum Lösen des modularen Gleichungssystems nutzen wir die `galois`-Bibliothek von Python, und für ihre genaue Anwendungsmodalitäten verweise ich Sie auf die Referenz [Com].

10.5 Bibliografische Hinweise

Der Simon-Algorithmus wurde erstmals in [Sim97] beschrieben. Alternativ ist dieser Algorithmus auch in vielen Vorlesungsskripten oder Textbüchern zur Quanteninformatik zu finden. Ich empfehle Ihnen insbesondere die Beschreibungen in [KLM06] und [Chi17].

Kapitel 11
Der Grover-Algorithmus

In diesem Abschnitt möchte ich mit Ihnen nach der sprichwörtlichen Nadel im Heuhaufen suchen. Dieses Sprichwort benutzen wir ja immer nur dann, wenn wir vor einer (fast) aussichtslosen Suche stehen. Und auch in diesem Kapitel werden Sie sehen, wie schwer es ist, in einer unsortierten/unstrukturierten Menge nach einem bestimmten Element zu suchen. Sie werden aber sehen (was mich zunächst wirklich erstaunt hat), dass wir mit einem Quantencomputer dennoch besser aufgestellt sind als mit einem klassischen Computer. Die Gründe hierfür sind der vielfach benutzte und allseits bekannte *Grover-Algorithmus* aus [Gro96] und die Technik der *Amplitude Amplification*, auf der dieser Algorithmus basiert.

Dieser Algorithmus hat eine wichtige Bedeutung für die Kryptologie, die wir in Kapitel 13 besprechen werden.

Der rote Faden in diesem Kapitel

Wir werden auch hier analog vorgehen wie in den Kapiteln 9 und in Kapitel 10. In Abschnitt 11.1 erläutere ich die Hintergründe des Grover-Algorithmus und beschreibe das mit ihm verbundene Problem: die Suche in einer unstrukturierten Datenbank mit einer Evaluationsmethode. In Abschnitt 11.2 erledigen wir zwei vorbereitende Schritte, bevor ich in Abschnitt 11.3 den Algorithmus und dessen Korrektheit beschreibe. In Abschnitt 11.4 schauen wir uns an, wie man diesen Algorithmus in Qiskit abbilden kann. In Abschnitt 11.5 lernen Sie Schließlich eine Anwendung des Grover-Algorithmus zur *Kollisionssuche* kennen, nämlich den *BHT-Algorithmus*.

11.1 Hintergründe und Motivation des Grover-Algorithmus

Vor nicht allzu langer Zeit mussten die Menschen noch in Telefonbüchern nach geeigneten Dienstleistern suchen. Heutzutage benutzen wir Suchmaschinen im Internet (wie etwa *duckduckgo.com*). Dennoch hat das Nachschlagen im Telefonbuch viele Jahre gut geklappt. Es ging schneller, als man es sich heute noch vorstellen kann. Der Grund ist, dass diese Telefonbücher gut strukturiert waren. Beispielsweise waren sie alphabetisch und nach Branchen sortiert.

Jetzt stellen wir uns vor, dass es nicht so wäre. Mal angenommen, alle Nummern wären in einer zufälligen Reihenfolge im Telefonbuch aufgelistet. Zugegeben, spätestens jetzt ist die Internet-Suchmaschine überlegen. Aber aus akademischer Sicht möchten wir uns trotzdem noch überlegen, wie man in dieser Situation am besten vorgehen sollte.

Das zugehörige Problem bezeichnen wir als *Suche in einer unstrukturierten Datenbank mit einer Evaluationsmethode*. Die Evaluationsmethode in unserer Telefonbuch-Metapher ist klar: Wir rufen bei jeder Nummer an, die wir während der Suche herauspicken, und prüfen, ob die angerufene Partei die von uns gewünschte Dienstleistung anbietet. Falls dem nicht so ist, so gibt die Evaluierungsfunktion den Output 0, und falls doch, ist der Output 1. Wir beginnen mit der formalen Definition dieses Problems.

Definition 11.1.1 Gegeben sei eine Boole'sche Funktion $f_\omega : \{0,1\}^n \to \{0,1\}$, von der wir wissen, dass es ein geheimes $\omega \in \{0,1\}^n$ gibt, sodass

$$f_\omega(k) = \begin{cases} 1 & \text{falls } k = \omega \\ 0 & \text{falls } k \neq \omega. \end{cases}$$

Das Ziel besteht darin, ω mit möglichst wenigen Evaluierungen der Funktion f oder eines zugehörigen Orakels und mit einer Fehlerwahrscheinlichkeit kleiner oder gleich 1/3 zu extrahieren.

Wir haben hier der Einfachheit wegen angenommen, dass es nur genau eine Lösung gibt, d.h., dass exakt eine Nadel im Heuhaufen liegt. Dies lässt sich aber verallgemeinern, wie wir in Abschnitt 11.3.4 sehen werden.

11.1.1 Unsortierte Suche auf einem klassischen Computer

Wie löst man dieses Problem auf einem klassischen Computer? Tatsächlich gibt es keine bessere Methode als das sukzessive Einsetzen und Auswerten von Elementen aus $\{0,1\}^n$ in f. Unabhängig davon, ob wir die Auswahl der Elemente aus $\{0,1\}^n$ deterministisch oder probabilistisch treffen, beträgt die Komplexität hierbei $O(2^n)$. Mehr Details dazu finden Sie in [Gro96].

11.1.2 Quantenüberlegenheit

Sie werden in diesem Kapitel den *Grover-Algorithmus* aus [Gro96] kennenlernen, der dieses Problem in $O(\sqrt{2^n}) = O(2^{\frac{n}{2}})$ Orakelaufrufen löst. Somit ist die Komplexität auf einem Quantencomputer quadratisch besser als auf einem klassischen Computer. Es handelt es sich diesmal also nicht um einen exponentiellen Zeitgewinn auf dem Quantencomputer, sondern um einen polynomiellen Zeitgewinn.

Man kann zudem noch zeigen, dass der Grover-Algorithmus bei der unstrukturierten Suche nicht unterboten werden kann bezüglich des Aufwands (siehe [Zal99]). Das heißt, dass es keinen Quantenalgorithmus geben kann, der eine geringere Komplexität als $O(2^{\frac{n}{2}})$ aufweist. Diese Optimalitätseigenschaft steigert die Bedeutung des Grover-Algorithmus weiter, der auch in vielen weiteren Algorithmen (siehe zum Beispiel Abschnitt 11.5) als Subroutine Verwendung findet.

11.1.3 Einordnung

Rein auf dem Papier ist also der Grover-Algorithmus allen klassischen Gegenspielern überlegen. Doch – wie so oft – muss man bei der praktischen Übernahme dieser These viele weitere Aspekte mit berücksichtigen.

Hier gilt zum einen, dass wir in beiden Fällen andere Dinge zählen: Im klassischen Fall zählen wir die Aufrufe von f_ω, während wir beim Grover-Algorithmus die Anzahl der Aufrufe von Phasenorakeln zählen. Die Implementierung dieser Phasenorakel in den Quantencomputer kann zu größeren Quantenschaltkreisen und somit zu einem gewissen Overhead bei der Berechnung der Komplexität führen. Diese Unterschiede beeinträchtigen die Vergleichbarkeit und müssen berücksichtigt werden.

Außerdem gilt, dass der Grover-Algorithmus auf Hardware läuft, die einen Quantencomputer betreibt – d.h. auf sehr neuem Terrain –, während die klassischen Algorithmen auf klassischer Hardware laufen, die wir seit Jahrzehnten schon optimieren und effizienter machen. Daher spielen bei der Vergleichbarkeit auch die Kostenunterschiede bei der Beschaffung der zugehörigen Hardware eine Rolle.

Außerdem wurde in [Zal99] gezeigt, dass man den Grover-Algorithmus nicht effizient *parallelisieren kann*, d.h., die Last auf mehrere Quantencomputer verteilen kann. Im Vergleich dazu ist dies bei klassischen Algorithmen hervorragend gut möglich. Bei der Parallelisierung von Algorithmen nutzt man den Trade-off *Zeit gegen Platz*: Durch paralleles Rechnen ist das Rechnen schneller, aber man braucht mehr Platz. Auch dies muss bei einer Bewertung berücksichtigt werden.

Vielleicht fragen Sie sich jetzt, wieso man beim Simon-Algorithmus dieses Problem nicht hat. Dort haben wir bedingungslos gesagt, dass die Kryptosysteme, die auf dem Simon-Problem beruhen, von einem Angreifer gebrochen werden können, der einen leistungsstarken Quantencomputer zur Verfügung hat. Die Verwirrung löst sich auf, wenn Sie bedenken, dass das Simon-Problem einen exponentiellen Vorteil gegenüber dem besten klassischen Algorithmus liefert, während der Grover-Algorithmus nur einen quadratischen (d. h. einen polynomiellen) Vorteil liefert.

11.2 Vorbereitung

Auch beim Grover-Algorithmus möchte ich einige Nebenberechnungen als Vorbereitung separieren. Hier handelt es sich um zwei Phasenorakel, die wir anwenden werden und die in diesen Fällen eine besondere Form annehmen. Diese spezielle Form wird uns später eine geometrische Visualisierung liefern.

11.2.1 Das Phasenorakel für f_ω

Lemma 11.2.1 Sei f_ω wie in Definition 11.1.1. Dann gilt für das zugehörige Phasenorakel, dass

$$\mathcal{U}_{f_\omega} = \mathrm{Id} - 2\,|\omega\rangle\langle\omega|\,. \tag{11.2.1}$$

Beweis: Nach der Definition von f_ω und des zugehörigen Phasenorakel gilt, dass

$$\begin{aligned} \mathcal{U}_{f_\omega}(|k\rangle) = (-1)^{f_\omega(k)}\,|k\rangle &= \begin{cases} (-1)^1\,|k\rangle & \text{falls } k = \omega \\ (-1)^0\,|k\rangle & \text{falls } k \neq \omega \end{cases} \\ &= \begin{cases} -\,|\omega\rangle & \text{falls } k = \omega \\ |k\rangle & \text{falls } k \neq \omega. \end{cases} \end{aligned} \tag{11.2.2}$$

Aufgrund der Tatsache, dass

$$|\omega\rangle\langle\omega|\,(|k\rangle) = \begin{cases} |\omega\rangle & \text{falls } k = \omega \\ 0 & \text{falls } k \neq \omega, \end{cases}$$

sehen wir, dass Gleichung (11.2.2) bereits Gleichung (11.2.1) impliziert. □

11.2.2 Das Grover-Diffusions-Orakel $H^{\otimes n}\mathcal{U}_{f_0}H^{\otimes n}$

Lemma 11.2.2 Sei $f_0 : \{0,1\}^n \to \{0,1\}$

$$f_\omega(k) = \begin{cases} 0 & \text{falls } k = 0 \\ 1 & \text{falls } k \neq 0. \end{cases}$$

Dann gilt für das zugehörige Phasenorakel, dass

$$\mathcal{U}_{f_0} = 2\,|0\rangle\langle 0| - \mathrm{Id}.$$

Beweis: Der Beweis erfolgt analog zum Beweis von Lemma 11.2.1 und ist als Übung 11.1 ausgelagert. □

11

Lemma 11.2.3 Für das *Grover-Diffusions-Orakel*, definiert durch $H^{\otimes n}\mathcal{U}_{f_0}H^{\otimes n}$, gilt, dass

$$H^{\otimes n}\mathcal{U}_{f_0}H^{\otimes n} = 2\,|\varphi_s\rangle\langle\varphi_s| - \mathrm{Id},$$

wobei wir mit $|\varphi_s\rangle$ die gleichmäßige Superposition bezeichnen, d. h.,

$$|\varphi_s\rangle = \frac{1}{\sqrt{2^n}}\sum_{k=0}^{2^n-1}|k\rangle\,.$$

Beweis: Durch Lemma 11.2.2 und direktes Nachrechnen erhalten wir, dass

$$\begin{aligned} H^{\otimes n}\mathcal{U}_{f_0}H^{\otimes n} &= H^{\otimes n}(2\,|0\rangle\langle 0| - \mathrm{Id})H^{\otimes n} \\ &= 2H^{\otimes n}\,|0\rangle\langle 0|\,H^{\otimes n} - H^{\otimes n}\mathrm{Id}H^{\otimes n} \\ &= 2(H^{\otimes n}\,|0\rangle)(\langle 0|\,H^{\otimes n}) - H^{\otimes n}H^{\otimes n} \\ &= 2(H^{\otimes n}\,|0\rangle)(H^{\otimes n}\,|0\rangle)^* - H^{\otimes n}H^{\otimes n} \\ &= 2\,|\varphi_s\rangle\,(|\varphi_s\rangle)^* - \mathrm{Id} \\ &= 2\,|\varphi_s\rangle\langle\varphi_s| - \mathrm{Id}, \end{aligned}$$

wobei wir im vierten Schritt benutzt haben, dass $A^*B^* = (AB)^*$ für alle Matrizen A, B und dass $H^{\otimes n} = (H^{\otimes n})^*$. Außerdem haben wir im vorletzten Schritt Lemma 9.2.2 angewendet. □

11.3 Den Grover-Algorithmus verstehen

Das Fundament des Grover-Algorithmus ist eine geometrische Betrachtung. Daher fange ich mit einer geometrischen Beschreibung dieses Algorithmus an, bevor ich diesen konkret beschreibe und dessen Korrektheit prüfe.

11.3.1 Geometrische Beschreibung des Algorithmus

Der Grover-Algorithmus besteht aus drei Phasen: *Präparation, Grover-Iteration* und *Messung*. Drei Zustände werden in diesen Phasen eine sehr wichtige Rolle spielen:

- $|\varphi_s\rangle$: Dieser Zustand, die gleichmäßige Superposition, ist der Zustand, bevor wir in die Grover-Iteration einsteigen. Dieser Zustand spielt bei der geometrischen Beschreibung eine wichtige Rolle.
- $|\omega\rangle$: Dies ist der Zustand, der unser gesuchtes ω (unsere »Nadel im Heuhaufen«) kodieren wird. Wir beabsichtigen, die Grover-Iteration so lange auszuführen, bis das n-Qubit-Register einen Zustand sehr nahe an $|\omega\rangle$ angenommen hat. Denn dadurch würde eine Messung bezüglich der Rechenbasis mit hoher Wahrscheinlichkeit $|\omega\rangle$ liefern. $|\omega\rangle$ ist also der Zustand, den wir mit der Grover-Iteration anpeilen.
- $\left|\omega^\perp\right\rangle$: Dieser Zustand ist gegeben durch

  $$\left|\omega^\perp\right\rangle = \frac{1}{\sqrt{2^n-1}} \sum_{k\in\{0,\ldots,2^n-1\}\setminus\{\omega\}} |k\rangle$$

  und steht orthogonal zu $|\omega\rangle$ (wie Sie durch direktes Nachrechnen verifizieren können). Wir werden in der Grover-Iteration versuchen, uns von diesem Zustand zu entfernen.

Wir werden also mit dem Zustand $|\varphi_s\rangle$ die Grover-Iteration beginnen. Die Idee ist nun, diesen Zustand zu schreiben als

$$|\varphi_s\rangle = \sqrt{\frac{2^n-1}{2^n}} \left|\omega^\perp\right\rangle + \frac{1}{\sqrt{2^n}} |\omega\rangle\,.$$

Anhand dieser Gleichung sehen Sie mehrere wichtige Dinge:

- $|\varphi_s\rangle$ ist eine Linearkombination zwischen $|\omega\rangle$ und $\left|\omega^\perp\right\rangle$. Geometrisch heißt das, dass $|\varphi_s\rangle$ sich in der Ebene befindet, die von den beiden Vektoren $|\omega\rangle$ und $\left|\omega^\perp\right\rangle$ aufgespannt wird. Abbildung 11.1 liefert das zugehörige Bild dazu.

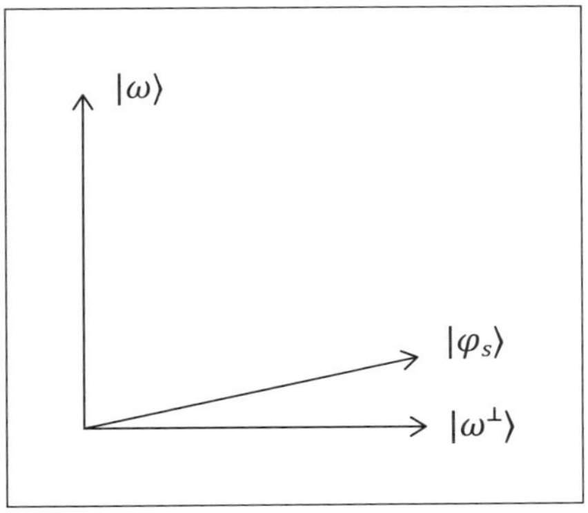

Abbildung 11.1 Visuelle Darstellung der Objekte $|\varphi_s\rangle$, $|\omega\rangle$ und $|\omega^\perp\rangle$

- Nun erklärt sich, wieso wir in der Grover-Iteration versucht haben, uns in Richtung $|\omega\rangle$ und weg von $|\omega^\perp\rangle$ zu bewegen. Schließlich wollen wir den einen Zustand erreichen und den anderen vermeiden. Nun sehen Sie aber, wieso wir von allen möglichen Zuständen, die orthogonal sind zu $|\omega\rangle$, gerade $|\omega^\perp\rangle$ gewählt haben: Denn unser initial präparierter Zustand $|\varphi_s\rangle$ liegt in der Ebene von $|\omega\rangle$ und eben diesem Zustand $|\omega^\perp\rangle$.
- Wir können auf analoge Art und Weise wie bei der Bloch-Darstellung verfahren und ein $\theta \in \mathbb{R}$ finden, sodass wir die folgende Darstellung erhalten für $|\varphi_s\rangle$:

$$|\varphi_s\rangle = \cos\left(\frac{\theta}{2}\right)|\omega^\perp\rangle + \sin\left(\frac{\theta}{2}\right)|\omega\rangle$$

Eine simple Beobachtung aus der Trigonometrie, die wir als Übung 11.2 auslagern, zeigt nun, dass dieses θ eine weitere Bedeutung hat: $\frac{\theta}{2}$ beschreibt den Winkel zwischen den Vektoren $|\varphi_s\rangle$ und $|\omega^\perp\rangle$ (siehe Abbildung 11.2).

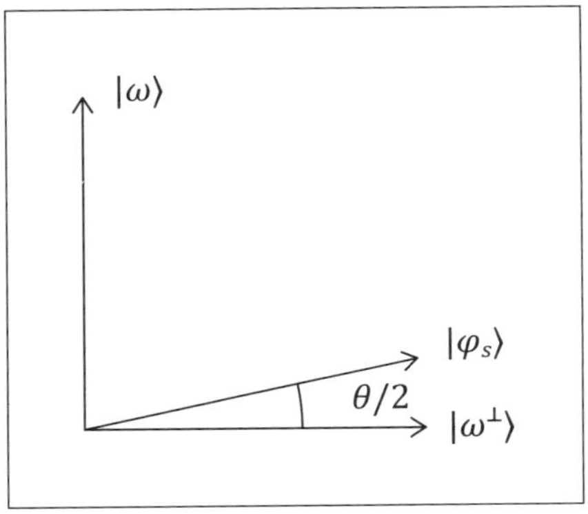

Abbildung 11.2 Visuelle Darstellung des Winkels $\frac{\theta}{2}$

Mit diesen Beobachtungen können wir nun die Grover-Iteration beschreiben. Wie bereits erwähnt, möchten wir den aktuellen Zustand näher an $|\omega\rangle$ und weg von $\left|\omega^{\perp}\right\rangle$ bewegen. Diese Strategie bezeichnet man als *Amplitudenverstärkung* (englisch: Amplitude Amplification), da man hier den Betrag des Koeffizienten vor $|\omega\rangle$ – auch genannt die *Amplitude* – ausgehend von der gleichmäßigen Superposition schrittweise vergrößert.

Wie gelingt uns das hier? Die Idee beim Grover-Algorithmus lautet, dass man sich mittels zweier Spiegelungen schrittweise an $|\omega\rangle$ annähert:

- erst eine Spiegelung an $\left|\omega^{\perp}\right\rangle$ (siehe Abbildung 11.3)

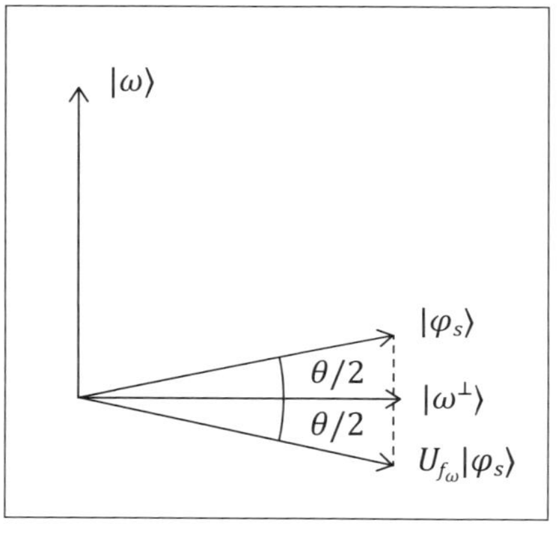

Abbildung 11.3 Spiegelung an $\left|\omega^{\perp}\right\rangle$

- und anschließend eine Spiegelung an $|\varphi_s\rangle$ (siehe Abbildung 11.4).

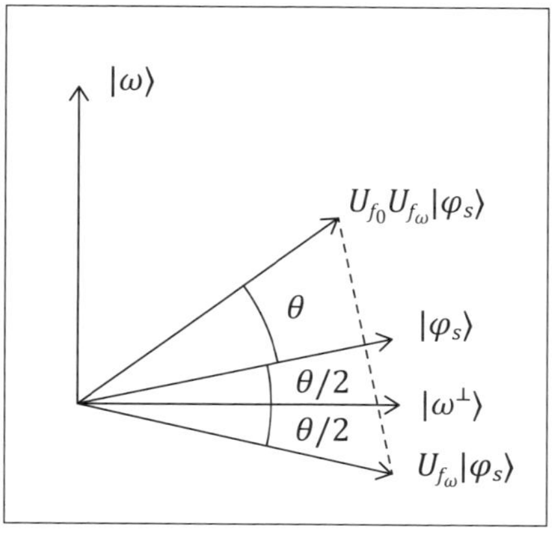

Abbildung 11.4 Spiegelung an $|\varphi_s\rangle$

Durch diese beiden Spiegelungen ist der Winkel zwischen dem aktuellen Zustand – der vor dem ersten Iterationsschritt gleich $|\varphi_s\rangle$ war – und $|\omega^\perp\rangle$ um $\theta/2$ gewachsen. Dies liegt daran, dass man sich nach der ersten Spiegelung unterhalb von $|\omega^\perp\rangle$ befindet. Wenn wir nun die Spiegelung wieder bezüglich $|\omega^\perp\rangle$ durchführen würden, dann würde man wieder an derselben Stelle wie vorher landen. Aber das tun wir nicht. Wir spiegeln an einer Achse, die ein Stück näher an $|\omega\rangle$ liegt, nämlich $|\varphi_s\rangle$. Dieses Stück beträgt $\theta/2$ (im Winkelmaß). Dadurch kommen wir nach jedem Iterationsschritt um den Winkel $2 \cdot \theta/2 = \theta$ näher an $|\omega\rangle$ heran. (Wir multiplizieren hier mit der 2, da wir ja spiegeln und auf beiden Seiten $\theta/2$ addiert werden muss.)

Natürlich darf man jetzt nicht zu oft diese Iterationsschritte wiederholen, da man sonst über das Ziel hinausschießen würde und sich auf der anderen Seite von $|\omega\rangle$ entfernen würde. Wie oft man das genau machen muss, sehen Sie im Folgenden.

11.3.2 Konkrete Beschreibung des Algorithmus

Der Grover-Algorithmus besteht aus den folgenden Schritten. Hierbei gilt als Input eine Funktion f_ω wie in Definition 11.1.1.

1. *Präparation*
   - Präpariere ein n-Qubit-Register mit dem Zustand $|0\rangle \in \mathcal{H}^{\otimes n}$.
   - Wende $H^{\otimes n}$ auf das n-Qubit-Register an.
2. *Grover-Iteration*
   - Wende $\mathcal{U}_{f_\omega}$ auf das n-Qubit-Register an.
   - Wende das Grover-Diffusions-Orakel $H^{\otimes n}\mathcal{U}_{f_0}H^{\otimes n}$ auf das n-Qubit-Register an.
   - Wiederhole die letzten beiden Schritte r-mal, wobei $r \in \mathbb{N}$ die nächstgrößere ganze Zahl ist zu $\frac{\pi\sqrt{2^n}}{4}$.
3. *Messung*
   - Miss bezüglich der Rechenbasis und erhalte $|\omega\rangle$ mit hoher Wahrscheinlichkeit.

11.3.3 Korrektheit des Algorithmus

Gemäß Lemma 9.2.2 wissen Sie, dass nach Schritt (1) der Zustand $|\varphi_s\rangle$ angenommen wird. Wir möchten nun prüfen, was nach jedem Iterationsschritt in der Grover-Iteration passiert.

In Abschnitt 11.3.1 habe ich behauptet, dass es sich bei diesen Iterationsschritten jeweils um zwei Spiegelungen handelt, einmal an $|\omega^\perp\rangle$ und einmal an $|\varphi_s\rangle$. Dass es sich bei den beiden Abbildungen $\mathcal{U}_{f_\omega}$ und $H^{\otimes n}\mathcal{U}_{f_0}H^{\otimes n}$ tatsächlich um die entsprechenden Spiegelungen handelt, hängt mit den Darstellungen aus Abschnitt 11.2 zusammen und wird in Übung 11.3 gezeigt. Außerdem habe ich in Abschnitt 11.3.1 behauptet und heuristisch gerechtfertigt, dass nach jedem Iterationschritt der Winkel zwischen dem aktuellen Zustand und $|\omega^\perp\rangle$ um θ wächst.

Diese Behauptung kann man auch algebraisch beweisen. Ich lagere diesen etwas mühsamen Beweis als Übung 11.5 aus. Die geometrische Rechtfertigung aus Abschnitt 11.3.1 ist diesem algebraischen Beweis ohnehin überlegen, da dieser auf visueller Intuition basiert und somit leichter längerfristig in Erinnerung bleiben wird. Da nach jedem Iterationsschritt der Winkel zwischen dem aktuellen Zustand und $|\omega^\perp\rangle$ um θ wächst, gilt folglich, dass nach $r \in \mathbb{N}$ Iterationsschritten – d. h. nach der Anwendung von $(\mathcal{U}_{f_\omega}H^{\otimes n}\mathcal{U}_{f_0}H^{\otimes n})^r$ – der Zustand des n-Qubit-Registers gegeben ist durch

$$\begin{aligned}(\mathcal{U}_{f_\omega}H^{\otimes n}\mathcal{U}_{f_0}H^{\otimes n})^r\,(|\varphi_s\rangle) &= \cos\left(r\cdot\theta+\frac{\theta}{2}\right)\left|\omega^\perp\right\rangle + \sin\left(r\cdot\theta+\frac{\theta}{2}\right)|\omega\rangle\\ &= \cos\left((2r+1)\cdot\frac{\theta}{2}\right)\left|\omega^\perp\right\rangle + \sin\left((2r+1)\cdot\frac{\theta}{2}\right)|\omega\rangle\end{aligned}$$

Damit wir bei einer Messung mit einer hohen Wahrscheinlichkeit den Zustand $|\omega\rangle$ erhalten, muss dessen Koeffizient ungefähr 1 sein, d. h., es muss gelten, dass

$$\sin\left((2r+1)\cdot\frac{\theta}{2}\right)^2 \approx 1.$$

Dies gilt wiederum, sobald

$$(2r+1)\cdot\frac{\theta}{2} \approx \frac{\pi}{2}.$$

Oder äquivalent dazu:

$$r \approx \frac{\pi}{2\theta} - \frac{1}{2}. \tag{11.3.1}$$

Wir müssen also nur noch für θ eine geeignete Approximation zu finden, um r ermitteln zu können. θ war definiert durch die Identität

$$\sin\left(\frac{\theta}{2}\right) = \frac{1}{\sqrt{2^n}}$$

Mittels einer Anwendung der sogenannten Taylor'schen Formel für sin – d. h. mittels einer Approximation der Sinus-Funktion durch ein Polynom – kann man zeigen, dass

$$\sin(x) \approx x \quad \text{für } x \in \mathbb{R} \text{ mit sehr kleinem Betrag.}$$

Dadurch erhalten wir, dass

$$\frac{1}{\sqrt{2^n}} = \sin\left(\frac{\theta}{2}\right) \approx \frac{\theta}{2},$$

und somit, dass

$$\theta \approx \frac{2}{\sqrt{2^n}}. \tag{11.3.2}$$

Durch Zusammenführen der Gleichungen (11.3.1) und (11.3.2) erhalten wir die Bedingung

$$r \approx \frac{\pi}{2\theta} - \frac{1}{2} \approx \frac{\pi\sqrt{2^n}}{4} - \frac{1}{2} \approx \frac{\pi\sqrt{2^n}}{4}$$

für die gesuchte Anzahl an Iterationen, wobei wir im letzten Schritt benutzt haben, dass 2^n sehr schnell sehr groß wird, sodass das $-1/2$ vernachlässigbar ist.

Natürlich müssten wir für einen rigorosen Beweis die Stellen, an denen wir $\approx$ benutzen, mit geeigneten Ungleichungen ersetzen, mit denen die Fehlerterme sauber abschätzen. Diese Arbeit gliedere ich aber als Übung 11.4 aus, die ich Ihnen sehr ans Herz lege, da Sie hierbei auch nochmal diesen Beweis wiederholen können und ihn so besser verinnerlichen werden.

In Schritt (3), bei der Messung, erhalten wir nun $|\omega\rangle$ mit hoher Wahrscheinlichkeit, da wir r derart gewählt haben, dass der entsprechende Koeffizient groß genug ist.

11.3.4 Verallgemeinerungen des Grover-Algorithmus

Was passiert eigentlich, wenn es $m \in \mathbb{N}$ Nadeln im Heuhaufen gibt statt nur eine? Dies sollte natürlich die Suche beschleunigen, da wir nun mehrere mögliche Treffer akzeptieren. Man kann zeigen, dass dies auch stimmt und dass die nötige Anzahl an Iterationen nun gegeben ist durch

$$O\left(\sqrt{\frac{2^n}{m}}\right).$$

Für die Details verweise ich Sie auf [Son17].

Und was passiert, wenn wir gar nicht genau wissen, wie viele Nadeln es im Heuhaufen gibt? Tatsächlich kann man auch hier etwas sagen. Weitere Details finden Sie wieder in [Son17].

11.4 Implementierung des Algorithmus in Qiskit

Für so einen bedeutsamen und nützlichen Algorithmus ist der Grover-Algorithmus erstaunlich einfach zu verstehen und kurz zu beschreiben. Genauso verhält es sich auch bei der Implementierung dieses Algorithmus in Qiskit. Aber nur unter einer Annahme: Die Orakelfunktion sei bereits gegeben. Die größte Herausforderung bei der Implementierung besteht nämlich darin, die Evaluierungsfunktion f_ω und das zugehörige Orakel zu implementieren.

Sie werden unter dieser Annahme in Listing 11.1 einen selbsterklärenden Code zum Grover-Algorithmus kennenlernen. Aber dieser dient für Sie nur zur Vergleichbarkeit oder zur Stütze. Denn ich möchte betonen, dass Sie zunächst selbst versuchen sollten, diesen Algorithmus zu implementieren. Weitere Beispiele finden Sie unter:

- *https://learning.quantum.ibm.com/tutorial/grovers-algorithm*
- *https://github.com/Qiskit/platypus/blob/main/notebooks/summer-school/2020/lec-01.ipynb*

Das letztere Beispiel diente mir als Inspiration für den Code in Listing 11.1.

```
from qiskit import QuantumCircuit
from qiskit.quantum_info.operators import Operator
from qiskit_aer import AerSimulator
from qiskit.visualization import plot_histogram
import numpy as np

omega='1101'# Auswahl der Nadel im Heuhaufen

# Schritt (1)
n = len(omega)
omega= int(omega,2) # Ab jetzt behandeln wir omega wie eine ganze Zahl
circ = QuantumCircuit(n,n)
circ.h(range(n))

# Schritt (2)

# Implementierung der Matrix zugehörig zu U_(f_ω)
oracle_omega = np.identity(2**n)
oracle_omega[omega,omega]=-1

# Implementierung der Matrix zugehörig zu U_(f_0)
oracle_null = -np.identity(2**n)
oracle_null[0,0]=1
```

```
# Grover-Iterationen
r = int(np.floor(np.pi/4*np.sqrt(2**n)))
for _ in range(r):
    circ.unitary(Operator(oracle_omega), range(n))
    circ.h(range(n))
    circ.unitary(Operator(oracle_null), range(n))
    circ.h(range(n))

# Schritt (3)
circ.measure(range(n), range(n))
simulator = AerSimulator(method='statevector')
result = simulator.run(circ, shots=100).result()
counts = result.get_counts(circ)
print('Die Messergebnisse als Liste = ', counts)
plot_histogram(counts)
```

Listing 11.1 Code zum Grover-Algorithmus

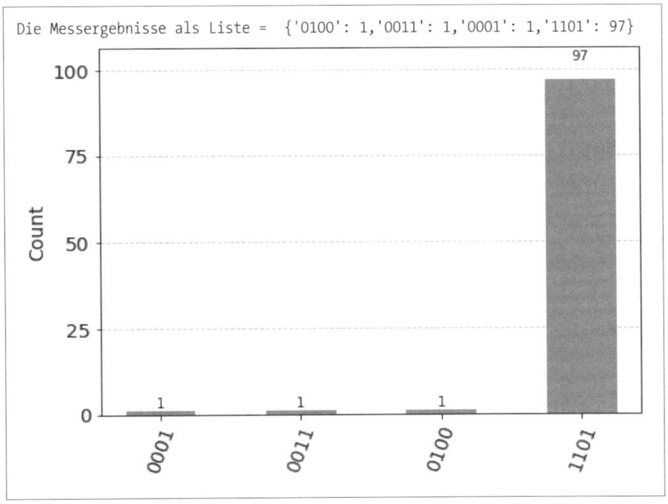

Abbildung 11.5 Ausgabe zum Grover-Algorithmus

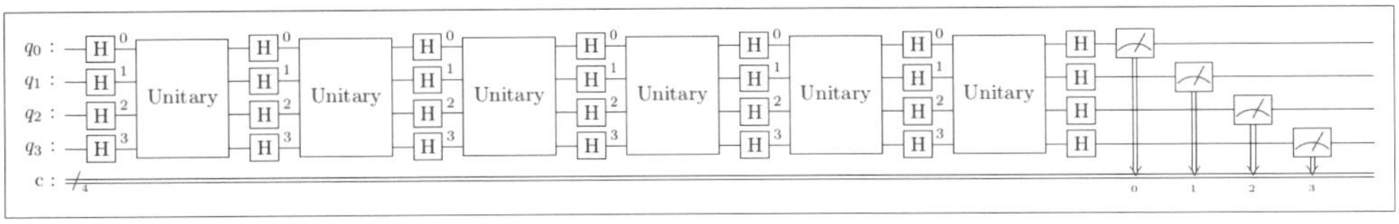

Abbildung 11.6 Quantenschaltkreis zum Grover-Algorithmus

11.5 Der BHT-Algorithmus – eine Anwendung des Grover-Algorithmus für die Kollisionssuche

Der Grover-Algorithmus löst schon mal ein sehr wichtiges Problem: die Suche in einer unsortierten Datenbank. Wie Sie in Kapitel 13 sehen werden, wird dies auch eine große praktische Relevanz in der Kryptoanalyse haben.

Ein weiteres Problem, das für die Kryptoanalyse sehr bedeutend ist, ist das *Kollisionsproblem*. Dieses Problem habe ich bereits in Abschnitt 10.1.1 benannt. Wir haben auch dort bereits festgestellt, dass der Aufwand auf einem klassischen Computer für die Suche nach einer Kollision ungefähr der Wurzel der Kardinalität der untersuchten Menge entspricht. In diesem Abschnitt lernen Sie einen Ansatz kennen, wie man dieses Problem auf einem Quantencomputer lösen kann, nämlich den *BHT-Algorithmus* aus [BHT98], benannt nach Brassard, Høyer und Tapp. Wir werden sehen, dass wir *die benötigte Zeit für die Lösung des Kollisionsproblems* wesentlich verbessern könnten. Allerdings hat dies einen hohen Preis, wie Sie in der Einordnung nach der Beschreibung des Algorithmus sehen werden.

Das Kollisionsproblem

Wir beginnen mit der Definition des Kollisionsproblems.

Definition 11.5.1 Seien $n, m \in \mathbb{N}$ und $H : \{0,1\}^n \to \{0,1\}^m$. Das *Kollisionsproblem* besteht darin, ein Paar $(y_1, y_2) \in \{0,1\}^n \times \{0,1\}^n$ zu finden, sodass

$$y_1 \neq y_2 \quad \text{und} \quad H(y_1) = H(y_2).$$

Das Paar (y_1, y_2) nennt man dann eine *Kollision* von H.

Sie werden den BHT-Algorithmus in seiner ersten, leicht vereinfachten Form kennenlernen, in der angenommen wird, dass für die untersuchte Funktion H gilt, dass $H : \{0,1\}^{n+1} \to \{0,1\}^n$ sowie dass H eine *2-zu-1-Funktion* ist, d.h., für alle $x \in \{0,1\}^n$ gibt es genau zwei Elemente $y_1, y_2 \in \{0,1\}^{n+1}$, sodass

$$y_1 \neq y_2 \quad \text{und} \quad H(y_1) = H(y_2) = x.$$

Es ist auch möglich, den BHT-Algorithmus auf allgemeinere Funktionen zu erweitern (siehe [Zha15] für mehr Details).

Der BHT-Algorithmus

Der BHT-Algorithmus besteht aus den folgenden Schritten:

1. **Target-Liste erstellen.** Wähle eine beliebige Menge $K \subset \{0,1\}^{n+1}$. Berechne auf einem klassischen Computer $H(x)$ für alle $x \in K$ und trage die Ergebnisse in eine Liste ein:

$$L = \cup_{x \in K} \{(x, H(x))\}$$

Später, bei der Abschätzung des Rechenaufwands, werden wir herausfinden, wie wir die Größe von K derart wählen können, dass der Aufwand des BHT-Algorithmus optimiert wird.

2. **Sortieren:** Sortiere L gemäß des zweiten Eintrags.
3. **Vorabprüfung:** Prüfe, ob in L bereits eine Kollision enthalten ist.
4. **Grover-Suche:** Sei $f : \{0,1\}^{n+1} \to \{0,1\}$ definiert durch:

$$f(y) = \begin{cases} 1 & : \text{falls } H(y') = H(y) \text{ und } y \neq y' \text{ für ein } y' \in K \\ 0 & : \text{sonst} \end{cases}$$

   Wende nun den Grover-Algorithmus auf f an und erhalte ein $y \in \{0,1\}^{n+1}$, sodass $f(y) = 1$. Sei y' das zugehörige Element aus K mit $H(y') = H(y)$.
5. **Ausgabe:** Die gesuchte Kollision ist gegeben durch (y, y').

11

Rechenkomplexität

Wir möchten damit anfangen, den zeitlichen Aufwand abzuschätzen. Wir werden unsere Analyse hierbei vereinfachen und bezüglich einer Sache heuristisch vorgehen: Wir nehmen an, dass alle Elementarschritte im BHT-Algorithmus, beispielsweise der Aufwand bei der Berechnung von H, bei einem Rechenschritt bei der Sortierung oder bei einer Grover-Iteration gleich aufwendig sind.

Offensichtlich müssen wir im ersten Schritt $|K|$ Rechenschritte ausführen, da wir für jedes Element aus K den zugehörigen Wert unter der Abbildung H berechnen müssen. Das Sortieren in Schritt 2 benötigt unter Einsatz effizienter Suchalgorithmen $O(|K| \log(|K|))$ Rechenoperationen. Aufgrund der Sortierung in Schritt 2 ist der Rechenaufwand in Schritt 3 vernachlässigbar.

Der Aufwand in Schritt 4 ist hingegen nicht vernachlässigbar. Hier wenden wir den Grover-Algorithmus auf die Menge $\{0,1\}^{n+1}$ und die Funktion f an. Wir wissen, dass es in der Menge $\{0,1\}^{n+1}$ genau $|K|$ Elemente gibt, an denen f gleich 1 ist. Es gibt also diesmal genau $|K|$ Nadeln im Heuhaufen. Gemäß der Verallgemeinerung des Grover-Algorithmus aus Abschnitt 11.3.4 impliziert dies einen Aufwand von

$$O\left(\sqrt{\frac{2^{n+1}}{|K|}}\right) = O\left(\sqrt{\frac{2^n}{|K|}}\right)$$

Grover-Iterationen. Die Ausgabe in Schritt 5 hat vernachlässigbaren Rechenaufwand.

Zusammengefasst ergibt sich ein zeitlicher Rechenaufwand von

$$|K| + O(|K| \log(|K|)) + O\left(\sqrt{\frac{2^n}{|K|}}\right)$$

Wir machen uns das Leben noch leichter und ignorieren den log-Teil, da dieser von kleinerer Ordnung ist. Wir erhalten:

$$O(|K|) + O\left(\sqrt{\frac{2^n}{|K|}}\right) \tag{11.5.1}$$

Welches $|K|$ sollten wir wählen? Schauen wir uns Gleichung (11.5.1) an, erkennen wir, dass, wenn $|K|$ wächst, der erste Term wächst, während der zweite Term fällt. Daher sollten wir ein $|K|$ wählen, sodass die Ordnung beider Terme übereinstimmt. Dies wäre die optimale Wahl. Wir erhalten hierbei, dass $|K| = 2^{\frac{n}{3}}$ gelten muss, sodass der zeitliche Rechenaufwand des BHT-Algorithmus gegeben ist durch

$$O\left(2^{\frac{n}{3}}\right). \tag{11.5.2}$$

Dies ist schon mal ein sehr interessantes Resultat, denn wir erinnern uns: Auf einem klassischen Computer kostet die Kollisionssuche die *Wurzel der Kardinalität der untersuchten Menge* an Aufrufen, d.h in diesem Fall $O\left(2^{\frac{n}{2}}\right)$. Mit einem Aufwand von $O\left(2^{\frac{n}{3}}\right)$ sind wir somit mit dem BHT-Algorithmus deutlich schneller unterwegs als mit einem klassischen Computer. Man kann bezüglich der Bedeutung des BHT-Algorithmus tatsächlich sogar noch einen drauflegen: Man kann zeigen, dass dieses Resultat (11.5.2) *optimal* ist, in dem Sinne, dass es keinen Quantenalgorithmus gibt, dessen zeitlicher Aufwand eine bessere Ordnung hat als $O\left(2^{\frac{n}{3}}\right)$ (siehe [Zha15]).

Wie sieht es aber mit dem Platzbedarf aus? Denn es nützt ja nichts, sehr schnell zu sein, wenn man aber im Gegenzug extrem viel Speicherplatz verbrauchen müsste. Und bei dieser Frage stoßen wir auch schon an die Grenzen des BHT-Algorithmus. Denn aus Schritt 4 folgern wir, dass die Funktion f in einem Quantencomputer implementiert werden muss. Hierfür muss wiederum die gesamte Liste L im Quantenschaltkreis abgebildet werden. Dies bedingt sofort, dass die Breite des Quantenschaltkreises (oder der notwendige Quanten-Speicherbedarf) gegeben ist durch

$$|L| = |K| = 2^{\frac{n}{3}}.$$

Einordnung Dies ist natürlich ernüchternd, denn vom zeitlichen Aufwand $O\left(2^{\frac{n}{3}}\right)$ haben wir uns eine Quantenüberlegenheit erhofft, die aber durch den immensen Quanten-Speicherbedarf von $O\left(2^{\frac{n}{3}}\right)$ infrage gestellt werden muss. Daher hat die Forschung nach weiteren Quantenalgorithmen gesucht, in der Hoffnung, dass man vielleicht den Quantenspeicher effizienter gestalten kann. Ein sehr nennenswertes Resultat ist der *CNS-Algorithmus* aus [CNPS17] von

Chailloux, Naya-Plasencia und Schrottenloher aus dem Jahr 2017, für den tatsächlich nur Quantenspeicher *linearer Ordnung*, d. h. $O(n)$, verlangt wird. Dies hat allerdings den Preis, dass man stattdessen klassischen Speicher der Ordnung $O\left(2^{\frac{n}{5}}\right)$ benötigt und der zeitliche Aufwand auf $O\left(2^{\frac{2n}{5}}\right)$ wächst (siehe [CNPS17] für mehr Details).

Doch auch unter Berücksichtigung des CNS-Algorithmus kommt der sehr renommierte Kryptologe Daniel Bernstein in [Ber09] zu der Bewertung, dass eine Kollisionssuche auf einem Quantencomputer aktuell der Kollisionssuche auf einem klassischen Computer insgesamt unterlegen ist. Zwei der Gründe, die Bernstein benennt, sind,

- dass Quantenspeicher auf absehbare Zeit hinweg kostenintensiver sein wird als klassischer Speicher,
- dass sich klassische Verfahren aufgrund des Verfahrens aus [vOW99] hervorragend effizient parallelisieren lassen, was man von den genannten Quantenalgorithmen nicht behaupten kann.

Es sei erwähnt, dass es natürlich dennoch nicht auszuschließen ist, dass es eines Tages disruptive Resultate geben könnte, die entweder das Speichern in der Quanteninformatik effizienter machen oder durch die das Speicherproblem bei der Kollisionssuche auf einem Quantencomputer gelöst wird. Wie bereits zu Beginn erwähnt, ist die Quanteninformatik im Vergleich zur klassischen Informatik noch ein junges Forschungsfeld, in dem noch einige wegweisende und bahnbrechende Forschungsergebnisse erwartet werden können.

11.6 Übungen und bibliografische Hinweise

11.6.1 Übungen

Übung 11.1 Beweisen Sie Lemma 11.2.2.

Übung 11.2 Zeigen Sie, dass $\frac{\theta}{2}$ den Winkel zwischen den Vektoren $|\varphi_s\rangle$ und $|\omega^{\perp}\rangle$ beschreibt.

Übung 11.3 Zeigen Sie, dass es sich bei den beiden Abbildungen $\mathcal{U}_{f_\omega}$ und $H^{\otimes n}\mathcal{U}_{f_0}H^{\otimes n}$ tatsächlich um die entsprechenden Spiegelungen handelt.
Tipp: Nutzen Sie Lemma 11.2.1 und Lemma 11.2.2.

Übung 11.4 Sei $r \in \mathbb{N}$. Zeigen Sie, dass

$$\left(\mathcal{U}_{f_\omega} H^{\otimes n} \mathcal{U}_{f_0} H^{\otimes n}\right)^r (|\varphi_s\rangle) = \cos\left(r \cdot \theta + \frac{\theta}{2}\right) \left|\omega^\perp\right\rangle + \sin\left(r \cdot \theta + \frac{\theta}{2}\right) |\omega\rangle$$

Tipp: Beweisen Sie die Behauptung via vollständiger Induktion nach r (siehe den Beweis von Lemma 9.2.2 für einen solchen Beweis).

Übung 11.5 Geben Sie einen rigorosen Beweis dafür an, dass nach $r \approx \frac{\pi\sqrt{2^n}}{4}$ Grover-Iterationen nach der Messung in Schritt (3) mit hoher Wahrscheinlichkeit der Zustand $|\omega\rangle$ gemessen wird.

Übung 11.6 Implementieren Sie den BHT-Algorithmus.

11.6.2 Bibliografische Hinweise

Die Referenzen zu den beiden in diesem Kapitel vorgestellten Quantenalgorithmen lauten: [Gro96] und [BHT98].

Alternativ sind diese Algorithmen natürlich auch in den gängigen Textbüchern zur Quanteninformatik beschrieben.

Kapitel 12
Der Shor-Algorithmus

Nun ist es an der Zeit für das wohl spektakulärste Kapitel der Quanteninformatik: für den *Shor-Algorithmus*. Gegeben sei eine positive ganze Zahl $N \in \mathbb{N}$. Sei n die Größe von N in Bit, d.h. $n = \lceil \log_2(N) \rceil$, wobei $\lceil \log_2(N) \rceil$ die nächstgrößere ganze Zahl zu $\log_2(N)$ bezeichnet. Angenommen, dass

- N sehr groß ist (sagen wir $n \geq 3000$, d.h., N ist mindestens 3000 Bit groß), und dass
- $N = p \cdot q$ für zwei große Primzahlen $p, q \in \mathbb{N}$.

12

Dann beruht ein wesentlicher Teil unserer IT-Sicherheitsarchitektur auf der Vermutung, dass es für einen klassischen Computer sehr schwer ist, p und q zu extrahieren, wenn nur N vorliegt. Dieses Problem bezeichnet man als das *Faktorisierungsproblem*. Auf seine Bedeutung für die IT-Sicherheit (genauer gesagt für die Kryptografie) gehe ich in Kapitel 13 ein.

Es ist das Paradebeispiel für die Quantenüberlegenheit, dass die Vermutung, dass das Faktorisierungsproblem schwer zu lösen ist, für die Quanteninformatik 1994 von Peter Shor in [Sho99] widerlegt wurde. In diesem Kapitel werden Sie den zugehörigen Quantenalgorithmus, den *Shor-Algorithmus*, kennenlernen. Dabei werden wir viele Elemente, die wir bereits in diesem Buch gelernt und erarbeitet haben, zusammenführen und gemeinsam anwenden.

Der rote Faden in diesem Kapitel

Wir werden dabei analog vorgehen wie in Kapitel 9. In Abschnitt 12.1 diskutieren wir die Hintergründe zum Shor-Algorithmus und zum Faktorisierungsproblem. In Abschnitt 12.2 erledigen wir vorbereitende Schritte, bevor ich in Abschnitt 12.3 den Algorithmus und dessen Korrektheit beschreibe. In Abschnitt 12.4 schauen wir uns an, wie man diesen Algorithmus in Qiskit abbilden kann.

12.1 Hintergründe und Motivation des Shor-Algorithmus

Das zum Shor-Algorithmus gehörende Problem, das *Faktorisierungsproblem*, habe ich bereits definiert: Seien N und n die entsprechenden Parameter. Das Ziel ist also, N in seine Primfaktoren zu zerlegen. In seinem bahnbrechenden Papier [Sho99] gibt Peter Shor einen Quantenalgorithmus an, der dieses Problem in polynomieller Laufzeit löst (wie Sie in Kürze sehen werden). Doch wie schwer ist das Problem eigentlich auf einem klassischen Computer? Gibt es noch andere Probleme, die man mit dem Shor-Algorithmus lösen kann? Und ist der Shor-Algorithmus der einzige Quantenalgorithmus, der das Faktorisierungsproblem löst? Diese Fragen behandele ich in diesem Abschnitt.

Das Faktorisierungsproblem mit einem klassischen Computer lösen

Das Faktorisierungsproblem ist — mitunter aufgrund seiner Bedeutung in der Kryptografie – ein schon seit Jahrzehnten intensiv untersuchtes Berechnungsproblem. Trotzdem ist kein klassischer Algorithmus bekannt, der dieses Problem in polynomieller Zeit löst. Dies unterstreicht die Bedeutung des Resultats von Shor. Der beste klassische Algorithmus zum Lösen dieses Problems, das *Zahlkörper-Sieb*, benötigt eine *superpolynomielle* Laufzeit von $O(e^{c \cdot n^{\frac{1}{3}} \cdot \log_e(n)^{\frac{2}{3}}})$ für eine gewisse Konstante $c > 0$ (siehe [LLJMP90], [LL93] oder Abschnitt 3.7 in [SPH14]).

Weitreichende Folgen für die Kryptografie

Wie bereits eingangs in diesem Kapitel erwähnt, hat der Shor-Algorithmus dramatische Auswirkungen auf unsere IT-Sicherheit, insbesondere auf die Kryptografie, da durch den Shor-Algorithmus das Faktorisierungsproblem gelöst wird. Es ist wichtig zu erwähnen, dass durch den Shor-Algorithmus aber auch das sogenannte *diskrete Logarithmusproblem* gelöst wird. Hierzu zählt das diskrete Logarithmusproblem in Restklassenringen, aber auch auf sogenannten *elliptischen Kurven* (siehe Kapitel 3 und 6 in [SPH14]). Dies verstärkt die dramatischen Auswirkungen des Shor-Algorithmus nur noch. Denn dieses diskrete Logarithmusproblem ist neben dem Faktorisierungsproblem das andere mathematische Problem, das die Basis für die aktuell gängige *asymmetrische* Kryptografie bildet. Hierauf gehe ich in Kapitel 13 gesondert ein.

Regevs Faktorisierungsalgorithmus – eine echte Alternative?

Wir wissen also, dass wir mit klassischen Computern nicht ansatzweise mit dem Shor-Algorithmus mithalten können.

Doch gibt es wenigstens auf Quantencomputern echte Konkurrenz für den Shor-Algorithmus? Die Antwort lautet (seit Kurzem): Ja! Denn im Jahre 2023 veröffentlichte Oded Regev in [Reg23] einen alternativen Quantenalgorithmus zum Brechen des Faktorisierungsproblems. Dieser Algorithmus nutzt Methoden aus der Theorie der *Gitter* und basiert auf einer heuristischen Annahme aus der Zahlentheorie, die aber experimentiell sehr gut nachgewiesen ist. Ansonsten handelt es sich dabei um einen rigorosen Algorithmus mit einer rigorosen Komplexitätsabschätzung. Im Vergleich zum Shor-Algorithmus ist die Laufzeit beim Regev-Algorithmus asymptotisch (um einen Faktor $\sqrt{n}$) effizienter, d. h., wenn n sehr groß wird. Allerdings benötigt der Algorithmus im Gegenzug $\sqrt{n}$ Neustarts und eine höhere Anzahl an Qubits, die aber wiederum in den Arbeiten [RV23, Rag24, RV24] weiter optimiert wurde.

Die Tatsache, dass Regevs Faktorisierungsalgorithmus eher auf Neustarts basiert und weniger Gattertiefe hat, lässt vermuten, dass dies vielleicht vorteilhaft ist gegenüber dem Shor-Algorithmus. Denn schließlich ist die Kohärenzzeit, d.h. die Dauer, in der die Quantenzustände stabil gehalten werden können, eine der größten Herausforderungen bei der Realisierung eines leistungsstarken Quantencomputers. Demzufolge wären Neustarts kein Problem und eine geringere Gattertiefe zu bevorzugen, da die notwendige Kohärenzzeit des Algorithmus damit geringer wird. Zumindest ist das die Vermutung. Allerdings muss man bei solchen Vergleichen nicht nur asymptotische Gedanken berücksichtigen, sondern auch die in der Laufzeitabschätzung auftretenden Konstanten. Und hier scheint das Bild nicht mehr klar zu sein.

Die letztliche Bewertung des Vergleichs *Shor vs. Regev* ist Gegenstand aktueller Forschung und wird noch einige Zeit dauern (zumal der Shor-Algorithmus deutlich intensiver untersucht wurde als Regevs Algorithmus).

Wichtig ist noch zu erwähnen, dass in [EG24] Regevs Faktorisierungsalgorithmus für das diskrete Logarithmusproblem in Restklassenringen erweitert werden konnte. Aktuelle Resultate zeigen, dass die Erweiterung auf das diskrete Logarithmusproblem auf elliptischen Kurven ebenso möglich ist (siehe [BBP24, BB24]).

Bemerkung 12.1.1 Ein weiterer Ansatz für die Lösung einer speziellen Instanz des Faktorisierungsproblems ist in [KMRVVK24] zu finden.

12.2 Vorbereitung

In diesem Abschnitt möchte ich die drei wesentlichen Zutaten für den Shor-Algorithmus vorstellen: Reduktion zur Periodenfindung, Quanten-Fouriertransformation und modulare Exponentiation. In Abschnitt 12.3 werden Sie dann sehen, wie diese Zutaten zum Shor-Algorithmus zusammengesetzt werden, um das Faktorisierungsproblem zu lösen.

12.2.1 Reduktion zur Periodenfindung

Die erste (und vielleicht überraschende) Erkenntnis aus dem Shor-Algorithmus ist, dass dieser das vorgestellte Faktorisierungsproblem erst durch einen

Umweg über ein anderes Problem löst. Dieses andere Problem ist das folgende *Perioden-Problem*:

Definition 12.2.1 Sei $N \in \mathbb{N}$. Gegeben sei eine Funktion $f : \mathbb{N}_0 \to \mathbb{N}_0$, von der wir wissen, dass es ein geheimes $r \in \mathbb{N}$ gibt, sodass

$$f(j + r) = f(j)$$

für alle $j \in \mathbb{N}_0$. Das kleinste r mit dieser Eigenschaft bezeichnet man als *Periode von f*. Das *Perioden-Problem* besteht darin, mit möglichst geringem Rechenaufwand und mit einer Fehlerwahrscheinlichkeit kleiner oder gleich 1/3 die Periode r zu extrahieren.

Periode bei modularer Exponentiation

Das für uns relevante Beispiel für eine Funktion mit einer Periode ist die *modularer Exponentiation*. Hierbei handelt es sich um Funktionen der Form $f_{b,N} : \mathbb{N}_0 \to \{0, 1, \ldots, N-1\}$, definiert durch

$$f_{b,N}(x) = b^x \pmod{N},$$

wobei $N \in \mathbb{N}$ und $b < N$. Es ist eine klassische Aussage aus der Zahlentheorie, dass diese Funktion eine Periode hat und dass diese gleich der *Ordnung* von b ist. Die Ordnung von b ist definiert als die kleinste Zahl r, für die gilt, dass

$$f_{b,N}(r) = b^r = 1 \pmod{N}.$$

Den zugehörigen Beweis dieser klassischen Aussage lagere ich als Übung 12.1 aus.

Von der Faktorisierung zum Perioden-Problem

Sie wissen nun, was das Perioden-Problem ist. Doch was hat das mit dem Faktorisierungsproblem zu tun? Die Brücke zwischen den beiden Problemen ist ebenfalls eine altbekannte Aussage aus der Zahlentheorie (siehe [Mil75]) und bildet ein wichtiges Werkzeug für den Shor-Algorithmus. Im Folgenden möchte ich die grundlegenden Ideen kurz skizzieren. Für mehr Details verweise ich Sie auf [Mil75], [Sho99] oder den Unterabschnitt 6.5.2 in [Sch19].

Sei also N wie oben gegeben als Produkt zweier großer Primzahlen p und q. Unser Ziel ist es, bei Kenntnis von N die beiden Faktoren p und q zu erhalten. Hierbei dürfen wir auf eine Subroutine zurückgreifen, die uns für eine periodische Funktion die Periode ausgibt. Wir müssen hierbei annehmen, dass p und q verschieden sind, da sonst die folgende Reduktion auf das Perioden-Problem nicht korrekt wäre (siehe Übung 12.2).

Schritt (1)

Im ersten Schritt wählen wir eine zufällige Zahl $b \in \{2, \ldots, N-1\}$ und bestimmen mit dem *Euklid-Algorithmus* (auf einem klassischen Computer) auf effiziente Weise $\mathrm{ggT}(b, N)$; siehe beispielsweise Proposition 2.46 in [SPH14] für mehr Details zum Euklid-Algorithmus. Im Regelfall – da p, q und somit N sehr groß sind – gilt $\mathrm{ggT}(b, N) = 1$, und wir machen mit Schritt (2) weiter. Wenn aber $\mathrm{ggT}(b, N) > 1$, dann haben wir einen absoluten Glückstreffer gelandet: Denn wir haben bei unserer Auswahl von b zufällig entweder (ein Vielfaches von) p oder (ein Vielfaches von) q erhalten. Durch diesen Glückstreffer wären wir auch direkt fertig mit der Faktorisierung von N, da in diesem Fall notwendigerweise $\mathrm{ggT}(b, N) \in \{p, q\}$ gelten muss.

Schritt (2)

Nun wenden wir unsere Subroutine an und extrahieren die Periode r der zu b und N gehörigen, bereits definierten Funktion $f_{b,N}$. Falls r ungerade ist, müssen wir noch mal von vorne bei Schritt (1) anfangen. Wenn r gerade ist, dürfen wir mit Schritt (3) fortfahren. Wieso wir diese Fallunterscheidung machen müssen, sehen Sie in Schritt (3).

Schritt (3)

Wir wissen also, dass $b^r = 1 \pmod{N}$. Nach Definition gilt also, dass N die Zahl $b^r - 1$ teilt, d.h., $N \mid b^r - 1$. Oder äquivalent dazu:

$$N \mid (b^{\frac{r}{2}} - 1)(b^{\frac{r}{2}} + 1), \tag{12.2.1}$$

wobei wir hier ausgenutzt haben, dass r gerade ist. Erinnern wir uns daran, dass $N = pq$ und dass p und q Primzahlen sind. Gemeinsam mit Gleichung (12.2.1) bedeutet das, dass

- p entweder $(b^{\frac{r}{2}} - 1)$ oder $(b^{\frac{r}{2}} + 1)$ teilt, *aber nicht beide*, und ebenso, dass
- q entweder $(b^{\frac{r}{2}} - 1)$ oder $(b^{\frac{r}{2}} + 1)$ teilt, aber nicht beide.

Es sind also vier Fälle denkbar:

1. p und q teilen $(b^{\frac{r}{2}} - 1)$,
2. p und q teilen $(b^{\frac{r}{2}} + 1)$,
3. p teilt $(b^{\frac{r}{2}} + 1)$ und q teilt $(b^{\frac{r}{2}} - 1)$,
4. p teilt $(b^{\frac{r}{2}} - 1)$ und q teilt $(b^{\frac{r}{2}} + 1)$.

Sie werden in Übung 12.2 sehen, dass Fall (1) *nicht* eintreten kann. Im Fall (2) wissen wir, dass $N \mid (b^{\frac{r}{2}} + 1)$. Hier müssen wir neu starten und wieder bei

Schritt (1) beginnen. Um zu prüfen, ob wir in diesem Fall bei (2) gelandet sind, berechnen wir $\mathrm{ggT}(b^{\frac{r}{2}} + 1, N)$ und schauen, ob dies gleich N ist.

In Fall (3) wissen wir direkt, dass $\mathrm{ggT}(b^{\frac{r}{2}} + 1, N) = p$ und $\mathrm{ggT}(b^{\frac{r}{2}} - 1, N) = q$. Insbesondere können wir also durch effizientes Berechnen von $\mathrm{ggT}(b^{\frac{r}{2}}+1, N)$ und $\mathrm{ggT}(b^{\frac{r}{2}} - 1, N)$ die gesuchten Werte p und q erhalten. In Fall (4) verfahren wir analog wie in Fall (3). Um herauszufinden, ob wir in einem dieser Fälle bei (3) oder (4) gelandet sind, berechnen wir $\mathrm{ggT}(b^{\frac{r}{2}} + 1, N)$ und prüfen, ob dies ungleich N ist.

Beispiel 12.2.2 An einem konkreten Rechenbeispiel lässt sich die vorangehende Reduktion besser einprägen. Wir nehmen das einfachste mögliche Beispiel: $N = 15$. In Schritt (1) wählen wir beispielsweise $b = 2$. In diesem Fall gilt offensichtlich, dass $\mathrm{ggT}(b, N) = 1$. In Schritt (2) ermitteln wir rechnerisch die Periode von b: Es gilt $r = 4$, da

$$b^4 = 2^4 = 16 = 1 \pmod{15}.$$

Nun müssen wir in Schritt (3) $\mathrm{ggT}(b^{\frac{r}{2}} + 1, N)$ berechnen. Es gilt, dass

$$\mathrm{ggT}(b^{\frac{r}{2}} + 1, N) = \mathrm{ggT}(2^2 + 1, 15) = \mathrm{ggT}(5, 15) = 5 \neq 15.$$

Somit sind wir in den Fällen (3) oder (4) gelandet und wir haben auch direkt den ersten Primteiler von 15 extrahiert: $\mathrm{ggT}(5, 15) = 5$. Den anderen ermitteln wir als $\mathrm{ggT}(b^{\frac{r}{2}} - 1, N) = \mathrm{ggT}(3, 15) = 3$.

Der Aufwand dieser Reduktion

Zwar sind die einzelnen Schritte dieser Reduktion nicht aufwendig, aber wir haben zwei Bedingungen an das in Schritt (1) gewählte b gesetzt, die uns zu (möglicherweise vielen) Neustarts zwingen können. Hierbei handelt es sich um die folgenden beiden Bedingungen:

$$r \text{ ist gerade} \qquad \text{und} \qquad N \text{ darf nicht } (b^{\frac{r}{2}} + 1) \text{ teilen} \tag{12.2.2}$$

Wie hoch ist die Wahrscheinlichkeit, dass b diese beiden Eigenschaften aus (12.2.2) erfüllt? Wie Sie beispielsweise in Theorem 6.11 in [Sch19] sehen können, ist (12.2.2) mit einer Wahrscheinlichkeit von größer oder gleich 1/2 erfüllt, sodass wir sicher sein können, dass die soeben durchgeführte Reduktion auch wirklich effizient durchführbar ist (und nicht zu viele Neustarts verlangt).

12.2.2 Die Quanten-Fouriertransformation

Definition und elementare Eigenschaften

Die Quanten-Fouriertransformation ist ein weiterer essenzieller Baustein des Shor-Algorithmus. Ich werde sie erst definieren, danach intuitiv ihre Nützlichkeit bei der Periodenfindung beschreiben und letztlich zeigen, dass sie sich effizient in einem Quantenschaltkreis umsetzen lässt.

Definition 12.2.3 Sei $n \in \mathbb{N}$. Dann ist die n-Qubit-*Quanten-Fouriertransformation*, $F : \mathcal{H}^{\otimes n} \to \mathcal{H}^{\otimes n}$, definiert durch

$$F = \frac{1}{\sqrt{2^n}} \sum_{\ell,m=0}^{2^n-1} e^{2\pi i \ell m \frac{1}{2^n}} \, |\ell\rangle\langle m| \,.$$

Insbesondere gilt also, dass ein Element $|m\rangle$ der Rechenbasis abgebildet wird gemäß

$$|m\rangle \mapsto \frac{1}{\sqrt{2^n}} \sum_{\ell=0}^{2^n-1} e^{2\pi i \ell m \frac{1}{2^n}} \, |\ell\rangle \,.$$

Die Quanten-Fouriertransformation F ist also eine lineare Abbildung auf dem Raum $\mathcal{H}^{\otimes n}$. Damit wir diese als Routine in einem Quantenschaltkreis anwenden können, müssen die entsprechenden Postulate aus Kapitel 4 erfüllt sein. Den Nachweis dieser Tatsache sowie weiterer Eigenschaften liefert das folgende Lemma.

Lemma 12.2.4 Sei $n \in \mathbb{N}$ und F die n-Qubit-Quanten-Fouriertransformation. Dann gelten die folgenden Aussagen:

- F ist eine unitäre Abbildung.
- Sei $\omega_n = e^{2\pi i \frac{1}{2^n}}$. Dann ist F als Matrix in $\mathbb{C}^{2^n, 2^n}$ gegeben durch

$$F = \begin{pmatrix} 1 & 1 & \dots & 1 \\ 1 & \omega_n & \dots & (\omega_n)^{2^n-1} \\ \vdots & \vdots & \ddots & \vdots \\ 1 & (\omega_n)^{2^n-1} & \dots & (\omega_n)^{(2^n-1)^2} \end{pmatrix}.$$

- Die Inverse F^* zu F, die sogenannte *inverse Quanten-Fouriertransformation*, ist gegeben durch

$$F^* = \frac{1}{\sqrt{2^n}} \sum_{\ell,m=0}^{2^n-1} e^{-2\pi i \ell m \frac{1}{2^n}} \, |\ell\rangle\langle m| \,.$$

  Das heißt, es gilt, dass $FF^* = F^*F = \mathrm{Id}$.

Beweis: Der Beweis dieses Lemmas ist als Übung 12.5 ausgelagert. □

Ein intuitives Bild

Im letzten Abschnitt haben Sie gesehen, dass das wesentliche Ziel beim Shor-Algorithmus auf die Periodenfindung reduziert ist. Doch wie gelingt diese Periodenfindung? Wenn man einer Physikerin oder einem Ingenieur diese Frage stellt, dann wird die Antwort wahrscheinlich in etwa folgendermaßen lauten: »Indem wir an geeigneter Stelle die Fouriertransformation einbauen!« Denn es ist eine weit verbreitete Erkenntnis, dass *Fouriertransformationen Frequenzen und Perioden sichtbar machen*.

Diese Erkenntnis wurde bereits in unzähligen Anwendungen ausgenutzt, in denen die Fouriertransformation für diesen Zweck eingesetzt wurde. Wie genau die Fouriertransformation definiert ist, hängt von der mathematischen Umgebung ab. Sie werden im Folgenden an einem intuitiven Beispiel in unserem Setting – d.h. für die Quanten-Fouriertransformation – sehen, wieso diese Erkenntnis berechtigt ist.

Die Quanten-Fouriertransformation (QFT) wird auf Zustände angewendet. Gemäß der soeben formulierten Folklore sollte man mittels der QFT die Periode von *periodischen Zuständen* extrahieren können. Doch was sind überhaupt periodische Zustände? An dieser Stelle empfehle ich Ihnen, kurz selbst zu überlegen, was so etwas überhaupt sein könnte.

In einem n-Qubit-Register haben periodische Zustände die folgende Form:

$$|\psi\rangle = \frac{1}{\sqrt{K}} \sum_{k=0}^{K-1} |t + kr\rangle \,,$$

wobei hier t der Startwert ist, r die Periode und K die Anzahl der Wiederholungen im betrachteten Bereich. Im Folgenden nehmen wir der Einfachheit halber an, dass $t = 0$ und dass $r = 2^t$ für ein $t \in \{1, 2, \ldots, n-1\}$. In diesem Fall gilt, dass $K = 2^{n-t}$. Falls also $r = 2$, dann wäre $|\psi\rangle$ proportional zum Zustand $|0\rangle + |2\rangle + |4\rangle + \ldots$.

Wie kann man nun mittels der QFT die Periode ermitteln? Dazu gehen wir gemäß der folgenden Schritte vor:

(A) Wende die Quanten-Fouriertransformation auf den periodischen Zustand an.

(B) Miss bezüglich der Rechenbasis und erhalte ein Messergebnis ℓ.

(C) Prüfe, ob wir aus dem Bruch $\frac{\ell}{2^n}$ tatsächlich die Periode 2^t extrahieren können.

(D) Wenn Schritt (C) erfolgreich war, gib die Periode aus. Wenn nicht, wiederhole die Schritte (A) bis (C).

Wir möchten nun herausfinden, wieso wir anhand dieser Schritte die Periode ermitteln können. Zunächst berechnen wir den Zustand nach Schritt (A):

$$\begin{aligned}
F(|\psi\rangle) &= \frac{1}{\sqrt{2^n}} \sum_{\ell,m=0}^{2^n-1} e^{2\pi i \ell m \frac{1}{2^n}} |\ell\rangle\langle m| \left(\frac{1}{\sqrt{K}} \sum_{k=0}^{K-1} |kr\rangle \right) \\
&= \frac{1}{\sqrt{2^n}} \frac{1}{\sqrt{K}} \sum_{k=0}^{K-1} \sum_{\ell=0}^{2^n-1} e^{2\pi i k r \ell \frac{1}{2^n}} |\ell\rangle \\
&= \frac{1}{\sqrt{2^n}} \frac{1}{\sqrt{K}} \sum_{\ell=0}^{2^n-1} \sum_{k=0}^{K-1} e^{2\pi i k \frac{\ell}{2^{n-t}}} |\ell\rangle
\end{aligned}$$

Um die Messung in Schritt (B) zu verstehen, ist es wichtig, gemäß Proposition 6.2.7 die Messwahrscheinlichkeiten zu bestimmen:

$$\mathbb{P}[\ell] = \left| \frac{1}{\sqrt{2^n}} \frac{1}{\sqrt{K}} \sum_{k=0}^{K} e^{2\pi i k \frac{\ell}{2^{n-t}}} \right|^2$$

In Übung 12.4 sehen Sie mithilfe der Formel zur geometrischen Reihe, dass

$$\mathbb{P}[\ell] = \begin{cases} K/2^n & \text{falls} \frac{\ell}{2^{n-t}} \in \mathbb{N} \\ 0 & \text{sonst} \end{cases} \tag{12.2.3}$$

Wir haben also gezeigt, dass bei der Messung von $F(|\psi\rangle)$ in Schritt (B) nur diejenigen Zustände $|\ell\rangle$ gemessen werden können, für die gilt, dass $\frac{\ell}{2^{n-t}} \in \mathbb{N}$. Und an dieser Stelle sehen wir schon die behauptete Sichtbarkeit gewisser Frequenzen als Konsequenz der Anwendung der QFT.

Doch wie können wir nun in Schritt (C) prüfen, ob wir die Periode $r = 2^t$ nun konkret extrahieren können? Die Gleichung 12.2.3 impliziert, dass für den gemessenen Zustand $|\ell\rangle$ gilt, dass $\frac{\ell}{2^{n-t}} = c_\ell$ für ein $c_\ell \in \mathbb{N}$ (oder genauer für ein $c_\ell \in \{0, 1, 2, \ldots, 2^t - 1\}$). Dies ist äquivalent dazu, dass

$$\frac{\ell}{2^n} = \frac{c_\ell}{2^t} \tag{12.2.4}$$

Da wir sowohl ℓ als auch 2^n kennen, können wir $\frac{\ell}{2^n}$ berechnen. Es können nun zwei Fälle eintreten:

1. Wenn sich der Bruch $\frac{\ell}{2^n}$ nicht weiter reduzieren lässt, dann wissen wir aufgrund Gleichung (12.2.4), dass sich auch $\frac{c_\ell}{2^t}$ nicht weiter reduzieren lässt. Somit erhalten wir aus $\frac{\ell}{2^n}$ – wieder mittels Gleichung (12.2.4) – direkt $\frac{c_\ell}{2^t}$ und können 2^t extrahieren.
2. Wenn sich der Bruch $\frac{\ell}{2^n}$ hingegen weiter reduzieren lässt, dann können wir keine Informationen gewinnen – und wir müssen das ganze Setup wiederholen und noch mal messen.

Falls wir also in Fall (1) eintreten, waren wir erfolgreich und wir können in Schritt (D) die Periode ausgeben. Falls (2) eintritt, müssen wir wieder bei Schritt (A) anfangen.

Wie hoch sind die Erfolgschancen dieser Strategie? In anderen Worten: Wie oft tritt Fall (1) ein – d.h. der Fall, in dem wir 2^t extrahieren können? Diese Frage hängt mit der Frage zusammen, für wie viele Werte c_ℓ der Bruch $\frac{c_\ell}{2^t}$ sich nicht weiter reduzieren lässt. Dies wiederum hängt damit zusammen, wie viele Werte c_ℓ *teilerfremd* sind zu 2^t, d.h., wie viele c_ℓ die Bedingung $\mathrm{ggT}(c_\ell, 2^t) = 1$ erfüllen.

Es ist eine bekannte Aussage aus der Zahlentheorie, dass im allgemeinen Setting Fall (1) mit der Wahrscheinlichkeit $O(1/\log(\log(r)))$ eintritt (siehe Theorem 6.9 in [Sch19] für mehr Details). Wir folgern daraus letztlich, dass wir, um r zu extrahieren, im Durchschnitt $O(\log(\log(r)))$ Wiederholungen tätigen müssen.

Im Falle des Shor-Algorithmus werden wir eine ähnliche Strategie wie diese anwenden. Die vorangehenden intuitiven Gedanken liefern Ihnen eine erste Vorahnung dessen, was uns erwarten wird.

Effizienz der Quanten-Fouriertransformation

Ich hätte es mir sparen können, die Nützlichkeit der Quanten-Fouriertransformation vorzustellen, wenn sie nur aufwendig und zu kostenintensiv anzuwenden wäre. Im Folgenden werden Sie sehen, dass dies zum Glück nicht der Fall ist und dass mittels weniger geschickter Tricks aus der Quanteninformatik F effizient implementiert werden kann.

Unser Ziel ist also eine Darstellung, mit deren Hilfe wir F effizient in einem Schaltkreis darstellen können. Hierbei wird uns neben der typischen Binärdarstellung auch die folgende *binäre Bruchdarstellung* hilfreich sein:

Definition 12.2.5 Sei $j \in \mathbb{N}$ und $m_0, \ldots, m_j \in \{0, 1\}$. Dann ist der *binäre Bruch* $0.m_0 m_1 \ldots m_j$ definiert durch

$$0.m_0 m_1 \ldots m_j = \frac{1}{2} \sum_{l=0}^{j} m_l \frac{1}{2^l} = \frac{1}{2} m_0 + \frac{1}{2^2} m_1 + \cdots + \frac{1}{2^{j+1}} m_j .$$

Ich werde mich im Folgenden auf den Fall $n = 3$ beschränken und den allgemeinen Fall als Übung 12.6 auslagern. Sei also $m \in \{0, 1, \ldots, 7\}$. Sie wissen, dass

$$F(|m\rangle) = \frac{1}{\sqrt{2^3}} \sum_{\ell=0}^{7} e^{2\pi i m \ell \frac{1}{2^3}} |\ell\rangle .$$

Indem wir zur Binärdarstellung von ℓ wechseln und Eigenschaften des Tensorprodukts anwenden, erhalten wir, dass

$$\begin{aligned}
F(|m\rangle) &= \frac{1}{\sqrt{2^3}} \sum_{\ell_2=0}^{1} \sum_{\ell_1=0}^{1} \sum_{\ell_0=0}^{1} e^{2\pi i m(\ell_2 2^2+\ell_1 2+\ell_0)\frac{1}{2^3}} |\ell_2\ell_1\ell_0\rangle \\
&= \frac{1}{\sqrt{2^3}} \sum_{\ell_2=0}^{1} \sum_{\ell_1=0}^{1} \sum_{\ell_0=0}^{1} e^{2\pi i m\ell_2\frac{1}{2}} e^{2\pi i m\ell_1\frac{1}{2^2}} e^{2\pi i m\ell_0\frac{1}{2^3}} |\ell_2\ell_1\ell_0\rangle \\
&= \frac{1}{\sqrt{2^3}} \sum_{\ell_2=0}^{1} \sum_{\ell_1=0}^{1} \sum_{\ell_0=0}^{1} e^{2\pi i m\ell_2\frac{1}{2}} e^{2\pi i m\ell_1\frac{1}{2^2}} e^{2\pi i m\ell_0\frac{1}{2^3}} |\ell_2\rangle \otimes |\ell_1\rangle \otimes |\ell_0\rangle \\
&= \frac{1}{\sqrt{2^3}} \sum_{\ell_2=0}^{1} e^{2\pi i m\ell_2\frac{1}{2}} |\ell_2\rangle \otimes \sum_{\ell_1=0}^{1} e^{2\pi i m\ell_1\frac{1}{2^2}} |\ell_1\rangle \otimes \sum_{\ell_0=0}^{1} e^{2\pi i m\ell_0\frac{1}{2^3}} |\ell_0\rangle \\
&= \frac{1}{\sqrt{2^3}} \left(|0\rangle + e^{2\pi i m\frac{1}{2}} |1\rangle\right) \otimes \left(|0\rangle + e^{2\pi i m\frac{1}{2^2}} |1\rangle\right) \otimes \left(|0\rangle + e^{2\pi i m\frac{1}{2^3}} |1\rangle\right).
\end{aligned}$$

Schauen wir uns die Koeffizienten $e^{2\pi i m\frac{1}{2}}, e^{2\pi i m\frac{1}{2^2}}, e^{2\pi i m\frac{1}{2^3}}$ genauer an. m ist von der Form $m = m_2 2^2 + m_1 2 + m_0$, wobei $m_2, m_1, m_0 \in \{0, 1\}$. Folglich gilt, dass

$$\begin{aligned}
m\frac{1}{2} &= m_2 2 + m_1 + m_0 2^{-1} = m_2 2 + m_1 + 0.m_0, \\
m\frac{1}{2^2} &= m_2 + m_1 2^{-1} + m_0 2^{-2} = m_2 + 0.m_1 m_0, \\
m\frac{1}{2^3} &= m_2 2^{-1} + m_1 2^{-1} + m_0 2^{-1} = 0.m_2 m_1 m_0.
\end{aligned}$$

Da diese Terme im Exponenten der Koeffizienten $e^{2\pi i m\frac{1}{2}}, e^{2\pi i m\frac{1}{2^2}}, e^{2\pi i m\frac{1}{2^3}}$ stehen, bleiben effektiv nur noch die binären Brüche übrig. Denn es gilt zum Beispiel, dass

$$e^{2\pi i m\frac{1}{2}} = e^{2\pi i(m_2 2+m_1+0.m_0)} = e^{2\pi i(m_2 2+m_1)} e^{2\pi i\, 0.m_0} = e^{2\pi i\, 0.m_0}.$$

Wir erhalten also folgende Darstellung für $F(|m\rangle)$:

$$\begin{aligned}
F(|m\rangle) &= \frac{1}{\sqrt{2^3}} \left(|0\rangle + e^{2\pi i\, 0.m_0} |1\rangle\right) \otimes \left(|0\rangle + e^{2\pi i\, 0.m_1 m_0} |1\rangle\right) \\
&\quad \otimes \left(|0\rangle + e^{2\pi i e^{2\pi i\, 0.m_2 m_1 m_0}} |1\rangle\right) \qquad (12.2.5) \\
&= \frac{1}{\sqrt{2^3}} \otimes_{\ell=0}^{2} \left(|0\rangle + e^{2\pi i\, 0.m_\ell \ldots m_0} |1\rangle\right)
\end{aligned}$$

Dies ist die Darstellung, die wir nutzen möchten und die sich in einem Schaltkreis sehr leicht umsetzen lässt (wie Sie gleich sehen werden). Die verallgemeinerte Form dieser Darstellung finden Sie im folgenden Lemma.

Lemma 12.2.6 Sei $n \in \mathbb{N}$ und F die n-Qubit-Quanten-Fouriertransformation. Dann gilt für alle Elemente $|m\rangle$ der Rechenbasis mit Binärdarstellung $m_{n-1} \dots m_0$, dass

$$F(|m\rangle) = \frac{1}{\sqrt{2^n}} \otimes_{\ell=0}^{n-1} \left(|0\rangle + e^{2\pi i\, 0.m_\ell \dots m_0} |1\rangle\right).$$

Beweis: Der Beweis dieses Lemmas ist als Übung 12.6 ausgelagert. □

Bemerkung 12.2.7 Die Darstellung aus Lemma 12.2.6 erinnert Sie vielleicht an unsere Formel für $H^{\otimes n}$ aus Lemma 9.2.2:

$$H^{\otimes n}\left(\,|k\rangle\,\right) = \frac{1}{\sqrt{2^n}} \sum_{j=0}^{2^n-1} (-1)^{j \odot k} |j\rangle \tag{12.2.6}$$

Dies ist kein Zufall! Denn $H^{\otimes n}$ ist auch eine Form der Fouriertransformation, nämlich die *Walsh-Hadamard-Transformation*. Während die Quanten-Fouriertransformation mathematisch verwandt ist mit der Fouriertransformation auf dem Raum $\mathbb{Z}_{2^n}$, handelt es sich bei der Walsh-Hadamard-Transformation um eine Fouriertransformation auf dem Raum $\mathbb{Z}_2^n$. Daher ist es nicht verwunderlich, dass sich beide Transformationen bezüglich einiger Eigenschaften ähnlich sind. Ein Beispiel hierfür ist also die Tatsache, dass die rechte Seite in Gleichung (12.2.6) sich ebenso als Tensorprodukt aufschreiben lässt wie die Darstellung aus Lemma 12.2.6 für die Quanten-Fouriertransformation.

Die Darstellung aus Lemma 12.2.6 sieht schon mal sehr nützlich aus. Schließlich handelt es sich hier um einen separablen Zustand, sodass wir den Zustand jedes Qubits einzeln entsprechend modifizieren könnten. Des Weiteren scheint es für uns aufgrund unserer Erkenntnisse aus den früheren Kapiteln nicht schwer zu sein, jeden einzelnen dieser Zustände $\left(|0\rangle + e^{2\pi i\, 0.m_\ell \dots m_0} |1\rangle\right)$ im Tensorprodukt zu präparieren, da wir bereits in Codebeispiel 5.1.6 gesehen haben, wie wir solche relativen Phasen durch die Phasenmatrix P induzieren können.

Doch es gibt noch eine Schwierigkeit: Der zur Phasenmatrix gehörige Winkel ist durch den Eingabezustand $|m\rangle$ bestimmt. Daher bedarf es weiterer Tricks. Ein Trick besteht darin, das *kontrollierte Phasengatter* $\Lambda^{|1\rangle}(P(\vartheta))$ geeignet zu verwenden. Die zugehörige Lösung für den Fall $n = 3$ sehen Sie im folgenden Codebeispiel:

Codebeispiel 12.2.8 Die Lösung für den Fall $n = 3$ sehen Sie in Listing 12.1, die Ausgabe ist in Abbildung 12.1 zu finden. Der Code ist selbsterklärend.

Allerdings möchte ich zwei Fragen beantworten, die möglicherweise zu Verwirrung führen könnten:

- *Wieso muss am Ende noch der Swap-Operator eingebunden werden?*

  Der Grund ist: Damit die Reihenfolge der Darstellung in Gleichung (12.2.5) eingehalten werden kann. Das erste Element im Tensorprodukt in Gleichung (12.2.5) – d. h. $\left(|0\rangle + e^{2\pi i\, 0.m_0}\,|1\rangle\right)$ – ist dem Most Significant Bit zugeordnet. Im Code in Listing 12.1 ist aber dieses Element des Tensorprodukts (vor dem Swap) für das oberste Qubit – d. h. dem Least Significant Bit gemäß der Little-Endian-Konvention in Qiskit – präpariert worden (siehe Abbildung 8.1 und Abbildung 8.2).

- *Wieso nutze ich einmal* `cp` *und zweimal* `cu`*?*

  Nur um Sie daran zu erinnern, dass es diese verschiedenen Möglichkeiten gibt.


```
from qiskit import QuantumCircuit
from qiskit.quantum_info import Statevector
import numpy as np

n = 3
theta = (2*np.pi)/(2**n)

circ = QuantumCircuit(n)
circ.x(0)

circ.h(2)
circ.cu(0,2*theta,0,0,1,2)
circ.cp(theta,0,2)
circ.h(1)
circ.cu(0,2*theta,0,0,0,1)
circ.h(0)
circ.swap(0,2)

print(Statevector(circ))
circ.draw(output="latex",style="iqp")
```

Listing 12.1 Direkte Implementierung der Quanten-Fouriertransformation

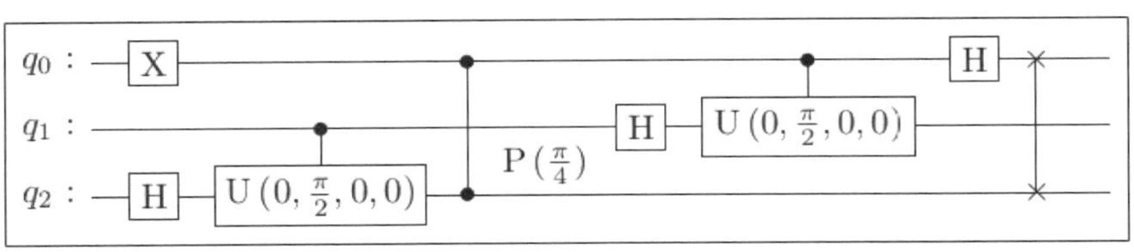

Abbildung 12.1 Ausgabe und Schaltkreis der direkten Implementierung,

In Listing 12.2 sehen Sie, wie in Qiskit die Quanten-Fouriertransformation auch direkt durch den Befehl `QFT` implementiert werden kann. Sie sehen in der zugehörigen Ausgabe in Abbildung 12.2, dass das Ergebnis in beiden Fällen identisch ist. Für mehr Informationen zu diesem Befehl verweise ich Sie auf [IBMi].

```
from qiskit import QuantumCircuit
from qiskit.quantum_info import Statevector
from qiskit.circuit.library import QFT

n = 3
circ = QuantumCircuit(n)
circ.x(0)

circ.append(QFT(n),range(n))

print(Statevector(circ))
circ.draw(output="latex",style="iqp")
```

Listing 12.2 Implementierung mit dem Befehl `QFT`

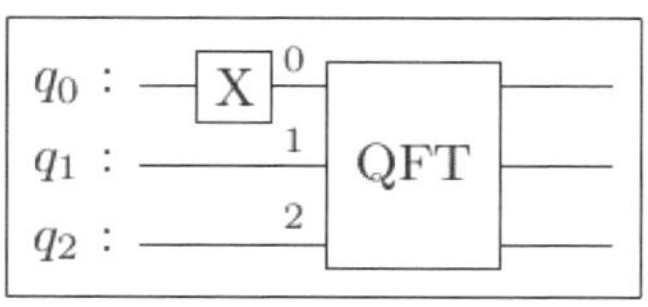

Abbildung 12.2 Ausgabe mit dem Befehl `QFT`

Für die Verallgemeinerung der Berechnungen in Codebeispiel 12.2.8 auf den allgemeinen Fall verweise ich Sie auf Theorem 5.56 in [Sch19]. Ich halte an dieser Stelle nur die folgende wichtige Aussage zum Aufwand dieser Berechnungen fest:

Proposition 12.2.9 Sei $n \in \mathbb{N}$. Die n-Qubit-Quanten-Fouriertransformation F lässt sich durch $O(n)$ Anwendungen des Hadamard-Gatters, $O(n^2)$ Anwendungen des kontrollierten Phasengatters sowie Anwendungen von Swap-Gattern (mit denen $O(n)$ Qubits miteinander getauscht werden) implementieren. Folglich lässt sich F asymptotisch mithilfe von $O(n^2)$ Anwendungen eines fixen Gattersatzes (wie beispielsweise dem aus Lemma 7.6.2) implementieren.

Beweis: Für den Beweis dieser Aussage verweise ich Sie auf Corollary 5.57 in [Sch19]. □

Bemerkung 12.2.10 In den bemerkenswerten Arbeiten [CW00] und [Cop94] wird das vorangehende Resultat durch gewisse *Trade-offs* optimiert. Diese Trade-offs beinhalten beispielsweise, dass man einen kleinen Fehlerparameter einführt oder statt einem n-Qubit-Register ein größeres Register verwendet, aber dafür weniger Rechenschritte benötigt, die für die Implementierung der QFT erforderlich sind.

12.2.3 Modulare Exponentiation

Fassen wir das, was Sie bisher in diesem Abschnitt gelernt haben, in einem Satz zusammen: Beim Shor-Algorithmus beschränken wir uns auf das Perioden-Problem für Funktionen der Form $f_{b,N}$, und um dieses zu lösen, wenden wir die Quanten-Fouriertransformation an. Hierbei sehen wir eine weitere Herausforderung, die wir bewältigen müssen: Wir müssen – ebenso wie wir es für die Quanten-Fouriertransformation gemacht haben – die modularen Exponentiationen $f_{b,N}$ effizient in einem Quantenschaltkreis abbilden können. Dass dies gelingt, sehen wir im folgenden Lemma:

Lemma 12.2.11 Seien $N \in \mathbb{N}$ und $b \in \{2, \ldots, N-1\}$. Sei $L = \lfloor 2\log_2(N) \rfloor + 1$, wobei $\lfloor 2\log_2(N) \rfloor$ die nächstkleinere ganze Zahl zu $2\log_2(N)$ bezeichnet. In anderen Worten: L ist die Zahl mit der Eigenschaft, dass $N^2 < 2^L \leq 2N^2$. Dann gibt es eine unitäre Matrix $U_{b,N} \in \mathcal{U}(\mathcal{H}^{\otimes L} \otimes \mathcal{H}^{\otimes L})$, sodass für alle Elemente $|x\rangle$ der Rechenbasis in $\mathcal{H}^{\otimes L}$ gilt, dass

$$U_{b,N}(|x\rangle \otimes |0\rangle) = |x\rangle \otimes |f_{b,N}(x)\rangle .$$

Diese unitäre Matrix lässt sich mit $O(L^3)$ Anwendungen eines fixen Gattersatzes implementieren.

Beweis: Für den Beweis verweise ich Sie auf Proposition 6.12 in [Sch19]. □

Bemerkung 12.2.12 Der Grund, warum wir mit L arbeiten müssen statt mit n oder N, ist rein technischer Natur und lässt sich aus den Details des Korrektheitsbeweises des Shor-Algorithmus erschließen. Es sollte Sie daher im Folgenden nicht verwirren. Insbesondere sollten Sie sich klarmachen, dass $L = O(n)$.

Es stellt sich heraus, dass dieser Teil die größten Kosten beim Shor-Algorithmus verursacht. Oder wie es Peter Shor in [Sho99] selbst gesagt hat: »The bottleneck in the quantum factoring algorithm; i.e., the piece of the factoring algorithm that consumes the most time and space, is modular exponentiation.« Deswegen gibt es seitdem auch eine Vielzahl an Arbeiten, die bei der Optimierung des Shor-Algorithmus genau diesen Schritt effizienter gestalten (siehe beispielsweise [BCDP96, HRS17, MS12, MS13, VBE96]).

12.3 Den Shor-Algorithmus verstehen

Die Voraussetzungen sind geschaffen und so können wir uns nun dem Shor-Algorithmus im Detail widmen. Gemäß den Erkenntnissen, die Sie in Abschnitt 12.2.1 erworben haben, wissen Sie, dass wir uns nur auf die Bestimmung der Periode der Funktion $f_{b,N}$ für ein $b \in \{2, \ldots, N-1\}$ mit $\mathrm{ggT}(b, N) = 1$ und Ordnung r beschränken können. Im Folgenden nehmen wir so eine Funktion $f_{b,N}$ als Input für den Shor-Algorithmus an.

12.3.1 Beschreibung des Algorithmus

Der Shor-Algorithmus besteht aus den folgenden Schritten. Hierbei sei $L = \lfloor 2\log_2(N) \rfloor + 1$.

1. Präpariere zwei L-Qubit-Register mit dem Zustand
   $|0\rangle \otimes |0\rangle \in \mathcal{H}^{\otimes L} \otimes \mathcal{H}^{\otimes L}$.
2. Wende $H^{\otimes L}$ auf das linke L-Qubit-Register an.
3. Wende $U_{b,N}$ auf beide L-Qubit-Register an.
4. Wende die Quanten-Fouriertransformation auf das linke L-Qubit-Register an.
5. Miss das linke L-Qubit-Register bezüglich der Rechenbasis und verwirf das rechte L-Qubit-Register. Sei z das Messergebnis bei dieser Messung (d. h., $|z\rangle$ ist der Zustand des linken L-Qubit-Registers nach dieser Messung).
6. Führe (auf einem klassischen Computer) für den Bruch $\frac{z}{2^L}$ die sogenannten *partiellen Kettenbruchentwicklungen* durch (siehe Appendix E in [Sch19] für mehr Details zu Kettenbruchentwicklungen). Hierdurch erhalten wir eine Liste an Kandidaten $r_1, \ldots, r_m$ für die Periode r (für ein gewisses $m \in \mathbb{N}$).
7. Prüfe (auf einem klassischen Computer), ob einer der Kandidaten $r_1, \ldots, r_m$ die Periode der Funktion $f_{b,N}$ darstellt.
8. Wenn die Prüfung für einen der Kandidaten erfolgreich war, gib diesen Kandidaten aus. Wenn nicht, dann wiederhole die Schritte (1) bis (7).

12.3.2 Korrektheit des Algorithmus

Schritte (1) bis (3)

Nach Schritt (3) befindet sich das Register im Zustand

$$\frac{1}{2^{\frac{L}{2}}} \sum_{x=0}^{2^L-1} |x\rangle \, |f_{b,N}(x)\rangle \, .$$

Ähnliche Berechnungen wie beim Simon-Algorithmus zeigen, dass durch das Ausnutzen der Periodizität von $f_{b,N}$ dieser Zustand umschrieben werden kann als

$$\frac{1}{2^{\frac{L}{2}}} \sum_{k=0}^{r-1} \sum_{j=0}^{J_k} |jr+k\rangle \, |f_{b,N}(k)\rangle \tag{12.3.1}$$

für ein geeignetes J_k, was bestimmt, wie oft der Wert $f_{b,N}(k)$ in der Folge $f_{b,N}(0), f_{b,N}(1), \ldots, f_{b,N}(2^L - 1)$ auftaucht. Angelehnt an unser intuitives Bild aus Abschnitt 12.2.2 (wo ich beschrieben habe, wieso Fouriertransformationen Perioden sichtbar machen), übernimmt J_k hier die Rolle von K. Der Beweis der Darstellung (12.3.1) ist ausgelagert als Übung 12.7.

Schritt (4)

Gemäß der Definition der Quanten-Fouriertransformation befindet sich das Register nach Schritt (4) im Zustand

$$\frac{1}{2^{\frac{L}{2}}} \sum_{k=0}^{r-1} \sum_{j=0}^{J_k} \frac{1}{2^{\frac{L}{2}}} \sum_{l=0}^{2^L-1} e^{2\pi i l (jr+k) \frac{1}{2^L}} \, |l\rangle \, |f_{b,N}(k)\rangle \, .$$

Schritt (5)

Bei einer Messung des linken Registers bezüglich der Rechenbasis erwarten wir ein Element $|z\rangle$ der Rechenbasis als Messergebnis. Es ist wichtig, herauszufinden, mit welcher Wahrscheinlichkeit die jeweiligen Messergebnisse eintreffen. In Übung 12.8 zeigen wir, dass

$$\mathbb{P}(z) = \frac{1}{2^{2L}} \sum_{k=0}^{r-1} \left| \sum_{j=0}^{J_k} e^{2\pi i z j r \frac{1}{2^L}} \right|^2 \, . \tag{12.3.2}$$

Schritte (6) bis (8)

Ich verzichte im Folgenden auf die exakten Details, wieso die Schritte (6) bis (8) das gewünschte Ergebnis liefern. Stattdessen werden wir nur versuchen, eine intuitive Vorstellung davon zu erhalten, was in diesen Schritten passiert. Hierfür greife ich auf das intuitive Bild aus Abschnitt 12.2.2 zurück (wo beschrieben wurde, wieso Fouriertransformationen Perioden sichtbar machen). Es wird sich nämlich herausstellen, dass die Frage, wieso die Schritte (6) bis (8) das gewünschte Ergebnis liefern, sehr ähnlich zu beantworten ist, wieso die entsprechenden Schritte in Abschnitt 12.2.2 das Gewünschte liefern.

Knapp zusammengefasst, besteht der einzige (aber wesentliche) Unterschied darin, dass wir beim Shor-Algorithmus die vereinfachenden Annahmen aus Abschnitt 12.2.2 beseitigen müssen.

Diese Herangehensweise sollte Ihnen als Motivation dienen, zu verstehen, wieso die Korrektheit auch hier beim Shor-Algorithmus gegeben ist. Für die Intuition ist der hier gezogene Vergleich mit Abschnitt 12.2.2 aus meiner Sicht langfristig einprägender. Für die exakten Details des verbliebenen Teils des Korrektheitsbeweises verweise ich Sie auf Theorem 6.8 in [Sch19] und dessen Beweis.

Erinnern Sie sich an die Schritte (A), (B), (C) und (D) aus Abschnitt 12.2.2 zurück. Wir ziehen nun den Vergleich zwischen diesen Schritten aus Abschnitt 12.2.2 und den Schritten des Shor-Algorithmus (aus Abschnitt 12.3.1):

- Schritt (A) entspricht exakt dem Schritt (4).
- Schritt (B) entspricht Schritt (5). Es gibt allerdings einen wichtigen Unterschied: In Schritt (B) erhalten wir direkt ein Messergebniss ℓ, für das gilt, dass

  $$\frac{\ell}{2^n} = \frac{c_\ell}{2^t} \tag{12.3.3}$$

  für ein $c \in \mathbb{N}_0$. So eine Aussage ist für das Messergebnis z aus Schritt (5) *nicht* gegeben. Was im Beweis von Theorem 6.8 in [Sch19] vielmehr gezeigt wird, ist, dass z nur *mit einer ausreichend hohen Wahrscheinlichkeit*, folgende Eigenschaft erfüllt: Es gibt ein $l_z \in \mathbb{N}_0$, sodass

  $$\left| \frac{z}{2^L} - \frac{l_z}{r} \right| < \frac{1}{2r^2}. \tag{12.3.4}$$

  Die *wichtige Erkenntnis* lautet hier also: Während wir in Abschnitt 12.2.2 direkt die nützliche Relation (12.3.3) erhalten, bekommen wir beim Shor-Algorithmus nur (12.3.4) (und das auch nur mit einer ausreichend hohen Wahrscheinlichkeit).
- Schritt (C) entspricht den Schritten (6) und (7) mit einem offensichtlichen Unterschied: In Schritt (C) müssen keine partiellen Kettenbruchentwicklungen durchgeführt werden, und die Prüfung kann direkt mit dem berechenbaren Bruch $\frac{\ell}{2^n}$ erfolgen. Dies hat einen einfachen Grund: In Abschnitt 12.2.2 haben wir die nützliche Relation aus Gleichung (12.3.3), beim Shor-Algorithmus allerdings nur die Relation aus Gleichung (12.3.4). Gleichung (12.3.4) ist somit eine gröbere Aussage, sodass wir mehr investieren müssen. Und diese zusätzliche Investition sind die partiellen Kettenbruchentwicklungen.

Die *nächste wichtige Erkenntnis* lautet hier also: Die partiellen Kettenbruchentwicklungen sind eine Verallgemeinerung der Berechnungen mit dem Bruch $\frac{\ell}{2^n}$ aus Abschnitt 12.2.2. Und diese ist notwendig, da Gleichung (12.3.4) eine allgemeinerer Eigenschaft ist als Gleichung (12.3.3).

Auch zu den Erfolgschancen in beiden Fällen gibt es starke Parallelen: Während wir in Abschnitt 12.2.2 verlangen mussten, dass das c_ℓ aus Gleichung (12.3.3) erfüllt, dass

$$\mathrm{ggT}(c_\ell, 2^t) = 1, \tag{12.3.5}$$

wird im Beweis von Theorem 6.8 in [Sch19] gezeigt, dass wir für eine erfolgreiche partielle Kettenbruchentwicklung benötigen, dass

$$\mathrm{ggT}(l_z, r) = 1. \tag{12.3.6}$$

- Schritt (D) entspricht Schritt (8) mit dem Unterschied, dass in Abschnitt 12.2.2 die ersten Schritte so oft wiederholt werden mussten, bis Gleichung (12.3.5) erfüllt ist, während beim Shor-Algorithmus die entsprechenden Schritte so oft wiederholt werden müssen, bis *sowohl* Gleichung (12.3.4) *als auch* Gleichung (12.3.6) erfüllt sind.

Sie sehen also, dass die Schritte (6) bis (8) große Ähnlichkeiten haben zu den entsprechenden Schritten in unserem vereinfachten Setting aus Abschnitt 12.2.2. Für die exakten Details verweise ich Sie auf Theorem 6.8 in [Sch19] und dessen Beweis.

12.3.3 Komplexität des Algorithmus

Die Komplexität des Shor-Algorithmus wird durch zwei Punkte determiniert:

1. durch die Komplexität der einzelnen Schritte (1) bis (6)
2. durch die Anzahl der notwendigen Wiederholungen der Schritte (1) bis (6), bis sowohl Gleichung (12.3.4) als auch Gleichung (12.3.6) erfüllt sind

Theorem 6.8 und Proposition 6.12 in [Sch19] zeigen uns bezüglich Punkt (1), dass die Komplexität dieser Schritte $O(L^3) = O((\log_2(N))^3)$ beträgt. Die Frage nach der notwendigen Anzahl an Wiederholungen sollte Sie wieder an die Berechnungen aus Abschnitt 12.2.2 erinnern: Denn diese beträgt (für L groß genug) laut Theorem 6.13 in [Sch19] $O(\log_2(\log_2(N)))$.

Zusammengefasst erhalten wir also eine Komplexität für den Shor-Algorithmus von

$$O((\log_2(N))^3 \log_2(\log_2(N))).$$

Bemerkung 12.3.1 Es ist wichtig zu betonen, dass dieser Algorithmus, seit er von Peter Shor veröffentlicht wurde, sowohl auf theoretischer als auch auf praktischer Ebene stetig verbessert und optimiert wurde. Beispiele für solche Verbesserungen, die mitunter auch Trade-offs zwischen der Anzahl an benötigter Qubits, der Fehlerbehaftetheit des Ergebnisses oder der Anzahl an Rechenschritten ausnutzen, sind in [Bea03, BCDP96, CW00, HRS17, MS13] zu finden.

12.4 Implementierung des Algorithmus in Qiskit

Unser letztes Codebeispiel in diesem Buch widmet sich dem Shor-Algorithmus. Wir werden uns auf die Schritte (1) bis (5) des Algorithmus beschränken, da diese Schritte auf einem Quantencomputer erfolgen müssen. Wir beschränken uns außerdem bei unserem Code darauf, die Zahl 15 zu faktorisieren. Des Weiteren nutzen wir im Folgenden dieselben Bezeichnungen wie in der Beschreibung des Shor-Algorithmus oben. Auch hier empfehle ich Ihnen, sich erst selbst daran zu probieren. Ich werde dabei so vorgehen wie in [IBM22].

Das Grundgerüst des Codes sehen Sie in Listing 12.3, den zugehörigen Quantenschaltkreis in Abbildung 12.3. Alle Schritte sind für Sie mittlerweile selbstverständlich – mit der Ausnahme der Funktion `c_bmod15` und den anderen Befehlen in Schritt (3), die ich erst im Folgenden beschreiben werde. Auch hier wird dieser Schritt (3) den Flaschenhals darstellen. Eine weitere Hürde wird uns bei der Messung begegnen, wie Sie noch sehen werden.

```
from qiskit import QuantumCircuit
from qiskit.circuit.library import QFT

L = 8; b = 2
# Schritt (1)
circ = QuantumCircuit(L + 4, L)
# Schritt (2)
for q in range(L):
        circ.h(q)
# Schritt (3)
circ.x(L)
for q in range(L):
        circ.append(c_bmod15(b, 2**q),[q] + [L,L+1,L+2,L+3])
# Schritt (4)
circ.append(QFT(L), range(L))
```

```
# Schritt (5)
circ.measure(range(L), range(L))
circ.draw(output="latex",style="iqp")
```

Listing 12.3 Grundgerüst des Codes zum Shor-Algorithmus

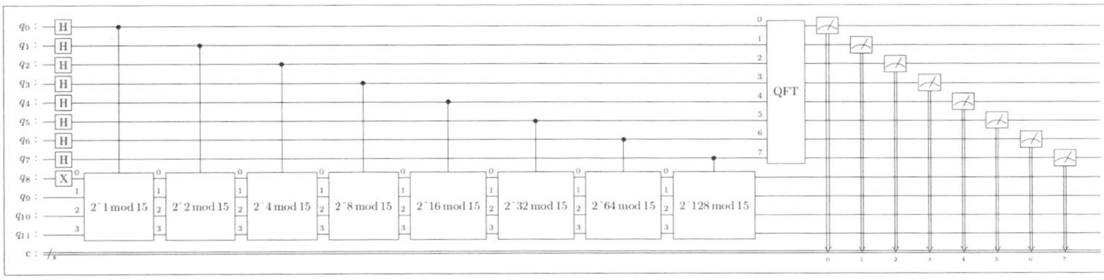

Abbildung 12.3 Quantenschaltkreis zum Shor-Algorithmus

12.4.1 Ideen für die Umsetzung von Schritt (3)

Wie kann man Schritt (3) am besten umsetzen? Der elegante Weg aus [IBM22] besteht aus den folgenden Zutaten:

1. Nutze, dass Multiplikationen in der Modulararithmetik in vielen Fällen durch den Tausch bzw. Shift von Bits dargestellt werden können. Beispielsweise ergibt die Multiplikation einer Zahl $y \in \{0, 1, \ldots, 15\}$ mit Binärdarstellung $y_3y_2y_1y_0$ mit 2 im Restklassenring $\mathbb{Z}_{15}$ die Zahl $y_2y_1y_0y_3$. Man kann sich das einfach so vorstellen, dass hier der Wert y_3 nach unten durchgereicht wird. Und dieses Durchreichen kann man anhand von Tauschoperationen mit den Bits darstellen.
2. Nutze (1), um für alle $x \in \mathbb{N}$ die Abbildung
$$U^x : |y\rangle \mapsto |yb^x \pmod{15}\rangle\,. \tag{12.4.1}$$
zu implementieren. Insbesondere gilt, dass
$$U^x(|1\rangle) = |b^x \pmod{15}\rangle \tag{12.4.2}$$
3. Nutze, dass für $x \in \{0, 1, \ldots, 15\}$ mit Binärdarstellung $x_3x_2x_1x_0$ gilt, dass
$$U^x = U^{x_3 2^3} U^{x_2 2^2} U^{x_1 2} U^{x_0}, \tag{12.4.3}$$
wobei die x_i, die gleich 0 sind, in diesem Produkt nicht berücksichtigt werden, da $U^{x_i 2^i} = U^{0 2^i} = \mathrm{Id}$ für solche x_i.
4. Nutze Kontroll-Qubits, um das Produkt aus Gleichung (12.4.3) umzusetzen und nur für diejenigen x_i die unitäre Matrix $U^{x_i 2^i}$ anzuwenden, die gleich 1 sind.

In Listing 12.4 sehen Sie, wie in der Funktion c_bmod15 Punkt (1) genutzt wird, um Punkt (2) umzusetzen. Beachten Sie hierbei, dass in Listing 12.4 drei neue Befehle auftauchen:

- Mit dem Befehl to_gate kann man Quantenschaltkreise, die nur auf Qubits agieren, in Gatter konvertieren.
- Mit dem Befehl name kann man dem Gatter einen String zuordnen, der dann auch in der visuellen Darstellung des Quantenschaltkreises verwendet wird.
- Mit dem Befehl control kann man das Gatter per Kontroll-Qubits anwenden. Hierbei gibt der Eingabeparameter die Anzahl der Kontroll-Qubits an. Der Wert 1 ist als Default gesetzt. Ich habe diese Eingabe im Code aber zur Übersichtlichkeit nochmal aufgeführt. Siehe [IBMe] für mehr Details zu diesem Befehl.

```
def c_bmod15(b, power):
        if b not in [2,4,7,8,11,13]:
                raise ValueError("'a' must be 2,4,7,8,11 or 13")
        U = QuantumCircuit(4)
        for _iteration in range(power):
                if b in [2,13]:
                        U.swap(2,3)
                        U.swap(1,2)
                        U.swap(0,1)
                if b in [7,8]:
                        U.swap(0,1)
                        U.swap(1,2)
                        U.swap(2,3)
                if b in [4, 11]:
                        U.swap(1,3)
                        U.swap(0,2)
                if b in [7,11,13]:
                        for q in range(4):
                                U.x(q)
        U = U.to_gate()
        U.name = f"{b}^{power} mod 15"
        c_U = U.control(1)
        return c_U
```

Listing 12.4 Die Funktion c_bmod15

Nun wissen Sie, was in der Funktion c_bmod15 passiert. Jetzt müssen Sie noch verstehen, wie diese Funktion in Schritt (3) verwendet wird. In Schritt (3) in Listing 12.3 sehen Sie, dass erst die untersten 4 Qubits auf den Zustand $|1\rangle$

präpariert werden, um dadurch in die Ausgangslage von Gleichung (12.4.2) zu gelangen. Anschließend wird dann mittels der Funktion `c_bmod15` Gleichung (12.4.2) umgesetzt für x der Form $x = 2^k$ (für gewisse $k \in \mathbb{N}$). Der Grund ist, dass man hierdurch gemäß der beiden Punkte (3) und (4) den Operator in Gleichung (12.4.2) für beliebige x implementieren kann. Mit dem Befehls `control` werden dabei die in Punkt (4) erwähnten Kontroll-Qubits definiert. Hierbei geht als weiterer Input dann `[q] + [L,L+1,L+2,L+3]` ein, wobei q das Kontroll-Qubit angibt und `[L,L+1,L+2,L+3]` die Qubits, auf die das Gatter angewendet wird.

12.4.2 Die Messung in Schritt (5)

An sich müssen wir bei der Messung hier genauso vorgehen wie in den bisherigen Kapiteln. Allerdings gibt es eine Angelegenheit, die wir bisher nicht betrachtet haben aber jetzt berücksichtigen müssen: das Transpilieren. Hiermit ist die Umschreibung des Quellcodes durch den Qiskit-Compiler gemeint, um die Kompatibilität und die Effizienz des Codes mit spezifischen Randbedingungen eines Backends (wie etwa einem realen Quantencomputer oder einem Simulator) sicherzustellen. Eine solche Randbedingung könnte beispielsweise die Konnektivität des Qubit-Registers sein, bei der nicht alle Zwei-Qubit-Subsyteme miteinander interagieren können. Daher müsste in so einem Fall zum Beispiel der Quellcode derart umgeschrieben werden, dass nur bei miteinander interagierenden Zwei-Gatter-Subsystemen Zwei-Qubit-Gatter angewendet werden. Eine andere Randbedingung wäre zum Beispiel die korrekte Einbindung des Simulators.

Der Befehl, mit dem diese Themen berücksichtigt werden, lautet `transpile`. Zur Übung können Sie diesen Befehl in die vorangehenden Codebeispiele aus diesem Buch einbauen. Für weitere Informationen verweise ich auf [IBMg, IBMm]. Die Messung in unserem Fall mit zugehöriger Ausgabe finden Sie in Listing 12.5 bzw. in Abbildung 12.4.

```
from qiskit import QuantumCircuit, transpile
from qiskit.visualization import plot_histogram
from qiskit_aer import AerSimulator

simulator = AerSimulator(method='statevector')
t_circ = transpile(circ, simulator)
counts = simulator.run(t_circ).result().get_counts()
print('Die Messergebnisse als Liste = ', counts)
plot_histogram(counts)
```

Listing 12.5 Die Messung in Schritt (5)

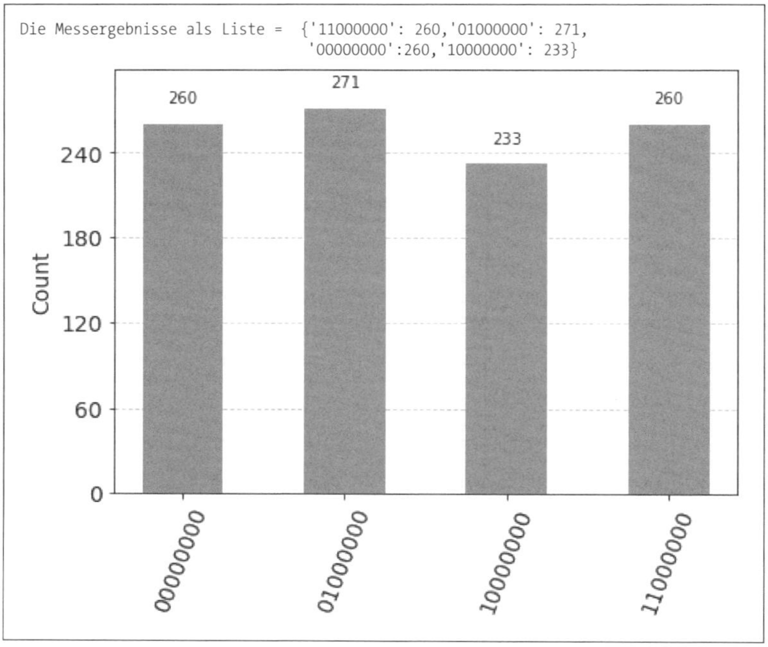

Abbildung 12.4 Die Ausgabe zur Messung in Schritt (5)

12.4.3 Extraktion der Periode

Natürlich fehlen uns noch die Schritte (6) bis (8), mit denen wir die Periode aus den Messergebnissen in Schritt (5) extrahieren können. In unserem Beispiel ist es entsprechend einfach, da wir nur die Zahl 15 faktorisieren. Eine Möglichkeit, die Extraktion der Periode in diesem Fall umzusetzen, bietet uns die Funktion `Fraction` von Python. Den entsprechenden Code mit der Ausgabe finden Sie in Listing 12.6 bzw. in Listing 12.7. Dort erkennen Sie, dass (entsprechend der der Erkenntnisse aus Abschnitt 12.3) 4 die Periode sein muss.

```
import numpy as np
from fractions import Fraction
for output in counts:
        decimal = int(output, 2)
        phase = decimal/(2**L)
        frac = Fraction(phase).limit_denominator(15)
        print(phase,"---",frac, "---", frac.denominator)
```

Listing 12.6 Beispiellösung, um die Periode zu extrahieren

```
0.75 --- 3/4 --- 4
0.25 --- 1/4 --- 4
0.0 --- 0 --- 1
0.5 --- 1/2 --- 2
```

Listing 12.7 Die Ausgabe zur Extraktion der Periode

12.5 Übungen und bibliografische Hinweise

12.5.1 Übungen

Übung 12.1 Gegeben sei die Funktion $f_{b,N} : \mathbb{N}_0 \to \{0, 1, \ldots, N-1\}$, definiert durch

$$f(x) = b^x \pmod N,$$

wobei $N \in \mathbb{N}$ und $b < N$. Zeigen Sie, dass diese Funktion eine Periode hat und dass diese gleich der Ordnung von b ist.

Übung 12.2 Zeigen Sie, dass der in der Reduktion in Abschnitt 12.2.1 beschriebene Fall (1) nicht eintreten kann. Erklären Sie außerdem, wieso dieser Reduktionsbeweis nicht funktioniert, wenn $p = q$ gelten würde.

Übung 12.3 Rechnen Sie die Reduktion aus Abschnitt 12.2.1 für den Fall $N = 35$ durch. Vielleicht probieren Sie es auch an dem Fall $N = 143$?

Übung 12.4 Beweisen Sie Gleichung (12.2.3).

Nutzen Sie hierfür die folgende Formel zur *geometrischen Reihe*:

$$\sum_{k=0}^{K-1} q^k = \frac{1-q^k}{1-q} \qquad (12.5.1)$$

für alle $K \in \mathbb{N}$ und $q \in \mathbb{C}$ mit $q \neq 1$.

Übung 12.5 Beweisen Sie Lemma 12.2.4.

Übung 12.6 Beweisen Sie Lemma 12.2.6.

Übung 12.7 Beweisen Sie die Darstellung (12.3.1).

Übung 12.8 Beweisen Sie die Formel (12.3.2) für die Wahrscheinlichkeit, nach der Messung in Schritt (5) des Shor-Algorithmus den Zustand $|z\rangle$ zu erhalten.

Übung 12.9 Ich habe bereits erwähnt, dass das Phänomen der Verschränkung notwendig ist, damit gegenüber einem klassischen Computer ein exponentieller Vorteil möglich sein kann. Identifizieren Sie die Stelle im Shor-Algorithmus, an der die Verschränkung auftaucht.

12.5.2 Bibliografische Hinweise

Der Shor-Algorithmus wurde erstmals in [Sho99] beschrieben. Alternativ ist dieser Algorithmus auch in vielen Vorlesungsskripten oder Textbüchern zur Quanteninformatik beschrieben. Ich empfehle Ihnen besonders die ausführliche und gut strukturierte Beschreibung in Abschnitt 6.5 von [Sch19]. Für weitere Details bei der Bestimmung der Wahrscheinlichkeiten im Shor-Algorithmus verweise ich Sie auf [BW07] und für mehr Details zur Komplexität des Algorithmus auf [Bea03]. Des Weiteren weise ich auf die bereits in diesem Kapitel erwähnten Referenzen zu den Optimierungen des Algorithmus hin: [BCDP96, HRS17, MS12, MS13, VBE96].

TEIL V

Nachworte

Kapitel 13

Auswirkungen auf die Kryptografie

Sie haben in diesem Buch schon viel erlebt. Wir haben uns zunächst mit der Theorie beschäftigt und anschließend beeindruckende Algorithmen kennengelernt, die auf ihr aufbauen. Dabei habe ich immer wieder angedeutet, dass einige dieser Algorithmen Auswirkungen auf die Sicherheit unserer IT-Systeme haben, nämlich auf die Kryptografie. Auf dieses Thema möchte ich in diesem Kapitel genauer eingehen.

Der rote Faden in diesem Kapitel

In Abschnitt 13.1 gebe ich eine kurze *Einführung in die Kryptografie*. In den Abschnitten 13.2 und 13.3 schauen wir uns jeweils exemplarisch *Auswirkungen eines leistungsstarken Quantencomputers für die symmetrische bzw. für die asymmetrische Kryptografie* an. In Abschnitt 13.4 finden Sie einen kurzen Überblick über die *Post-Quanten-Kryptografie*, und in Abschnitt 13.5 gehe ich letztlich noch kurz auf das Thema *Quantenkryptografie* ein.

13.1 Ein sehr kurzer Einblick in die Kryptografie

Kryptografie ist die bereits seit Jahrtausenden existierende Wissenschaft der Verschlüsselung von Informationen. Im Zeitalter der Digitalisierung hat diese Wissenschaft noch mal deutlich an Bedeutung gewonnen, da sie einen wesentlichen Beitrag zur Sicherheit der IT-Infrastrukturen leistet. Oder kurz gesagt: Ohne Kryptografie könnten Sie das Internet mit all seinen Diensten nicht sicher nutzen.

Hinzu kommt, dass die Kryptografie nicht nur Algorithmen und Protokolle beinhaltet, die zum IT-Schutzziel *Vertraulichkeit* gehören. Man zählt außerdem auch Algorithmen und Protokolle hinzu, die die *Authentizität*, *Integrität* und *Nicht-Abstreitbarkeit* von Daten oder digitalen Unterschriften sicherstellen. Kryptografische Methoden stellen somit sicher, dass Sie online sicher mit Ihrer Bank kommunizieren können und dass eindeutig und zweifellos belegt werden kann, von wem eine Nachricht kommt.

Um die Effekte eines leistungsstarken Quantencomputers auf die Kryptografie zu verstehen, müssen wir die in der Kryptografie übliche Unterteilung in *Private-Key-Kryptografie (oder symmetrische Kryptografie)* und *Public-Key-Kryptografie (oder asymmetrische Kryptografie)* berücksichtigen.

Symmetrische Kryptografie

Die symmetrische Kryptografie beinhaltet Algorithmen und Protokolle, bei denen die Sicherheit auf der Geheimhaltung eines Geheimnisses (genannt *privater Schlüssel*) beruht, der *allen* Kommunikationspartnern gleichermaßen zur Verfügung steht. Als Metapher kann man sich einen Tresor vorstellen, dessen Schlüssel nur zwei Kommunikationspartnern besitzen, nämlich *Alice* und *Bob* (die wir bereits in Abschnitt 5.4 kennengelernt haben) und sonst niemand. Wenn Alice nun eine geheime Nachricht an Bob senden will, legt sie einen Brief mit der Nachricht in den Tresor, schließt diesen mit dem Schlüssel ab und schickt Bob den Tresor per Post zu. Auf dem unsicheren Transportweg zu Bob ist die Vertraulichkeit der geheimen Nachricht gesichert, obwohl viele möglicherweise böswillige Parteien (die in der Kryptografie üblicherweise *Eve* genannt werden) Zugriff auf den Tresor haben. Aber nur Bob hat den Schlüssel und somit kann nur er den Tresor öffnen, um die Nachricht zu lesen.

Symmetrische Kryptografie ist das deutlich ältere der beiden Prinzipien der Kryptografie, und es ist heutzutage bekannt, dass die zugehörigen standardisierten Algorithmen und Protokolle effizient und sicher implementiert werden können. Das größte Problem der symmetrischen Kryptografie wird aber bereits in der soeben geschilderten Metapher ersichtlich: Die Sicherheit des gesamten Verfahrens beruht darauf, dass Alice und Bob vorher einen gemeinsamen, geheimen Schlüssel sicher miteinander ausgetauscht haben. Im Fall von zwei Kommunikationspersonen erscheint dies vielleicht als kein allzu großes Hindernis. Dann muss man sich halt einmal irgendwann persönlich treffen und sich ein gutes, gemeinsames Geheimnis ausdenken. Aber bei – sagen wir – $n \in \mathbb{N}$ Kommunikationspartnern, die alle miteinander vertraulich kommunizieren möchten, benötigt man $n(n-1)/2 = O(n^2)$ viele Schlüssel, die sicher ausgehandelt werden müssen. Für große n, wie es in unserer hochkomplexen IT-Infrastruktur heutzutage nicht unüblich ist, wird diese Aushandlung schnell unpraktikabel.

Asymmetrische Kryptografie

Dieses Problem der Schlüsselaushandlung wurde in den 1970er-Jahren von Whitfield Diffie und Martin Hellman sowie unabhängig von ihnen durch Ralph Merkle mit der Entwicklung der asymmetrischen Kryptografie gelöst. Bei ihr benötigt Bob ein *Schlüsselpaar* statt nur einem Schlüssel. Dieses Schlüsselpaar besteht aus einem *privaten Schlüssel und einem öffentlichen Schlüssel*. Möchte Alice nun Bob eine vertrauliche Nachricht schicken, erfragt sie von Bob seinen öffentlichen Schlüssel. Der entscheidende Punkt ist nun, dass Alice diesen öffentlichen Schlüssel von Bob über einen *möglicherweise unsicheren Kanal* erhalten kann. Anschließend kann sie die vertrauliche Nachricht mittels diesen öffentlichen Schlüssels verschlüsseln und diese Nachricht Bob über einen möglicherweise unsicheren Kanal zukommen lassen. Die Vertraulichkeit der Nachricht ist trotz des möglicherweise unsicheren Kanals sichergestellt, da man für die Entschlüsselung der Nachricht den zum öffentlichen Schlüssel gehörigen privaten Schlüssel braucht, den aber nur Bob besitzt.

Auch dieses Prinzip versteht man am besten über eine Metapher. Diesmal ziehen wir das Bild des Briefkastens heran. Der öffentliche Schlüssel ist hierbei die Adresse des Briefkastens und dessen Klappe. Alice wirft ihren Brief hinein, und nur Bob, der Einzige, der den Schlüssel zu diesem Briefkasten besitzt, kann diesen Brief herausnehmen und lesen.

Da asymmetrische Kryptoverfahren *deutlich ineffizienter sind als symmetrische Verfahren*, wird mit ihnen in der Regel nicht die konkrete Kommunikation von Alice und Bob verschlüsselt. Stattdessen werden damit nur Informationen ausgetauscht, aus denen sich wiederum ein symmetrischer Schlüssel ableiten lässt, der mittels eines symmetrischen Kryptoverfahrens für die Kommunikation genutzt werden kann. So wird die Vertraulichkeit der Kommunikation gewährleistet. Asymmetrische Kryptografie sorgt über *digitale Signaturen* beispielsweise auch dafür, dass das Schutzziel *Authentisierung* erfüllt wird.

Asymmetrische Kryptoverfahren werden mittels *mathematischer Probleme* konstruiert, von denen man vermutet, dass sie schwer und nicht effizient lösbar sind. Diese Vermutung basiert in vielen Fällen schlicht darauf, dass über die Jahrzehnte kein effizienter Algorithmus gefunden wurde, der diese Probleme effizient löst. Die zwei wichtigsten mathematischen Probleme, die man heutzutage verwendet, sind das sogenannte *Faktorisierungsproblem* und das *diskrete Logarithmusproblem*.

Vielleicht fragen Sie sich, wie man sich denn so sicher sein kann, dass nicht doch ein Mensch existiert, der intellektuell der wissenschaftlichen Community voraus ist und unsere Kryptosysteme brechen kann, weil er Algorithmen entwickelt hat, die diese Probleme lösen. Sicher können wir uns nicht sein, aber angelehnt an den berühmten Kryptologen Ron Rivest kann man sagen, dass dies sehr unwahrscheinlich ist. Um diesen Vorsprung unentdeckt zu bewahren, müsste dieser Mensch täglich der Versuchung widerstehen, sein Wissen in unvorstellbar hohe Geldsummen umzuwandeln. Beispielsweise könnte dieser Mensch alle Bitcoins von Satoshi Nakamoto auf sein Konto transferieren, da auch hier asymmetrische Kryptoverfahren für die Absicherung der

Transaktionen verwendet werden. Solange also niemand das internationale Finanz- und Währungssystem zum Einsturz bringt, können wir davon ausgehen, dass niemand effiziente Algorithmen für diese schwierigen Probleme gefunden hat.

Die Bewertung der Sicherheit der heute gängigen Kryptoverfahren ändert sich aber vollkommen, wenn wir Angreifer berücksichtigen, die Zugang zu einem leistungsstarken Quantencomputer haben. Wieso das so ist, sehen Sie im Folgenden.

13.2 Auswirkungen auf die symmetrische Kryptografie

Schon vorab: Die Auswirkungen auf die symmetrische Kryptografie sind nicht so gravierend wie auf die asymmetrische Kryptografie. Dennoch gibt es einige Szenarien, die man in der Risikoanalyse von IT-Systemen berücksichtigen muss.

Im Folgenden beschreibe ich den wohl typischsten Ansatz, ein symmetrisches Kryptoverfahren mit einem Quantencomputer zu brechen. Dieser Ansatz verwendet den Grover-Algorithmus und zielt auf ein sehr gängiges symmetrisches Kryptoverfahren ab, nämlich eine *Blockchiffre*. Blockchiffren sind formal definiert als eine Abbildung

$$E : \mathcal{K} \times \mathcal{M} \to \mathcal{C},$$

wobei hier

- $\mathcal{M}$ der Nachrichtenraum ist, d. h. die Menge aller möglichen Klartexte, die zu verschlüsseln sind,
- $\mathcal{C}$ der Chiffratsraum ist, d. h. die Menge aller möglichen verschlüsselten Texte, und
- $\mathcal{K}$ der Schlüsselraum ist, d. h. die Menge aller möglichen Geheimnisse/privaten Schlüssel, die alle Kommunikationsparteien miteinander teilen.

Eine sehr häufig eingesetzte Blockchiffre ist *AES*, der sogenannte *Advanced Encryption Standard* (siehe [Nat01]). Diesen gibt es in den drei Varianten AES-128 (bei dem der Schlüsselraum $\mathcal{K}$ gegeben ist durch $\{0,1\}^{128}$), AES-192 (mit $\mathcal{K} = \{0,1\}^{192}$) und AES-256 mit $\mathcal{K} = \{0,1\}^{256}$.

In der Regel verlangt man von Blockchiffren, dass der beste Angriff gegen sie – d. h., zum Beispiel, um den geheimen Schlüssel zu kompromittieren oder verschlüsselte Texte zu entschlüsseln –, die Brute-Force-Suche nach dem Schlüssel im Schlüsselraum ist. Aufgrund der jeweiligen Größe des Schlüsselraums beträgt die Komplexität so einer Suche $O(2^{128})$ bei AES-128, $O(2^{192})$ bei AES-192 und $O(2^{256})$ bei AES-256. Wir ignorieren an dieser Stelle, dass es bei AES einen leicht besseren Angriff als das Durchprobieren aller Schlüssel gibt, bei dem die Struktur von AES benutzt wird. Dieser leicht bessere Angriff bietet für einen Angreifer allerdings keinen signifikanten Vorteil gegenüber einer Brute-Force-Suche.

Was aber einen signifikanten Vorteil für einen Angreifer bieten kann, wäre ein Zugriff auf einen leistungsstarken Quantencomputer. Dies liegt daran, dass so eine Suche im Schlüsselraum durch den Grover-Algorithmus quadratisch beschleunigt werden kann, wie Sie bereits in Kapitel 11 gesehen haben. Hierfür muss der Angreifer zunächst Zugriff auf einen *Klar-Geheim-Kompromiss*[1] haben, d. h. auf ein Paar (m, c) mit

$$E(K, m) = c,$$

wobei hier K der Schlüssel ist, der zu diesem Klar-Geheim-Kompromiss gehört und den der Angreifer extrahieren möchte. Dann verwendet er den Grover-Algorithmus, wobei die Evaluierungsfunktion gegeben ist durch:

$$f(K) = \begin{cases} 1 & \text{falls } E(K, m) = c \\ 0 & \text{sonst} \end{cases}$$

So ein Angriff würde beispielsweise für den Fall AES-128 gemäß der Erkenntnisse aus Kapitel 11 $O(|\mathcal{K}|^{\frac{1}{2}}) = O(2^{64})$ Aufrufe des Orakels zu f verlangen. Wohlgemerkt ist diese Komplexität von einem Quantencomputer zu leisten, und – gemäß unserer Argumentation in Kapitel 11 – ist die Vergleichbarkeit der Komplexität in diesem Fall anders einzuordnen als im klassischen Fall. Es ist Gegenstand aktueller Forschung, inwiefern und wie lange noch AES-128 als sicher anzusehen ist, sobald ein leistungsstarker Quantencomputer zur Verfügung steht.

Genauso sind Attacken mit dem BHT-Algorithmus aus Abschnitt 11.5 denkbar, um Kollisionen für sogenannte *Hashfunktionen* zu ermitteln.

1 Der Korrektheit wegen muss gesagt werden, dass – je nachdem, wie groß die Räume $\mathcal{M}$, $\mathcal{C}$ und $\mathcal{K}$ im Vergleich zueinander sind – in den meisten Fällen mehr als ein Klar-Geheim-Kompromiss nötig ist, da es sonst zu *False-positives* kommt, d. h. zu Schlüsseln K', für die zwar $E(K', m) = c$ gilt, aber die ungleich dem eigentlich gesuchten Schlüssel K sind.

13.3 Auswirkungen auf die asymmetrische Kryptografie

Bei der asymmetrischen Kryptografie hingegen steht es fest, dass die Existenz eines ausreichend leistungsstarken Quantencomputers gravierende negative Auswirkungen auf die Sicherheit haben wird. Der Grund ist, dass so ein Quantencomputer die meisten heute gängigen asymmetrischen Kryptoverfahren vollständig brechen würde, da diese auf dem Faktorisierungsproblem oder dem diskreten Logarithmusproblem basieren. Ich möchte diese Problematik anhand des *RSA-Verschlüsselungsverfahrens* ausführen. Hierfür beschreibe ich zunächst kurz dieses Verfahren und anschließend betrachten wir, wie ein Quantencomputer dieses Verfahren brechen kann.

Das (Textbuch-)RSA-Verschlüsselungsverfahren

Der Zusatz »(Textbuch)« ist hier kein Tippfehler. Es ist nämlich wichtig zu betonen, dass ich mich nur auf eine grundlegende, in Textbüchern beschriebene Variante von RSA beschränke, denn in der realen Applikation müssen aus Gründen der Sicherheit noch viele weitere Aspekte in das Verfahren eingebaut werden (wie z. B. das *Padding*). Verschlüsselungsverfahren bestehen grundsätzlich aus drei Phasen: *Schlüsselgenerierung, Verschlüsselung, Entschlüsselung*. Schauen wir uns gemeinsam diese Phasen für das RSA-Verschlüsselungsverfahren an.

Schlüsselgenerierung

Erzeuge zufällig zwei große Primzahlen p, q. Setze dann

$$N = p \cdot q.$$

N bezeichnet man als den *Modulus*. Sei $\varphi(N)$ die *Euler'sche Funktion*, die die Anzahl aller Zahlen von 1 bis N angibt, die teilerfremd sind zu N, d. h., alle Zahlen $k \in \{1, \dots, N\}$, für die gilt, dass $\mathrm{ggT}(N, k) = 1$. In diesem Fall gilt, dass

$$\varphi(N) = (p-1)(q-1).$$

Wähle dann ein $e \in \{2, \dots, \varphi(N) - 1\}$, das teilerfremd ist zu $\varphi(N)$. Der öffentliche Schlüssel PK (für *Public Key*) ist dann gegeben durch

$$PK = (N, e)$$

und der private Schlüssel SK (für *Secret Key*) durch

$$SK = (p, q).$$

Verschlüsselung

Gegeben seien Bobs öffentlicher Schlüssel und eine Nachricht $m \in \{0, \ldots, N\}$, die Alice verschlüsseln und Bob schicken möchte. Alice berechnet

$$m^e \mod \varphi(N)$$

und sendet das Ergebnis an Bob. Beachten Sie, dass Alice m in verschleierter Form an Bob schickt, sodass ein Angreifer, der diese Nachricht an Bob abhört, m nicht erhalten kann.

Entschlüsselung

Bob sucht via dem Euklid'schen Algorithmus (siehe Proposition 2.46 in [SPH14]) ein $d \in \{2, \ldots, \varphi(N) - 1\}$, sodass

$$e \cdot d = 1 \pmod{\varphi(N)},$$

d.h.

$$e \cdot d = 1 + j\varphi(N)$$

für ein $j \in \mathbb{N}$ nach Definition der modularen Arithmetik im Zahlenring $\mathbb{Z}_{\varphi(N)}$. Dass so ein d existiert, ist dadurch garantiert, dass e teilerfremd ist zu $\varphi(N)$ – siehe Lemma 10.2.1. Für die Berechnung dieses d muss Bob wissen, was $\varphi(N)$ ist, das er wiederum berechnen kann, da er p und q kennt. Mit N alleine wüsste er nicht, wie er es hätte berechnen können. Anschließend berechnet Bob

$$(m^e)^d = m^{ed} = m^{1+j\varphi(N)} = m \cdot (m^{\varphi(N)})^j = m \cdot 1 = m \pmod{N},$$

wobei er im vorletzten Schritt die sogenannte *Euler'sche Formel für* $N = pq$ anwendet – siehe Theorem 3.1 in [SPH14]. Dadurch hat Bob die Nachricht m von Alice rekonstruiert.

Quantencomputer gegen RSA

Im soeben beschriebenen Verfahren sehen wir, dass dessen gesamte Sicherheit davon abhängt, dass man aus dem Modulus N nicht einfach p und q extrahieren kann. Doch genau das schafft der *Shor-Algorithmus*, wie wir in Kapitel 12 gesehen haben. Daher könnte ein Quantencomputer, auf dem der Shor-Algorithmus korrekt läuft, das RSA-Verschlüsselungsverfahren mit der in Kapitel 12 angegebenen Komplexität brechen. Diese Komplexität wächst natürlich mit der Größe des Modulus N, die aktuell üblicherweise als mindestens 3000 Bit empfohlen wird (siehe [Bun24]). Einen Quantencomputer, bei dem der Shor-Algorithmus für solche Moduli korrekte Ergebnisse liefert, bezeichnet man als *kryptografisch relevant*. Für eine Quantifizierung, wie leistungsstark so ein Quantencomputer sein muss – beispielsweise im Sinne davon, wie viele Qubits dafür nötig sind – verweise ich Sie auf das Paper [GE21], in dem eine derartige Abschätzung (für 2048 Bit lange Moduli) durchgeführt wurde.

Quantencomputer gegen andere asymmetrische Kryptoverfahren

Kurze Zeit nach der Veröffentlichung des Shor-Algorithmus stellte sich heraus, dass das Faktorisierungsproblem (oder besser gesagt das damit verbundene Ordnungsfindungs-Problem) als spezieller Fall eines übergeordneten Problems, des *Abelian-Hidden-Subgroup*-Problems, gesehen werden kann. Auch weitere Probleme, wie das Simon-Problem und das diskrete Logarithmusproblem, können hier als Spezialfälle des Abelian-Hidden-Subgroup-Problems betrachtet werden. Dadurch können auch diese Probleme mit dem zugehörigen Quantenalgorithmus effizient gelöst werden.

Historisch muss erwähnt werden, dass Peter Shor bereits 1994 das diskrete Logarithmusproblem (in derselben Arbeit wie das Faktorisierungsproblem) gebrochen hat. Die Erweiterung auf das Abelian-Hidden-Subgroup-Problem erfolgte erst beginnend in 1997 mit den Arbeiten von Jozsa, Boneh, Lipton und anderen. Für einen ausführlichen historischen Rückblick verweise ich auf S. 245 und 246 in [NC10].

13.4 Post-Quanten-Kryptografie

Was tun wir jetzt? Hoffen wir einfach, dass so ein kryptografisch relevanter Quantencomputer nie Realität wird? Oder geben wir unsere Ansprüche auf Sicherheit in unserer digitalen Welt auf?

Natürlich tun wir keins von beidem!

Wir suchen nach neuen Verfahren, die auch solchen Quantencomputern standhalten werden. Diese neue Kryptografie bezeichnet man als *Post-Quanten-Kryptografie*, und sie ist ein hochspannendes Themenfeld aktueller Forschung.

Diese wissenschaftliche Reise der Kryptografie-Community begann durch einen internationalen, transparenten Auswahlprozess für neue Verfahren der Post-Quanten-Kryptografie, der 2016 vom *National Institue for Standards and Technology (NIST)*, der US-Standardisierungsbehörde, initiiert wurde. Über mehrere Runden wurden international eingereichte Verfahren begutachtet und bewertet. Im Sommer 2024 kamen dann die ersten Standards aus diesem Prozess hervor, weitere Standards aus diesem Verfahren werden folgen. Insbesondere deswegen, da 2023 ein erneuter Aufruf zu neuen Einreichungen – ein sogenanntes *On-Ramp-Verfahren* – erfolgte, um weitere Verfahren für digitale Signaturen in der Post-Quanten-Kryptografie zu standardisieren.

Im Folgenden möchte ich einzelne Ansätze für solche Verfahren beschreiben. Für tiefergehende Details zu diesen Ansätzen verweise ich auf die jeweiligen Referenzen.

Gitterbasierte Verfahren

Der wohl bislang vielversprechendste Ansatz sind *gitterbasierte Verfahren*. Diese nutzen das mathematische Konstrukt der *Gitter*. Ein Gitter wird von einer eigenen *Basis* erzeugt – d.h. einem Satz linear unabhängiger Vektoren aus $\mathbb{R}^n$ (siehe Abschnitt 2.4) –, indem in Gleichung (2.4.1) nur ganzzahlige Linearkombinationen betrachtet werden. Anders ausgedrückt: Die Koeffizienten in der Linearkombination stammen nicht aus $\mathbb{C}$ oder $\mathbb{R}$, sondern aus $\mathbb{Z}$. Abbildung 13.1 liefert ein intuitives Bild für ein Gitter. Mit gitterbasierten Verfahren lassen sich sowohl Signatur- als auch Verschlüsselungsverfahren konstruieren.

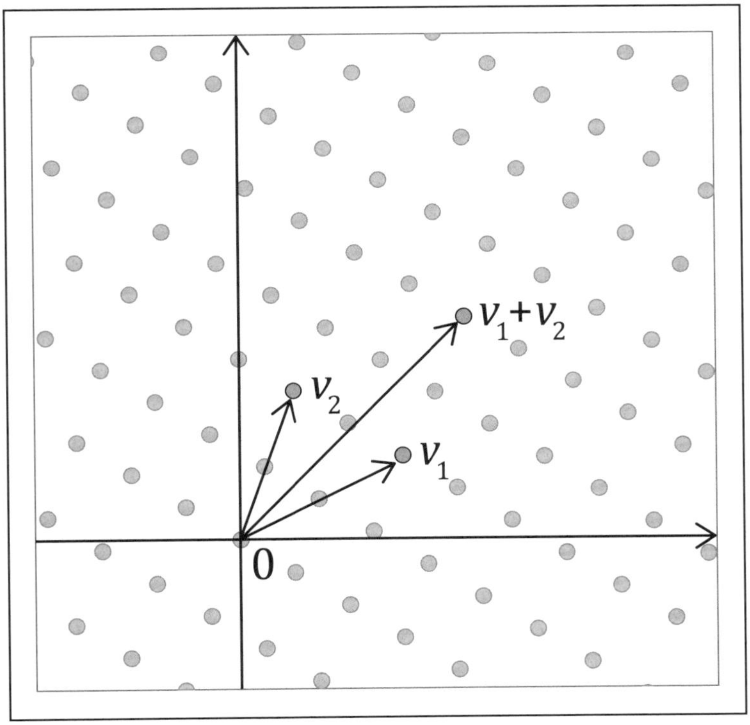

Abbildung 13.1 Beispiel für ein Gitter

Worauf beruht die Sicherheit dieser Verfahren? Die Verfahren basieren in der Regel auf dem *Learning-with-Errors*-Problem oder dem *Short-Integer-Solution*-Problem, die wiederum mit dem *Shortest-Vector*-Problem zusammenhängen. Das letztere Problem lässt sich leicht beschreiben: Es beinhaltet die

Suche nach einem kürzesten Vektor (ungleich der 0) in einem Gitter. Während dieses Problem in zwei- oder drei-dimensionalen Gittern – d.h., in Gittern, die von zwei oder drei linear unabhängigen Vektoren erzeugt werden – sehr einfach zu lösen ist, gibt es viele Hinweise darauf, dass in (viel) höheren Dimensionen dieses Problem deutlich schwerer zu lösen ist.

Mittlerweile gibt es bereits zwei Standards zu gitterbasierten Verfahren: ML-DSA und ML-KEM (siehe [Nat24b] und [Nat24a]). ML-DSA ist ein Signaturverfahren und ML-KEM ein *Schlüsseleinigungsverfahren*, d.h. ein Verfahren, das für die Aushandlung von Kommunikationsschlüsseln benutzt wird. Das Besondere an diesen beiden Verfahren ist, dass diese auf *strukturierten* Gittern beruhen. Das heißt, dass die Basiselemente des Gitters in einer strukturierten Form miteinander zusammenhängen. Durch diese Struktur wird zwar potenziell eine neue Angriffsfläche ermöglicht (indem diese Struktur vielleicht ausgenutzt werden kann, um einen kürzesten Vektor zu finden), aber dadurch gewinnt das Verfahren deutlich an Effizienz. Ein weiteres gitterbasiertes Verfahren wird auf anderem Wege von der ISO (also nicht von der NIST) standardisiert. Dieses Verfahren heißt *FrodoKEM* und basiert auf unstrukturierten Gittern.

Grundsätzlich spricht für gitterbasierte Verfahren deren Effizienz (im Vergleich zu vielen anderen Verfahren in der Post-Quanten-Kryptografie) und dass diese Verfahren schon seit Ende der 1990er Jahren (siehe [Ajt96], [HPS98] oder [Reg09]) erforscht werden, wodurch ihnen ein höheres Maß an Sicherheit zugeschrieben wird als einigen der neueren Kandidaten. Für weitere Hintergründe zu diesen Verfahren verweise ich auf Kapitel 8 in [SPH14], [Pei16] oder [Lyu24].

Hashbasierte Signaturverfahren

Es ist möglich, Signaturverfahren gemäß der sogenannten *Merkle-Baum-Konstruktion* aus *kryptografischen Hashfunktionen* zu konstruieren – d.h. aus Funktionen, die schwer zu invertieren sind (siehe [Mer79] oder Unterabschnitt 2.2.3 in [Bun21]). Solche Verfahren nennt man *hashbasierte Signaturverfahren*. Diese Verfahren sind bereits seit dem Ende der 1970er-Jahren bekannt. Ihre theoretische Sicherheit basiert auf der Sicherheit der zugrunde liegenden Hashfunktion. Somit sind hashbasierte Signaturverfahren – im Hinblick auf die Sicherheit – konservative Kandidaten, da die Sicherheitseigenschaften von Hashfunktionen mittlerweile als gut verstanden angesehen werden können.

Hashbasierte Signaturverfahren gibt es in zwei Varianten: *zustandsbehaftet* und *zustandslos*. Bei den zustandsbehafteten Verfahren muss bei jeder getätigten Signatur ein Zähler hochgezählt werden. Hierdurch werden die Einsatzszenarien solcher zustandsbehafteten Verfahren eingeschränkt (siehe [CAD⁺20] für einige Anmerkungen hierzu). Bei den zustandslosen hashbasierten Signaturverfahren wird die Zustandsbehaftung zum Preis von schlechterer Performance und Effizienz beseitigt.

Zu beiden Varianten gibt es bereits Standards: Die zustandsbehafteten Verfahren XMSS und LMS/HSS sind in [CAD⁺20] standardisiert, und zum zustandslosen Verfahren SLH-DSA hat die NIST den Standardisierungsentwurf zeitgleich zu ML-DSA und ML-KEM herausgebracht (siehe [Nat24d]).

Codebasierte Verfahren

Codebasierte Verfahren basieren auf Ideen der *Dekodierungstheorie*. Mathematisch ähneln diese Verfahren sehr den gitterbasierten Verfahren, jedoch mit dem essenziellen Unterschied, dass es sich um Berechnungen im Raum $\mathbb{F}_2^n$ handelt statt in einer Teilmenge von $\mathbb{R}^n$. Im Rahmen des NIST-Auswahlprozesses hat das NIST angekündigt, demnächst mindestens ein codebasiertes Schlüsseleinigungsverfahren zu standardisieren. Das codebasierte Schlüsseleinigungsverfahren *Classic McEliece* ist bereits bei der ISO in der Standardisierung.

Andere Kandidaten

Es gibt noch weitere Kandidaten, zum Beispiel *isogeniebasierte Verfahren* und *multivariate Verfahren*, die noch in gewissen Auswahlverfahren berücksichtigt werden (siehe Abschnitt 2.2 in [Bun21]). Allerdings haben diese Verfahren mitunter eine Historie von Angriffen, weshalb eine Standardisierung solcher Verfahren noch nicht beschlossen wurde und es nicht absehbar ist, wann sie erfolgen könnte.

Ein relativ neues Paradigma zur Konstruktion von Signaturverfahren ist die *MPC-in-the-Head*-Konstruktion mit der damit verwandten Konstruktion *VOLE in the Head*. Diese bieten eine neue Gestaltungsmöglichkeit, via sogenannter *Zero-Knowledge-Proofs* Signaturverfahren zu konstruieren, deren Sicherheitseigenschaften auf konservativen Annahmen beruhen. Im On-Ramp-Verfahren der NIST stehen einige solcher vielversprechende Kandidaten zur Auswahl, deren Effizienz mit dem des anderen konservativen Signaturverfahrens, SLH-DSA, mithalten können.

13.5 Quantenkryptografie

Ein völlig anderer Ansatz, die Kommunikation gegen einen Angreifer sicherzustellen, der Zugang zu einem Quantencomputer hat, ist die *Quantenkryptografie*. Die Idee ist, dass man die theoretische Sicherheit auf Postulate der Quantenmechanik reduziert.

Der prominenteste Fall der Quantenkryptografie ist der Fall einer Schlüsseleinigung basierend auf quantenmechanische Prinzipien. Diesen Fall bezeichnet man als *Quantum-Key-Distribution (QKD)*. Insbesondere gibt es hier zwei Protokolle, die sehr bekannt sind:

- **BB84** (benannt nach Bennett und Brassard und dem Erscheinungsjahr 1984): Die Sicherheit dieses Protokolls basiert auf Postulat III.4, nach dem der Zustand eines Quantensystems nach der Messung kollabiert, sodass man unerlaubtes Abhören eines Angreifers detektieren kann.
- **EK91** (benannt nach Ekert und dem Erscheinungsjahr 1991): Die Sicherheit dieses Protokolls basiert auf dem Phänomen der Verschränkung, mit dessen Hilfe ein gemeinsamer Kommunikationsschlüssel ausgehandelt wird.

Mehr zu diesen Protokollen finden Sie in Abschnitt 6.4 in [Sch19] oder in Abschnitt 4.3 in [BCS04].

Grundsätzlich unterscheidet sich QKD von der Post-Quanten-Kryptografie. Dies liegt unter anderem daran, dass QKD spezielle Hardware benötigt und Einschränkungen bezüglich der Reichweite hat (während beides für die Post-Quanten-Kryptografie nicht zutrifft). Mehr zu diesen Vor- und Nachteilen von QKD finden Sie unter [Bun23b].

Kapitel 14
Weitere wichtige Themen und Lesetipps

Zum Abschluss möchte ich Ihnen noch weitere Tipps für Ihre nächsten Schritte mitgeben.

Nehmen Sie sich zunächst die Zeit und lösen Sie die Übungsaufgaben, die Sie in den Kapiteln finden. Erst das eigenständige Nachdenken sorgt dafür, dass man den Stoff wirklich versteht und durchdringt. Auch sollten Sie die Codebeispiele selbst ausführen und eigene Experimente starten. Ich habe meinen Code in Jupyter Notebooks gespeichert; Sie finden ihn im Kasten MATERIALIEN unter *https://www.rheinwerk-verlag.de/5808*. Dort finden Sie auch die Beispiellösungen für die Übungen.

Wenn Sie sich an gewissen Stellen in Teil III einen *tieferen Blick in die Quanteninformatik* gewünscht haben, empfehle ich Ihnen ein auf Forschung angelegtes Textbuch dazu. Diejenigen, die ich kenne und Ihnen sehr gerne empfehlen kann, habe ich in Abschnitt 4.7.3 aufgelistet.

Vielleicht möchten Sie aber eher tiefer in die *Implementierung* blicken. Dafür empfehle ich Ihnen die frei zugängliche Qiskit-Literatur von IBM unter [IBMa]. In ihr bekommen Sie einen umfassenden Blick in diese Sprache. Alternativ bietet sich auch Cirq von Google an. Weiteres hierzu finden Sie unter [Goo].

Es gibt noch eine Fülle an *Quantenalgorithmen*, die ich in Teil IV nicht behandelt hab. Hierzu zählt beispielsweise der *HHL*-Algorithmus und dessen Optimierungen (siehe [HHL09], [CKS17]). Diese Quantenalgorithmen dienen zur Lösung des *Quantum-Linear-Systems-Problems*, einer Version der Lösung linearer Gleichungssysteme in der Quanteninformatik.

Eine exzellente, umfassende Auflistung weiterer interessanter Quantenalgorithmen findet sich im *Quantum Algorithm Zoo* (siehe [Jor]). Das ist ein guter Startpunkt für eine Suche nach weiteren interessanten Quantenalgorithmen.

Ein weiteres wichtiges Feld ist die *Quantenfehlerkorrektur*. Dies ist ein entscheidendes und wegweisendes Gebiet für die Zukunft der Quanteninformatik mit vielen offenen Fragen. Als ersten Ansatz hierzu empfehle ich Ihnen Kapitel 10 aus [NC10] oder Kapitel 7 aus [Sch19].

Vielleicht möchten Sie sich aber in die in diesem Buch nur angeschnittenen Themen weiter vertiefen. Wenn Sie an der *praktischen Realisierung* von Quantencomputern interessiert sind, dann sind Kapitel 7 aus [NC10] und [Bun23a] ein guter Startpunkt. Für das Thema *Post-Quanten-Kryptografie* ist der Leitfaden [Bun21] des BSI ein guter Startpunkt. Des Weiteren sind auch die in Kapitel 13 angegebenen Referenzen zu erwähnen. Aber auch der angesprochene NIST-Prozess ist ein guter Ansatz, um einen Überblick über die möglichen Kandidaten zu erhalten (siehe [Nat24c]). Auch die *Quantum-Key-Distribution* ist ein Thema, das Sie im Auge behalten sollten, insbesondere da es aktuell dort eine Vielzahl an Forschungsprojekten gibt. Ich empfehle Ihnen hierzu die in Kapitel 13 angegebenen Referenzen.

Wir haben uns in diesem Buch nur mit dem Quantenschaltkreismodell beschäftigt. Andere Ansätze wie *Quantum-Adiabatic-Computing* lernen Sie in Kapitel 8 von [Sch19] oder in [Chi17] kennen. Die Idee bei diesem Berechnungsmodell ist es, die Lösung von Problemen in den *Ground State* (d.h. den Eigenwert geringster Energie) eines *Hamiltonians* (d.h. einer *Energiefunktion*) zu kodieren, und den initial präparierten Zustand zu diesem Zustand zu transferieren.

Scheuen Sie sich nicht, mir unter der E-Mail-Adresse *quantencomputing@rheinwerk-verlag.de* eine Nachricht zu schreiben, falls Sie weitere Informationen benötigen.

Literaturverzeichnis

[AABA+24] Rajeev Acharya, Laleh Aghababaie-Beni, Igor Aleiner, et al. Quantum error correction below the surface code threshold. *arXiv preprint arXiv:2408.13687*, 2024. Google Quantum AI team publication.

[AB09] Sanjeev Arora and Boaz Barak. *Computational Complexity: A Modern Approach*. Cambridge University Press, 2009.

[ADR82] Alain Aspect, Jean Dalibard, and Gérard Roger. Experimental test of Bell's inequalities using time-varying analyzers. *Physical Review Letters*, 49(25):1804–1807, 1982.

[Ajt96] Miklós Ajtai. Generating hard instances of lattice problems. In *Proceedings of the Twenty-Eighth Annual ACM Symposium on Theory of Computing*, pages 99–108, Philadelphia, Pennsylvania, USA, 1996. ACM.

[Alt16] Hans Wilhelm Alt. *Linear Functional Analysis: An Application-Oriented Introduction*. Universitext. Springer, 2016.

[BB24] Razvan Barbulescu and Gaetan Bisson. Regev's attack on hyperelliptic cryptosystems. *Cryptology ePrint Archive*, (2024/2004), 2024.

[BBH+24] Kaveh Bashiri, Xavier Bonnetain, Akinori Hosoyamada, Nathalie Lang, and André Schrottenloher. Improved quantum linear attacks and application to CAST. *Cryptology ePrint Archive*, (2024/651), 2024.

[BBP24] Razvan Barbulescu, Mugurel Barcau, and Vicentiu Pasol. A comprehensive analysis of Regev's quantum algorithm. *Cryptology ePrint Archive*, (2024/1758), 2024.

[BCDP96] David Beckman, Amalavoyal N. Chari, Srikrishna Devabhaktuni, and John Preskill. Efficient networks for quantum factoring. *Physical Review A*, 54(2):1034–1063, 1996.

[BCS04] Giuliano Benenti, Giulio Casati, and Giuliano Strini. *Principles of Quantum Computation and Information-Volume I: Basic Concepts*. World Scientific, 2004.

[Bea03] Stephane Beauregard. Circuit for Shor's algorithm using $2n + 3$ qubits. *Quantum Information and Computation*, 3(2):175–185, 2003.

[Bel64] John S. Bell. On the Einstein-Podolsky-Rosen Paradox. *Physics Physique Fizika*, 1(3):195–200, 1964.

[Ben80] Paul Benioff. The computer as a physical system: A microscopic quantum mechanical hamiltonian model of computers as represented by turing machines. *Journal of Statistical Physics*, 22(5):563–591, 1980.

[Ber09] Daniel J. Bernstein. Cost analysis of hash collisions: Will quantum computers make SHARCS obsolete? *SHARCS'09: Special-purpose Hardware for Attacking Cryptographic Systems*, 9:105–116, 2009.

[BHN+19] Xavier Bonnetain, Akinori Hosoyamada, Mar í a Naya-Plasencia, Yu Sasaki, and André Schrottenloher. Quantum attacks Without superposition queries: The offline Simon's algorithm. In Steven D. Galbraith and Shiho Moriai, editors, *Advances in Cryptology - ASIACRYPT 2019 - 25th International Conference on the Theory and Application of Cryptology and Information Security, Kobe, Japan , December 8-12, 2019, Proceedings, Part I*, volume 11921 of *Lecture Notes in Computer Science*, pages 552–583. Springer, 2019.

[BHT98] Gilles Brassard, Peter Høyer, and Alain Tapp. *Quantum Cryptanalysis of Hash and Claw-Free Functions*, volume 1380 of *Lecture Notes in Computer Science*, pages 163–169. Springer Berlin Heidelberg, 1998.

[BLNPS21] Xavier Bonnetain, Gaëtan Leurent, María Naya-Plasencia, and André Schrottenloher. Quantum linearization attacks. In *Advances in Cryptology–ASIACRYPT 2021: 27th International Conference on the Theory and Application of Cryptology and Information Security, Singapore, December 6–10, 2021, Proceedings , Part I*, volume 13090 of *Lecture Notes in Computer Science*, pages 422–452. Springer, 2021.

[Bon21] Xavier Bonnetain. Tight Bounds for Simon's Algorithm. In Patrick Longa and Carla Ràfols, editors, *Progress in Cryptology - LATINCRYPT 2021 - 7th International Conference on Cryptology and Information Security in Latin America , Bogotá, Colombia, October 6-8, 2021, Proceedings*, volume 12912 of *Lecture Notes in Computer Science*, pages 3–23. Springer, 2021.

[BSS22] Xavier Bonnetain, André Schrottenloher, and Ferdinand Sibleyras. Beyond quadratic speedups in quantum attacks on symmetric schemes. In Orr Dunkelman and Stefan Dziembowski, editors, *Advances in Cryptology - EUROCRYPT 2022 - 41st Annual International Conference on the Theory and Applications of Cryptographic Techniques, Trondheim, Norway, May 30 - June 3, 2022 , Proceedings, Part III*, volume 13277 of *Lecture Notes in Computer Science*, pages 315–344. Springer, 2022.

[Bun21] Bundesamt für Sicherheit in der Informationstechnik (BSI). Kryptografie quantensicher gestalten – Grundlagen, Entwicklungen, Empfehlungen. `https://bsi.bund.de/dok/997274`, August 2021.

[Bun22] Bundesamt für Sicherheit in der Informationstechnik (BSI). Quantum Machine Learning in the Context of IT Security. `https://www.bsi.bund.de/dok/QML`, 2022.

[Bun23a] Bundesamt für Sicherheit in der Informationstechnik (BSI). Status of quantum computer development, Version 2.0. `www.bsi.bund.de/qcstudie`, May 2023.

[Bun23b] Bundesamt für Sicherheit in der Informationstechnik (BSI), French Cybersecurity Agency (ANSSI), Netherlands National Communications Security Agency (NLNCSA), Swedish National Communications Security Authority, Swedish Armed Forces. Position Paper on Quantum Key Distribution. `https://www.bsi.bund.de/SharedDocs/Downloads/EN/BSI/Crypto/Quantum_Positionspapier.pdf?__blob=publicationFile&v=4`, 2023.

[Bun24] Bundesamt für Sicherheit in der Informationstechnik (BSI). TR-02102-1 »Kryptographische Verfahren: Empfehlungen und Schlüssellängen« Version: 2024-01. `www.bsi.bund.de/TR-02102`, January 2024.

[BV93] Ethan Bernstein and Umesh Vazirani. Quantum complexity theory. In *Proceedings of the Twenty-Fifth Annual ACM Symposium on Theory of Computing*, pages 11–20, San Diego, California, USA, 1993. ACM.

[BW07] Paul S. Bourdon and H. Thomas Williams. Sharp probability estimates for Shor's order-finding algorithm. *Quantum Information and Computation*, 7(5):522–550, 2007.

[CAD+20] David A. Cooper, Daniel C. Apon, Quynh H. Dang, Michael S. Davidson, Morris J. Dworkin, and Carl A. Miller. Recommendation for stateful hash-based signature schemes. *NIST Special Publication*, 800(208):1–60, 2020.

[Chi17] Andrew M. Childs. Lecture notes on quantum algorithms. *Lecture Notes at University of Maryland*, 5, 2017. Course material for CMSC858: Quantum Algorithms.

[CHSH69] John F. Clauser, Michael A. Horne, Abner Shimony, and Richard A. Holt. Proposed experiment to test local hidden-variable theories. *Physical Review Letters*, 23(15):880–884, 1969.

[CKS17] Andrew M. Childs, Robin Kothari, and Rolando D. Somma. Quantum algorithm for systems of linear equations with exponentially improved dependence on precision. *SIAM Journal on Computing*, 46(6):1920–1950, 2017.

[CNPS17] André Chailloux, María Naya-Plasencia, and André Schrottenloher. An efficient quantum collision search algorithm and implications on symmetric cryptography. In *Advances in Cryptology–ASIACRYPT 2017: 23rd International Conference on the Theory and Applications of Cryptology and Information Security, Hong Kong, China, December 3-7, 2017, Proceedings, Part II*, volume 10625 of *Lecture Notes in Computer Science*, pages 211–240. Springer, 2017.

[Com] Eric Comer. Galois: A Performant NumPy Extension for Galois Fields. `https://galois.readthedocs.io/en/v0.4.2/`.

[Cop94] Don Coppersmith. An approximate Fourier transform useful in quantum factoring. *IBM Research Report*, (RC19642), 1994. Originally appeared as IBM Research Report in 1994.

[CW00] Richard Cleve and John Watrous. Fast parallel circuits for the quantum Fourier transform. In *Proceedings of the 41st Annual Symposium on Foundations of Computer Science*, pages 526–536. IEEE, 2000.

[Dim11] Jonathan Dimock. *Quantum Mechanics and Quantum Field Theory: A Mathematical Primer.* Cambridge University Press, 2011.

[DJ92] David Deutsch and Richard Jozsa. Rapid solution of problems by quantum computation. *Proceedings of the Royal Society of London. Series A: Mathematical and Physical Sciences*, 439(1907):553–558, 1992.

[DN06] Christopher M. Dawson and Michael A. Nielsen. The Solovay-Kitaev algorithm. *Quantum Information and Computation*, 6(1):81–95, 2006.

[EG24] Martin Ekerå and Joel Gärtner. Extending Regev's factoring algorithm to compute discrete logarithms. In *Post-Quantum Cryptography: 15th International Conference, PQCrypto 2024*, volume 14587 of *Lecture Notes in Computer Science*, pages 211–242. Springer, 2024.

[EPR35] Albert Einstein, Boris Podolsky, and Nathan Rosen. Can quantum-mechanical description of physical reality be considered complete? *Physical Review*, 47(10):777–780, 1935.

[Fey82] Richard P. Feynman. Simulating physics with computers. *International Journal of Theoretical Physics*, 21(6/7):467–488, 1982.

[Fli18] Torsten Fließbach. *Quantenmechanik: Lehrbuch zur Theoretischen Physik III.* Springer Verlag, 7 edition, 2018.

[FLS63] Richard P. Feynman, Robert B. Leighton, and Matthew Sands. *The Feynman Lectures on Physics*, volume 1. Addison-Wesley, 1963.

[FS14] Gerd Fischer and Boris Springborn. *Lineare Algebra.* Springer Spektrum, 18 edition, 2014.

[Gai08] Frank Gaitan. *Quantum Error Correction and Fault Tolerant Quantum Computing.* CRC Press, Boca Raton, FL, 2008.

[GE21] Craig Gidney and Martin Ekerå. How to factor 2048 bit RSA integers in 8 hours using 20 million noisy qubits. *Quantum*, 5:433, 2021.

[Goo] Google Quantum AI. Cirq: A Python framework for creating, editing, and invoking Noisy Intermediate Scale Quantum (NISQ) circuits. `https://quantumai.google/cirq`.

[Gro96] Lov K. Grover. A fast quantum mechanical algorithm for database search. In *Proceedings of the Twenty-Eighth Annual ACM Symposium on Theory of Computing*, pages 212–219, Philadelphia, Pennsylvania, USA, 1996. ACM.

[HHL09] Aram W. Harrow, Avinatan Hassidim, and Seth Lloyd. Quantum algorithm for linear systems of equations. *Physical Review Letters*, 103(15):150502, 2009.

[HJ12] Roger A. Horn and Charles R. Johnson. *Matrix Analysis*. Cambridge University Press, 2 edition, 2012.

[Hom08] Matthias Homeister. *Quantum Computing verstehen: Grundlagen – Anwendungen – Perspektiven*. Computational Intelligence. Springer, 2008.

[HPS98] Jeffrey Hoffstein, Jill Pipher, and Joseph H. Silverman. NTRU: A ring-based public key cryptosystem. In *Algorithmic Number Theory, Third International Symposium, ANTS-III*, volume 1423 of *Lecture Notes in Computer Science*, pages 267–288. Springer, 1998.

[HRS17] Thomas Häner, Martin Roetteler, and Krysta M. Svore. Factoring using $2n+2$ qubits with Toffoli based modular multiplication. *Quantum Information and Computation*, 17(7-8):673–684, 2017.

[IBMa] IBM Quantum Documentation. IBM Quantum Documentation. `https://docs.quantum.ibm.com/`.

[IBMb] IBM Quantum Learning Team. IBM Quantum Learning: Simon's Algorithm in Quantum Query Algorithms. `https://learning.quantum.ibm.com/course/fundamentals-of-quantum-algorithms/quantum-query-algorithms`.

[IBMc] IBM Quantum Team. IBM Quantum Composer: Circuit Creation Tool. `https://quantum.ibm.com/composer/files/new`.

[IBMd] IBM Quantum Team. IBM Quantum Documentation: Circuit Visualization. `https://docs.quantum.ibm.com/build/circuit-visualization`.

[IBMe] IBM Quantum Team. IBM Quantum Documentation: ControlledGate Class. https://docs.quantum.ibm.com/api/qiskit/qiskit.circuit.ControlledGate.

[IBMf] IBM Quantum Team. IBM Quantum Documentation: Deutsch-Jozsa Algorithm. https://docs.quantum.ibm.com/api/qiskit/0.32/qiskit.aqua.algorithms.DeutschJozsa.

[IBMg] IBM Quantum Team. IBM Quantum Documentation: Introduction to Transpilation. https://docs.quantum.ibm.com/guides/transpile.

[IBMh] IBM Quantum Team. IBM Quantum Documentation: Pauli Operator Class. https://docs.quantum.ibm.com/api/qiskit/qiskit.quantum_info.Pauli.

[IBMi] IBM Quantum Team. IBM Quantum Documentation: Quantum Fourier Transform. https://docs.quantum.ibm.com/api/qiskit/1.0/qiskit.circuit.library.QFT.

[IBMj] IBM Quantum Team. IBM Quantum Documentation: Quantum Operator Class. https://docs.quantum.ibm.com/api/qiskit/qiskit.quantum_info.Operator.

[IBMk] IBM Quantum Team. IBM Quantum Documentation: Statevector Class. https://docs.quantum.ibm.com/api/qiskit/qiskit.quantum_info.Statevector.

[IBMl] IBM Quantum Team. IBM Quantum Documentation: SwapGate Class. https://docs.quantum.ibm.com/api/qiskit/qiskit.circuit.library.SwapGate.

[IBMm] IBM Quantum Team. IBM Quantum Documentation: Transpiler. https://docs.quantum.ibm.com/api/qiskit/transpiler.

[IBM22] IBM Qiskit Team. Qiskit Textbook: Shor's Algorithm Implementation. https://github.com/Qiskit/textbook/blob/main/notebooks/ch-algorithms/shor.ipynb, 2022. GitHub repository.

[JL03] Richard Jozsa and Noah Linden. On the role of entanglement in quantum-computational speed-up. *Proceedings of the Royal Society of London. Series A: Mathematical, Physical and Engineering Sciences*, 459(2036):2011–2032, 2003.

[Jor] Stephen Jordan. Quantum Algorithm Zoo. `https://quantumalgorithmzoo.org/`.

[Kag20] Henning Kagermann. Innovationspotenziale der quantentechnologien der zweiten generation. *acatech IMPULS*, 2020.

[KGK+23] V. Krutyanskiy, M. Galli, V. Krcmarsky, et al. Entanglement of trapped-ion qubits separated by 230 meters. *Physical Review Letters*, 130(5):050803, 2023.

[Kit97] A. Yu. Kitaev. Quantum error correction with imperfect gates. In O. Hirota, A. S. Holevo, and C. M. Caves, editors, *Quantum Communication, Computing, and Measurement*, pages 181–188. Springer, 1997.

[Kle06] Achim Klenke. *Wahrscheinlichkeitstheorie*, volume 1 of *Springer-Lehrbuch*. Springer, 2006.

[KLLNP16] Marc Kaplan, Gaëtan Leurent, Anthony Leverrier, and María Naya-Plasencia. Breaking symmetric cryptosystems using quantum period finding. In *Advances in Cryptology–CRYPTO 2016: 36th Annual International Cryptology Conference, Santa Barbara, CA, USA, August 14-18, 2016, Proceedings, Part II*, volume 9815 of *Lecture Notes in Computer Science*, pages 207–237. Springer, 2016.

[KLM06] Phillip Kaye, Raymond Laflamme, and Michele Mosca. *An Introduction to Quantum Computing*. Oxford University Press, 2006.

[KM10] Hidenori Kuwakado and Masakatu Morii. Quantum distinguisher between the 3-round Feistel cipher and the random permutation. In *IEEE International Symposium on Information Theory, ISIT 2010 , June 13-18, 2010, Austin, Texas, USA, Proceedings*, pages 2682–2685. IEEE, 2010.

[KM12] Hidenori Kuwakado and Masakatu Morii. Security on the quantum-type Even-Mansour cipher. In *Proceedings of the International Symposium on Information Theory and its Applications, ISITA 2012, Honolulu, HI, USA, October 28-31, 2012*, pages 312–316. IEEE, 2012.

[KMRVVK24] Gregory D. Kahanamoku-Meyer, Seyoon Ragavan, Vinod Vaikuntanathan, and Katherine Van Kirk. The Jacobi factoring circuit: Quantum factoring with near-linear gates and sublinear space and depth. *arXiv preprint arXiv:2412.12558*, 2024. Submitted to STOC 2025.

[Kön06] Konrad Königsberger. *Analysis 2*. Springer-Lehrbuch. Springer Verlag, 3 edition, 2006.

[Kop21] Murat Koptur. QuantumComputingExamples: Deutsch-Jozsa Algorithm Implementation. `https://github.com/mrtkp9993/QuantumComputingExamples/blob/master/02b_Deutsch_Jozsa_Algorithm.py`, 2021. GitHub repository.

[LL93] Arjen K. Lenstra and Hendrik W. Lenstra. *The Development of the Number Field Sieve*, volume 1554 of *Lecture Notes in Mathematics*. Springer, 1993.

[LLJMP90] Arjen K. Lenstra, Hendrik W. Lenstra Jr., Mark S. Manasse, and John M. Pollard. The number field sieve. In *Proceedings of the Twenty-Second Annual ACM Symposium on Theory of Computing*, pages 564–572. ACM, 1990.

[Lyu24] Vadim Lyubashevsky. Basic lattice cryptography: The concepts behind Kyber (ML-KEM) and Dilithium (ML-DSA). *Cryptology ePrint Archive*, (2024/059), 2024.

[Man80] Yuri Ivanovich Manin. Vychislimoe i nevychislimoe. *Sov. Radio*, pages 13–15, 1980.

[Mer79] Ralph Charles Merkle. Secrecy, Authentication, and Public Key Systems. Ph.D. thesis, Stanford University, 1979.

[Mil75] Gary L. Miller. Riemann's hypothesis and tests for primality. In *Proceedings of the Seventh Annual ACM Symposium on Theory of Computing*, pages 234–239. ACM, 1975.

[Mos08] Michele Mosca. Quantum algorithms. *arXiv preprint arXiv:0808.0369*, 2008. Encyclopedia of Complexity and Systems Science (Springer).

[MP24] Michele Mosca and Marco Piani. Quantum Threat Timeline Report 2024. *Global Risk Institute*, April 2024. Annual report on quantum computing threats to cryptography.

[MS12] Igor L. Markov and Mehdi Saeedi. Constant-optimized quantum circuits for modular multiplication and exponentiation. *Quantum Information and Computation*, 12(5-6):361–394, 2012.

[MS13] Igor L. Markov and Mehdi Saeedi. Faster quantum number factoring via circuit synthesis. *Physical Review A*, 87(1):012310, 2013.

[Nat01] National Institute of Standards and Technology. Advanced Encryption Standard (AES). (Department of Commerce, Washington, D.C.), Federal Information Processing Standards Publication (FIPS) NIST FIPS 197. `https://doi.org/10.6028/NIST.FIPS.197-upd1`, November 2001.

[Nat24a] National Institute of Standards and Technology. Module-Lattice-Based Digital Signature Standard. (Department of Commerce, Washington, D.C.), Federal Information Processing Standards Publication (FIPS) NIST FIPS 204. `https://doi.org/10.6028/NIST.FIPS.204`, August 2024.

[Nat24b] National Institute of Standards and Technology. Module-Lattice-Based Key-Encapsulation Mechanism Standard. (Department of Commerce, Washington, D.C.), Federal Information Processing Standards Publication (FIPS) NIST FIPS 203. `https://doi.org/10.6028/NIST.FIPS.203`, August 2024.

[Nat24c] National Institute of Standards and Technology. Post-Quantum Cryptography Standardization. `https://csrc.nist.gov/projects/post-quantum-cryptography`, 2024. Accessed: 2024-05-01.

[Nat24d] National Institute of Standards and Technology. Stateless Hash-Based Digital Signature Standard. (Department of Commerce, Washington, D.C.), Federal Information Processing Standards Publication (FIPS) NIST FIPS 205. `https://doi.org/10.6028/NIST.FIPS.205`, August 2024.

[NC10] Michael A. Nielsen and Isaac L. Chuang. *Quantum Computation and Quantum Information*. Cambridge University Press, 10th anniversary edition edition, 2010.

[Pei16] Chris Peikert. A decade of lattice cryptography. *Foundations and Trends in Theoretical Computer Science*, 10(4):283–424, 2016.

[Pre18] John Preskill. Quantum computing in the NISQ era and beyond. *Quantum*, 2:79, 2018.

[Rag24] Seyoon Ragavan. Regev factoring beyond Fibonacci : Optimizing prefactors. *Cryptology ePrint Archive*, (2024/494), 2024.

[Reg09] Oded Regev. On lattices, learning with errors, random linear codes, and cryptography. *Journal of the ACM (JACM)*, 56(6):34:1–34:40, 2009.

[Reg23] Oded Regev. An efficient quantum factoring algorithm. *Journal of the ACM*, 70(6):1–13, 2023.

[RV23] Seyoon Ragavan and Vinod Vaikuntanathan. Optimizing space in Regev's factoring algorithm. *IACR Cryptology ePrint Archive*, 2023(1501):1–22, 2023.

[RV24] Seyoon Ragavan and Vinod Vaikuntanathan. Space-efficient and noise-robust quantum factoring. In *Advances in Cryptology – CRYPTO 2024: 44th Annual International Cryptology Conference*, volume 14764 of *Lecture Notes in Computer Science*, pages 107–140. Springer, 2024.

[Sch35] Erwin Schrödinger. Die gegenwärtige Situation in der Quantenmechanik. *Naturwissenschaften*, 23(50):844–849, 1935.

[Sch16] Wolfgang Scherer. *Mathematik der Quanteninformatik: Eine Einführung*. Springer-Lehrbuch. Springer, 2016.

[Sch19] Wolfgang Scherer. *Mathematics of Quantum Computing*, volume 11 of *Springer Series in Quantum Science and Technology*. Springer, 2019.

[She94] Jonathan Richard Shewchuk. An introduction to the conjugate gradient method without the agonizing pain. *Technical Report CMU-CS-94-125*, pages 1–58, 1994.

[Shi03] Yaoyun Shi. Both Toffoli and controlled-NOT need little help to do universal quantum computation. *Quantum Information and Computation*, 3(1):84–92, 2003.

[Sho99] Peter W. Shor. Polynomial-time algorithms for prime factorization and discrete logarithms on a quantum computer. *SIAM Review*, 41(2):303–332, 1999.

[Sim97] Daniel R. Simon. On the power of quantum computation. *SIAM Journal on Computing*, 26(5):1474–1483, 1997.

[Son17] Fang Song. Early days following Grover's quantum search algorithm. *arXiv preprint arXiv:1709.01236*, 2017. Historical perspective on the development of quantum search algorithms.

[SPH14] Joseph H. Silverman, Jill Pipher, and Jeffrey Hoffstein. *An Introduction to Mathematical Cryptography*. Undergraduate Texts in Mathematics. Springer, 2 edition, 2014.

[VBE96] Vlatko Vedral, Adriano Barenco, and Artur Ekert. Quantum networks for elementary arithmetic operations. *Physical Review A*, 54(1):147–153, 1996.

[vOW99] Paul C. van Oorschot and Michael J. Wiener. Parallel collision search with cryptanalytic applications. *Journal of Cryptology*, 12(1):1–28, 1999.

[W$^+$10] Andreas Wünschmann et al. *Der Weg zur Quantenmechanik: Geometrische Optik, Wellenoptik, Klassische Mechanik, Wellenmechanik*. Studien-Verlag Wünschmann, 2010.

[Wü13] Gisbert Wüstholz. *Algebra: Für Studierende der Mathematik, Physik, Informatik*. Springer-Lehrbuch. Springer Verlag, 2013.

[Zal99] Christof Zalka. Grover's quantum searching algorithm is optimal. *Physical Review A*, 60(4):2746–2751, 1999.

[Zha15] Mark Zhandry. A note on the quantum collision and set equality problems. *Quantum Information and Computation*, 15(7-8):557–567, 2015.

Index

J

K

L

M

N

O

P

Q

R

S

T

U

V

W

Z